KB265523

한말 정치변동과 중추원

이화연구총서 9

한말 정치변동과 중추원

이 방 원 지음

혜안

이화연구총서 발간사

이화여자대학교 총장 이 배 용

121년의 유구한 전통과 그 정신적 유산을 가진 이화여자대학교가 '근대' '여성' '교육'이라는 측면에서 이룩해 낸 성과와 그 영향은 현 사회 속에서도 그 자취가 매우 뚜렷합니다. 지난해 이화는 이러한 역사와 전통을 밑바탕으로, 현 사회에 대한 시대사적인 인식을 아울러 '이니셔티브(initiative) 이화'를 비전으로 삼았습니다.

'이니셔티브'란 앞장서서 주도한다는 뜻입니다. 21세기의 변화하는 시대에서 새로운 문명의 가치와 대학교육의 미래를 설정하고 이화교육이 모든 영역에서 주도적 역할을 행사할 수 있게 되어야 합니다. 이화는 한국을 넘어 세계 최고 수준의 연구와 교육 역량을 갖춘 굴지의 명문대학으로 세계 여성교육의 허브가 되기 위해 모든 영역에서 이니셔티브를 추구할 것입니다. 이러한 노력 속에서 우리는 국제 경쟁력을 갖춘 전문 인력을 배출하고 남녀평등의 확고한 원칙이 존중되는 새로운 인류문명의 지성공동체를 구현하게 될 것입니다.

학문의 길에 선 신진학자들은 선학의 연구 성과를 존중하고 새로운 시대정신과 그들의 도전 정신을 바탕으로 창의력 있는 연구 방법과 새로운 연구 성과를 낼 수 있는 든든한 후속세대입니다. 그렇기에, 신진학자들에게 '주도'의 주체로서 우뚝 설 가능성을 기대할 수 있는 것입니다. 또한, 그들에게서 기대할 수 있는 '法古創新'한 연구 성과들은 가까이는 학계의 발전을 이끌어내고, 나아가 '변화'와 '무한경쟁'으로 대변되는 지금의 상황을 발전적으로 끌어갈 수 있는 저력이 될 것입니다.

이화여자대학교 한국문화연구원에서는 이렇듯 패기 있는 도전정신으로 학문의 방향을 이끌어 갈 학문 후속세대를 지원하기 위해 '이화연구총서'를 간행해 오고 있습니다. 이 총서는 최근 박사학위를 취득한 신진학자들의 연구논문 가운데 우수논문을 선정하여 발간하기 위해 기획되었습니다. 총서의 간행을 통해 신진학자들의 논의가 보다 많은 사람들에게 제공되어 이들의 연구 성과가 공유될 수 있는 기회를 줌으로써, 이들이 미래의 학문세계를 이끌 주역으로 성장하는 데 도움을 주고자 합니다. 앞으로도 '이화연구총서'가 신진학자들이 한발 더 높이 도약할 수 있는 발판이 되기를 소망합니다. '이화연구총서'의 발간을 위해 애써주신 연구진과 필진 그리고 관계자 모든 분들께 진심으로 감사드립니다.

2007년 9월

책 머 리 에

    1988년 대학원에 진학하여 한말 정치기구 중 하나인 '中樞院'에 대해 관심을 갖기 시작한 지 20년 만에 하나의 결과물을 세상에 내놓게 되었다. '중추원'으로 석사논문을 제출하면서 필자는 능력의 부족을 절감하며 다시는 역사 연구에 발을 들여놓지 않겠다고 다짐했었다. 그러나 역사 연구에 대한 미련은 더욱 커져갔고, 단지 공부를 하고 싶다는 소박한 마음으로 석사학위를 받은 지 7년이 지난 1998년 박사과정에 들어갔다. 당시에는 박사논문 주제로 중추원을 다시 선택할 생각을 하지 않았다. 그러나 박사과정 중『照會原本』을 번역 정리하고, 이에 관한 논문을 작성하면서, 1894년부터 1910년에 이르기까지의 중추원 활동을 전체적으로 쫓아간다면 가능하리라는 생각이 들었다. 그래서 석사논문에서 다루지 못했던 시기의 중추원 활동을 찾기 시작하였고, 구성원들도 의장·부의장뿐 아니라 의관까지 그 분석대상을 넓혀 부족한 부분을 채워나갔다.

    연구를 진행하는 동안 왜 '중추원'을 연구하느냐는 질문을 여러 번 받았다. 중추원이 한말 정치기관으로서 그리 중요한 역할을 담당하지 못했다고 생각했기 때문인 듯하다. 나는 한말 시기 존재하였던 한 기관의 행적을 쫓아가다보면 그 시대를 이해하는 단초를 마련할 수 있을 것이라 생각하였고, 나름대로 의회의 모습을 보였던 유일한 기관인 중추원을 연구하는 것은 당시의 위상과는 별개로 하더라도 의미 있는 연구가 되리라 생각하였다. 또한 근대 의회의 효시로 중추원을 내세울 수 있겠는가를 확인하는 것도 필자에게는 하나의 과제로 생각되었다. 그래서 중추원을 연구하는 마음가짐은 처음부터 '중추원'의 밝혀지지 않은 긍정적 업적을 찾아내는 것에 두지 않았다. 단지 한말의 정치상황 속에서 중추원 구성원들의 활동을 통해 있는 그대로의 '중추원'을 정리하고자 하였다.

이 책은 그러한 마음가짐으로 결실을 맺은 필자의 박사학위 논문을 수정·보완하여 내놓은 것이다. 박사논문의 몇몇 장의 구성과 내용은 박사학위논문 이후 『이화사학연구』, 『한국민족운동사연구』에 논문을 투고하면서 수정·보완하였고, 다시 책 출간을 위해 일부 내용을 보충하여 보완작업을 마쳤다. 1894년부터 1910년에 이르는 중추원의 활동을 시기별로 관제·구성원 등과 연계하여 분석하였으며, 그 과정을 통해 필자는 중추원의 시기별로 나타나는 다양한 기능과 성격을 조망할 수 있었다. 출간을 미루며 더 나은 연구서를 내놓고자 하였는데, 막상 출판을 하려 하니 박사논문에서 더 나아진 것도 별로 없는 듯하다. 흡족한 연구서를 출간하려는 욕심을 부리다가는 영원히 출간할 수 없을 것 같아, 부족한 내용에 대한 보완은 다음 기회로 미루고 용기를 내었다.

　박사학위논문을 집필하고 책을 출간하기까지 많은 선생님들로부터 세심한 배려와 지도를 받았다. 타과 학생이었음에도 석사과정 지도를 부탁드렸을 때 흔쾌히 받아주시고, 석사 졸업 이후 오랜 동안의 공백 끝에 다시 학문에 뜻을 두고자 하였을 때 가장 반겨주셨던 분이 이배용 선생님이시다. 박사논문을 쓸 때도 부족한 필자의 역사적 안목을 이끌어내 주시려고 함께 고민해주시고 하나하나 인도해주셨다. 학문의 길 뿐 아니라 한 가정과 사회에서 필자의 갈 길을 몸소 보여주시는 역할모델이 되어 주셨음에 부족한 논문을 출간하는 자리를 빌어 머리 숙여 감사드린다.

　김호일, 오성, 최기영, 한철호 선생님들께서는 필자의 박사논문을 심사하시면서 꼼꼼하게 지적해주시고, 연구주제에 관해 더 깊이 성찰할 수 있도록 도와주셨다. 또한 이화여대 사회생활과 최숙경, 전인영 선생님들께서는 필자가 대학원에 진학하여 계속 연구하는 것에 대해서 애정을 가지고 지속적인 관심과 격려를 해주셨다. 선생님들께 근황도 제대로 전해드리지 못해 항상 송구스러운 생각을 가지고 있다. 이 지면을 통해 죄송스러운 마음과 감사한 마음을 함께 전한다.

　오랜 공백 이후 다시 학문의 길을 가고자 용기를 낼 수 있었던 것은 남편을 따라 내려간 순천에서 대학 강의를 하게 된 것이 계기가 되었다고 생각한다. 부족한 필자에게 순천대에서 강의를 하게끔 도와주신

홍영기, 차웅환 선생님을 비롯한 사학과 선생님들은 순천에서의 5년을 의미 있게 만들어주신 감사한 분들이다. 그곳에서 다시 학문을 하고 싶다는 마음이 간절하게 되었고, 입학시험공부를 하였으며, 박사과정을 마쳤다.

학문의 길에 들어와 이대 사학과의 울타리에서 최유리, 백옥경, 김현숙, 남미혜 등의 선배와 김선아, 김수자, 하지연, 손정숙, 이현진 등의 후배들을 만나게 된 것은 필자에게는 학문적으로 한 발짝 나아감 외의 커다란 기쁨이다. 이들이 있기에 앞으로의 학문의 길도 외롭고 힘들지 않을 것이라 생각된다.

이화여대 한국문화연구원에서 이화연구총서로 출간할 수 있도록 허락해주심에 감사드린다. 또한 교정과 편집을 위해 애써주시고 책이 나오기까지 도와주신 김태규 실장님을 비롯한 도서출판 혜안 가족들께도 고마움의 인사를 전한다.

필자가 늦게 다시 학문의 길로 들어서는 데 가장 큰 버팀목이 되어준 것은 가족이었다. 연구를 핑계로 자식노릇을 소홀히 함에도 항상 이해해주시고 자랑스러워 해주시는 친정어머니와 시부모님, 언제나 필자 옆에서 사랑과 격려를 아끼지 않는 가장 든든한 후원자인 남편 전우성, 나의 인생을 풍요롭고 행복하게 해주며 함께 성장해온 사랑하는 소연, 상연, 성원에게 이 책을 바친다. 마지막으로 작지만 소중한 필자의 첫 결실을 가장 흐뭇하게 받아 보실 하늘에 계신 친정아버지께 바친다.

목 차

제1장 서 론

1. 연구 목적과 연구 현황

1) 연구 목적

개항 이후 한국[1])에서는 급변하는 국내외 정세에 대응하기 위해 부국강병과 근대화에 대한 요구가 높아졌다. 이러한 시대적 요청으로 당대를 고민하였던 사람들은 각자의 학식과 경험을 토대로 새로운 사회에 대한 청사진을 제시하였다. 또한 다양한 정치세력들은 자신들의 정치적 입장에 따라 '근대화'와 '자주' 또는 '왕권수호'라는 이름으로 새로운 정치체제를 시도하였고, 그 과정에서 정부기관들이 창출되었다.

서구 정체의 다양한 형태를 알게 된 지식인 중 일부는 한국에 적합한 근대 정체를 입헌군주제와 의회제라고 생각하게 되었고, 이와 관련된 개혁을 요구하였다. 이에 대한 구체적 표출은 갑신정변[2]) 이래 박영

---

1) 근대 우리나라의 명칭은 조선, 대한제국으로 불리어졌으나 특정 시기를 명명할 필요가 있을 경우를 제외하고는 혼란을 피하기 위하여 한국으로 통일하여 서술하고자 한다.

2) 이광린, 「갑신정변에 대한 일고찰」, 『개화당연구』, 일조각, 1973 ; 신용하, 「갑신정변의 개혁사상」, 『한국학보』36, 1984 ; 주진오, 「19세기 후반 개화개혁론의 구조와 전개」, 연세대학교 대학원 사학과 박사학위논문, 1995 ; 박은숙, 「갑신정변 政令에 나타난 정치체제와 권력운영 구상」, 『한국사연구』124, 2004.

18

효의 '1888년 건백서'로 이어졌고,3) 갑오개혁기 다시 정책으로 입안·
시행하려는 시도가 있었다.4)

　한국의 근대 정체, 특히 '한말 의회제'를 논의하는 과정에서 '중추원'
이라는 기관이 지속적으로 거론되었다. 이는 중추원의 관제가 개정되
는 과정에서 국가의 정책을 심사의정하고, 국가 권력집단의 활동을 규
제할 수 있는 기능 등이 포함되어, 미흡하나마 근대 의회의 모습을 보
여준다고 평가되었기 때문이다. 갑오개혁기 박영효 내각이 중추원을
"법률·칙령안과 내각에서 諮詢하는 사항에 대하여 審査 議定할 수
있는 기구"로 개편한 것에 주목하여 의회의 기능을 부여하였으나, 실
효를 거두지 못하였다고 평가하였다. 이후 의회설립 논의는 1898년 독
립협회에 의하여 활발히 진행되었고, 그 결실로 같은 해 11월 중추원
은 여러 정치인과 정치집단이 지향하였던 의회의 성격을 갖추게 되었
다고 하였다. 기존의 연구에서 특정 시기의 중추원을 근대로의 이행과
정에서 나타난 과도기적 의회의 성격을 가진 기관으로 규정하고, '과도
기적 의회'·'준의회'·'의회적'이라는 용어로 표현하고 있다.

　중추원은 1894년 갑오개혁기부터 1910년 '일제의 한국강점'에 이르

---

3) 日本外務省 編,『日本外交文書』제21권, pp.292~311.
4) 軍國機務處는 1894년 7월 30일 "平民일지라도 利國便民의 의견이 있는 자는
　군국기무처에 上書하고, 이를 회의에 부칠 事"라는 議案을 채택하였다. 10월
　9일에는 "萬國의 通例에 따라" 군국기무처를 의정부의 예속기구가 아닌 의
　정부와 대치하는 독립된 입법기구(즉 議會)로 개조할 것을 의결하기도 하였
　다. 그러나 10월 19일 군국기무처는 이를 '당분간 보류·취소'하여 한국사상
　최초의 의회설립기도는 무산되었다. 이배용,「개화사상·갑신정변·갑오개혁
　에 대한 연구현황과 과제」,『한국사론』25, 1995 ; 유영익,『갑오경장연구』, 일
　조각, 1990 ; 유영익,「갑오·을미년간(1894-1895) 박영효의 개혁활동」,『국사
　관논총』36, 1992 ; 한철호,「갑오경장 중(1894-1896) 貞洞派의 개혁활동과 그
　의의」,『국사관논총』36, 1992 ; 왕현종,『한국 근대국가의 형성과 갑오개혁』,
　역사비평사, 2003.

는 시기까지 존속되었던 정부기관이었음에도 불구하고, 의회의 성격을 갖추기 시작한 초기의 활동에 초점이 맞추어 연구되었다. 이후 연구의 집적으로 그 활동에 대한 연구 범위가 넓어졌지만 아직 그 전체의 모습을 조망하지 못하고 있다. 중추원이 존속했던 한말은 그야말로 격변의 시기였다. 17년이라는 길지 않은 시기동안 개혁과 전쟁, 일제의 식민지화 정책 시도, 정부와 민간에 의한 국권수호 노력 등 한국의 정치 상황은 급박하게 진행되었고, 이에 따라 정치의 주체도 여러 차례 변화하였다. 이러한 한말의 정치변동은 중추원의 위상과 활동에도 적지 않은 영향을 끼쳤으며, 정치변동 만큼이나 중추원 자체도 많은 변화를 함께 하였다.

실제 중추원이 당시 정치상황에서 주요 역할을 담당하였던, 즉 정책 결정에 커다란 영향력을 끼쳤던 시기는 특정 시기로 한정될 수 있다. 그럼에도 불구하고 1910년까지 중추원이 없어지지 않고 존속하였던 이유와 정치적 변동이 있을 때마다 다양한 정치 세력이 중추원에 대하여 관심을 가졌던 이유에 대한 연구는 한말 정치사에서 중추원의 성격을 가늠케 할 뿐 아니라 한말 정체의 성격을 규명할 수 있을 것이다.

2) 연구 현황

中樞院에 대한 기왕의 연구는 크게 세 시기로 나누어 설명할 수 있다. 먼저, 중추원에 대한 연구는 1970년대 '독립협회' 활동을 연구하는 과정에서 시작되었다. 해당 시기의 연구는 1898년 독립협회의 활동을 중추원의 노륙·연좌제 부활 논의, 중추원을 의회로 개편, 중추원의 '票選人材' 주장과 관련하여 설명하면서, 독립협회의 성격을 규명하기 위한 하나의 단서로서 중추원을 부분적으로 다루었다.[5] 나아가 독립협

---

5) 천관우, 「독립협회의 의회개설운동」, 『한국사의 재발견』, 일조각, 1974 ; 신용

회를 구성하였던 개인이나 집단이 의회개설운동에서 담당하였던 역할에 주목하여 중추원을 언급하기도 하였다.[6] 이러한 연구를 바탕으로 독립협회가 지향하였던 대한제국의 정체를 중추원이 개편되는 1898년의 정체와 연관하여 다양하게 제시하였다.[7]

다음으로, '중추원'에 대한 본격적 논의는 1980년대에 들어서면서 시작되었다.[8] 중추원 설립부터 '일제의 한국강점'에 이르는 시기 동안의 관제, 구성원 및 활동에 대한 연구는 진행되었지만 주요 연구대상 시기가 1898~1899년으로 한정되어 있었다.[9] 이들 연구에 의하면 중추원

하,『독립협회연구』, 일조각, 1976 ; 최덕수, 「독립협회의 정체론 및 외교론연구 - 독립신문을 중심으로-」,『民族文化硏究』13, 1978 ; 신용하, 「19세기 한국의 근대국가형성 문제와 입헌공화국 수립운동」,『한국의 근대국가 형성과 민족문제』, 문학과 지성사, 1986 ; 김신재, 「독립협회의 중추원 개편운동과 그 성격」,『경주사학』10, 1991 ; 신용하,『독립협회와 개화운동』, 세종대왕기념사업회, 2000 ; 최형익, 「한국에서 근대 민주주의의 기원 - 구한말『독립신문』, 독립협회, 만민공동회 활동 - 」,『정신문화연구』96, 2004.

6) 유영렬,『개화기의 윤치호 연구』, 한길사, 1985 ; 한철호,『친미개화파연구』, 국학자료원, 1998.

7) 독립협회가 지향하는 정체를 ① 신용하는 영국과 같은 3권 분립이 실현된 입헌군주제를 지향하였다. 군주는 오직 국가의 상징일 뿐 민권에 기초한 근대 민주주의 국민국가건설이 목표하고 하였다. ② 유영렬은 君民共治형으로 전제정치를 부정하며, 군주권의 제도적 제약과 민의의 국정반영이 목표라고 하였다. ③ 최덕수는 군주권의 절대성과 실질적 강화를 통한 군주의 강력한 지배권 행사를 인정하는 외견적 입헌주의를 지향한다고 보았다. 각각 논자들의 독립협회의 정체의식은 다르지만 모두 '중추원'이라는 기구를 의회화함으로써 근대정체로 변화시키고자 하였다는 점에는 의견을 같이 하였다.

8) 송정현, 「한말 중추원고」,『용봉논총』11, 전남대 인문학연구소, 1981 ; 진덕규, 「대한제국기 권력구조에 관한 정치사적 인식 I」,『대한제국연구』I, 이대 한국문화연구원, 1983 ; 진덕규, 「대한제국의 권력구조 연구 II - 중추원의 분석적 고찰 - 」,『대한제국연구』II, 이대 한국문화연구원, 1984.

9) 1단계는 1895년 3월~1898년 3월의 기간으로 중추원의 기능이 사실상 형식적인 것에 불과하여 그 활동도 거의 없었다고 하였다. 2단계는 1898년 3월~1905년 3월의 기간으로 중추원은 점점 정치에서 의정부에 대한 자문기관으로

은 1890년대 후반 성장하는 독립협회와 만민공동회에 의하여 1898년 11월 代議機構的 성격을 가진 기관으로 마련되었고, 1899년에는 無定見한 왕과 부정부패한 정부 관료들을 압박한 것으로 평가되었다. 그러나 중추원을 1898~1899년의 특정시기를 제외하고는 관직대기소의 역할을 주로 담당하였던 유명무실한 기관으로 파악하였고, 중추원의 기능 축소와 민중 탄압이 망국의 원인이 되었다고 하였다. 이상의 연구에서 보여진 중추원의 단계별 활동에 따른 성격 규명·구성원의 분석 등은 새로운 시도였다. 그러나 1894~1910년 전반에 이르는 중추원의 성격 변화와 그 분석에는 미흡하였고, 중추원의 활동과 중추원 구성원에 대한 분석도 부분적으로만 진행되어 중추원의 전체상을 보여주기에는 한계를 지니고 있었다.

1990년대 들어서면서 필자와 한명근은 중추원에 대한 체계적인 분석을 시도하였다.[10] 필자는 1894~1910년의 기간 동안 중추원의 관제 개편·활동·주요 구성원을 분석하였다. 중추원의 관제가 개정되는 과

여론의 조성과 여론을 정책에 투입할 수 있는 조직체로 자리잡게 되었다고 하였다. 1899년 4월 한 달을 중추원의 활동이 비교적 활발했던 시기로 보고 중추원에서 처결하였던 사항을 분석하였다. 3단계는 1900년대의 초기로 정리하고 이 시기는 중추원이 사실상 국민들의 애국적인 욕구와 행동에 따를 수밖에 없는 기능적인 성격과 그러면서도 정부의 한 부처로서 무능하고 친일적인 정부와의 사이에서 안주하고 있는 성격을 보여준다고 하였다.(진덕규, 앞글, 1984)

10) 이방원, 「대한제국기 중추원에 관한 연구」, 이화여자대학교 석사학위논문, 1991 ; 한명근, 「개화기 중추원의 활동과 성격(1894~1910)」, 숭실대하교 석사학위논문, 1994 ; 한명근, 「개화기 중추원의 정치적 기능(1894~1904)」, 『숭실사학』 9, 1996 ; 이방원, 「한말 중추원 연구」, 『이대사원』 31, 1998 ; 한명근, 「통감부기 중추원의 기능과 활동」, 『홍경만교수정년기념 한국사학논총』, 2002 ; 이방원, 「중추원 『조회원본』의 사료적 가치」, 『이화사학연구』 30, 2003 ; 이방원, 「러일전쟁 이후, 중추원의 개편과 활동 : 1904~1906년」, 『이화사학연구』 32, 2005 ; 이방원, 「1900년대 초, 중추원의 기능과 활동 -『照會原本』의 시무책과 열강 관련 헌의서를 중심으로 - 」, 『이화사학연구』 33, 2006.

정과 각각의 관제 조항을 분석하여 중추원 기능의 변화와 그 의미를 분석하였다. 중추원의 활동은 정치경제·사회문화·외교 분야로 나누어 각각의 주요 안건에 대한 중추원의 입장을 정리하여, 일부 중추원의 일관성 없는 활동은 중추원을 주도한 구성원의 성격 차이 때문임을 밝혔다. 마지막으로 중추원 의장·부의장·고문을 중심으로 주요 구성원의 사회신분, 학문적 배경, 주요 관력을 정리하여 그 성향을 정리하여 중추원 연구에 일정하게 기여하였다. 그러나 중추원의 몇몇 관제 개정만을 정치변동과 연결하여 설명하였으며, 중추원의 활동은 부족한 사료로 1898년, 1899년, 1907년에 해당되는 시기만을 한정적으로 정리하였고, 중추원의 실제 업무를 담당한 의관들에 대하여 주의를 돌리지 못함으로써 이 또한 과제로 남겨두게 되었다.[11] 이후 부족한 부분을 보완하고자 중추원 관련 사료인 『照會原本』을 연도별·주제별로 정리 분석하여 1900~1902년 중추원 활동을 살펴볼 수 있는 근간을 마련하였으며,[12] 러일전쟁 이후 고종이 중추원의 기능에 주목하여 일제의 침략에 저항하는 모습을 정리하였다.[13]

한명근은 중추원의 활동을 개화기(1894~1904)와 통감부기로 나누어 정리하면서 개화기 중추원을 각 시기별 정치적 특징에 따라 관리운용기구, 의회기구, 황제권 보조기구로 분류하여 당시 다양한 정치세력의 이해기구로 존재한 중추원의 기능과 변화를 고찰함으로써 봉건체제 해체에서 근대사회로의 이행이라는 과도기적 정치양태를 이해하고자 하였다.[14] 또한 러일전쟁 발발 이후 일본의 침략이 노골화되는 통감부 시기 중추원 기능의 변화와 활동을 살펴봄으로써 식민지로 전락해가

---

11) 이방원, 위의 글, 1998.
12) 이방원, 앞의 글, 2003 ; 앞의 글, 2006.
13) 이방원, 위의 글, 2006.
14) 한명근, 앞의 글, 1996.

는 과정에서 한국정치의 성격을 이해하고자 하였다.[15] 한명근은 중추원에 대한 전반적인 분석을 시도하였지만, 1900~1906년에 이르는 동안 중추원의 활동은 상대적으로 소략하게 다루었다. 이로 말미암아 1900~1902년에 이르는 시기의 중추원을 황제권 보조기구로만 규정함에 따라 중추원 구성원들이 자신들의 권력을 확대하기 위하여 중추원을 적극적으로 활용한 면과, 1904~1906년 고종의 국권수호 의지와 중추원의 기능 강화 노력에 의하여 1907년 전반기에 이르러서는 중추원이 활발하게 활동할 수 있는 기반이 형성된 면 등이 간과되었다. 즉 중추원의 성격이 정치세력의 의지에 의해 변화되는 타율적인 면만을 살펴봄으로써 중추원 자체의 활성화 노력에 대해서는 상대적으로 소홀히 다루었으며, 정치변동 속에서 나타나는 중추원 개편에 대한 분석이 부족하였다.

2. 연구 방법

중추원은 1894~1910년간 급변하는 정치변동의 영향으로 설립·개편되었으며, 그 때마다 성격을 달리하는 다양한 세력들이 중추원 구성원으로 임명되었다. 심사 의정하는 기능을 담당하게 된 이후의 중추원은 집권세력의 국정 독단을 견제하였고, 자체 건의를 통하여 의관 자신들이 생각하는 시무책을 제시하였으며, 인민의 의견을 의정부에 상달하는 방법으로 국정에 참여하였다. 이와 같은 사실에 입각하여 중추원을 정치변동에 따른 개편과 중추원 구성원의 성격, 그리고 이들에 의하여 이루어지는 중추원 활동을 유기적으로 분석하고자 한다. 이와 같은 작업을 거쳐 중추원의 활동 변화에 따라 시기를 나누고, 각 시기

---

15) 한명근, 앞의 글, 2002.

마다의 중추원 성격을 규명하고자 한다. 나아가 중추원에 대한 종합적인 정리와 분석을 통하여 기존 연구에서 의회제의 근간이 되었다고 평가되는 중추원의 역할과 의미, 그리고 그 위상을 한말 정치구조 속에서 조명하고자 한다.

기존 연구 성과를 비판적으로 수용하면서, 『中樞院來文』·『照會原本』 등 중추원의 주요 사료, 『承政院日記』·『각사등록』·『고종시대사』·『高宗實錄』·『대한제국관원이력서』 등의 관찬사료, 『大韓季年史』·『윤치호일기』 등의 개인문서, 『구한국외교문서』·『통감부문서』 등의 국내 사료, 『독립신문』·『皇城新聞』·『대한매일신보』 등 신문 사료를 기본으로 활용하면서 연구를 진행할 것이다.

중추원에 관한 연구를 5장으로 나누어 논의를 전개하고자 한다. 제2장은 1894~1897년 갑오개혁기 중추원이 설립되는 배경과 그 운용, 박영효 내각 시기 중추원 관제의 개정과 변화된 기능, 그리고 아관파천 이후 고종에 의한 중추원 운영에 대해서 분석·정리할 것이다. 갑오개혁이라는 일대 변혁을 계기로 중추원은 관직대기소이자 형식적인 자문기관의 역할을 담당하게 되었다. 그러나 박영효가 내각을 주도하면서 중추원에 의회로서의 기능이 추가되었고, 자신의 정치구상을 중추원을 통하여 구현하려고 시도하였다. 따라서 여기서는 박영효의 정치구상과 개정된 중추원 관제를 분석하고, 중추원의 실질적 운영 여부를 살펴볼 것이다. 이상의 정리와 분석을 통하여 초기 중추원의 성격을 규명할 수 있을 것이다.

제3장은 1898~1899년 중추원이 실질적으로 기능하게 되는 배경과 독립협회의 요구에 의하여 의회로 개편되는 과정, 그리고 정부와의 갈등에 의한 재개편 과정, 1899년 전반기 중추원 활동의 성격, 중추원의 활동을 통제하기 위한 정부의 중추원 개편 등을 당시 복잡한 정치변동과 연결시켜 분석할 것이다. 실질적인 중추원 활동은 채 1년이 되지 않

았지만 전제국가였던 한국에서 황제권과 행정권에 압력을 가하는 공기관이 설립되었다는 것은 근대 정치로의 이행에서 중요한 의미를 지닌다. 이 부분과 관련된 연구가 많이 집적되어 있는 만큼 좀 더 심층적인 분석을 통하여 중추원의 의미를 정확히 규명하도록 노력할 것이다.[16]

제4장에서는 1900~1903년 주요 구성원의 성향, 『照會原本』[17]의 내용을 통한 중추원의 활동을 분석함으로써 중추원의 성격을 규명할 것이다. 열강간의 세력 균형, 황제권 강화, 광무개혁 진행으로 인지되어진 시기에 중추원은 어떤 인물들에 의하여 어떠한 기능을 담당하였는가를 살펴볼 것이다. 1899년 대한국국제 반포와 때를 같이하여 중추원 관제 개정이 이루어져 의정부를 견제하기 어려워진 중추원은 과연 이 시기 어떠한 모습으로 존재하였는가는 중추원에 대한 총체적 윤곽을 설명하기 위하여 빠질 수 없는 부분이다. 이 시기에 대한 중추원 연구는 아직 본격적으로 이루어지지 않은 부분으로 유의미한 작업이 되리라 기대한다.

제5장은 1904~1907년 5월 중추원의 성격과 활동을 다시 1904~

---

16) 예를 들어 '票選人材'는 활동으로 연구된 논문이 많다. 당시 중추원 의관으로 독립협회 회원들이 다수(17명/50명) 임명되었으며, 또한 표선인재가 그들에 의하여 주도된 안건이라고는 하지만, 그 활동이 중추원이라는 기관 안에서 또한 다른 성향의 의관들과 함께 중추원 의사과정에서 심의 의결된 사건이었다. 이로서 독립협회라는 기관보다 중추원의 활동에 초점을 맞추어 표선인재의 건의배경, 표선인재를 주도한 중추원 의관들과 이를 반대한 의관들의 성향 분석, 표선인재에 선택되어진 11명의 성향 분석, 이에 대한 각계의 반응, 이후 박영효 선출을 둘러싼 중추원 의관의 색출과정과 이로 인한 중추원의 성격 변화까지 추적해고자 한다.

17) 『조회원본』은 1899년 두 차례의 중추원 관제 개정 이후 중추원의 역할이 民意 전달에 집중되면서, 1900~1902년 중추원에서 의정부로 상달한 헌의서들을 모아 놓을 필요성을 느끼게 되었고, 이로 인하여 만들어진 문서이다.

1906년, 1907년 1~5월로 구분하여 살펴볼 것이다. 일제의 침략이 노골화되는 위기 상황에서 국가의 최고 책임자인 고종이 극일 자주하기 위하여 중추원을 어떻게 활용하고자 하였는가를 고찰할 것이다. 중추원의 기능이 활성화되면서 의정부에 제의하였던 시무책을 분석함으로써, 국가 위기상황을 극복하기 위한 방법을 살펴보고자 한다.

제6장에서는 1907년 5월~1910년 '일제의 한국강점' 시기 중추원의 심사의정 기능이 약화되는 과정을 정리할 것이다. 헤이그밀사 사건 이후 통감부는 한국의 식민지화 준비에 더욱 박차를 가하였고, 고종의 의지로 그 기능이 활성화되었던 중추원의 활동을 통제하였다. 중추원 관제의 개편에 따라 새롭게 마련된 '고문'의 의미, 당시 구성원의 성향, 중추원 활동의 분석을 통하여 '일제의 한국강점' 이전 중추원의 기능이 약화되는 과정과 함께 중추원의 국권수호 노력의 한계도 살펴볼 수 있을 것이다.

이상의 시기별 중추원의 성격 분석을 기반으로, 1894~1910년 중추원에 대하여 관제, 집권세력과의 역학관계, 활동에 있어서의 지향점을 정리할 것이다. 마지막으로 한말 근대정치로의 이행기에서 중추원의 의회로서의 성격 규정에 대한 타당성과 한계점도 재검토해 보고자 한다.

필자는 한말 정치변동 하에서의 중추원 연구는 다음과 같이 한말의 역사상을 다면적으로 고찰하는데 일조할 수 있으리라 기대한다.

첫째, 중추원의 성격 변화를 관제 개정을 통하여 분석하되 당시 한말의 정치변동 속에서 추적할 것이다. 관제에 규정된 중추원 기능의 확대와 축소는 당시 정치변동과 밀접한 관련을 보이기 때문이다. 또한 중추원에 충원되었던 인물들의 성향을 시기별로 분석함으로써, 급변하는 한말의 정치 상황과 정치세력의 움직임을 재현하는데 중요한 단서를 제공할 것이다. 그것은 한말의 정부 기관 중 중추원만큼 국내외 상

황에 따라 기능이 변화하고 다양한 성향의 세력들에 의하여 다양한 목
적으로 활용되어진 기관은 드물기 때문이다.

둘째, 중추원이 한국의 근대화와 자주 유지를 위해 어떠한 노력을
하였고 그것이 얼마나 적절하였는지 평가할 수 있는 기회를 제공할 것
이다. 중추원은 의정부의 자문의안을 의결하고, 자체적으로 시무책을
건의하며, 인민들의 헌의를 의정부로 상달하는 역할을 담당하면서 국
정에 관련된 다양한 문제를 다루게 되었다. 이러한 과정에서 중추원은
근대화 관련 시책을 요구하였으며, 열강과의 관계에서 이권과 국권수
호를 위하여 일정한 역할을 담당하고자 하였다. 중추원의 활동을 분석
함으로써 중추원의 근대화 및 자주 의지 정도와 정부에 대한 영향력,
정치적 역할과 의미, 그리고 그 한계를 규명할 수 있을 것이다.

셋째, 중추원이 인민 헌의를 의정부 나아가 국왕에게 상달하는 과정
과 그 내용을 분석함으로써 소외된 정치세력과 인민의 사상적 동향,
당 시대에 대한 인식을 살펴보는데 일조할 것이다. 또한 고종·정치권
력집단·정권소외집단·통감부 등 다양한 주체들이 지향하는 정체와
권력 창출과 유지를 위하여 중추원을 적극적으로 활용 또는 제한하는
행위를 분석함으로써 당 시대인들의 한말 중추원에 대한 인식 또한 읽
을 수 있을 것이다.

넷째, 한일의정서 이후 고종의 국권수호 노력[18]을 중추원을 통해서
도 살펴볼 수 있을 것이다. 일제에 의한 한국 식민지화 과정[19]에서 고

---

18) 김기석, 「광무제의 주권수호 외교, 1905-1907 : 乙巳勒約 무효 선언을 중심으
로」, 『일본의 대한제국 강점』, 까치, 1995 ; 서영희, 「러일전쟁기 대한제국 집
권세력의 시국대응」, 『역사와 현실』 25, 1997 ; 이태진, 『고종시대의 재조명』,
태학사, 2000.

19) 구대열, 「대한제국기 국제관계」, 『대한제국연구』 3, 이대 한국문화연구원,
1985 ; 유재곤, 「일제통감 伊藤博文의 대한침략정책(1906-1909)」, 『청계사학』
10, 1993 ; 서영희, 「일제의 한국 보호국화와 통감부의 통치권 수립과정」, 『한

종의 자주의지가 중추원으로 표출되고, 일제에 의하여 좌절되는 과정을 추적함으로써 고종의 국권수호 의지를 살펴볼 수 있을 것이다.

다섯째, 중추원 연구는 현재 대한제국 시기 황권강화와 관련된 몇몇 기구만이 정리 분석되어진[20] 시점에서 한말 정치기관 연구에 도움을 줄 수 있으리라 본다. 이를 통하여 한말 정치기관 간의 상호 작용과 한말 정치변동을 구체적으로 이해하는 데 일조하기를 기대한다.

마지막으로 한말 중추원 관제와 그 활동을 추적함으로써, 중추원을 한국 근대 의회의 효시로 규정할 수 있는가의 논의가 일차적으로 마무리되어질 수 있기를 기대한다.[21] 전통과 근대의 접경에서 현대 의회의 과도기적인 성격을 보이는 중추원의 의미와 그 한계를 분석함으로써 한국의 근대정치 발전상을 더욱 넓게 조망할 수 있기를 바란다.

국문화』 18, 1996 ; 서영희, 「대한제국의 보호국화와 일제 통감부」, 『역사비평』 52, 2000 ; 한명근, 「통감부 시기 일제의 침략론」, 『국사관논총』 90, 2000.

20) 서영희, 「1894-1904년의 정치체제 변동과 宮內府」, 『한국사론』 23, 1990 ; 오연숙, 「대한제국기 의정부의 운영과 위상」, 『역사와 현실』 19, 1996 ; 차선혜, 「대한제국기 경찰제도의 변화와 성격」, 『역사와 현실』 19, 1996 ; 조재곤, 「대한제국기 군사정책과 군사기구의 운영」, 『역사와 현실』 19, 1996 ; 오연숙, 「대한제국기 궁내부특진관의 운용」, 『사학지』 31, 1998. 중추원 관련 논문은 연구 현황의 장에서 정리 분석하겠다.

21) 현대 정치학에서 의회정치를 대표의 원리·다수결의 원리·행정감독의 원리를 가지고 설명한다. 백상건, 『정치학강의』, 박영사, 1992, pp.296~297.

제2장 중추원의 설립과 관리충원 기능
(1894~1897)

1. 갑오개혁기 중추원의 설립

1) 군국기무처의 중추원 설립 의도

한말 중추원은 동학농민운동과 갑오개혁이라는 1894년 정치변혁 과정에서 설립되었다. 동학농민군이 북진하여 전주에 이르자, 동학농민군을 자체적으로 막을 힘이 부족하다고 판단한 한국정부는 청국에 도움을 요청하였고, 톈진조약에 근거하여 일본도 군사를 한국에 파견하였다. 동학농민군이 정부와 전주화약을 맺고 해산했지만 일본군은 철병하지 않고 한국정부에 내정개혁을 제시하였다. 한국은 일본정부가 제시한 내정개혁의 철회와 일본군의 철수를 요구하였고,[1] 자주적으로 개혁을 추진하기 위하여 校正廳을 설립하였다. 한국 내정에 개입할 명분이 없어진 일본은 1894년 6월 21일(양력 7월 23일) 경복궁을 불법 점령하여 민씨 정권을 무너뜨리고 흥선대원군을 앞세운 金弘集 정권을 수립하였다.[2] 김홍집 정권은 개혁을 담당하면서, 개혁을 주관할 비상

---

1) 왕현종, 『한국 근대국가의 형성과 갑오개혁』, 역사비평사, 2003, pp.171~178 ; 유영익, 앞의 글, pp.7~8.
2) 왕현종, 앞의 글, pp.144~146 ; 이광린, 『한국사강좌』Ⅴ, 일조각, 1986, pp.315~316.

입법 및 정책발의기구인 軍國機務處를 신설하였다.

군국기무처를 구성한 인물들은 1880년 이래 근대화정책이 추진될 때 권력의 중추세력이라기보다 실무관료로 활동하였던 사람들이었다.3) 이들은 한국이 대내외적으로 직면하고 있는 위기를 극복하기 위해서는 개혁이 필요하다고 인식하였으므로 개혁에 대해 대단한 열성을 가지고 있었다. 이들은 일찍이 동도서기의 한계를 깨닫고 서양의 사상과 제도까지 과감하게 받아들여야 한다고 생각하였고, 군국기무처를 통하여 약 210건의 제도개혁안 또는 정책건의안을 의결하였다.4)

1차 갑오개혁의 중심을 이루었던 정치제도의 개편으로 중앙관제와 관료제도에 일대 개혁이 가해졌다. 중앙관제를 의정부와 궁내부로 나누어 행정과 왕실의 업무를 분리하였으며, 의정부의 최고책임자로 총리대신을 두어 행정 실무를 맡아보는 8아문을 통찰케 하였다. 또한 의정부 산하에 군국기무처·도찰원·중추원 등 10개의 기관을 두어 각 기능을 담당하도록 하였다. 관료제도는 文武品級을 기존의 18품급에서 11품급으로 축소하였고, 職階도 9품까지를 勅任·奏任·判任으로 구분하였으며, 품급에 따라 月俸制를 실시하기로 하였다.

1차 개혁을 통한 의정부와 궁내부의 분리로 전제군주제에 제약을 가하였고, 간쟁기관인 三司를 폐지함으로써 군국기무처의 활동을 제한할 수 있는 근간을 제거하였다. 따라서 군국기무처는 정치제도의 개혁을 통하여 자신들에게 권력을 집중시키고 개혁을 강력하게 추진해 나갈 수 있었다.5) 이상의 정치개혁으로 대대적인 인사이동이 일어날 수밖에 없었으며, 관직을 잃은 사람들이 속출하게 되었다. 군국기무처는 갑자기 관직을 잃은 사람들과 미처 관직을 수여하지 못한 사람들을

---

3) 왕현종, 앞의 글, pp.148~159.
4) 이광린, 앞의 글, pp.316~317.
5) 왕현종, 앞의 글, pp.209~219 ; 이광린, 위의 글, pp.322~326.

구제해야 할 필요에 의하여 中樞院6)과 散班院이라는 기관을 설립하였다.

　군국기무처는 관직대기 및 관리우대기관으로서의 성격을 가지고 있었던 중추부를 중추원으로 개칭하여 1894년 6월 28일(양력 7월 30일) 의정부 산하 기관으로 삼았다. 의정부 관제 제1장 4항에 기재된 중추원에 관한 내용은 "文武蔭 資憲7) 以上의 현직이 없는 사람을 單付하여 顧問에 對備하고 缺員 時 送補한다. 院長 1員(右贊成이 兼한다), 參議 1員, 主事 2員을 둔다."8)는 것이었다. 이 내용에서 알 수 있듯이 중추원은 갑오개혁으로 단행된 인사이동으로 현직이 없어진 고위 관

---

6) 갑오개혁기 군국기무처에 의하여 설치된 '중추원'의 성격을 살펴보기 위하여 그 명칭의 유래를 한국 역사에서 간단히 찾아보면 다음과 같다. 중추원이란 기관은 고려시대와 조선시대에서도 있었다. 고려시대의 중추원은 왕명의 출납·궁궐의 宿衛·군사기밀 등의 政務를 관장하는 기관이었다. 조선에 들어와서는 왕명출납 기능은 承政院으로 궁궐숙위와 군사기밀의 사무는 五衛都摠府로 이관되었고, 世祖기에 중추원은 中樞府로 개칭되면서 "관장할 업무는 없고, 소임이 없는 문무당상관들이 대기하는 곳"으로 바뀌었다. 중추부가 이와 같이 관장할 사무도 없는 기관이면서 중앙관제 중에 존속하였던 이유는 양반관료 사회에서 관직의 특권화 경향으로 관직이 곧 신분으로 인식되었기 때문에, 관료들은 현직에서 물러난 뒤에도 일정 시기 동안 祿俸을 받고 다시 기용되기 전까지 명목상 신분을 유지할 필요가 있었다. 그리하여 만들어진 것이 '遞兒職'이었고, 체임된 문무중신들을 대기시키고 국가에 중대한 문제가 발생하였을 때 결정에 참여시키기 위한 의도로 만들어진 기관이 중추부였다. 이후 조선 중기 이후에는 국가에 공이 있는 자들의 論功行賞을 할 때에 관직 상으로만 우대하고 현직은 주지 않기 위하여 이용된 기관이 중추부이기도 하였다. 이재호, 「中樞府 機能考」, 『한국정치제도연구』, 일조각, 1995, p.118 ; 전종익, 「개화기 중추원의 기능과 성격에 관한 연구」, 서울대 법학과 석사학위논문, 1998, p.12.
7) 右參贊 관직을 받았으며, 3議政을 보좌하고 대소 국정에 참여하였다. 1865년 宗親의 관계가 문관관계에 통합됨에 따라 종친계의 承憲大夫와 儀賓(임금의 사위)의 通憲大夫가 자헌대부에 통합되었다.
8) 『韓末近代法令資料集』, 議案-議政府 官制, 1894년 6월 28일.

리들을 중추원에 소속시켜 불만을 적게 하고, 결원 시에 중추원 구성
원으로 충당하기 위한 목적으로 설치되었다. 그러므로 중추원 구성원
을 관리하는 관직자로 책임자인 원장 1명과 실무를 담당하는 참의와
주사만이 배치되었으며, 원장은 우찬성이 겸하였다.

군국기무처는 고위 관리 이외에 失職한 관리들을 구제하기 위하여
7월 8일 의정부 내에 '散班院'을 신설하였다. 산반원에 "前現職人 중
更張을 거쳐 散秩로 돌아간 사람들을 소속시켜 酌量給俸하고 後日의
隨材薦用을 기다리게 하거나 혹은 他區處하여 朝家에서 體念하는 뜻
을 보이도록 한다."9)고 하여 현직이 없어진 사람에게 이전 관직을 참
작하여 봉급을 주며 후일 그 자질에 따라 천거하여 임용할 것을 규정
하였다.

군국기무처는 갑오개혁으로 생겨난 失職者들을 품계에 따라 나누어
관리할 필요가 없다고 생각하였으며, 업무의 효율성을 높이기 위하여
7월 17일 다음과 같이 규정하여 失職者 관리기관을 중추원으로 일원
화하였다.

散班 文·蔭·武官을 中樞院에 부속시켜 官俸을 酌豫하되 院長으
로 하여금 관리하게 하고 雜織·胥吏·하인들 중에 새 정원에 들지
못한 사람들은 그대로 각각 이관된 해당 아문에 소속시키고 종전대로
料米를 줄 것.10)

---

9) 『官報』, 1894년 7월 8일.
　　정3품의 上階이다. 1865년부터는 문관뿐만 아니라 宗親·儀賓의 품계로도
　　함께 사용하였다. 통정대부는 국가의 중요한 정책을 결정하는 데 참여하였으
　　며 근무일수에 상관없이 능력에 따라 加資 또는 加階되었다. 관직에서 물러
　　난 다음에도 奉朝賀가 되어 녹봉을 받는 등의 특권을 누렸다.
10) 『高宗實錄』, 1894년 7월 17일.

이에 따라 군국기무처는 7월 19일 중추원의 官秩을 "銓考局에서 중추원에 송부하여 정1품인 전임 議政은 領中樞院事, 輔國과 종1품은 判中樞院事, 정2품은 知中樞院事, 종2품은 同知中樞院事, 정3품은 僉知中樞院事로 부르고 堂下 3품 이하는 문관, 음관, 무관을 따질 것 없이 모두 中樞院 員外郞으로 부를 것"이라고 구체적으로 규정하였다.[11] 즉 失職 당시의 品秩에 따라 중추원의 품질이 정해지는 것으로, 從一品직을 수행하던 官員이 失職되면 다시 새로운 현직을 수여받기 전까지 자동적으로 중추원의 判中樞院事가 되었다. 그러므로 군국기무처에 의하여 설립된 중추원은 일정한 인원수가 정해질 수 없었고, 중추원 소속 관리는 규정된 봉급은 받지만 행정에 참여할 수도 없었다. 따라서 중추원은 개혁과정에서 失職한 관리들의 불만을 약화시키고, 중추원 관리라는 명예직을 소유한 상태에서 관직임용을 기다리는 관리 충원소의 기능을 담당하게 되었다.

일본의 경복궁 점령과 군국기무처의 개혁으로 반일감정이 고조되자 농민항쟁은 다시 시작되었고, 대원군과 군국기무처의 충돌, 군국기무처 회원간의 분열 등으로 한국 정계가 복잡해졌다. 이에 일본정부는 당황하였고, 이러한 상황이 나타난 것은 당시 오오토리(大鳥圭介) 공사의 무능과 對韓소극정책 때문이라고 단정하였다. 일본은 1894년 9월 청일전쟁 중 평양전에서 승리하면서 한국에서 일본의 위상을 확립하기 위하여 이노우에(井上馨) 공사를 주한전권공사로 임명하였다. 한국 문제에 대하여 자유 재량권을 부여받은 이노우에 공사의 부임(9월 30일, 고종에게 신임장 제출)은 일본정부의 對韓政策에 있어 중대한 전환을 뜻하였다.[12]

이노우에 공사는 기존의 정치적 갈등을 정치 군사적인 힘으로 강압

---

11) 『官報』, 1894년 7월 19일.
12) 이광린, 앞의 글, pp.330~334.

해나가는 한편, 한국의 정치체제를 비롯한 내정개혁을 자신의 의도에 따라 재편성하려고 하였다.[13] 이노우에 공사는 일본의 군사력을 배경 삼아 대원군 축출[14]·왕비 제압·궁중사무와 내각사무의 명확한 구분으로 궁중의 비정치화를 실현하고, 존재가치가 희박해진 군국기무처[15] 대신 의정부를 통하여 내정개혁을 강력히 추진하고자 하였다. 정권이 하나의 원류에서 나와야 한다는 이노우에 공사의 주장으로 대원군이 축출되고 고종의 친정이 이루어지기는 하였지만, 고종의 권한이 경복궁 점령 이전으로 회복된 것은 아니었다.[16] 이노우에 공사는 왕권을 제한하면서 권력을 의정부로 집중시키고, 친일세력으로 하여금 일본의 이익을 대변할 수 있도록 한국을 개혁하고자 하였기 때문이다.

이노우에 공사는 이상의 개혁 목표를 위하여 군국기무처를 11월 21일 칙령 제6호로서 혁파하고, "機務處 議員을 모두 減下하고 中樞院을 설치하되, 會議官制章程은 의정부에서 상정시행" 하도록 하였다. 이어서 領中樞院事였던 原任 議政大臣 金炳始를 중추원 의장에, 趙秉世를 左議長에, 鄭範朝를 右議長에 임명하였고, 중추원의 최고 책임자를 院長에서 議長으로 개칭하여 회의기관임을 명시하였다. 公文式 제2조에는 "法律·勅令은 의정부에서 기초하거나 各衙門大臣이

---

13) 왕현종, 앞의 글, pp.224~225.

14) 이노우에 공사는 반일감정을 가지고 일본을 축출하고자 기도한 대원군을 청나라로의 密書사건을 이유로 은퇴하도록 강요하여, 결국 1894년 10월 21일 (양력 11월 18일) 대원군은 정계를 은퇴하였다. 이광린, 앞의 글, pp.333~334.

15) 군국기무처의 근대적인 개혁안은 법령상으로만 가결되었을 뿐, 대원군과 군국기무처의 충돌, 군국기무처 회원들 간의 분열로 인한 정부 내부의 갈등, 동학농민군의 재봉기로 인하여 주체적으로 강력히 추진될 수 없었다. 김신재, 「제2차 갑오개혁기의 국가형태 개혁」,『경주사학』21, 2002. p.257.

16) 고종은 복권되자마자 1894년 11월 1일(음력) 동지중추원 한기동을 탁지협판, 동지중추원사 이건창을 법무협판, 학무협판 고영희를 농상협판, 동지중추원사 이용직을 내무협판에 임명하였으나, 이노우에 공사는 고종이 독단으로 관리를 임명하였다고 몹시 격분하였다. 이광린, 앞의 글, p.325.

具案을 의정부에 제출하여, 의정부 회의의 결정 후 총리대신이 上奏하여 裁可를 받는다. 但, 法律·勅令 중 긴급을 요하지 않는 것은 총리대신이 중추원에 諮詢함이 可하다.”[17]고 규정하였다. 이로써 갑오개혁 초기 법률·칙령의 입안 권한은 군국기무처에서 의정부로 넘어갔고, 중추원은 결원을 보충하는 기구에서 3개월 만에 입법부였던 군국기무처의 후신으로서 ‘긴급을 요하지 않는 것’이라는 단서 조항은 있으나, 법률과 칙령에 대하여 자문할 수 있는 기구로 명문화되었다. 일본은 초입법기관이었던 군국기무처를 폐지하면서, 제한적이지만 법률 자문이라는 기능을 중추원으로 하여금 담당하게 하였다. 그러나 실제 회의를 담당할 의관과 회의 규칙에 대한 규정이 전혀 없어 형식적인 관제일 수밖에 없는 한계를 가지고 있었다.

2) 중추원의 관리충원 기능

군국기무처에 의한 중추원의 설립과 군국기무처 혁파 과정에서 나타난 중추원 관제의 변화 하에서, 중추원이 운영되었던 상황은 다음과 같다. 첫째, 관리 任免官 과정에서 나타나는 중추원 운영 측면을 살펴볼 수 있다. 중추원 관직자 중에서 현직으로 임용되는 사례들이 나타난다.[18] 그리고 정치변동에 따른 권력 재편성 과정에서 기존 관리들이 부모님의 병환, 자신의 건강, 능력 부족 등의 이유로 사직을 청하고, 고종의 윤허를 받게 되면 대부분 다음날로 이전 관직 품계에 따라 중추원 관리로 임용되었다.[19] 또한 서광범처럼 갑신정변의 죄명이 삭제되어 복권된 후 특정 관직에 임명되기 전 첨지중추원사에 임용되기도 하

---

17) 『官報』, 勅令 제6호 機務處議員을 減下하는 件, 1894년 11월 21일·23일.
18) 중추원 관직자 중에서 현직에 임용된 사람들에 대한 예를 집중적으로 찾을 수 있는 1894년 9~10월 동안으로 한정, 정리하였다. 『承政院日記』 참조.

날 짜	이 름	전 직	현 직
9/10	송언회, 강우형	첨지중추원사	농상아문 참의
9/10	김진달	중추원 원외랑	친군통위영 군사마
9/17	이일찬	중추원 원외랑	내무아문 함의
9/22	유담	중추원 원외랑	의정부 주사
9/24	이병훈	첨지중추원사	장성부사
9/26	정인승	동지중추원사	도승선
10/5	이준영	중추원 원외랑	궁내부 주사
10/6	이교석	첨지중추원사	별군관
10/8	이재현	첨지중추원사	우부승선
10/8	조병성	첨지중추원사	은진현감
10/11	김상덕	첨지중추원사	궁내부 참의
10/16	이범인	중추원 원외랑	의정부 참의
10/24	이채연	첨지중추원사	우승선
10/25	박경원	중추원 원외랑	친군장위영 군사마
10/26	서희순	중추원 원외랑	의빈원 주사
11/1	한기동	동지중추원사	탁지아문 협판
11/1	이건창	동지중추원사	법무아문 협판
11/1	이용직	동지중추원사	내무아문 협판

19) 현직을 사직상소하여 고종의 윤허 후 다음날로 중추원 관리가 되는 예는 많
으나 특히 많이 나타나는 1894년11월에 한정하여 정리하겠다. 이에 기존 내
각을 구성하던 인사들은 사직상소를 올렸고 이에 따라 이들은 중추원 관직에
임용되었다. 『承政院日記』 참조.

날 짜	이 름	전 직	사 직 상 소	현 직
11/2	신기선	승선원 좌승선	11/1	동지중추원사
11/3	홍종헌	법부아문 대신	11/2	판중추원사
11/7	서병훈	친군총어영	11/6 개차	동지중추원사
11/11	서상우	내무아문 대신	11/10	판중추원사
11/11	이용직	내무아문협판	11/10	동지중추원사
11/16	조인승	공무아문협판	11/15	동지중추원사
11/16	이채연	우부승선	11/15 면관	첨지중추원사
11/17	민종묵	안무사	11/16	지중추원사
11/18	엄세영	농상아문 대신	11/17	판중추원사
11/19	서정순	공무아문 대신	11/18	판중추원사
11/20	이유승	좌찬성	11/19	판중추원사
11/26	이태용	도헌	11/24	동지중추원사

였고,[20] 왕권을 제약하기 위하여 11월 21일 승선원을 폐지하자 현직을 잃은 관리들이 모두 자신의 관등에 따라 중추원에 소속되는 예도 보인다.[21] 이상의 기록에서 관직에 결원이 생기면 중추원에서 관리를 충원하였고, 失職되면 실직 당시 品秩에 따라 중추원 官秩이 정해진다는 규정과 합치되었음을 알 수 있다.

둘째, 중추원 임면관이 집중적으로 이루어지는 특정시기를 정하여 그 이유를 분석하면 다음과 같다. 1894년 9월에서 10월에 이르는 시기, 중추원 관리 중 현직으로 복귀하는 경우 그 대상이 대부분 첨지중추원사와 중추원 원외랑으로 종2품 이하의 관직에서 이루어졌음을 알 수 있다. 당시는 김홍집이 정국을 주도하고 있었던 시기로 최고 권력자 집단은 이미 이해를 같이하는 사람들에 의하여 충원되었고, 관직이 아래로 내려갈수록 실무에 관한 능력, 개혁적 성향을 고려하여 중추원에서 충원하였던 것으로 보인다.

1894년 11월 1일에 보이는 3명의 협판 임명은 대원군이 축출되고 고종이 복권되자마자 고종 자신의 의도대로 행한 것으로, 이노우에 공사는 고종이 자신과 의논 없이 행동했다는 이유로 분격하였다.[22] 고종이 중추원 관리 중 기용한 인물은 탁지협판 韓耆東(前동지중추원사), 법무협판 李建昌(前동지중추원사), 내무협판 李容稙(前동지중추원사)이었다. 이들 중 이용직은 갑오개혁에 참여하지 않았으며,[23] 이건창은 1866년 문과에 급제하여 암행어사와 안핵사 등으로 활동하였고, 갑오

---

20) 『承政院日記』, 1894년 11월 18일.
21) 1894년 11월 21일 승선원이 혁파되면서, 11월 23일 김명규(승선원 행도승선), 성기운(행좌승선)은 동지중추원사에, 윤상연(전 좌부승선), 김갑수(우승선), 신병휴(우부승선), 황필수(1895년 1월 14일 내무아문 주사로 임용됨)는 첨지중추원사에 임용되었다. 『承政院日記』, 1894년 11월 23일.
22) 이광린, 앞의 글, p.325.
23) 왕현종, 앞의 글, p.154.

개혁 이후에는 관찰사로 임명되었으나 受勅하지 않았다. 한기동은 일본의 경복궁 점령 직전 고종에 의하여 同知經筵事에 임명되었고, 경복궁 점령 이후 7월 공무아문협판과 법무아문대신 직에 임명되었으나 얼마되지 않아 중추원에 소속되었다.[24] 이상 세 사람 모두 갑오개혁에 적극적으로 참여하지 않았던 인물이었다. 고종은 복권되자마자 자신의 권력 회복을 위하여 자신에게 충성할 수 있는 인물들을, 당시 권력층에서 배제되어 중추원에 소속되어 있던 전직 관리에서 뽑아 협판에 제수하였던 것을 알 수 있다.

1894년 11월 한 달 동안 좌찬성·대신·협판 등 고위관리들이 사직하여 중추원에 소속되는 기사가 집중되었다. 사직한 신기선·서상우·이용직·서정순 등은 왕에게 충성하였던 인물들로, 9월 30일 부임한 이노우에 공사가 10월부터 본격적으로 한국 내정에 간여하면서 왕권을 제약하자 이에 불만을 느꼈거나, 이노우에 공사의 사직압력을 받은 것으로 보인다. 이러한 현상은 박영효가 정계에 복귀하면서 정치세력의 재편성이 이루어진 데 말미암은 것이었다.

1차 갑오개혁기 중추원은 법제적 기능에서 보이듯 현직을 잃은 관리들을 중추원에 소속시켜 관직 결원 시 중추원에서 충원하는 관리충원소의 역할을 주로 담당하였다. 또한 고종의 친정 회복과 왕권제약을 위한 승선원 폐지 등으로 인한 정치세력의 변동을 중추원의 관리 任免을 통하여 찾아볼 수 있었다. 군국기무처 혁파 이후 중추원은 의정부가 자문한 법률 칙령에 대하여 심사할 수 있는 기능이 생겼으나 이후 회의를 한 기록은 찾아볼 수 없으며, 중추원 구성원은 獻官(나라에서 지내는 제사에 임시로 임명하던 祭官)[25] 등의 임시직을 담당하기도 하

---

24) 1894년 관력 : 同知經筵事(6.25), 工曹參判(7.12), 工務衙門協辦(7.15), 法務衙門大臣(7.19).

25) 『承政院日記』, 1894년 11월 7일 ; 1894년 12월 1일.

였다. 따라서 議長은 회의를 진행하여 의견을 취합하는 최고 책임자가 아니라 단지 중추원에 소속된 관직자들을 관리하는 직책에 지나지 않았음을 알 수 있다.

2. 박영효 내각의 중추원 개편

1) 박영효의 권력분립구상과 의회화 시도

1894년 9월 말 부임한 이노우에 공사는 군국기무처를 혁파하고 박영효를 중심으로 정권과 관제를 개편한 후 고문관제도를 통하여 내정에 직접 간섭할 수 있는 체제를 마련하였다. 이러한 일본의 압박으로 1894년 12월 12일 고종은 「홍범14조」를 발표하여 청국으로부터의 독립을 확실히 하였으며, 대원군·왕비 및 종친 등의 정치 관여를 철저히 배제하였고, 국왕의 親政과 국왕의 법령에 대한 준수의 의무를 강조한 내정개혁 실시를 선포하였다.[26] 곧 이어 12월 17일에는 개혁을 담당할 김홍집·박영효 내각을 수립하였다.

박영효는 갑신역적으로 10년 동안 일본에서 망명생활을 하면서도 귀국하기 위해 계속 노력하였고,[27] 1894년 6월 21일 경복궁을 강제 점령한 일본정부 역시 한국의 새 정권 내에 친일파 관료들을 부식할 목

---

26) 고종은 자신의 대에 와서 時運이 크게 변하고 人文이 열렸으며, 友邦이 서로 도와주고 조정의 의견이 일치되었으므로, 오직 자주독립만이 우리나라를 굳건하게 다질 수 있는 길이라고 하였다. 이제부터는 다른 나라를 의지하지 않으며 國運을 융성하게 하고 백성들의 복지를 가꾸어 나가 독립의 터전을 공고하게 할 것이라고 하면서 내정개혁의 의지를 홍범14조로써 誓告한다고 하였다. 『承政院日記』, 1894년 12월 12일(음력).

27) 1894년 이전의 박영효의 행적은 다음의 논문을 참조. 유영익, 「甲午·乙未년간(1894~1895) 박영효의 개혁활동」, 『국사관논총』 36, 1992, pp.2~14.

적으로 박영효의 귀국을 서둘러 결정하였다. 박영효는 일본세력을 등에 업고 1894년 8월 서울에 도착하였다. 9월 중순 일본이 평양전투에서 승리하자 조선정계의 분위기가 바뀌면서, 반역자로 간주되었던 박영효는 고종으로부터 죄명을 삭제받았다.[28] 1894년 12월 17일 박영효는 이노우에 공사의 후원으로 내각에 내무대신으로 합류하였으며, 종실의 근친에 속하여 국왕과 왕비로부터도 신뢰를 얻어, 내각 안에서의 권위는 총리대신 김홍집을 능가하였다.[29] 갑오개혁 시기 중 1894년 12월 17일부터 1895년 7월 6일까지 한국 정국을 주도한 박영효는 213건의 개혁안을 제정·공포하였다.

박영효에 의하여 제정·공포된 개혁안은 1888년 고종에게 올린 '건백서'[30]에 나타나는 정치구상과 무관하지 않았다. 박영효는 강력한 개

---

28) 박영효의 1894년 귀국 후 일정(음력)

　　8월 1일 고종에게 '原情'을 올려 갑신정변을 도모한 것에 대한 변명과 자신의 소원을 올렸다.

　　8월 5일 박영효의 죄를 특별히 삭제한다고 비답을 내렸다. 그러나 이에 대한 반대 상소가 활발히 올려졌다.

　　11월 5일 일본국공사 井上이 총리대신 김홍집·외부대신 김윤식에게 박영효·서광범을 일률 특사하여 재기용할 것을 요구하였다. 그러나 인심이 아직 가라앉지 않아 탕척할 수 없다고 거절하였다.

　　11월 13일 칙령으로 갑신년 諸罪人들의 罪名을 爻周하고 支屬散配者를 모두 放送할 것을 지시하였다.

　　11월 18일 금릉위로 복작, 영혜옹주房析受와 第宅도 환급받았다.

　　11월 21일 내부대신으로 임명되었다. 『承政院日記』 참조.

29) 이광린, 앞의 글, p.341.

30) 박영효의 「1888년 건백서」를 분석하여 그의 개혁사상을 연구한 논문은 다음과 같다. 전봉덕, 「박영효와 그의 상소 연구서설」, 『동양학』 8, 1978 ; 최덕수, 「박영효의 내정개혁론 및 외교론연구」, 『민족문화연구』 21, 1988 ; 김갑천, 「박영효의 건백서」, 『한국정치연구』 2-1, 1990 ; 유영익, 「갑오·을미년간 (1894~1895) 박영효의 개혁활동」, 『국사관논총』 36, 1992 ; 유영익, 「박영효와 갑오경장」, 『동학농민봉기와 갑오경장』, 일조각, 1998 ; 김현철, 「박영효의 '근대국가 구상'에 관한 연구」, 서울대 박사학위논문, 1999 ; 김현철, 「박영효의

혁정부가 중심이 되어 약소국인 한국을 강대국의 수준으로 변혁시키기 위하여, 부국강병과 문명개화를 개혁의 주요 목표로 삼았다. 박영효의 개혁구상 형성에는 19세기 한국에 전파된 권력분립론과 주권재민론 등 서구 근대 정치이념이 크게 작용하였다.

박영효는 국가와 국왕과 인민의 관계를 "국가는 국왕의 소유가 아니라 人民의 나라이며 국왕은 나라를 다스리는 직분일 뿐"이라고 설정하였다.[31] 따라서 정부의 목적은 인민을 보호하고 국가를 지키기 위한 것으로 정부수립의 정당성을 민의 존재에서 찾았다.[32] 박영효는 오랫동안 국왕의 전제가 당연시되고 인민의 권리가 인정되지 않았으며, 국왕이 인민 위에 군림하는 절대 권력자의 모습을 갖게 된 것을 비판하였다. 또한 국왕과 관료들은 修身을 통하여 자신의 행위를 반성하며 시비를 판별할 수 있어야 한다고 하였다.

한편 국가의 부강을 기약하고 만국과 대치하기 위해서는 군권을 축소하여 인민으로 하여금 정당한 만큼의 자유를 갖게 하고 각자 나라에 보답하는 책무를 지게 하는 것이 최상책일 것[33]이라고 하면서, 학교를 설립하고 박물관과 신문국 등을 설치하여 인민으로 하여금 널리 듣고 널리 알게 하여야 한다고 하였다.[34] 즉 국가의 부강은 군권을 제한하

『1888년 상소문』에 나타난 민권론의 연구」, 『한국정치학회보』 33-4, 1999 ; 김현철, 「박영효의 권력분립론과 입헌군주제 구상」, 『법사학연구』 21, 2000 ; 김신재, 「제2차 갑오개혁의 국가형태 개혁」, 『경주사학』 21, 2002.

31) "邦國非帝王之邦國, 乃人民之邦國, 而帝王治邦國之職也". 박영효, 「建白書」, 前文 4절 ; 전봉덕, 「朴泳孝와 그의 上疏 硏究序說」, 『동양학』 8, 1978, p.27 ; 김갑천, 위의 글, pp.249~250.

32) "夫政府之趣的者何也, 保民護國是耳". 박영효, 「건백서」, 前文 5절.

33) "誠欲期一國之富强, 而與萬國對峙, 不若少減君權, 使民得當分之自由, 而各負報國之責, 然後漸進文明也". 박영효, 「건백서」, 6조 敎民才德文藝以治本, 4절.

34) 박영효, 「건백서」, 6조, 9절.

42

고 인민의 자유를 확대하며, 인민을 깨우침으로써 가능할 수 있다고
하였다.

박영효는 군주가 모든 정사를 처리하는 것은 불가하다는 전제 하에
군주의 업무를 해당 관리들에게 위임하고 어진 재상을 선발하여 정무
를 전담시키며, 모든 직책에 따른 업무는 그 담당자가 처리하도록 위
임하는 권력의 분립을 유도하고 있다. 즉 행정권의 일부를 국왕으로부
터 독립시키고, 전문 관리가 주도할 것을 구상하였다. 또한 인민의 권
리를 신장시키는 방법으로 사법제도의 개혁이 시급하다고 보았다. 사
법권을 독립시키고 근대적 재판제도를 채택하여 혹독한 형벌을 폐지
하고 연좌제를 금지시키며, 지배계층의 사적 폭력을 금지시키고자 하
였다.35)

이상과 같은 생각을 품고 있던 박영효는 개혁을 진행함에 있어 인민
의 권리 보호와 공정한 법률 집행에 중점을 두어야 한다고 생각하였
고, 국가권력의 부당한 행사를 제한하고자 행정권과 사법권의 분립을
구상하였다. '건백서'에는 입법 또는 의회제에 대한 구체적인 언급은
없었지만, 입헌군주제를 지향하였던 박영효는 민권의 신장, 인민의 자
유 확대를 주장하는 속에서 인민의 정치활동을 가능하게 하는 의회를
구상하게 되었다.

'건백서'에 정치개혁을 제시하였던 박영효는 2차 갑오개혁기 내각을
주도하면서 대대적으로 정치제도를 개편하였고, 근대정치로의 이행을
위하여 삼권분립에 입각한 정치제도를 마련하였다.36) 즉 3월 25일(양

---

35) 박영효, 「건백서」, 2조 興法紀安民國, 4절 ; 김갑천, 앞의 글, 1888년 상소문
　　제2조.
36) 박영효에 의하여 개편된 중추원은 일본의 樞密院과 비교되곤 한다. 송정현,
　　앞의 글, p.4 ; 진덕규, 앞의 글, 1984, p.9 ; 김운태, 『조선왕조 행정사(근대편)』,
　　일조각, 1984, p.298. 추밀원은 明治憲法의 심의를 위해서 설치되어 1888년 6
　　월 '大日本帝國憲法'을 완성하였다. 이후 일본왕의 자문기관으로 성격이 바

력 4월 19일) 內閣官制, 內閣事務辨理規程, 中樞院官制, 中樞院會議 및 處務規程, 裁判所構成法, 裁判所處務規程通則 등 행정·입법·사법에 관한 관제가 일제히 반포되었다.[37] 이로써 박영효 내각은 권력의 분산을 통해 왕 또는 집권세력들이 국정을 독단적으로 운영하지 못하도록 법적 근거를 마련하였다.

행정부인 의정부는 내각으로 개칭되었고, 내각은 대신들로 구성되는 합의제 정책심의기관으로 법률 칙령안, 세입세출의 예산 및 결산, 내외 국채에 관한 사항, 국제조약 등 나라의 중요 안건은 반드시 내각회의를 거치도록 하였다.[38] 사법제도의 개혁은 재판소 구성법이 공포되면서 사법권의 독립이 어느 정도 이루어지게 되었다. 재판소가 정비됨으로써 전임 사법관의 양성이 필요하게 되었고 법관양성소규정도 공포되었다.[39] 입법부의 기능을 담당하기 위하여, '中樞院官制 및 事務章程(勅令 40호)'을 반포하였으며,[40] 처음으로 중추원의 기능과 조직원의 구성 등이 구체적으로 규정되었고 국정을 심사 의정하는 기관으로 명

꿰어 존속한 기관이었다. 추밀원은 일본왕의 직속으로 일본왕의 활동을 자문하면서 왕권강화를 위한 기관으로서 사실상 국가최고기관의 하나가 되었다. 그러나 중추원 관제에는 내각의 諮詢기관으로 국왕과는 분리되어 불완전하지만 권력분립을 이루도록 규정되었다. 전종익, 「개화기 중추원의 기능과 성격에 관한 연구」, 서울대학교 법학과 석사학위논문, 1998, pp.28~31. 따라서 박영효는 일본 망명시절 추밀원을 접하였고, 귀국 후 중추원을 개편하면서 자문기구로서의 역할을 부여한 것을 알 수 있다. 그러나 중추원은 추밀원이 왕의 권력 강화에 기여한 것과는 다르게 권력분립구상에 의하여 개편되었다.

37) 『韓末近代法令資料集』, 1895년 3월 25일 ; 중추원회의 및 처무규정 만이 4월 2일 반포되었다.

38) 『韓末近代法令資料集』, 내각관제, 내각사무변리규정 등, 1895년 3월 25일 ; 왕현종, 앞의 글, pp.228~232.

39) 『韓末近代法令資料集』, 재판소구성법, 법부관제, 법관양성소규정, 재판소 처무규정통칙 등, 1895년 3월 25일 ; 왕현종, 앞의 글, pp.236~238 ; 최기영, 「한말 법관양성소의 운영과 교육」, 『한국근현대사연구』 16, 2001.

40) 『官報』, 1895년 4월 5일.

문화되었다.

중추원은 내각의 자문에 의하여 法律・勅令案과 임시로 내각에서 자문하는 사항을 審査議定(1조)하고 법률・칙령의 제정・폐지・개정에 관하여 내각에 건의(10조)할 수 있는 권한을 가지게 됨으로써, 국정에 참여하여 내각의 역할을 견제할 수 있게 되었다. 그러나 중추원 회의에서 의안 전체를 부결하거나 혹 添刪修正을 행하는 경우라도 내각에서 원안대로 시행할 필요가 있다고 인정할 때는 上奏하여 裁可를 받아 시행할 수 있다(8조)는 조항과 법률・칙령을 급히 시행할 필요가 있어 중추원에 자문할 시간적 여유가 없는 경우에는 발포한 후에 중추원에 檢視할 수 있다(9조)는 조항을 두어 중추원 기능에 한계를 두었고, 여전히 정부 주도의 국정운영에 중점을 두었음을 알 수 있다.

이러한 한계는 1895년 4월 2일 반포된 閣令 2호 '중추원 회의 및 처무장정(전문 21조)'에서도 보인다. 각령 2호에서는 중추원에서 접수할 수 있는 사항 여부를 다음과 같이 정하였다. 중추원은 내각에서 교부하는 사항에 대하여 의견을 開述하는 기관(1조)이라고 하면서, 내각 이외의 관서와 신민의 上書 建白과 기타 통신을 수령하지 못하고(2조) 문서 왕복과 기타 교섭도 할 수 없다(3조)고 규정하였다.[41] 당시 중추원의 기본적인 역할은 내각에서 자문하는 사항에 대하여 의견을 제시하는 것으로, 내각 이외의 기타 官署와의 교섭과 民意의 受容은 법으로 금지되어 있었다. 즉 중추원은 의관들이 국정사항에 대하여 심사의정하고, 자체적으로 내각 총리대신에게 법률에 관한 의견을 건의할 수 있었지만 이상의 제약으로 인하여 내각의 활동을 견제하기 힘들었음을 알 수 있다. 또한 중추원이 관여할 수 있는 기관은 내각으로 한정되어 있으며, 특히 인민의 의견을 취합할 수 없는 중추원은 박영효의

---

41) 『韓末近代法令資料集』, 1895년 4월 2일.

민권신장이라는 목표와는 상치되는 조항으로 그 한계를 나타냈다.

이전의 중추원은 구성원과 그 인원수가 정확히 관제상에 규정되지 않았었는데, 칙령 40호에 의하여 의장·부의장·의관·참서관·주사로 구성되어 각각 인원수(2조)와 역할에 대하여 규정되었다. 의장·부의장·의관은 ① 勅任官의 職에 있던 자, ② 국가에 공로가 曾遊한 자, ③ 정치·법률·理財에 대한 학식에 통달한 자로서 내각회의를 거쳐 내각 총리대신의 奏薦과 고종의 勅選으로 임명되었다(3조). 따라서 중추원 의관의 자격을 대신·협판 급에 해당하는 관리로서 경력·공로·학식을 겸비한 인물로 규정하였으며, 총리대신이 천거하고 국왕이 이를 허락하여 임명하였다. 이는 국가에서 중추원 의관에 정부의 자문에 응하고 자체적으로 국정에 관련된 건의를 할 수 있는 능력있는 사람들로 충원하겠다는 표명이었다. 그러나 여전히 기존의 권력층에서 중추원 구성원을 충원하며, 내각회의와 내각 총리대신, 그리고 고종에 의하여 임명이 결정된다는 것은 중추원의 역할이 결국 자문에 한정되어 있을 수밖에 없음을 알 수 있다.

중추원 회의 진행사항을 관제를 통하여 살펴보면 다음과 같다. 내각에서 중추원에 자문한 사항은 의장이 참서관에게 심사케 하여 회의 보고서를 調製하도록 하였으며(7조), 중추원 회의 일시는 의장이 정하는 것이 원칙이지만 국무대신이 그 일시의 변경을 요구할 수 있었다(13조). 내각은 자문한 의안에 대해서 내각의 위원으로 하여금 중추원 회의에 합석, 의안의 理趣를 설명(11조)하게 하여 중추원의 의안 심사 의정에 이해를 돕도록 하였다. 중추원 회의는 의관 2/3 이상의 출석으로 개회할 수 있으며(4조), 심사보고서는 그 부속문서와 함께 개회 2일 전에 각 의관에게 배부하여(10조) 원활한 회의를 할 수 있도록 하였다. 회의가 시작되면 참서관이 의안을 낭독하고, 심사 보고원이 그 사항을 설명한 후 각 의관들이 토의하였다(14조). 토론을 마치면 首席(의장)이

각 의관으로 하여금 표결을 행하게 하며 또 의결한 결말을 선고할 수 있다(16조). 議事는 다수결에 따르며, 可否同數일 경우에는 首席의 결정에 따르도록 규정하였다(6조). 중추원 회의 의견은 의결한 결말에 이유를 쓰고, 중요한 사항에는 토론의 要領書를 첨부할 수 있으며, 반대 의견을 주장한 의관은 그 이유를 의사필기와 요령서에 기록하기를 청구할 수 있어(18조) 의관들의 책임 있는 의견 제시를 유도하였다. 의사결정 의견은 의장이 내각 총리대신에게 송치하였다(19조). 중추원 事項簿에는 회의기일과 함께 회의 성질, 심사보고서와 부속문서의 배부일시, 회의기일을 등재하도록 하여(11조) 기록으로 남기도록 하였다. 이상과 같이 중추원 회의를 하는데 필요한 절차와 규칙을 조목조목 정리해 놓았다.

중추원 회의규정에서 주목되는 것은 다음과 같다. 첫째, 중추원에 도달한 사항에 대하여 참서관이 심사하여 작성한 보고서를 개회 전에 의관들에게 배부함으로써 토론 준비를 할 수 있도록 배려하였다. 둘째, 의사결정은 다수결의 원리를 따르며 가부동수일 때는 의장의 결정에 따르도록 하여 근대화된 의사결정 방법을 사용하였다. 셋째, 사항부를 만들어 회의에 대한 기록을 남기도록 규정하였으며, 가부의결 이후 자신의 의견을 각기 서술할 수 있어 책임 있는 의관 활동을 가능하게 하였다. 또한 소수의 의견이 다수의 의견에 묻혀 없어지는 것이 아니라 소수의 의견도 소중하게 기록되며, 또한 자신의 소신을 표출할 수 있는 기회가 주어졌다. 이는 다수결의 원칙에서 다수결을 따르되 소수의 의견을 존중하는 근대 정치의 원칙과 합치되는 것으로, 중추원 의사규칙 자체는 근대 회의 진행 방법에 의하여 국정운영에 참여할 수 있도록 마련된 규정으로 평가할 수 있다.

박영효는 1895년 3월 25일 규정된 행정·사법·입법으로 권력을 분리하고자 하는 시도의 하나로 중추원 관제를 개정하여 근대국가의 삼권분립 정치체제를 형식적으로 구현하였다. 중추원의 기능을 강화하여 기존 법률 칙령의 제정 시 심사하는 역할 이외에 자체적으로 건의할 수 있는 통로가 확보되었으나, 관제에 나타난 활동의 제약으로 정부의 자문에 의한 심사 의정과 국정논의 통로는 거의 내각으로 한정되었다. 또한 민권의 신장을 중요시했으나 인민의 의견을 중추원이 다룰 수 있는 규정이 없어 민의 정치참여 통로로서의 역할까지는 담당하지 못했다. 또 국왕과 내각의 권력층이 중추원 구성원을 임명하는 방식은 정부 집권관료들이 자신의 정권장악 능력 여하에 따라 권력을 완전히 독점할 수도 있는 정치체제로 중추원 활동이 유명무실해질 수 있었다.[42]

개편된 중추원의 운영 상황은 당시 중추원 구성원의 사직상소를 통하여 엿볼 수 있다. 중추원 구성원에 의한 최초의 사직상소는 1895년 3월 25일 중추원 관제가 개정되면서 중추원 의장직을 수여하는 과정에서 나타난다. 의장직 물망에 오른 사람은 이전 영중추원사를 맡고 있던 金炳始·趙秉世·鄭範朝로, 이들은 1894년 11월 21일[43] 勅令 8호로 김병시는 중추원 의장에, 조병세는 중추원 좌의장에, 정범조는 중추원 우의장에 각각 임명되었던 경력이 있었다.[44] 이들에게 차례로 의장직을 제수하였으나 모두 사직상소를 올렸다. 이들은 議長이 새로 창설된 중요한 자리라고 하면서, 새로운 제도에 참여하는 사람은 才德과 판단력이 있어 옛 법도를 밝히면서 새로운 법을 제정할 수 있어야 한다고 하였다. 즉 의장직을 담당하는 사람은 식견이 넓어 현 시국에 알

---

42) 왕현종, 앞의 글, p.241.

43) 1894년 11월 21일은 왕명출납기관인 승선원과 초입법기관이었던 군국기무처가 혁파되고 중추원이 군국기무처의 역할인 회의기능 일부를 담당하도록 규정된 날이다. 즉 이노우에 공사의 왕권 약화를 위한 승선원의 혁파, 새로운 개혁 기관을 설립하기 위한 이전의 군국기무처 혁파 등 권력재편성이 일어나는 일련의 과정을 살펴볼 수 있다.

44) 『高宗實錄』, 1894년 11월 21일 ; 鄭喬, 『大韓季年史』上, p.100.

맞은 일이 무엇인지 아는 사람이어야 한다고 하면서 자신들의 무능력과 노쇠함을 들어 사직하고자 하였다.[45] 이에 고종은 김병시와 조병세의 사직상소에 대해서는 병환이 염려된다는 이유로 윤허하였지만, 정범조의 사직상소에 대해서는 백성들의 마음을 안정시키고 國是를 정하는 데에 도움을 줄 것을 기대한다고 하면서 의장직 반려를 허락하지 않았다.[46]

이후 중추원 의관들도 여러 이유를 들어 사직상소를 올렸다. 사직을 청하는 대표적인 이유 역시 새롭게 개편된 중추원은 국가의 중요한 정무에 대한 자문기관으로 명망과 신망을 받는 자를 택하여 책임을 맡겨야 하므로 자신들과 같이 무능력하고 노쇠한 사람으로 충원하면 안 된다는 것이었다.[47]

이상의 사직상소를 통해 중추원 구성원들은 개편된 중추원이 새로운 법 제정과 국가의 중요 정무에 대한 자문역할을 담당하는 기능을 갖추었음을 인식하고 있었음을 알 수 있다. 그러나 당시 "정성을 다하고자 하였지만 능력 부족으로 공효는 조금도 없다."고 하며 사직을 청하는 부의장 김영수의 상소[48]로 미루어 전혀 중추원의 기능이 이루어지지 않은 형식적인 기관으로, 중추원 개편 이전과 달라진 것이 없다는 것을 보여준다.

이상과 같이 중추원이 정무에 참여하지 못하는 형식적인 기관으로 존재하던 당시, 김홍집·박영효 내각은 박영효 세력의 우세 속에서 팽

---

45) 『承政院日記』, 영중추원사 김병시 上箚 ; 영중추원사 조병세 상차 ; 영중추원사 정범조 상차, 1895년 3월 25일.
46) 『承政院日記』, 1895년 3월 25일.
47) 『承政院日記』, 의관 민영환 상소, 1895년 4월 23일 ; 의관 윤용구 상소, 4월 23일 ; 중추원 의장 정범조 상소, 5월 19일 ; 부의장 김영수 상소, 5월 29일 ; 조신희 상소, 5월 29일 ; 의장 정범조 상소, 윤 5월 3일.
48) 『承政院日記』, 부의장 김영수 상소, 1895년 5월 29일.

팽히 대립하고 있었다. 국정을 운영하면서 서로간의 의견 대립으로 결국 1895년 5월 8일(양력 6월 11일) 김홍집은 총리대신 직에서 사직하고[49] 이후 중추원 의장이 되었으며, 같은 세력이었던 탁지부대신 어윤중도 사직하고 중추원 부의장이 되었다.[50] 박영효는 내각을 주도하면서 자신의 정치적 구상을 법으로 표출하였으나, 일련의 개혁 과정에서 민비와 마찰이 일어나고 있었다. 박영효가 궁궐을 침범하여 민비를 제거하고 국왕을 폐위시키려고 한다는 국왕폐위음모설이 유포되면서, 그는 1895년 윤5월 14일(양력 7월 6일) 다시 일본으로 망명하게 되었다.[51]

박영효의 권력분립 구상에 따른 의회기관으로의 중추원 관제 개정은 실효를 거두지 못하였다. 그 이유를 박영효의 실각으로 중추원 활동이 이루어지지 못하였던 정치 상황과도 연결시킬 수 있다. 그러나 중추원 관제가 개편되고 박영효가 실각하기 전 약 3개월의 시기동안 중추원을 활성화시키고자 하는 의지가 있었다면 충분히 가시적인 활동이 시작될 수 있었다. 이는 박영효 내각이 중추원을 설립하였지만, 자체적인 행정집행과 권력유지를 위하여 이를 제한할 수 있는 중추원의 활동을 지원하지 않았다고 보아야 할 것이다. 따라서 중추원은 내각의 자문기관, 국정에 관한 자체건의가 가능한 기관으로서 명문화되었지만, 형식적인 기관으로 존재할 수밖에 없었고 활동 자체도 미미하였음을 알 수 있다. 하지만 박영효 내각에 의하여 의회로의 기능이 첨가된 중추원 관제 규정으로 사람들은 중추원을 국정을 의논할 수 있는 기관으로 인식하게 되었고, 이후 중추원이 의회활동을 담당할 수 있는

---

49) 이광린, 앞의 글, pp.341~343.
50) 『承政院日記』, 1895년 윤 5월 27일 ; 1895년 6월 20일.
51) 유영익, 앞의 글, pp.4~14. 김홍집이 중추원 의장으로 있다가 다시 총리대신으로 임명되면서, 부의장이었던 어윤중이 중추원 의장을 담당하였다. 『承政院日記』, 1895년 7월 5일.

기반을 형성하게 되었음을 간과해서는 안 된다.

2) 박영효 실각 이후 고종의 중추원 운영

박영효 실각 이후 고종 스스로 정치를 주도하면서, 갑오개혁 기간 동안 여러 개혁을 실시하였으나 성과는 없었으며 오히려 백성과 국가의 상황은 더욱 악화되었다고 평가하였고, 날마다 각 신하들을 접견하여 정사의 규범을 의논하고 이용후생의 방도를 행하겠다고 의지를 피력하였다.[52] 또한 관직수여에 대하여 당파의 구애 없이 인물을 등용할 것을 천명하면서, 서로 협력하여 維新으로 나갈 수 있도록 노력할 것을 조칙하였다.[53]

박영효 실각 이후에도 중추원 의관들은 중추원의 사무가 번잡하지는 않으나 자신들의 능력이 "의안에 대한 衆論의 可否를 모아 알맞게 결정하는(議事以制)" 자리에 부족하다는 이유를 들어 사직상소를 하고 있다.[54] 박영효를 실각시키고 고종이 세력을 강화하는 시점에서도 중추원의 사무가 번잡하지 않았다는 것으로 미루어 중추원은 그 기능을 담당하지 못하였음을 알 수 있다.

고종과 민비의 왕실 세력이 삼국간섭 이후 강해지고 친러파 세력들에 의하여 정권이 장악되어가자, 일본은 한국 내 일본의 세력이 약화되는 것을 우려하였다. 이에 일본은 1895년 10월 8일 왕실에서 강력한 영향력을 발휘하고 있던 민비를 일본 정객을 시켜 시해하였고, 아관파천 시기까지 한국에 대한 정치 간섭을 강화하였다. 민비 시해로부터 아관파천에 이르는 시기 동안에도 당시 중추원 의장 박정양의 "실제

---

52) 『承政院日記』, 1895년 윤5월 20일.
53) 『承政院日記』, 1895년 8월 23일.
54) 『承政院日記』, 의관 이유승 상소, 1895년 윤 5월 24일 ; 의장 어윤중 상소, 8월 12일.

직무를 수행하지 못하고 녹봉만 축내고 있다.”는 사직상소를 통해서 중추원은 활동하지 않았음을 추론할 수 있다.[55]

그러나 12월 중순경부터 아관파천이 일어나는 약 보름동안 중추원에서 회의를 진행한 것을 알 수 있다. 12월 16일부터 12월 23일까지 올라온 사직상소에는 “새로 규정을 정해놓고 매일 仕進하여 회동하고 있으나 자신들은 병이 들어 회의에 참여하지 못하고 있다.”는 이유로 사직을 청하고 있다.[56] 잠깐 동안이지만 중추원의 회의가 진행되었다는 기록은 나타나나, 구체적인 의안에 대한 내용은 알 수 없다. 고종은 일본의 정치적 간섭과 갑오개혁으로 왕권이 침해되고 왕실재정이 정부의 통제를 받으며, 을미사변을 겪은 후 신변의 위협마저 느끼게 되자, 1895년 12월 30일(양력 1896년 2월 11일) 이범진·이완용 등의 도움을 받아 러시아 공사관으로 파천하였다. 이후 1896년 4월 25일(양력)까지 중추원에 관한 내용은 보이지 않는다.

1896년의 중추원 활동도 중추원 구성원들의 사직상소를 통하여 살펴볼 수 있다. ① 고종이 중추원에 대하여 “일찍이 업무를 본 적이 없고 빈자리를 채우는 곳”이라고 말한 것에 대하여, 고종이 중추원을 그렇게 생각한다면 앞으로도 관제에 규정된 기능을 담당할 가망이 없다고 하였다. ② 중추원은 국정을 논의하는 특정한 사무를 전적으로 맡지 못하고 여럿이 함께 나아가고 함께 물러나기만 하여 정치에 아무런 영향을 주지 못하고 있는 실정이라고 하였다. 하지만 ③ 한 가지 政令이나 사안도 행하기에 앞서 미리 의논하여 정하고, 행하고 나서 추후에 논박하는 중추원의 기능은 정사가 제대로 되느냐 제대로 되지 않느냐에 관계되는 것으로 매우 중요하다고 하였다.[57] 이상의 상소내용으

---

55) 『承政院日記』, 중추원 의장 박정양 상소, 1895년 11월 26일.
56) 『承政院日記』, 의관 서상우 상소, 1895년 12월 16일 ; 의관 조종필 상소, 12월 16일 ; 의관 이용관 상소, 12월 20일 ; 의관 엄세영 상소, 12월 23일.

로 중추원 구성원들은 중추원 역할에 대하여 그 중요성은 모두 인정하나 실제 활동을 하지 않음으로써 정치에 아무런 영향을 끼치지 못하는 현실을 서술하고, 중추원이 실효를 거두지 못하는 이유를 의관 자신들의 무능으로 연관지어 사직을 청하고 있었다.

당시 중추원 의관이 된 사람들 중에는 "옛 신하를 잊지 않으시고 쓸모없는 신까지도 생각해 주시어 중추원 의관에 제수"하였다는 구절로 생각지도 않게 갑자기 관직을 제수 받은 사람도 다수 있었음을 알 수 있다. 의관들은 본래 기능인 법률과 칙령에 관계된 사안에 대하여 논의하지 못하였고, 고종에게 問候하는 것과 민비의 빈전에 나아가 號哭하는 것이 그들의 주된 활동으로 중추원 의관직이 한산한 직책이었음을 알 수 있다.[58] 1897년에도 중추원 구성원들은 고종의 탄신일을 축하하고 민비 빈전에서 제사할 때 곡하는 반열에 참석하는 것이 그 주요 임무였다. 중추원 구성원들은 자신들이 왕실의 행사에 참여하고자 하나 병이 들어 힘들다는 것과, 廟堂에서 정사를 의논하는 데에 참여하는 의관의 직임이 중요하다는 이유를 들어 사직상소를 올리고 있다.[59] 1897년 12월 8일 명성황후(민비)의 장례를 치른 후 중추원 의관

---

57) 『承政院日記』, 중추원 의장 정범조 상소, 1896년 4월 25일 ; 중추원 일등의관 이근호 상소, 5월 9일 ; 중추원 의장 민영준 상소, 9월 29일(음 8월 23일).

58) 『承政院日記』, 중추원 일등의관 이도재 상소, 1896년 10월 4일 ; 중추원 일등의관 신헌구 상소, 10월 14일 ; 중추원 일등의관 김종원 상소, 10월 18일 ; 중추원 일등의관 민영주 상소, 11월 2일 ; 중추원 일등의관 이정규 상소, 12월 1일 ; 중추원 일등의관 윤용식 상소, 12월 2일.

59) 『承政院日記』, 중추원 일등의관 서상조 상소, 1897년 1월 8일 ; 일등의관 이교창 상소, 2월 26일 ; 일등의관 김유성 상소, 3월 1일 ; 일등의관 윤영규 상소, 3월 3일 ; 일등의관 정우식 상소, 3월 14일 ; 일등의관 권용철 상소, 3월 26일 ; 일등의관 이명하, 일등의관 정락용 상소, 4월 11일 ; 일등의관 김가진 상소, 4월 22일 ; 일등의관 김주현 상소, 6월 6일 ; 일등의관 조희일, 일등의관 이근수 상소, 6월 16일 ; 일등의관 이규증, 일등의관 서신보 상소, 6월 22일 ; 일등의관 임상준 상소, 8월 4일 ; 일등의관 민병승 상소, 9월 1일 ; 일등의관

들의 대거 사직상소가 이어졌고, 이를 고종은 거의 받아들였다. 이들은 "자신들이 분수없이 중추원 의관직을 제수 받은 것은 빈전에 나와 곡을 하고 因山(장례)에 참석하기 위한 것"이라고 하였다. 더하여 帝位式과 葬禮의식을 모두 치렀으니 다시 고향으로 내려가기를 원하였다.[60] 이상의 사료들은 아관파천 이후 중추원 의관들이 국가 哀慶事에 관련된 의전행사에 동원되었다는 것을 보여준다.

고종은 중추원을 번잡한 사무를 보지 않는 기관 또는 빈자리를 채우는 기관으로 생각하면서 갑오개혁 이후 좌천되어 낙향하였던 舊관리를 중추원 의관으로 충원하여 의전행사에 참여시켰다. 이는 고종이 국내외적으로 자신에게 충성하고 따르는 관리가 많음을 보여주고, 민비시해에 대해서는 관리 나아가 인민의 분노를 통하여 고종을 위협하는 세력에 대하여 경계하고자 하였으며, 황제즉위에 대한 모든 백성의 축하를 통하여 그 당위성을 인정받고자 한 것으로 보인다. 따라서 그 역할이 끝난 후 대부분의 의관들은 사직상소를 올렸고, 고종은 이를 받아들이고 있는 것이다.

1894~1897년간의 갑오개혁·을미사변·아관파천·대한제국 수립

이헌직, 일등의관 강윤 상소, 9월 14일 ; 일등의관 신택희 상소, 9월 19일 ; 일등의관 이헌경, 일등의관 남치원 상소, 9월 23일.

60) 『承政院日記』, 중추원 일등의관 김성근, 일등의관 이규원, 일등의관 김종규, 일등의관 민계호, 삼등의관 이용익 상소, 1897년 12월 10일 ; 일등의관 조종필, 일등의관 이기종 상소, 12월 12일 ; 일등의관 김동수 상소, 12월 14일 ; 일등의관 김문현, 일등의관 원우상, 일등의관 이승우 상소, 12월 15일 ; 일등의관 김영철, 일등의관 김병익, 의관 김석근, 일등의관 김홍규 상소, 12월 17일 ; 일등의관 홍병덕, 일등의관 성대영 상소, 12월 20일 ; 일등의관 조경호, 의관 정길택, 의관 이용한 상소, 12월 23일 ; 일등의관 정주영, 일등의관 이교준 상소, 12월 24일 ; 일등의관 심상찬 상소, 12월 27일 ; 일등의관 강찬 상소, 1898년 1월 25일 ; 일등의관 윤명섭 상소, 1월 28일.

등 긴박한 정치변동 하에서, 군국기무처, 김홍집 내각, 박영효 내각은 중추원에 관한 크고 작은 관제를 제정·개정하였다. 1894년 군국기무처는 중추원을 정치변동 하에서 실각한 관리들을 이후 재차 등용할 수 있는 충원소로 설립하였으나, 이후 자문 내지 국정 건의기관으로 명문화되면서 준의회로서의 역할을 담당할 수 있게 되었다. 그러나 중추원 구성원은 관제에 규정된 역할을 담당하지 못하고 소일하다가, 비정규적으로 獻官의 임무를 담당하거나 국가 의전행사에 참여하는 부수적 활동만 하였다. 이 시기의 중추원은 한국 근대 정치사상 의회의 일부 기능을 부여받았으나, 개혁주체세력 즉 박영효의 실행의지 부족과 그의 실각이라는 정치변동 하에서 실질적인 역할을 담당할 수 없었고, 주로 관리충원소로서의 역할을 담당하였음을 알 수 있다.

제3장 중추원의 활성화와 국정참여
(1898~1899)

1. 중추원 기능 정상화와 노륙·연좌제 부활 논의

1) 중추원 기능 정상화 요구

관제는 마련되었으나 그 기능이 거의 실시되지 못하였던 중추원에 관한 논의는 1898년 의정부와 중추원 자체의 '관제의 실시와 개편'을 위한 노력과 독립협회의 '議會設立운동'으로 다시 시작되었다.

1896년 아관파천 이후 한국정부는 러시아에 의존하였고, 이로 인하여 러시아는 고종을 보호한다는 이유로 한국 내의 이권을 손쉽게 차지할 수 있었으며, 한국 내에서의 우월한 위치는 고종의 환궁 이후에도 유지되었다. 또한 1898년을 전후하여 한국의 이권은 '최혜국조관'에 의거하여 다른 열강에게도 계속 양여되고 있었다.[1] 이에 독립협회 회원들은 상소를 하여 "황제가 자주독립의 권리를 날마다 잃고 있으며, 구식은 폐지하고 신식은 제정하였으나 행하지 않아 法度가 없는 나라가 되었다. 그러므로 인심은 자연히 타국에 의뢰하려 하고 타국 또한 내정을 간여하는 것이다."라고 하였다.[2]

---

1) 김정기, 「자본주의 열강의 이권침탈연구」, 『역사비평』 11, 1990.
2) 『承政院日記』, 1898년 2월 2일 ; 『독립신문』, 1898년 2월 22일·24일.

이러한 와중에 외부대신서리 민종묵은 러시아가 요구하는 절영도 석탄기지를 허락하였다.3) 의정부 참정 南廷哲과 찬정 沈相薰은 절영도 조차에 관한 내용은 아직 회의하여 결정하지 않았는데 외부대신서리가 임의로 허락하였고, 韓俄은행 창설 관련 내용은 알지도 못하였다고 분개하였다. 이에 참정 남정철과 찬정 심상훈은 자신들의 직분을 제대로 담당하지 못하였다고 사직을 청하였으나, 고종은 이를 허락하지 않았다.4) 그러나 심상훈은 절영도 석탄기지를 임의로 허락한 민종묵이 외부대신으로 임명되자 다시 상소를 올려 사직할 것을 청하였다.5) 이러한 일련의 과정을 거치면서 심상훈 등은 몇몇 정부대신의 독단에 의한 이권 허여를 막기 위한 방법을 생각하게 되었다. 그리하여 국정을 견제할 수 있는 기능을 가지고 있었던 중추원에 주목하게 되었고, 활동이 없어 유명무실하였던 중추원의 관제를 실시하자고 건의하였다.

1898년 3월, 의정부 찬정 심상훈은 의정부에 중추원 관제 실시 관련 청의서를 제출하였다. 심상훈은 정부가 중추원에 諮詢하는 이유는 衆議를 博採하고 事體를 중대하게 하려는 것이라고 하면서, 중추원 관제가 제정된 지 여러 해가 되었어도 의정부가 주요 사안을 중추원으로 자순하지 않은 것은 잘못된 것이라고 지적하였다. 지금부터라도 중추원 관제와 회의규정을 시행하여, 국정의 전반적인 사무를 중추원의 의논을 거쳐 시행한다면 이득이 있을 것이라고 하였다. 심상훈은 정부의 크고 작은 국가 정책을 중추원에 자문하여 반드시 중추원이 이를 따라고 의결한 후 시행할 것을 제시하였는데,6) 이는 1895년 박영효 내각에

---

3) 『구한국외교문서』 17(俄案), 974호, 1898년 2월 3일 ; 『구한국외교문서』 17, 975호, 1898년 2월 6일 ; 『독립신문』, 1898년 3월 1일 · 3일.
4) 『承政院日記』, 1898년 2월 7일 ; 『독립신문』, 1898년 3월 1일.
5) 『承政院日記』, 1898년 2월 12일 ; 『독립신문』, 1898년 3월 5일.
6) 중추원에서 의논하여 是하면 取用하고 否하면 다시 상의하여 是한 후 務歸

서 마련한 중추원 관제에도 규정되지 않았던 강력한 정부 견제권을 요구한 것이다. 3월 25일 의정부 참정 남정철은 심상훈의 제의를 정부회의에서 협의 결정하여 上奏하였고, 고종이 이를 裁可하자 그 내용을 중추원에 통보하면서 중추원 관제를 실시하라고 하였다.[7]

이에 중추원 부의장 신기선[8]은 "중추원이 설립된 지 여러 해 만에 그 활동을 시작하게 된 것은 매우 기쁘지만, 중추원 의장의 자리가 비어있는 상태에서 '중추원 관제 실시'라는 중대사를 혼자 주관하는 것이 어려우니 의장의 敍任을 기다려 협의 실시하겠다"고 답하였다.[9] 이에 의정부 前참정 박정양은 "중추원 의장의 事故 시에는 부의장이 그 직

하면 庶事庶政이 모두 得할 것이다. 『各部請議書存案』 4(奎17715), 의정부편, 請議書, 1898년 3월 18일.

7) 『各部去照存案』 1(奎17242), 의정부편, 照會 中樞院, 1898년 3월 25일.

8) 申箕善 : 학문적 배경이 주자학으로, 선대로부터 당론을 철저히 지켜온 집안의 자손이었다. 그는 이이와 송시열의 학문적 성과를 철저히 믿고 따름으로서 기호학파의 구성원이 될 수 있었다. 신기선은 학문을 심화시키면서 1867년에는 화이론을 극복하기 시작하였으며, 나아가 洋物·洋砲를 수용하자는 동도서기적 입장을 취하게 되었다. 재야 유림의 시비를 공리공담으로 생각하게 되었으며, 1876년 官界 진출로 인하여 재야 유림과는 결별을 하게 되었다. 그는 개화파들과 관계를 가지게 되면서 東道와 西器는 분리될 수 없다는 사상을 정립하면서 차츰 개화사상으로 나아가게 되었다. 1871년부터는 김옥균·박영효 등 급진개화파 사람들과 친분을 가져 개화당에 이름이 올라있었고, 이러한 관계로 말미암아 갑신정변 당시 김옥균이 조직한 내각에서 이조판서 겸 홍문제학을 맡게 되었다. 그는 1884년 갑신정변 시기 정변에 직접 가담하지는 않았으나 이상의 급진개화파들과의 관계로 현직에서 물러나게 되었고, 갑오개혁 시기 온건개화파가 정권을 잡으면서 다시 현직에 나올 수 있었다. 그의 동도서기론은 1894년 이후 자주적 개화관으로 나타난다. 신기선은 개화에 대한 개념을 政治日新으로 규정하고, 개화는 자주적인 입장에서 이룩되어야 한다고 생각하였으며, 1890년대 후반 열강의 침략이 노골화되면서 서기에 비하여 동도를 한층 더 강조하게 되어 수구세력으로 분류되었다. 권오영, 「申箕善의 東道西器論研究」, 『청계사학』, 1984.

9) 『中樞院來文』, 照覆 제24호, 1898년 4월 22일.

무를 代理한다."는 규정에 따라 중추원 관제를 실시하라고 하였다. 신기선은 중추원을 운영하고자 하였지만 중추원 관제가 舊내각에 의해 정해진 것으로 현행 규제와 다르고 사무 확장을 위해 직원을 증가할 필요가 있어, 관제와 사무장정을 수정하여 의정부에 보낸 후 그 반포를 요구하였다.[10]

정부의 활동을 견제할 수 있는 중추원 관제의 시행을 정부 자체에서 요구한 것은 모순이라고 생각할 수 있다. 그러나 당시 러시아를 비롯한 열강에 의한 이권 침탈요구가 심각한 수위에 오르고 있는 상황에서, 이권 허여가 몇몇 대신의 독단으로 이루어지는 것을 막기 위한 절실함으로 중추원 실시 논의가 이루어진 것이다.

이러한 정부의 움직임에 관심을 가진 궁내부 고문관 러젠드르(Le Gendre)는 중추원에 대한 자신의 의견을 개진하였다. 러젠드르는 당시 고종의 의중을 파악하고 궁내부와 황제권의 강화정책에 발맞춰 일을 처리해나가고 있었다. 그는 절대군주제를 신봉하는 보수주의자로, 1897년 校典所 위원으로 활동할 때에도 군주권의 제한과 민권의 신장을 주장하는 서재필에 맞서 가장 강력하게 반대한 인물이었다. 러젠드르는 그 나라의 전통과 다른 이념이나 정부형태를 도입하는 것은 바람직하지 않다고 생각했다. 또한 상황에 따라 변혁과 개혁은 필요하지만 점진적으로 진행되어야 한다고 경고하였다. 그는 군주제가 의회제에 비하여 국민 통치·자유 신장·사회자원의 적절한 배분·상업과 산업의 성장을 주도할 수 있는 강력하고 효율적인 중앙정부라고 보았다. 이러한 러젠드르의 기본사상은 고종의 황권강화에 논리적 기반을 제공하였다.[11] 그리고 그는 독립협회 회원들에게도 다음과 같이 자신의

---

10) 『中樞院來文』, 照會 제25호, 1898년 6월 30일 ; 『中樞院來文』, 照會 제27호, 1898년 8월 2일.
11) 김현숙, 「韓國 近代 西洋人 顧問官 硏究(1882~1904)」, 이화여대 박사학위논

의견을 피력하였다.

　　조선이 전통적인 군주국가로 돌아갈 수 없다. 그렇다고 근대적인 대
의정체를 시행하는 것은 시기상조이다. 따라서 절대군주제와 대의정체
를 절충한 과도기적 정부형태가 적절한데, 이 과도정부는 군주제 하에
의회의 기능을 대신할 자문 내지 감독기구를 정부 내에 상설하는 것이
다. 조선의 진보적인 인사들로 자문기구를 구성하고, 그들로 하여금 대
신들의 활동을 감시·감독하게 하는 것이 바람직하다.[12]

　　러젠드르는 중추원의 실시가 당장에는 열강의 이권침탈에 대하여
견제할 수 있지만 결국에 가서는 정부와 황제권을 제한할 수 있으므로
이를 경계하면서 중추원의 역할을 한정시켜 자문기구로 규정하고자
한 것이다.

　　한편 독립협회는 의회 제도의 필요성을 계몽하고자 1898년 4월 3일,
토론회의 주제를 <의회원을 설립하는 것이 정치상에 제일 긴요함>으
로 정하였고, 4월 30일『독립신문』논설에는 의회설립의 필요성을 장
문에 걸쳐 주장하면서 독립협회의 목표가 의회설립을 통한 완전한 대
의정부의 수립임을 명백히 하였다.[13]

　　7월 3일에는 尹致昊 등이 국왕에게 상소를 올려 독립협회를 설치한
본의와 당시 정치가 바로 서지 못하는 이유를 조목조목 들면서 현량한
사람을 선택하여 각기 알맞은 직책을 맡기면 정치가 다시 일어날 것이
라고 하였다. 그리고 다음과 같이 국가의 주요 현안에 대해 널리 의견
을 수렴하여 결정할 것을 주장하였다.

문, 1999, pp.161~163.
12)『윤치호 일기』5, 1898년 3월 27일 ; 김현숙, 위의 글, p.163 재인용.
13)『독립신문』, 논설, 1898년 4월 30일.

唐堯의 50년 治平은 朝野에 고루 물어 一用一去之間에 國人의 의논을 빈드시 따랐으며, 근일 구주열강의 진제국가라도 상하의원을 실치하여 국가의 시책을 자문하며 언로를 개방하고 있다.……우리도 대소 政令을 위로는 백관으로부터 아래는 서민에 이르기까지 자문하고 채택하여 제정하면 만민과 천하가 큰 다행이겠다.[14]

이에 고종은 진술한 내용들이 조정을 걱정한 데서 나온 것이지만 분수에 벗어나는 논의는 받아들일 수 없다는 부정적인 반응을 보였다.

그러나 독립협회는 7월 11일 재차 상소하여, ① 洪範實遵, ② 賢良更選, ③ 民意博採를 주장하고 거듭 의회 개설의 필요성을 시사하였다.[15] 고종은 국정운영에 있어 중추원이라는 정부기관을 통하여 자문하는 것은 인정하였지만, '民意博採'의 명분으로 기타 인민협회 등이 국정에 참여하는 것은 반대하였다. 그러나 독립협회의 활동이 활발해지면서 국정과 의회설립 개설에 관한 상소가 계속 이어지자,[16] 이에 대한 절충안으로 7월 13일 독립협회 회원 중 尹致昊, 李建鎬, 尹夏榮, 鄭喬 등을 議官으로 임명하였다.[17]

중추원에 거는 기대와 역할에 대해, 독립협회로 대표되는 민과 고종의 생각에는 본질적으로 차이가 있었다. 독립협회는 중추원에 의회의 기능을 부여하여 정부의 활동을 견제하고, 궁극적으로는 民이 직접 정치에 참여하는 기관으로 설립되기를 기대하였다. 반면 고종과 정부는 중추원이 외형적으로는 의회의 모습을 가지게 된다 해도 본질적으로는 전제군주체제 내에서 정부의 자문기관, 정부의 활동에 대한 관민의

---

14) 『承政院 日記』, 1898년 5월 21일(陰) ;『上疏存案』 1-3(奎17232-1), 의정부편, 1898년 7월 3일.

15) 『承政院日記』, 1898년 6월 2일(陰).

16) 『承政院日記』, 1898년 6월 21일 ;『독립신문』, 1898년 7월 9일.

17) 『官報』, 1898년 7월 13일.

의견을 취합하는 기관으로 활용하고자 하였다.

열강에 대한 이권 허여가 일부 대신의 독단으로 이루어지는 것을 막기 위하여 중추원의 실시를 주장하였던 정부대신, 중추원을 자문기구로서의 역할로 한정하려는 러젠드르, 民意博採를 주장하며 중추원을 의회로 개편하려는 독립협회 등의 노력으로 중추원의 활동이 논의되었고, 그 실시를 눈앞에 두게 되었다. 중추원 부의장 신기선은 현행 규제에 맞추어 조규를 첨삭하고 직원을 보충하기 위하여 개정한 중추원 관제를 6월과 8월 두 차례에 걸쳐 의정부에 올렸다. 그러나 중추원의 권한이 강해지는 것을 우려한 때문인지 참정 尹容善의 반대로 인하여 存案된 상태로 9월을 맞이하였다.[18]

2) 노륙·연좌제 부활 논의

1898년 9월 11일 金鴻陸에 의한 독차사건이 발생하자, 중추원은 부의장 신기선을 중심으로 이에 대한 해결 방안으로 갑오개혁 시기 폐지한 孥戮·連坐制 부활을 제시하였다. 노륙법은 극악한 죄인에게 斬刑을 적용시키는 법이고, 연좌제는 죄인 당사자뿐 아니라 그 가족까지 처벌하는 법이었다. 노륙·연좌제는 조선의 지배질서와 지배이념을 유지하기 위하여 역적이나 유교질서를 문란하게 만든다고 인정되는 극악한 죄인에게 내리는 형벌이었으나, 갑오개혁 시기 종래의 嚴刑制度를 폐기하고 寬刑制度를 택하는 과정에서 폐지된 제도이다.[19]

---

18) 『皇城新聞』, <有名無實>, 1898년 9월 5일.
19) 갑오개혁 시기 '連坐를 勿施하는 件', '죄인을 審問함에 있어 拷刑을 禁하는 件', '苔·杖·徒·流를 懲役으로 代置하는 件', '刑具를 制限하는 件', '處斬·凌律을 廢止하되 用絞用砲하는 件', '流刑分等과 加減例에 관한 件', '特別法院에서 刑罰을 酌減하는 件' 등의 의안을 발표하였다. 유영익, 『갑오경장 연구』, 일조각, 1997, pp.229~239.

관형제도에 대하여 보수파는 불만을 나타내며, 과거처럼 법을 엄격하게 적용하자는 상소를 끊임없이 올리고 있었다. 특히 현행 사형제도인 교살형은 역적들에게 지나치게 관대한 형벌이라고 지적하고, 형벌제도 가운데 노륙법과 연좌제, 그리고 籍沒法 등의 부활을 끈질기게 주장하였다. 보수파는 일본으로 망명한 갑오개화파 관료들이 국내에 잔존하고 있는 개화파와 결탁하여 갑신·갑오의 변란을 재현할까 두려워하였기 때문에, 갑오개화파와 그 여당의 숙청을 위해 엄격한 법률의 적용을 주장하였다.[20]

이상과 같이 갑오개혁 이후 보수파 인사들에 의하여 계속 주장되어 온 노륙·연좌제 부활 논의는 1898년 9월 11일 김홍륙에 의한 고종 암살기도 사건에 의하여 다시 일어났다. 김홍륙은 아관파천부터 환궁의 시기까지 고종의 측근에서 러시아 세력을 배경으로 온갖 전횡을 자행하였으며 환궁 후에도 권력을 농단하였다.[21] 이에 고종은 김홍륙을 귀양보내었고, 원한을 품은 김홍륙은 일당 孔洪植으로 하여금 고종의 커피 잔에 아편을 넣게 하였다. 이 사건으로 고종은 중독으로 구토를 하였고 태자는 인사불성에 이르게 되었다.

김홍륙 독차사건이 알려지자마자 죄인들을 엄하게 다스릴 것을 청하는 상소가 잇달았다. 그리고 "역적의 戮身 滅族은 상고 이래의 正法으로 죄인들에게 연좌율을 적용하고, 이러한 사건의 재발을 막기 위하여 궁중에 無知輩의 출입을 엄금하고 서양요리와 같은 異饌을 들지 말 것"을 청하기도 하였다.[22] 또한 독차사건을 처리하는 과정에서 경무사 閔泳綺는 죄인을 심문할 때 악형을 남용하여 折脚者가 나오고,

---

20) 오영섭, 「甲午改革 및 改革主體勢力에 대한 保守派 人士들의 批判的 反應」, 『국사관논총』 36, 1992, p.122.
21) 『承政院日記』, 1898년 2월 2일.
22) 『承政院日記』, 1898년 8월 3일 ; 『官報』, 1898년 9월 6일.

부녀자까지 고문하였다.[23)]

독차사건으로 민심이 **흉흉한** 상황에서, 중추원은 갑오개혁 초기 개설된 지 약 4년 만인 1898년 9월 24일 개회하게 되었다. 부의장 신기선을 의장서리로 하여 의관 34명이 모여 진행하였는데 그 과정을 보면서 여론은 다음과 같이 기대감을 나타냈다.

> 規度와 節次가 濟濟蹌蹌하여 傍觀하는 내외국인이 大韓정치가 경장 이후 初有盛擧라 하면서 중추원에서 의논하는 사건들도 전국인민을 보호하여 文明之域으로 진보하며 부국강병하는 필요한 방책일 것이라 확신한다.[24)]

이러한 전 국민의 기대 속에서 시작된 중추원의 활동은 의관 徐相雨 등의 소청으로 갑오개혁으로 폐지된 노륙법과 연좌제를 부활시킬 것을 논의하는 것으로 시작되었고, 법부대신 겸 중추원 부의장 신기선 이하 의관 34인이 정부에 이를 요구하였다.[25)] 부의장 신기선이 중추원을 주도하면서 김홍륙을 '노륙·연좌제'로 처단하고자 한 것은 열강에 대한 자주의지와 철저한 역적처단을 통한 전제군주제 수호 의지의 표명이었다.

이로 인해 노륙·연좌제 부활에 대한 찬반양론이 강하게 제기되었다. 당시 신문들은 중추원이 처음 회의하여 결정한 사항이 노륙법 부활이라는 사실이 부끄럽고 탄식할 일이라고 서술하고 있다.[26)] 이러한

---

23) 『法部來去文』, 照覆 제15호, 1898년 10월 5일 ; 신용하, 『독립협회연구』, 일조각, 1985, p.342.

24) 『皇城新聞』, <樞院實施>, 1898년 9월 26일.

25) 『독립신문』, <상소대지>, 1898년 9월 26일 ; 정교, 『대한계년사』, pp.240~241 ; 『承政院日記』, 徐相雨一等議官等疏, 1898년 9월 24일 ; 신용하, 『독립협회연구』, 일조각, 1976, p.342.

26) 『독립신문』, <중추원 첫 경사>, 1898년 9월 26일 ; <협회공론>, 1898년 9월

여론에도 불구하고 중추원은 노륙·연좌제 부활 논의를 진행시키면서 의관 윤치호에게 연명할 것을 요구하였다. 그러나 독립협회 회원이었던 윤치호는 '孥從舊之設萬萬不可'라 하며, "이런 의론은 위로는 군부를 욕되게 하고 아래로는 국체를 더럽히는 것"이라고 거절하였다.[27] 또한 독차사건을 처리하는 과정에서 나타난 고문 행위와 중추원의 노륙·연좌제 부활 주장에 대하여, 9월 26일 독립협회는 金龜鉉 등 3인을 총대위원으로 삼아 중추원 부의장 신기선에게 다음과 같이 반대 의견을 보냈다.

근일 중추원 의관들이 개회하여 업무를 시작하는 초기에 법률을 바꿀 목적으로 옛 법을 부활한다고 들었다. 이는 국가에 해가 되는 것으로, 어찌 자문의 책임을 지고 있으면서 노륙법 부활을 건의할 수 있는가? 이에 대한 책임으로 의장을 사면시켜야 할 것이다.[28]

그러나 중추원 부의장 신기선은 9월 27일 다음의 답서를 통하여 노륙법 부활의 필요성을 강력히 주장하였다.

① 경장 이후 역적을 다만 絞에만 처하므로 신과 인간의 분을 다 씻을 수 없고, 신법 이후로 逆變이 그치지 않으니 노륙법을 부활시키는 것이 마땅하다. ② 여러 군자들은 어찌 국가의 亂逆이 발생하는 것은 걱정하지 않고 오직 법률의 과중한 것만을 걱정하는가. ③ 또한 대신의 진퇴는 민회가 말할 바 아니다.[29]

27일 ;『皇城新聞』, 별보, 1898년 9월 27일 ; <樞院勤辭>, 1898년 9월 27일 ; <신기선 편지비난>, 1898년 10월 3일 ;『제국신문』, 논설, 1898년 9월 27일 ; 논설, 1898년 9월 28일.
27)『皇城新聞』, <尹議官寄樞院書>, 1898년 9월 26일.
28) 鄭喬, 『大韓李年史』上, p.241 ;『皇城新聞』, <正明決獄>·<樞院勤辭>, 1898년 9월 27일 ; 別報, 1898년 9월 29일.

신기선의 답서에 대하여 독립협회에서는 10월 3일 법부대신 겸 중추원 부의장 신기선과 법부협판 李寅祐의 罪狀을 고등재판소에 고발하였다. 고발장의 내용은 "법부대신 신기선과 법부협판 이인우 등은 금번 옥사(독차사건)의 주요 증거인인 공홍식에게 악형을 가하여, 제대로 조사하지 못하도록 하였으므로 이에 고발한다."고 하였다.[30] 독립협회는 노륙·연좌제 부활을 저지하려는 이유를 황제를 음독하려 한 범인에 대하여 무조건 관용을 베풀자는 의도가 아니라, 증거를 확실히 잡아 정해진 법률에 따라 벌을 주자는 의도라고 설명하였다.

한편 성균관·도약소에서는 교수 慶賢秀 등의 명의로 상소하여 중추원의 노륙·연좌제 부활에 대하여 적극적으로 동의하면서, 독립협회는 서재필·안경수 등 역적들이 만든 당으로서 凶賊에 대한 처벌을 관대하게 하는 것은 凶逆을 방조하는 것이라 하였다. 나아가 협회를 혁파하여 조정을 편하게 하며 新法 중 비정상적인 것은 일절 혁파하고 선왕의 법을 좇을 것을 건의하고 있다.[31] 또한 都約所에서는 각처에 방을 붙여 중추원에서 노륙·연좌제를 부활하자고 상소할 때 윤치호가 홀로 聯名하지 않은 것은 護逆하려는 의견이라고 하였고, 또한 독립협회의 행동까지 논박하였다.[32]

독립협회는 이상의 성균관과 도약소의 의견에 대해 다음과 같이 반박하면서 계속해서 역적을 재판과 법에 의하여 처단할 것을 주장하였다.

황제폐하가 紂의 잔혹한 노륙·연좌제를 폐지한 것은 堯舜과 文王

---

29) 정교, 앞의 글, p.242 ; 신용하, 앞의 글, p.343 ;『皇城新聞』, <中樞院復函>, 1898년 9월 29일.
30)『독립신문』, <독립협회고발사건>, 1898년 10월 4일.
31)『高宗實錄』, 1898년 10월 6일.
32)『皇城新聞』, <約所榜目>, 1898년 10월 8일.

의 道를 몸소 행하신 것으로, 노륙법을 다시 사용하라 함은 군부를 욕되게 하는 것이다. 신기선은 법부대신으로 김홍륙을 재판 없이 竄配함으로써 지난번의 대흉변을 미리 막지 못하였다. 또한 협회창설은 서재필이 임의로 한 것이 아니라 황제폐하께서 창설하라 하셨고, 황태자가 독립관이라고 친히 써 준 것이다. 便民利國하자는 일에는 말 한마디 없더니 잔혹한 법을 사용하는 데에는 상소를 하니 의리를 분간치 못하는 사람들이다.[33]

외국공사관 측에서도 김홍륙 독차사건에 관련된 죄인 심문과정에 대하여 입장을 표명하였다. 러시아공사는 9월 24일에 외부에 照會하여 공홍식의 옥중 刀傷事件과 노륙에 대한 유감의사를 전달하였고, 러시아공관원 1명·의사 1명을 죄인이 갇힌 처소에 출입할 수 있도록 해줄 것을 요구하며 혹 허락하지 않으면 악형으로 문초하려는 것으로 알겠다고 하였다. 또한 9월 30일 미국공사의 조회에는 잔인한 형벌로 억지로 자백을 받아내는 것은 법률에 합당하지 못하다 하였으며, 10월 1일에는 프랑스공사·독일영사·영국공사 등이 독차사건 처리 과정의 고문에 대하여 항의하고, 이후 일본공사도 조회하여 잔혹한 고문은 '人道通義'에 어긋나는 것이라고 하였다.[34] 각국 공·영사는 외부에 조회하여 노륙법을 다시 사용하면 한국의 내정에도 흠이 될 뿐 아니라 외교

---

33)『承政院日記』, 1898년 8월 21일 ;『日省錄』, 1898년 8월 21일(양력 10월 6일) ;『皇城新聞』, 1898년 10월 5일 ;『독립신문』, <독립협회공출>, 1898년 10월 5일 ; <도약소소본변론>, 10월 6일 ; <만국공론>, 10월 7일 ; <독립협회상소>, 10월 8일 ; 권오영, 앞의 글, p.131.

34)『承政院日記』, 1898년 8월 21일 ;『독립신문』, <독립협회공출>, 1898년 10월 5일 ; <만국공론>, 10월 7일 ;『구한국외교문서』 4권(日案), 4844호, 1898년 10월 3일 ; 11권(美案), 1815호, 1898년 9월 30일 ; 11권(美案), 1819호, 1898년 10월 5일 ; 14권(英案), 1451호, 1898년 10월 1일 ; 16권(德案), 1944호, 1898년 10월 1일 ; 17권(俄案), 1199호, 1898년 9월 24일 ; 19권(法案), 1898년 10월 1일.

상에도 관계가 있을 것이라고 경고하면서, 노륙법의 시행 금지를 강력히 요구하였다. 언론은 각국 공사관의 반응에 대하여 고종의 노륙법 근절 지시와 독립협회 등의 반대로 시행될 리 없을 것이니 각국 공·영사는 이 사건에 대하여 간여하지 않는 것이 교제상 합당할 것이라고 하였다.[35]

이렇듯 중추원의 노륙·연좌제 부활에 대한 시비가 날로 첨예해지는 가운데[36] 독립협회와 시민들의 대규모 집회를 도저히 막을 수 없게 된 고종은 10월 12일 신기선 등 보수파 관료들을 면직시키고, 박정양 내각을 성립시켰다.[37] 독립협회는 정부에 편지를 보내어 고종이 民願을 쫓아 노륙·연좌제 부활을 저지한 것에 대한 감사함을 나타냈다.[38] 보수파 내각이 붕괴됨으로써 중추원이 발언한 노륙·연좌제 부활 논의는 자동적으로 중단되었다. 이후에도 노륙·연좌제 부활에 대한 논의는 특정 사건이 일어날 때마다 나타나지만, 이전으로 법이 복귀되지는 않았다.[39]

---

35) 『皇城新聞』, <各使來照>, 1898년 10월 4일.
36) 『皇城新聞』, 논설, 1898년 10월 3일 ; 別報, 1898년 10월 8일 ; 別報 <獨立協會再疏>, 1898년 10월 10일 ; 別報 <獨立協會三疏>, 1898년 10월 11일.
37) 『官報』, 1898년 10월 10일 ; 1898년 10월 12일.
38) 『皇城新聞』, <致書政府>, 1898년 10월 15일.
39) 『舊韓國外交文書』 4권(日案), 5152호, 1899년 6월 5일 ; 4권(日案), 5158호, 1899년 6월 12일 ; 14권(英案), 1580호, 1899년 6월 5일 ; 14권(英案), 1588호, 1899년 6월 12일 ; 18권(俄案), 1408호, 1899년 6월 5일 ; 18권(俄案), 1411호, 1899년 6월 12일 ;『독립신문』, 1899년 6월 8일.

2. 독립협회의 의회개설 요구와 중추원 개편

1) 독립협회의 중추원 개편 요구

독립협회의 노력으로 노륙·연좌제 부활 논의를 주도하였던 중추원 부의장 신기선과 관계 대신들이 해임되자마자, 독립협회는 완전한 의회개설운동을 전개하였고, 10월 14일 정부와 가진 협상회의에서 雜稅 폐지와 중추원 개편에 관한 2개의 안을 제출하였다. 중추원 개편에 대해서 "중추원을 다시 조직하되 관제는 독립협회 회원 중 공평하고 정직한 사람을 총대위원으로 선정하여 會同 議定할 것"을 전제로, 1) 중추원 의관의 반수는 정부에서 천거하여 뽑고 반수는 독립협회에서 투표로 뽑아 上進한 후에 고종의 명을 받들어 敍任할 것, 2) 의장은 정부에서 뽑고, 부의장은 회원 중에서 뽑되 의관들이 투표로 선정할 것, 3) 장정은 외국 의원규칙을 모방하여 중추원에서 起案하고 정부의 회의를 거친 후 재가를 받아 시행할 것을 제시하였다.[40] 독립협회는 중추원을 개편하여 의관 반수와 부의장을 독립협회 관계자로 임명하게 하고, 외국 의원규칙에 따른 관제 개정을 통하여 개혁적인 의회제를 설립하고자 한 것이다.

고종은 독립협회의 강경한 활동을 억제하기 위해서는 중추원의 개편이 불가피하다고 생각하여 10월 23일 의정부 찬정 박정양을 참정으로 승진 발령하는 동시에 한규설을 중추원 의장으로, 윤치호를 부의장에 임명하여 중추원 관제를 개정토록 하였다. 이때 정부측은 정부 자문기관으로서의 중추원 관제 개정안을 미리 만들어 독립협회의 동의를 얻고자 하였다. 그러나 독립협회는 정부안에 만족하지 않고 독자적으로 중추원 개편안을 작성하여 10월 24일 정부에 제출하였다.[41]

---

40) 『皇城新聞』, <別定條規>, 1898년 10월 17일.
41) 정교, 앞의 글, pp.272~273 ; 『皇城新聞』, <樞院改案>, 1898년 10월 26일 ;

정부대신들은 독립협회안에 대체로 찬의를 표했으나, 의석배정에 있어서는 같은 민회이므로 황국협회에도 민선의관의 반수를 배정해야 한다고 이의를 제기했다. 고종도 민선의관 25명 중 17명만을 독립협회에 배정토록 조칙을 내렸다.42) 독립협회는 중추원 의관 50명 중 과반을 확보하고자 하여, 민선의관 25명을 독립협회에 배정하거나 아니면 황국협회에 배정할 것을 정부에 요구하였다. 이에 정부는 황국협회에 민선의관 전부를 담당할 수 있는지 의사를 타진하였으나, 황국협회가 불가능하다고 통보함으로써 결국 독립협회가 중추원 의석의 과반수를 전담하게 되었다.43) 이로써 독립협회는 중추원 의석 과반수를 확보함으로써 중추원 회의를 주도하고, 국정에 그들의 의견을 적극적으로 제시할 수 있는 통로를 형성할 수 있었다.

독립협회의 중추원 의관 과반수 확보 결정과 정부 개혁파 관료들의 호응 분위기에서 10월 30일 관민공동회에서 제출한 헌의 6조 중에는 "鑛山, 鐵道, 煤炭, 森林, 借款, 借兵과 政府와 外國 條約事를 만약 각 부대신과 중추원 의장이 합동하여 捺印하지 않으면 시행하지 못할 것"44)이라는 조항이 있었다. 중추원 의장으로 대표되는 중추원의 동의 없이는 이권을 양여할 수 없다는 조항은 당시 이권 양여로 야기되는 관민의 불만을 중추원의 개편을 통하여 해결하고자 했던 의지의 표현이었다. 또한 헌의 6조에 대한 답안으로서 고종은 5개조의 詔勅을 내렸는데, 그 중 첫 번째 조항인 "諫官 廢止 後 言路壅滯 上下無勤勉警 厲之意 定中樞院章程以爲實施事"45)를 통하여 諫官의 기능을 가진 언

신용하, 앞의 글, pp.369~370 ; 유영렬, 『개화기의 윤치호 연구』, 한길사, 1985, p.126.
42) 정교, 위의 글, pp.273~274 ;『제국신문』, 1898년 10월 26일.
43) 정교, 위의 글, p.276.
44)『承政院日記』, 1898년 9월 16일 ;『官報』, 1898년 10월 31일 ;『皇城新聞』, 別報, 1898년 11월 1일 ;『독립신문』, <관민공동회사실>, 1898년 11월 1일.

론기관으로서의 중추원 개편을 승인하였다.

1898년 11월 2일, 중추원 관제는 독립협회의 의회설립운동과 고종의 재가로 그 기능이 최대로 확대·보장되어 개정되었다(칙령 36호, 전문 17조).[46] 개정된 중추원 관제는 10월 24일 독립협회가 정부에 제시한 중추원 개편안을 거의 그대로 반영한 것으로 독립협회가 주도하는 의회적 성격을 띠게 되었다.

이 관제에 의거하여 중추원의 역할, 중추원 구성원의 충원 방법, 의정부와의 역학관계 등을 살펴보면 다음과 같다. 중추원의 역할은 ① 법률·칙령의 제정·폐지·개정에 관한 사항, ② 의정부에서 經議上奏하는 일절 사항, ③ 칙령을 因하여 의정부에서 자문하는 사항, ④ 의정부에서 임시건의에 대하여 자문하는 사항, ⑤ 중추원에서 임시건의하는 사항, ⑥ 인민의 헌의하는 사항들을 審査議定하는 것(1조)이었다.

이전 관제에서는 중추원에서 심사 의정할 수 있었던 의안이 '의정부에서 諮詢하는 것'이라는 단서가 붙었는데, 이번에는 그 단서가 삭제되고 의정부에서 上奏하는 모든 사항은 반드시 중추원의 심사 의정을 통과해야 한다는 조항이 첨부되면서 모든 국정 사무에 관여할 수 있는 권한이 주어졌다. 또한 인민의 헌의를 중추원에서 議定하는 것도 이전의 관제에서는 제한되었던 사항으로 중추원의 역할로 처음 제시되었다. 이는 독립협회·만민공동회 등의 활동으로 인한 인민의 성숙도를 반영한 것으로, 중추원이 民意博採하여 인민의 의사를 행정에 포함시킬 수 있는 역할을 담당하게 되었다. 한국 헌정사상 민의 참정이 국가기관을 통하여 공식적으로 이루어지는 길이 열렸다고 할 것이다.

중추원 구성원의 자격과 임명 방법의 특징은 다음과 같다. 의장은 국왕이 직접 임명하여 친정부적 인사 또는 국왕과 뜻을 같이하는 인물

---

45) 『韓末近代法令資料集』, 詔勅, 1898년 10월 31일.
46) 『官報』, 1898년 11월 4일 ; 『高宗實錄』, 1898년 11월 2일.

이 임명될 가능성이 높았으나, 부의장은 중추원의 공천을 받아 국왕이 임명하게 됨으로써 중추원 의관들의 의사가 반영된 인물이 선출될 수 있었다. 또한 의관의 반수는 정부에서 국가에 勞勵가 曾有한 자로 회의를 거쳐 奏薦하고, 나머지 반수는 인민협회 중에서 27세 이상의 정치·법률·학식에 통달한 사람을 투표 선거할 것을 규정(3조)함으로써 제한적이나마 인민의 선거·피선거권을 규정한 民選이 이루어지게 되었다. 이는 우리 역사상 최초의 인민 참정권을 공인한 '민선의회'의 규정이라는 점에서 큰 의의를 지닌다고 하겠다.

의장·부의장·의관의 임기는 各 12개월로 정하여 일정 기간 동안 자신의 역할에 진력할 수 있는 기한이 주어졌다. 또한 "인민선거는 現今간에는 독립협회에서 행할 사(16조)"에서 現今간이라는 단서는 붙지만 인민의 참정이 독립협회라는 단일 인민협회 내의 소수 엘리트 군에 국한시키고 있음은 하나의 한계로 지적할 수도 있겠다. 그러나 당시 민간협회 중 활발하게 활동하고 있는 협회가 다양하지 않은 상황에서 민의를 국가정책에 반영시키기 위한 조항으로 이해하고 앞으로 다양한 단체와 이해관계를 가진 민들을 의관으로 임명하기 위한 하나의 초석으로 이해하는 것이 더 바람직하다고 생각한다.

의안 심사 의정을 통한 국정 운영과정에서 중추원과 의정부와의 역학관계를 살펴보면, 중추원에서 각항 사건에 대하여 의결하는 권한만 있고 직접 上奏·發令을 할 수 없도록 하여(11조) 의안 의결은 중추원이, 의결된 의안을 상주하거나 법률·칙령으로 발령하는 것은 의정부의 역할로 분담하고 있음을 알 수 있다. 특정 의안에 대하여 의정부와 중추원의 의견이 일치하지 않을 때는 府院이 합석 협의하여 타당하다고 가결한 후에 시행하고 의정부에서 직행하지 못하도록 하였다(12조). 의정부는 중추원에 심사를 요구하는 의안에 대하여 국무대신이 위원을 명하여 중추원 회의 중에 의안에 대한 理趣를 설명할 수 있도록 하였다(13조). 또한 국무대신과 각부 협판이 직접 중추원에 와서 의관의 자격으로 회의에 참석할 수 있으나 그 主任 事項으로 의결하는 員數에는 들 수 없음(14조)을 규정하였다.

이상의 조항은 의정부가 국정 운영상의 제반 법률적 사항에 대하여 심사 의정기관인 중추원을 충분히 이해시키고, 의안에 대한 합의가 이루어진 다음에 시행하도록 만든 장치였다. 이는 중추원의 권한을 높여 기존 정부의 법률·칙령에 대한 자의적 결정과 공포라는 권한을 억제하고, 궁극적으로는 군주권에 제한을 가할 수 있는 조항이라고 볼 수 있다. 이로써 중추원이 국가 행정에 결정적 영향력을 발휘할 수 있는 근거가 마련되었다.

칙령 36호 중추원 관제의 특징은 '인민참정'의 길을 열고, 정부 독단에 의한 행정과 법률 제정 등을 제한하는 규정이 생겼다는 것이다. 인민의 헌의내용을 중추원에서 의정한다든가, 인민협회에서 의관의 일부를 선출한다는 조항들은 과거 정치 상황에서는 보기 힘든 것으로, 정부나 민간협회의 근대적 정치제도에 대한 이해가 높아져 계속적으로 논의된 결과 이루어진 산물이었다.

2) 익명서 사건과 중추원의 재개편

인민참정이 처음 규정된 중추원 관제 개정안 칙령 36호는 그대로 실현되지 못하였다. 그 이유는 중추원의 기능 강화와 독립협회 회원들의 대거 등용에 불안을 느낀 수구파가 중추원 관제 반포와 함께 "朴(指定陽)을 수반으로 하는 공화정치를 하려 한다."[47]는 익명서를 조작하여 독립협회 회원 李商在 등 17인을 체포하는 사태가 발생했기 때문이다. 익명서 사건으로 불안을 느낀 고종은 더불어 독립협회 혁파를 조칙하

---

47) 鄭喬, 앞의 글, p.289.

였고, 이에 국민들은 만민공동회를 열어 17인의 석방과 협회의 혁파 취소를 위하여 연일 운동을 벌였다.[48] 만민공동회의 노력으로 17인의 석방과 독립협회 복설은 실현되었으나,[49] 중추원 관제는 11월 12일 칙령 37호로 개정되어야만 했다.[50]

8일 만에 개정된 중추원 관제 칙령 37호를 분석하면 다음과 같다. 칙령 36호 16조인 "인민선거는 現今간에는 독립협회에서 행할 사"가 삭제됨으로써 독립협회 외의 단체에서도 의관을 선출할 수 있도록 하였다. 법제상으로만 보면 의관 선출의 범위를 독립협회로만 국한시켰던 조항을 삭제한 것으로 발전적 수정이라고 볼 수 있다. 그러나 당시 익명서 사건과 그로 인한 독립협회 간부 17명의 구속사건에 잇달아 개정된 관제임을 생각하면, 이는 의관 중 독립협회 회원의 비중을 줄이고자 하는 의도였으며, 이후 임명된 의관들을 살펴보면 궁극적으로는 황국협회 회원을 의관으로 임명하고자 개정된 조항임을 알 수 있다.

의관 자격과 임명 방법에 있어서도 칙령 36호 제3조에 규정되었던 의관의 자격 요건을 "정부에서 국가에 勞勵가 曾有한 자와 정치 법률 학식에 통달한 자로 회의 奏薦할 사"라고 통합함으로써 정부 주도하에 의관을 회의를 통하여 추천하게 되었다. 따라서 인민협회 자체에서 투표를 통한 의관 선출은 시행되지 못하였다. 또한 중추원 구성원의 임기에 대하여 "의장·부의장·의관의 임기는 無할 사(제4조)"로 정해져 정부에서 자의적으로 의관의 면관시킬 수 있게 되었다. 現今간에는 민선의원을 독립협회 회원에서 선출하겠다는 조항이 삭제되어 중추원에서 개혁적 논의가 활발히 일어날 수 있으리라는 기대는 줄어들었고, 의관을 임명하는 기준도 정부주도로 바뀌었으며, 중추원 구성원의 임

---

48) 鄭喬, 위의 글, pp.290~315.
49) 『韓末近代法令資料集』, 奏本, 1898년 11월 22일.
50) 『官報』, 勅令 37호, 1898년 11월 13일.

기도 정해지지 않아 전체적으로 중추원의 권한이 이전 관제보다 축소
되었음을 알 수 있다. 그러나 중추원이 의정부의 정책 결정을 견제할
수 있는 기반까지 무너진 것은 아니었다.

12월 5일자『皇城新聞』논설에서는 다음과 같이 중추원에 대한 기
대를 나타냈다.

> 국가를 위하여 건의하는 관리로 言官과 같으며, 정부의 자문을 審査
> 議定하니 이는 정부에서 국가의 정책 결정에 있어 미처 살피지 못한
> 내용들을 의관들이 補正하여 下情이 上達케 하는 것이니 정부에 중추
> 원이 있는 것은 一國에 耳目이 있는 것과 같은 것이다.[51]

3) '票選人材'로 인한 정부와의 갈등

익명서 사건 이후 11월 12일 중추원을 개편하게 되었다. 개정된 중
추원 관제의 시행을 위하여 前任 의관은 해임되었고, 새롭게 개편된
관제 하에서 중추원 의관 50명을 뽑았다. 12월 14일 고종은 정부에 명
하여 "중추원이 이제 새로 조직되었으니, 이러한 有事之時에 당하여
백성과 나라 일에 의견이 없을 수 없다. 현재 부의장이 없으니 중추원
에서 회의하여 정부에 공천해서 奉勅하도록 하라."고 하였다.[52] 12월
15일 부의장을 선출하기 위하여 의관 29명이 회의에 참석하였고, 윤치
호가 다득점자로 부의장에 선출되었다.[53] 당시 중추원 의장에는 李鍾
建이, 부의장에는 尹致昊가 임명되었으며, 의관 50명 중 33명은 황국
협회 계열(황제측근과 황국협회・도약소 등)에서, 17명은 독립협회 계
열(독립협회・만민공동회)에서 충당되었다.[54]

---

51) 『皇城新聞』, 논설, 1898년 12월 5일.
52) 정교, 앞의 글, p.387 ; 신용하, 앞의 글, p.487.
53) 정교, 위의 글, p.387 ;『皇城新聞』, <副議長圈點>, 1898년 12월 17일.

독립협회 계열 의관들의 성향을 정리하면 다음 <표 1>과 같다.

<표 1> 1898년 12월 독립협회 계열 의관 분석

이름	생몰 연대	신분 (본)	교육 (과거)	경 력·활 동	비고
高永根	1853 -1923	평민		함경도 매광감리(1891). 경상좌병사(1893). 만민공동회에 참여, 회장으로 추대(1898). 중추원 의관(1898). 의관 면직 후 수구파 대신 집 폭탄투여 사건으로 일본망명(1899). 우범선 살해(1903). 귀국(1909).	민영익의 겸인 출신
尹始炳		중인	同文學 무과	선전관(1885). 내무부 전운낭청(1887). 독립협회 간부 17인 구속을 항의하는 만민회 회장(1898). 중추원 의관(1898). 표선인 재 11명을 의정부로 올리는 회의 시 임시 의장(1898).	일진회 회장
南宮檍	1963 -1939	중인 (함열)	同文學	우정국 사사(1884). 내무주사(1886). 주청 전권대신 조민희의 수행원으로 상해에 감(1887). 독립협회 : 수석총무·사법위원. 내부토목국장(1895).	묄렌도르프 견습생 언론인(皇城新聞 사장)
劉 猛	1853 -?	평민 (강릉)	무과 (1876)	加設주부(1878), 軍器寺判官(1879) 화폐문제로 탁지부대신에게 편지(1898. 6.19). 독립협회 간부로 구속(1898). 중추원 의관(1898). 안주군수(1905). 홍주군수(1906).	병합 후 중추원 찬의 취조국 위원(1911)

---

54) 개혁파(독립협회·만민공동회) : 高永根·尹始炳·南宮檍·劉猛·玄濟昶·尹夏榮·洪在箕·梁弘默·鄭恒謨·崔廷德·申海永·李承晩·卞河璉·孫承鏞·洪正厚·魚瑢善·趙漢禹(이상 17명).

보수파(황제직계파·황국협회·도약소 계열) : 李敎奭·洪鐘宇·李觀濟·沈殷澤·李時宇·元世性·尹履炳·李秉膺·金炳駟·金奎弼·宋遠顯·金永祐·尹始永·鄭寅穆·李德夏·崔錫彰·金連植·朴永駱·尹商榮·兪商濬·李埈憙·姜相驥·柳汶秀·都鎭三·朴來東·朴秉召·金相範·李圭煥·李南珪·洪鐘億·朴夏成·李琦·宋秀晩(이상 33명)『中樞院來文』, 1898년 12월 24일 ; 신용하, 『갑오개혁과 독립협회운동의 사회사』, 서울대학교 출판부, 2001, p.480 참조.

이름	생몰년	신분	학력	주요 경력	비고
玄濟昶	1859 -?	중인	배재 학당	배재학당 협성회 회원. 미국인 통역. 독립협회 평의원(1898). 독립협회 간부로 구속(1898.11). 중추원 의관(1898). 폭탄 투척 사건에 가담, 일본으로 망명(1899).	
尹夏榮	1867 -?	양반 (海平)	문과 (1894)	홍문관 부교리. 경무사 민영기에게 집회 금지항의 편지(1898.5). 독립협회 간부로 구속(1898.11.5). 규장각 직각(1901). 비서원승(1903). 고령군수(1906-07). 중추원 부찬의(1907).	
洪在箕	1855 -1908	중인 (南陽)	수학 家塾	통리아문주사(1889). 내무부주사(1894). 군국기무처서기관(1894). 내각주사(1895). 강계부참서관(1895). 독립협회 회계. 중추원 의관(1898.11.29). 양천군수(1907). 개성군수(1908).	표선인재 시, 박영효 추천하여 면관.
梁弘默	1866 -?			외국어학교 부교관(1895). 배재학당 교사(1897). 독립협회 간부 17인 구속 항의시위(1898). 중추원 의관(1898). 협성회 회장. 매일신보 사장. 김해군수(1906). 청도군수(1907). 대구군수(1908). 경주군수(1910).	교사. 언론인.
鄭恒謨	1868 -?	양반		내각주사(1885). 독립협회 평의원. 지도부와 상의 없이 만민회 열고 서재필에게 잔류 요청. 중추원 의관(1898). 육군감옥장(1901). 육군유년학교교관(1905).	표선인재 관련, 벌봉 (1899.1.3)
崔廷德	1865 -?			한성사범학교 교원(1895). 관립 수하동 소학교 교원(1896). 독립협회 평의원. 교원해임(1898). 중추원 의관(1898). 고영근과 폭탄테러 후 망명(1899). 귀국(1908).	교사. 표선인재 시, 박영효 추천하여 면관.
申海永	1870 -?		경응 의숙	관비로 경응의숙 입학(1895). 사립광홍학교교사(1898). 중추원 의관(1898). 예식원 참리관(1904). 학부 편집국장(1906). 보성 전문학교 교장.	교사. 표선인재 시, 박영효 추천하여 면관.
李承晩	1875 -1965	양반 (전주)	배재 학당	배재학당 입학(1894)·졸업(1895) 후 영어교사. 협성회·독립협회 회원. 황국협회의 무고로 감옥 생활(1898). 중추원 의관(1898.11.29).	언론인. 통역. 표선인재 관련 면관(1899. 1.3)

卞河璉	1876 -?	양반	경응 의숙	관비로 경응의숙 입학(1895). 한성의숙 교사. 독립협회 평의원, 중추원 의관(1898).	교사 표선인재 시, 박영효 추천 하여 면관.
孫承鏞		양반		독립신문 탐보원. 17인 재판방청(1898). 중추원 의관(1898). 농상공부 홍주부 역토사판위원(1895).	언론인
洪正厚	1867 -?		배재 학당	독립협회 간부. 만민공동회에서 청년연사로 이승만과 함께 정부의 시책 공격 연설(1898). 중추원관제개혁 주도(1898). 중추원 의관(1898).	언론인, 통역 러시아 포경 기지 건으로 면관
魚瑢善	1868 -?		경응 의숙	관비유학생으로 경응의숙 입학(1895). 사립광흥학교 교사(1898). 중추원 의관(1898). 한성일어학교 교관(1907).	교사 표선인재 시, 박영효 추천 하여 면관.
趙漢禹	1874 -?	양반		독립협회 평의원. 만민회 연설(1898). 러시아 토지매수 항의(1898). 이용익 축출운동(1898). 독립협회 간부 17인 구속(1898). 석방 후 만민에게 감사연설. 중추원 의관(1898).	러시아 포경 기지건으로 免官

* 『承政院日記』·『官報』·『大韓季年史』·「韓末官人의 經歷一般」[55]·『大韓帝國官員履歷書』·『高宗實錄』·『고종시대사』·「19세기 후반 開化改革論의 構造와 展開」(주진오, 앞의 박사학위논문)·『韓國人名大事典』(신구문화사) 등을 참조.

이상에서 정리한 독립협회 계열의 의관 17명은 다음과 같은 특징을 가진다.

① 신분에 있어 양반부터 평민까지 다양하게 구성되어 있었다. 이는 중추원을 특정 신분이 아닌 전체 인민을 대변하는 기관으로 상정하여, 의관선출에 있어 신분보다 개혁적 성격을 더 중요하게 생각한 것을 알 수 있다.

② 근대교육을 받은 사람이 다수를 차지한다. 동문학에서 수학한 사

---

55) 최영희, 「한말일본공사관기록 수록 한말관인의 경력일반」, 『사학연구』 21, 1969.

람은 윤시병과 남궁억, 배재학당에서 교육받은 사람은 현제창·이승만·홍정후, 1895년 관비 유학생으로 일본의 慶應義塾에서 수학한 사람은 신해영·변하진·어용선 등이다. 조한우는 학교교육을 받지 못하였으나 정교에게 영어를 배움으로써 근대에 대한 인식을 접할 기회를 가질 수 있었다. 반면 과거 합격자는 유맹(무과)·윤하영(문과)·윤시병(무과) 등 3명이고, 이 중 윤시병은 과거와 근대교육을 겸했다.

③ 언론인 또는 교사 출신이 많았다. 남궁억은 『독립신문』에서 활동하였고, 손승용은 『독립신문』 탐보원이었다. 교사출신으로는 양홍묵·최정덕·신해영·이승만·변하진·어용선 등이 있다. 특히 경응의숙에서 교육을 받은 사람들은 모두 교사 생활을 하였다.

④ 대부분 독립협회 활동에서 두각을 나타낸 인물들이다. 이들은 1898년 11월 5일 독립협회 간부 17인 구속사건으로 구속되거나, 이에 대한 저항을 벌인 사람들이 대부분이었다.

⑤ 중추원 의관직에서 물러난 후 고영근·현제창·최정덕 등은 보수 대신의 집에 폭탄을 투하함으로써 보수집단을 제거하려고 시도하였으나 실패하고 일본으로 망명하였다.

⑥ 관직경력이 없는 사람들도 많으며, 전직관료 출신이라 하더라도 대부분 낮은 계급을 역임하였다. 연령층은 1853~1876년생에 이르는 22~45세의 청장년층이 주를 이루고 대부분 2·30대의 활동적인 연령층으로 구성되어 있었다.

결론적으로 독립협회 계열의 의관들은 대체적으로 청장년층으로 근대교육을 받았으며, 독립협회 또는 만민공동회에서 의욕적으로 활동한 사람들로 관직 역임에 있어서는 크게 두드러지지 않은 인물이었다. 당시 기득권을 가지고 있는 계층으로 보기 어려우며, 사회변화에 대하여 적극적으로 활동할 수 있었던 신분적·학문적·연령적 배경을 가진 집단이라고 정의내릴 수 있겠다.

한편 독립협회 계열과는 반대 성향을 가졌다고 말해지고 있는 황국
협회 계열 의관들의 성향을 살펴보면 <표 2>와 같다.

<표 2> 1898년 12월 황국협회 계열 의관 분석

이름	생몰 연대	신분 (본)	교육 (과거)	경 력 · 활 동	비 고
李敎頙				갑신정변으로 陽城에서 義兵을 제창, '도망친 역적들을 염탐하고 체포하여 죄를 다스릴 것'을 상소.[1] 별군관(1894). 주미한국공사관 서기생(1897). 중추원 의관(1898, 1899, 1901, 1902). 平理院 檢事(1901). 警部 警務局長(1901, 1902). 평리원 判事(1902). 農商工部協辦(1903). 홍주군수(05).	표선인재 시 대리의장, 의관 최정덕 등이 박영효, 서재필을 강력주장하자 도피
洪鍾宇			프랑스 유학 문과 (1994)	김옥균을 암살(1894). 이조 副修撰(1894). 사간원헌납(1894) · 經筵院侍讀(1896) · 宮內府 外事課長(1896) · 秘書院丞(1897) 황국협회 조직, 보부상을 동원하여 만민공동회의 활동 방해(1898). 만민공동회에 해산을 종용하는 편지를 연명으로 보냄.[2] 중추원 의관(1898).	
李觀濟					
沈殷澤					
李時宇				국왕의 환궁과 역적처결을 통한 독립의 기초 마련을 상소(1896).	표선인재 시 대리의장, 1개월간 별봉(1898).
尹履炳	?-1921			민비 시해 후 復讐討逆疏, 고종의 밀령을 받고 민비 시해의 진상을 조사하다가 실패(1895). 한성재판소 판사(1897). 우범선을 살해한 고영근 등에 대한 선처 상소(1903). 청국상표와 일본은행권의 국내유통 반대운동(1903). 동우회를 설립, 일진회를 성토하고 일본의 강압정책에 항쟁(1907).	3 · 1운동 때 적성동 독립운동 시위, 피체. 1921. 병보석, 死.

元世性				商務所 설립, 중추원 의관 역임(1898). 보안회를 조직, 일본의 황무지개척권 요구 규탄(1904).	
李秉膺					
金炳駟				상리국 復設과 당시 귀양 가게 된 趙秉式 · 閔種默 · 兪箕煥 · 李基東 · 金禎根에 대한 선처 상소(1898).[3]	
金奎弼					
宋達顯					
金永佑				중추원3등 의관(1898.7.24)	
尹始永	1855 -?	파평	과거 (1892)	홍문관부수찬(1894). 兩湖宣撫使의 從事官(1894). 중추원 의관(1898, 1902, 1904). 안핵사(1903). 한성재판소 首班判事(1904). 홍주군수(1907). 선유사(1907).	1899.2.18. 중추원 의관 依願免官
鄭寅穆				중추원 원외랑 재임 시 지방소요 안정 방책 상소(1895).[4]	
李德夏					
崔錫彰	1851 -?	경주		副司猛(1882). 博川군수(1901). 중추원 의관(1898, 1902)	
金連植	1851 -?	경주	한문 수학	도약소, 황국협회 활동(1898). 중추원 의관(1898,1899) 평남 증산군수(1899). 평남지방 토지조사위원회 임시위원. 한성재판소수반판사(1904). 내부 경무국장(1905). 의주군수(1906). 증산군수(1910). 성천군수(1913). 평원군수(1917).	
朴永駱					
尹喣榮	1861 -?		수업 가정	전라남도관찰주사(1896). 중추원 의관(1898). 군부주사(1900). 군부주사(1908).	
俞喣濬					
李埈悳					
姜相驥				중추원 의관(1898.11.29). 과천군수(1899).	
柳渡秀					
都鎭三					1899.2.18 依願免官

朴來東	1859-?	順天	한문 영문 (私塾)	중추원 의관(1898). 표선인재 관련 의관 처벌 상소(1898). 탁지부재무관(1901). 탁지부세무관(1906).	
李秉召				중추원 의관(1898). 都廳(1907). 『高宗實錄』 편찬보조위원(1907)	
金相範				대한자강회의 발기인(1906).[5] 정주군수(1909)	
李奎煥				1894년부터 동학 여당 탐지. 여산대접주 체포. 농민군 잔류자 체포. 그들이 가지고 있는 깃발, 책자 등을 압수.[6] 상무사 도공사원(1900.3)	
李南珪	?-1907			일본공사 大鳥圭介의 경복궁 점령에 대하여 그 무도함을 규탄(1894.6). 안동부 관찰사(1896). 민회 규탄 상소(1898).[7] 한일 협상조약을 맺은 대신 처벌을 상소(1905). 의병관련 혐의로 투옥(1907), 석방 후 일본 군대에 의하여 살해.	1899.2.18. 의원면관 義士
洪鍾檍	1850-1920	南陽	문과 (1884)	홍문관부교리(1887). 사헌부헌납(1887). 西學교수(1888). 법부참서관(1895). 한성재판소판사(1896). 중추원 의관(1897, 1898). 중추원부의장(1899). 평리원검사(1902, 1904, 1907, 1908). 평리원검사(1904). 중추원 의관(1904). 평리원검사(1905). 비서감승(1905). 태복사장(1905). 전선사장(1905). 상방사장(1905). 봉상사장(1905). 평리원검사(1907). 평리원재판장(1907). 법부대심원검사국검사(1909). 중추원참의(1910-1919)	
朴夏成				성균관사성司成(1892). 형조참의(1892)	
李 琦	1855-?	벽진	한문 수학	외아문주사(1894). 중추원 의관(1898. 11. 29) 궁내부 物品司長(1899). 주미국공사관참서관(1899). 외부참서관(1900). 주미국공사관참서관(1901). 창원감리 겸 재판소 판사(1906). 창원부윤(1906). 진해만 군항지 조사위원(1907), 경주군수. 내부토목국공사관사무관(1909). 충남 평택군수(1910). 은진군수(1912).	

| 宋秀萬 | 1857 -? | 여산 | 무과 (1875) | 을미사변 후 친일파 대신을 제거하려 했으나 실패(1895). 1896년과 1897년에 을미역적에 대한 처벌을 주청하였다.[8] 중추원 의관(1898). 일본이 산림개발권 요구하자 보안회 조직. 극력반대(1904). | 항일운동가 |

* 1) 『高宗實錄』, 1884년 11월 26일.

2) "충군애국지심으로 주야 10여일을 지내는 것을 보니 충군지심은 알겠으나, 황칙을 불수하고 민정을 요동케 하여 정부를 능욕하니 그 일이 충군하는 본의이며, 인화문 밖의 익명서를 어찌 깨닫지 못하느냐.", 『독립신문』, 1898년 11월 16일.

3) 만민공동회 측에서는 보부상 지도자로서 反民會 테러활동을 기획하였던 길영수·홍종우·박유진을 '三奸'으로, 이들 5대신을 '五凶'으로 칭하여 엄한 처벌을 요구하였다. 『承政院日記』, 1898년 10월 15일 ; 『官報』, 1898년 11월 30일 ; 『독립신문』, 1898년 12월 1일 ; 조재곤, 『한국근대사회와 보부상』, 혜안, 2001, p.190.

4) 13조에 걸쳐 동학의 무리를 없애는 것과 귀천을 따지지 말고 능력있는 사람을 뽑아 군사와 행정을 맡길 것, 지전을 만들어 사용할 것과 각 도에서 광산을 개발하여 유민들이 모여 도적질을 하지 않을 것, 보부상 소임을 없애며 거두어들이지 못하게 할 것 등에 관한 글을 올렸다. 『承政院日記』, 1898년 2월 19일.

5) 최기영, 『韓國近代 啓蒙運動硏究』, 일조각, 1997, p.192.

6) 조재곤, 앞의 글, p.219.

7) "관리임명은 국왕의 고유권한인데 민회가 관리들을 會를 열어 쫓아내는 것은 크게 잘못된 일이다. 관리들은 법을 어기며 회(會)를 여는 자들을 엄중히 조처하여 조정을 체면을 엄숙히 하고 백성들의 마음을 안정시켜야 한다. 상민들의 무리들도 마땅히 농상공부(農商工部)에 지시하여 타일러서 물러가도록 해야 할 것이다." 『承政院日記』, 1898년 10월 29일.

8) 『高宗實錄』, 1896년 12월 19일 ; 1897년 9월 22일.

** 『承政院日記』·『官報』·『大韓季年史』·「韓末官人의 經歷一般」·『大韓帝國官員履歷書』·『高宗實錄』·『고종시대사』·『韓國人名大事典』 참조.

황국협회 계열 의관의 경우 자료수집에 어려움이 많아 33명 중 23명에 대한 자료만을 모을 수 있었다. 부족하지만 수집된 자료를 근거로 이들에 대한 성향을 정리하면 다음과 같다. ① 독립협회 활동에 대해 부정적으로 생각하였다. 인사 행정에 관계하고 정부의 집회 철회 요구에 저항하는 독립협회에 대하여 국왕의 고유 권한을 침범하는 단체라고 그 혁파를 요구하였고, 독립협회 해산에 앞장선 황국협회·보부상·상무소 등과 관련 있는 사람들이 다수를 차지하였다.

② 갑신정변·갑오개혁·을미사변에 관련된 인물들을 역적이라고 생각하고 이들에 대한 합당한 처벌을 주장하였으며, 대체로 일본 제국주의 침략에 저항하며 나아가 독립운동으로 행동을 확대하였다.

③ 관직 경력은 독립협회 계열의 의관보다 많고, 중추원 의관을 거친 이후에도 계속 활동하여 높은 관직에 오르는 이들이 많았으며, 연령대는 대체적으로 1850년대 생, 주로 40대로 독립협회 계열의 의관보다 약간 나이가 많은 편이다.

④ 근대적 교육기관에서 교육을 받은 경력은 거의 없고 한문교육을 받았음을 알 수 있다.

황국협회 계열의 의관들은 전제 군주제를 옹호하고 기존의 지배질서를 유지하고자 하는 성향의 인물들로 일제 등 자주권을 침해하는 열강에 대하여 반감을 가지고 있었다. 신분과 과거, 관직 경력 등이 눈에 띄지 않는 인물들이 많은 것은 황국협회 계열 의관들도 유수한 집안 출신이 아니며 경력이 미미한 인물들이었다는 것을 알 수 있다. 그러나 이후 몇몇 의관이 현직으로 나갈 수 있었던 것은 황제권을 인정하는 성향과 이후 행정적 능력을 인정받아 가능했던 것으로 보인다.

이상에서 살펴보았듯이 1898년 11월 12일 중추원 관제의 개정이 이루어진 후, 11월 29일 새롭게 구성된 중추원 의관들의 성격은 서로 뚜렷하게 양분되었다.

이들이 중추원 의관으로서 처음 활동한 내용은 '票選人材'에 관한 사항이었다. '票選人材'란 인재를 투표로 선출하여 당시 행정부 수반인 대신으로 기용할 것을 의정부에 건의하는 것이었다. 이는 각각의 관직에 이에 합당한 인물이 임명되어야 국정운영이 원활하게 이루어질 수 있다는 생각에서 비롯된 것으로, 독립협회에 의하여 이전부터 주장되었던 내용이다.

관리 선발에 관한 상소는 1898년 7월 당시 중추원 1등 의관이었던 윤치호에 의하여 제기된 바 있다. 윤치호는 '법과 규정은 이미 훌륭한데 이를 실천하여 정사를 잘 다스릴 적임자가 없어 근심이 많은 것'이라고 하면서, '(부적합한 관리를) 빨리 배척해버리고 어질고 훌륭한 사람을 다시 선발하여 각각 그 직무를 맡긴다면 정사는 자연히 잘 될 것'이라고 상소하였다.[56] 윤치호는 정부대신들이 영화를 탐내어 벼슬자리를 차지하고 일도 하지 않으면서 더러 한두 마디 바른 말을 하는 사람이 있으면 기회를 타 암암리에 쫓아내고야 만다고 탄핵하였고, 독립협회는 정부 대신들의 잘못된 정사를 전국에 알리면서 민중의 집회를 유도하였다.[57] 또한 10월 25일에는 심상훈·민영기 등의 죄를 규탄하는 글을 올려, 이들로 인하여 고종의 덕이 손상되고 백성들의 생활이 곤란하게 되며, 이웃나라의 비웃음을 받게 되니 통분하지 않을 수 없다고 하면서, 고종은 빨리 나라의 법으로 다스림으로써 궁중을 엄숙하게 할 것을 청하였다.[58] 이상과 같이 중추원의 '표선인재' 사건 이전에도 독립협회의 회장이자 중추원 의관이었던 윤치호는 독립협회와 만민공동회에서 당시 수구 대신들에 대한 탄핵 집회를 유도하고 정사를 제대로 살필 인물들을 선별하여 관리로 등용할 것을 요구하는 내용을 계속 상소를 통하여 요구하였다.

---

56) 『承政院日記』, 1898년 6월 2일 ; 『官報』, 1898년 7월 25일.
57) 『承政院日記』, 1898년 9월 9일 ; 『官報』, 1898년 10월 25일 ; 『독립신문』, <별회사건>, 1898년 10월 24일 ; <독립협회상소>, 10월 25일.
58) 『高宗實錄』, 1898년 10월 25일.

1898년 12월 16일 의관 崔廷德은 인민들이 연일 만민공동회를 여는 것을 보고, "言官의 직을 담당한 자로서, 정부와 더불어 善良之策을 협의하고 그 처무를 개량하여 국민들이 돌아가 그 업에 안주케 할 필요성을 느껴 票選人材를 주장한다."고 하였다.[59] 당시 중추원은 민국을 도탄에서 구해내기 위해서는 각 대신의 임명에 있어, 그 적임자를 찾아 맡겨야 한다고 생각하였다. 이는 중추원 부의장으로 임명된 윤치호의 평소 소신이었으며, 독립협회에서 계속적으로 주장한 내용으로 '표선인재'는 독립협회 계열의 의관들에 의하여 주도된 것임을 알 수 있다.

의관들은 '표선인재'를 위하여 각기 '材器可堪者' 11인을 무기명 투표로 公薦한 후, 많은 점수를 얻은 11인의 명단을 의정부로 올려, 정부의 업무를 담당케 할 것을 요구하였다.[60] 대신후보로 11명을 공천한 것은 당시 정부기구상 대신급 직위의 수에 맞춘 것이다.[61]

'표선인재'를 진행하는 과정에서 추천하는 인물로 박영효·서재필 등 당시 망명자와 외국 국적 인물들이 거론되자 회의에 차질이 생겼다. 당시 중추원 의장 李鍾建은 박영효의 추천에 대해 처음부터 반대했으며, 의관들이 투표를 통하여 박영효를 材器可堪者로 공천하려는 기미를 알고 자리를 피하였다. 이에 의관들은 李時宇를 代辦議長으로 추대하고, 최정덕 등의 건의로 '표선인재'를 하기로 결정하였다. 議官들의 무기명 투표로 선출된 材器可堪者 11인 명단은 다음과 같다.

閔泳駿(18점), 閔泳煥(15점), 李重夏(15점), 朴定陽(14점), 韓圭卨(13점), 尹致昊(12점), 金宗漢(11점), 朴泳孝(10점), 徐載弼(10점), 崔益鉉(10

---

59) 鄭喬, 앞의 글, p.388.
60) 鄭喬, 위의 글, p.388.
61) 신용하, 앞의 글, p.490.

점), 尹用求(8점)[62]

먼저 중추원에 의하여 추천된 11명의 성향을 <표 3>을 통해 당시 중추원 의관들이 바라는 정부상은 어떠하였는지 추론해보고자 한다.

<표 3> '票選人才'로 추천된 11명의 인물 분석

이름	생몰 연대	신분 (본)	교육 (과거)	경력·활동	비고
閔泳駿 (泳徽)	1852 -1935	양반 (여흥)	문과 (1877)	갑신정변 진압(1884). 參議 內務府事(1886). 주차 일본판리공사(1887). 강화부유수(1889). 형조·예조·공조판서. 한성부판윤. 이조판서(1891), 내무부 독판(1893). 동학혁명이 일어나자 청나라 원세개에게 청군의 지원 요청(1894). 갑오개혁기 실각. 탐관오리로 논죄되어 귀향(1894). 1896년 대사령으로 정계 복귀. 중추원 의장. 시종원경. 헌병대 사령관. 합방이후 거액을 투자하여 천일은행과 휘문학교 설립.	판돈녕부사 민두호의 아들. 자작수여.
閔泳煥	1861 -1905	양반 (여흥)	문과 (1877)	대사성(1882). 예조판서(1887). 병조판서(1888, 1890) 형조판서·한성부판윤(1893). 러시아 특명전권공사에 임명, 러시아 황제 대관식 참석(1896). 의정부 찬정·군부대신. 영국·독일·러시아·오스트리아·프랑스·이탈리아 등 6개국 특명전권공사로 파견, 참서관 李琦등을 대동하고 영국여왕 즉위 60주년 기념식 참석(1897). 을사조약 파기 강력 주장, 순국(1905)	官民공동회 참석. (前任 대신, 1898. 10.29) 을사조약으로 자결
李重夏	1846 -1917	양반 (전주)	문과 (1882)	홍문관 교리(1882). 공조참의(1885). 참의 교섭통상사무(1890). 한성부 소윤(1889). 이조참의(1890). 충청도 암행어사(1892). 내무협판·외무부협판(1894). 경상도 무위사(1894). 대구부 관찰사(1895). 외부협판(1903). 평남 선무사(1906). 장례원경(1906).	현감 이인식의 아들

---

62) 鄭喬, 앞의 글, pp.388~389.

朴定陽	1841 -1905	양반 (반남)	문과 (1866)	신사유람단(1881). 대사성·이조참판·좌승지(1882). 기기국총판·좌승지(1883). 주미전권공사(1887). 호조판서·한성부판윤(1894). 군국기무처 회의원·학부대신(1894), 내각 총리대신(1895), 내부대신(1896). 관민공동회에 참석, 시정개혁을 약속, 수구파의 반대로 좌절되어 경질(1898). 내부대신.	
韓圭卨	1856 -1930	양반 (청주)	무과	官民공동회 참석(중추원 의장. 1898.10.29) 형조·공조판서, 한성부판윤, 포도대장, 의정부 찬정. 1905년 참정대신으로 내각 조직. 을사조약 체결 시 끝까지 반대, 파면	작위수여 거부
尹致昊	1865 -1945	양반 (해평)	미국 유학	신사유람단 수원(1881), 한미수호조약 비준 시 미국공사 푸트의 통역관으로 귀국(1883). 갑신정변의 실패로 미국에 망명(1884). 귀국(1895). 러시아 황제대관식에 민영환의 수원으로 참석(1896). 독립협회 회장 겸 독립신문 사장 겸임. 만민공동회 개최(1898). 중추원 부의장(1898.12). 함경도 덕원부윤(1899). 대한자강회 조직(1906). 대성학교 교장(1910).	
金宗漢	1844 -1932	양반 (안동)	진사 (1870) 사마시 (1875) 문과 (1876)	내부협판. 도승지. 군국기무처 의원. 예조판서, 궁내부대신(1894). 궁내협판. 독립협회(1896) 참여. 국내특진관, 侍從院卿(1896). 조선은행 발기인, 한성은행장. 헌정연구회 신임회장(1905.10) : 군주의 통치권 강화와 국민의 참정권으로 민권 확대. 이완용의 지원을 받아 '국민연설회'를 조직(1909. 12)하여 매국 행동 활발. 정우회 조직, 총재 맡음.[1]	판서 계진의 아들, 친일
朴泳孝	1861 -1939	양반 (반남)		수신사(1882). 갑신정변 실패로 일본에 망명(1884) 갑오경장으로 사면, 내부대신에 기용(1894) 음모설로 다시 일본에 망명(1895) 박제순 내각의 알선으로 귀국(1907)	철종의 사위 합방 후 후작
徐載弼	1864 -1951		문과 (1879)	일본 육군 유년학교 입학(1883). 졸업(1884). 조련국 사관장(1884) 갑신정변 실패(1884)로 미국 망명. 미국에 귀화, 의과대학 졸업. 귀국(1896). 중추원 고문관. 독립신문을 발간. 독립협회를 결성. 수구파와 일부 외국인의 책동으로 미국으로 되돌아감(1898)	

88

崔益鉉	1833 -1906	양반 (경주)	문과 (1855)	경복궁 중건에 따른 국민의 부담과 재정 파탄에 대하여 홍선대원군의 失政을 상소, 사직(1868). 동부승지(1873). 공조참판. 君父(홍선대원군)를 논박하였다 하여 제주도에 위리안치, 석방(1875). 일본과의 통상에 대하여 척사소 올려 흑산도에 위리안치(1876), 석방(1879). 단발령이 내리자 이를 반대하여 투옥(1894). 이후 여러 차례 排日과 매국역신의 토멸을 주장, 체포·구금. 을사조약 체결이후 의병활동(1905). 패하여 대마도에 유배, 사망	이 항 로 의 문인
尹用求	1853 -1939	양반 (海平)	문과 (1871)	예조·이조판서. 1895년 이후 법부·탁지부·내부대신으로 10여 차례나 임명되었으나 거절하고 서울 교외에 은거.	작위 수여 거부

     * 1) 북악사학회, 『한국근현대인물』, 백산출판사, 1994, pp.21～28.
   ** 『承政院日記』·『官報』·『大韓季年史』·「韓末官人의 經歷一般」·『大韓帝國官員履歷書』·『高宗實錄』·『고종시대사』·『韓國人名大事典』 참조.

11명 대부분 유수가문의 자제로 전통적인 유교 교육을 받아 과거를 통하여 관직에 올랐다. 그 중 閔泳駿은 민씨 척족으로 갑신정변을 진압하고 동학농민운동 시에는 청에 원병을 구하는 등 보수적 경향이 짙은 인물이었다. 갑오개혁 시에는 탐관오리로 정죄되어 귀양까지 갔으나 표선인재의 추천과정에서는 18표라는 가장 높은 점수를 받았다. 이는 보수적 의관들이 다수 차지하고 있었기 때문이라고 생각된다. 崔益鉉은 위정척사를 계속 견지한 인물로 그의 주요 사상은 왕권을 존중하며 유교적 실천을 지향하는 것으로 근대적 개혁에는 부정적 생각을 가지고 있었다. 尹用求는 계속 관직을 사양하며 자신이 기울어져가는 나라를 일으킬 능력이 없다고 생각하고 시골에서 조용히 지내고자 한 사람이다.

이상의 3명은 황제권을 중심으로 기존의 정치체제를 유지하는 데 생각을 같이하고 있었으며, 새롭게 근대화 개혁을 추진할 만한 능력을 가졌다고 보기 어려운 인물들이었다. 이들이 대신 후보로 추천되어진 이유는 당시 중추원 구성원 중 다수를 차지하는 황국협회 계열의 군주권 강화와 동도서기적 개혁의 성향에서 찾아야 할 것이다.

민영환·박정양·한규설은 모두 전통적 교육과 과거를 통하여 등용되었지만 의식은 깨어있어 시대의 변화에 따라 자신과 사회를 변화시키려고 노력한 인물들이다. 이들은 모두 관민공동회에 참석한 대신들로 민영환과 박정양은 다양한 외유경험을 바탕으로 근대적 개혁이 필요하다고 생각하고 이를 위하여 노력하였다. 익명서 사건에서 '박정양을 대통령으로 세워 공화정을 열려고 한다'고 한 것에서도 알 수 있듯이 박정양은 개혁적 인사로 평가받고 있었다. 한규설도 관민공동회 당시 중추원 의장으로 민의 권리 향상과 부국강병을 위하여 노력하는 관리로 민들에게 인정받은 사람이다.

이중하는 1882년 과거 급제 이후 내외관직을 골고루 역임하였고, 정치적 변화에 따라 관직이 민감하게 변동되지 않았다. 1885년에는 안변부사로 백두산정계비를 답사하고 국경분쟁의 해소를 위해 노력하였으며, 합방 후에는 당시 세력가들과 柞蠶회사를 설립한 것을 보면, 자주와 근대화에 대한 의지를 가지고 있었다는 것을 알 수 있다. 김종한도 안동김씨 집안의 사람으로 전통적인 유교 교육과 과거를 치렀지만 1896년에는 독립협회에 참여하여 근대개혁의 의지를 보인 인물로 1898년 당시에는 관민이 개혁적 인물로 평가하였다. 그러나 이후 일본의 식민지화가 확정되는 과정에서는 친일로 돌아서 1909년에는 친일단체를 만들어 식민지화를 조장한 인물이 되었다.

이상의 5명은 유수한 집안에서 전통교육과 과거를 통하여 관직에 나아갔으며, 고종의 신임을 얻어 요직을 골고루 거쳤다. 한말 혼란한 정치상황에서 꾸준히 관직을 유지하면서 시대변화에 따라 점진적으로 개혁관리로 변화해 간 인물로, 표선인재를 통한 추천 명단 중 고종과 관민 모두에게 대신으로서 인정받을 수 있는 인물들이었다.

반면 윤치호·박영효·서재필은 유년기부터 개화사상을 가까이 하며 개항 이후 일본의 근대화 문물을 참관하기 위한 신사유람단·수신사 등의 일원으로 참가하였으며, 한국 근대화를 위해 적극적으로 활동한 사람들이었다. 이들은 모두 1884년 갑신정변과 관련되어 일본과 미국 등으로 망명하였고, 1894년 갑오개혁 이후 사면되어 귀국한 후 한국 근대화를 적극적으로 추진하였다. 이들은 국내 활동을 통해 군주의 권리를 제한하고 民의 권리를 확대하고자 하였으며, 열강들의 침탈에 대하여 자주하기 위하여 근대화 개혁에 열심이었다. 군주권을 제한하고자 다양한 계획을 시도하였던 이들은 계속해서 정부의 요주의인물 또는 역적으로 판정받았다. 박영효는 앞장에서 살펴보았듯이 갑오개혁 시기 내각을 맡으면서 군주권 제한과 민권신장에 입각한 정체변화를 시도하였으며, 1895년 7월 고종폐위음모론과 관계되어 다시 일본으로 망명한 상태였다. 윤치호와 서재필은 독립신문 발간과 독립협회 결성을 통하여 자신들의 개혁 구상을 민에게 계몽하여 정권에 대항하는 세력으로 만들었다. 이들은 고종과 보수파 관리들에게는 위협적인 존재였지만 민들에게는 지지도가 높았다. 상황이 이에 이르자 서재필은 1897년 5월 말 정부에 의해 중추원 고문으로서의 약정기한이 남아있음에도 불구하고 미국으로 출국당한 상태였다.[63] 이들은 중추원 내 독립협회 계열 의관들의 투표로 추천될 수 있었으나, 대신 후보로 이들의 이름이 거명된 것은 정부의 신경을 건드릴 수밖에 없었다.

박영효와 서재필이 포함된 표선인재에 관한 건의안이 의정부로 상달되면서 정치문제화 되었다. 당시 박영효는 대역의 죄명을 쓰고 일본에 망명 중이었고, 서재필은 국적이 외국인으로 되어 있었다. 정항모·

---

63) 신용하, 『독립협회연구』, 일조각, 1985, pp.303~311.

홍정후 등 일부 독립협회 출신 의관들조차 박영효와 서재필의 공천을 제외하고자 하였으나,64) 어용선은 이미 의결한 것이니 박영효는 공개 재판을 거치도록 하고, 서재필은 국적의 再入籍을 조건으로 하여 공천하기로 의견을 제시하여 원안대로 확정되었다.65)

박영효와 서재필의 공천여부를 놓고 독립협회 계열의 의관들 사이에서도 의견이 나뉘었던 것을 보면, 당시 박영효·서재필을 대신 후보로 공천하는 것은 매우 파격적인 의견으로 정치문제가 될 소지가 충분하였음을 알 수 있다. 12월 16일, 중추원은 '표선인재'의 이유·방법·결과를 의정부에 提呈하였고,66) 참고로 서재필·박영효에 대한 의견을 첨부하였다.67) 票選된 11명의 명단이 만민공동회에도 알려지게 되었고, 만민공동회는 중추원에서 뽑은 11명에 의한 내각 수립을 요구하는 집회를 열었다.68)

'票選人材'의 결과에 대해서 박영효·서재필이 11인 중에 포함되었다는 이유로 의정부에서는 거센 반발이 일어났다. 의정부 참정 徐正淳은 다음과 같이 '표선인재'에 대한 의견을 제시하였다.

---

64) 『中樞院來文』, 照會 2호 - 鄭恒謨 現告書 ; 照覆 2호 - 洪正厚 現告書, 1898년 12월 26일.
65) 『中樞院來文』, 照覆 - 魚瑢善 現告書, 1898년 12월 26일.
66) 표선인재의 이유는 "方今 국세와 민정이 시일이 황급한 때를 당하여 各府部 院廳 主務長官이 任非其人이면 국정을 無以整理요 민심을 莫可鎭服이므로, 念我議官이 討論을 거쳐 건의하는 지위를 얻어 가만히 있으면서 봉급을 받으면 어찌 중추원을 실시한 의미가 있겠는가"라는 것이고, 표선인재 하는 방법은 "금일(16일) 의관이 회의에 참석하여 각기 粗識時務하고 才器稱用할 자로 尋思取擇하여 無論搢紳士庶在外在內하고 무명투표로 11인씩 추천하여 收合發見한 후 그 중 다점자 11인을 선발하여 정부에 呈上하면 정부에서 그 실시여부는 정하는 것이다, 중추원은 단지 會議擔負한 職任을 務盡할 뿐"이라고 하였다. 『皇城新聞』, 別報 - 중추원에서 정부에 답한 公牒, 1899년 12월 21일.
67) 『皇城新聞』, 別報 - 중추원에서 건의한 議案, 1899년 12월 22일.
68) 『皇城新聞』, <動議歸圈>, 1898년 12월 19일.

92

중추원에서는 중추원 부의장직을 제외한 다른 관직에 대해서 논의하고 추천할 수 없기 때문에 표선인재에 관한 중추원의 通牒은 즉시 반환되어야 한다. 또한 투표하는 가운데 망명 중에 있는 죄인을 공공연히 섞어 넣은 것은 무엄하기 그지없는 행동이다. 따라서 당일 박영효·서재필 공천에 관련된 의관들을 모두 문책해야 한다.[69]

함께 투표에 참가한 의관들 중 일부도 표선인재에 대하여 반대하는 상소를 올렸다. 중추원 의관 朴來東은 표선인재의 과정을 소상히 서술하고, 최정덕의 계책은 겉으로는 인재를 추천한다고 핑계를 대었으나 속으로는 박영효와 서재필을 대신으로 추천하고자 하는 의도가 있었다고 하면서, 화란의 싹을 막으려면 그 패거리들에 대한 결단을 빨리 내리는 것이 중요하다고 하였다.[70]

중추원 의관 중에서도 박영효·서재필의 공천에 대하여 반대하는 상소가 있는 것을 보면 표선인재 자체가 독립협회 계열의 의관들이 개혁적 인사를 대신으로 공천하기 위하여 발기하였고, 황국협회 계열의 의관들도 인재의 추천이라는 중추원의 의견제시 정도로 받아들였음을 알 수 있다. 그러나 표선인재 과정에서 의외로 당시 역적 또는 외국인으로 분류되었던 박영효·서재필·안경수 등이 거론되면서 득표하자, 황국협회 계열 의관들은 강력히 반대의견을 제시한 것이다.

특히 박영효와 서재필이 많은 수를 득표하였고, 이들을 공천하는 문제는 독립협회 계열의 의관들 사이에도 의견조정을 거쳐야 하였다. 황국협회 계열의 의관들은 '표선인재'를 추진하는 독립협회 계열의 의관들을 제재하지 못하였지만 그들의 행동에 불만을 가지고 강력히 반대하고 있었음을 알 수 있다.

---

69) 『官報』, 1898년 12월 27일 ; 『고종시대사』, 1898년 12월 23일.
70) 『承政院日記』, 1898년 11월 11일.

재야 유학들도 표선인재에 대한 의견을 제시하였다. 幼學 沈宜承은 "중추원 회의석상에서 (독립)협회 사람으로서 의관으로 들어온 몇 사람이 도망간 역적 무리의 앞잡이인 박영효·서재필·안경수를 공공연히 투표하여 대신의 후보자로 추천하였다."고 하면서, 세 역적을 추천한 자들을 법에 따라 조처할 것을 요구하였다.[71]

'표선인재'에 대한 찬반논란, 즉 계속되는 만민공동회의 접수 청원과 표선인재를 표결한 의관들에 대한 전격적인 탄핵을 요구하는 상소들 사이에서, 고종은 중추원에서 의결된 사항에 대한 접수 여부를 결정해야만 했다. 고종은 인민의 힘을 무시할 수 없었으나, 자신을 좌천시키고 권력을 농단하려 했던 과거의 역적들을 국무대신으로 등용한다는 것은 받아들일 수 없는 일이었다. 이러한 고종의 심경은 표선인재를 반대하고 관련 의관을 탄핵하자고 하는 상소에 대하여 "충성스러운 의분에서 나온 것" 또는 "너희들의 말이 옳다" 등의 비답을 내린 것에서 알 수 있다. 이때 閔泳綺는 "박영효·서재필을 천거한 것은 반역하는 현상이 현저하다."며 중추원을 탄핵하면서,[72] 고종에게 11인을 내각대신으로 임명할 것을 건의하는 만민공동회를 군대를 동원해 해산시킬 것을 권고하였다.[73] 일본 특명전권공사 가토 마쓰오(加藤增雄)도 "일본 역시 維新之初에 兵勇으로 민회를 압제한 일이 있었다."라고 하며,[74] 은근히 만민공동회의 무력 진압을 부추겼다.

결국 12월 23일, 고종은 만민공동회에 대한 무력 진압을 시작하였다. 이와 때를 맞추어 의정부는 박영효·서재필을 천거하고 可표를 던진 중추원 의관을 색출하기 위하여, 材器可堪者 천거 시 최초의 발기자와

---

71) 『承政院日記』, 1898년 11월 12일.

72) 『제국신문』, 1898년 12월 23일.

73) 鄭喬, 앞의 글, pp.392~393.

74) 鄭喬, 위의 글, p.390.

94

박영효·서재필 천거 시 可·否票를 던진 의관의 성명을 기재하여 보내줄 것을 중추원에 요구하였다.[75] 이에 대하여 중추원은 12월 16일 投票薦人하자는 건의는 의관 최정덕이 하였으나, 거수하여 다수결로 취결하였으므로 가부의견을 제시한 각각의 의관에 대해서는 알 수 없다고 회답하여 이 일을 무마하고자 하였다.[76]

그러나 의정부는 다시 중추원에 망명죄인 박영효 천거에 찬성한 의관을 免官시킬 예정이니 각 의관을 可와 不可의 양변을 나누어 보고할 것을 요청하였다.[77] 이에 중추원에서는 의관들에게 輪牒을 돌려 自筆現告書를 받아, 12월 26일 의정부에 제출하였다.[78] 의정부는 이 현고서에 만족하지 않고, 박영효 등의 명단을 의정부에 통첩할 것을 주장한 의관들을 조사하여 보고할 것을 요구하였으며,[79] 중추원은 이 요구에 따라 可否別 '議官進記'를 작성하여 의정부에 제출하였다.[80] 이렇듯 의정부는 표선인재를 주도한 의관들을 철저히 색출함으로써, 중추원 내 독립협회 계열의 의관들을 제거하려 하였다. 결국 의정부는 중추원 의관들에 대한 징계를 시작하여 1899년 1월 2일자로 의관 申海永·魚瑢善·卞河璡·李承晚·洪在箕를 파면하였으며, 劉猛·鄭恒謨·洪正厚를 1개월 벌봉에 처하였다.[81]

'票選人材'는 의회로서의 기능이 확대된 관제하에서 인민협회 회원들로 구성된 의관들에 의하여 행해진 중추원의 최초 활동으로 여러 의미를 가진다. 첫째, 국무대신을 임명하는 새로운 방법의 시도였다는 것

---

75) 愼鏞廈, 앞의 글, p.502.
76) 『中樞院來文』, 照覆 제1호, 1898년 12월 23일.
77) 『中樞院來文』, 照會 제101호, 1898년 12월 26일.
78) 『中樞院來文』, 輪牒, 1898년 12월 24일 ; 照覆 제2호, 1898년 12월 26일 ;『皇城新聞』, <公牒往復>, 1898년 12월 26일.
79) 愼鏞廈, 앞의 글, p.506.
80) 『中樞院來文』, 照覆, 1898년 12월 28일.
81) 『官報』, 1899년 1월 6일 ; 鄭喬, 『大韓季年史』下, p.1.

이다. 국왕이 정부대신을 자체적으로 또는 고위 정부관료가 상주하고 국왕이 이를 임명하는 기존의 방법이 아니라, 중추원에서 이에 대한 논의를 하고 투표를 통하여 材器可堪者를 의정부에 올리는 방법을 사용하였다. 이는 매우 혁신적인 것으로 그에 대한 평가 이전에 인민협회의 의견을 정부기관을 통하여 표출해보았다는 것에 주목할 필요가 있다.

둘째, 당시 상황에서 무모하게 보일 수도 있는 표선인재를 주도한 사람들은 중추원 의관 중 독립협회 계열이었다. 11월 4일 익명서 사건으로 독립협회의 주요 간부 17명이 구속되었고 그에 따른 관제 개편으로 중추원 의관 50명 중 17명만이 독립협회에서 충원되게 된 상황에서, 독립협회 계열의 활동이 위축될 만한 상황이었음에도 불구하고 '표선인재'를 주도한 힘은 독립협회 계열 의관들의 개혁을 위한 의지라고 보아야 할 것이다.

이 혁신적 안건이 실행되지 못한 이유는 다음과 같다. 천거된 11명은 대부분 개혁파 인사들이었거나 그 세력이 상대적으로 축소되고 있었던 민씨 가문의 인물, 아니면 완전 수구세력으로 정치개혁에 별 뜻이 없는 최익현과 윤용구였다. 이런 상황에서 당시 고종 옆에서 고위 관직을 유지하고 있던 집권관료들은 위기의식을 느끼게 되었고, 고종은 11명 중 망명 역적의 명단이 포함되어 있었으므로 불안할 수밖에 없었다. 또한 일본은 향후 관민이 중추원을 통하여 나라의 정책을 조정해 나간다면 앞으로 한반도에서의 이권획득, 나아가 한국 침략에 커다란 걸림돌이 되리라 생각하여 이에 대한 방해를 자청하고 나선 것이다. 일본은 고종의 불안한 심경을 이용하여 중추원 내 독립협회 계열의 개혁적 의관의 면관과 만민공동회의 무력 해체를 제시한 것이다. 즉 고종·수구적 집권관료·일본의 이해가 맞아떨어짐으로써, 票選人材의 실시를 주장하였던 관련 의관들은 면관되었고, 만민공동회는 무력으로 진압되었다. 이로써 관민이 서로 의견을 나누고 협조할 수 있는 기회가 대폭 축소되었다.

3. 중추원의 국정 운영 견제

의정부는 票選人材 사건으로 인한 중추원내 개혁적 의관의 대거 퇴각으로 중추원 활동을 제약할 수 있었다. 그러나 중추원 의관들은 1899년 5월 22일 관제 개정 이전까지 국내·외 현안 문제들에 대한 심사 의정을 통하여 의정부 활동을 견제할 수 있었다. 그리하여 여러 차례 중추원과 의정부 사이에 의견이 대립되었고, 그에 따라 의정부는 행정 집행과 타국과의 관계 업무에서 어려움을 겪었다.

중추원의 1899년 전반기 활동을 살펴보기 전에 먼저, 당시 중추원 의장이 공석인 가운데 중추원의 활동을 주도한 부의장 洪鍾檍과 의관 임면 과정을 통해 새롭게 충원되는 의관들에 대하여 살펴 표선인재 사건 이후 달라지는 중추원 구성원의 성격을 살펴보겠다. 그리고 중추원의 심사 의정활동을 의정부가 자문한 의안, 중추원의 건의, 인민의 헌의로 나누어 정리하고, 그 안건들은 각 주제별로 묶어 분석하여 당시 중추원의 성격에 대하여 규명하고자 한다.

1) 의관 구성의 보수화

1899년 중추원 활동은 5월 22일 관제개편이 있기 전까지 나타나며, 이후에는 국정과 관련된 특별한 활동이 보이지 않는다. 따라서 일단 중추원 구성원에 대한 분석도 1월부터 5월 22일 관제개편 전까지 임명되었던 의관들을 조사하는 것으로 한정하고자 한다.

<표 4> 1899년 전반기 중추원 의관의 任免官

날짜	면관 의관명과 면관 이유	임관 의관명
1/2	윤하영(移任, 규장각 直閣)	
1/3	신해영・어용선・변하진・이승만・홍재기(票選人材 관련 면관)	朴承祖・李建鎬・洪在疇・劉堂・洪允祖・崔命夏・金炳薰
1/7	윤치호(移任, 덕원감리)	
1/14	김영우(祭典 불참으로 징벌)	
2/7	홍종우(이임, 의정부 總務局長)	
2/7	강상기(이임, 과천군수)	
2/18	洪允祖(언사가 傲慢하여 징벌)	
2/18	高永根(수칙하지 않음)	
2/21	이남규・현제창・도진삼・양홍묵・정항모・이건호・윤시병 (중추원 회의 불출석, 依願免官)	金永迪・鄭衡基・姜元魯・韓永福・宋振玉・柳秉律・徐丙肅・金潤根・李範虎・姜正欽・金昌洙・金泰植・鄭鍾洛
3/24	홍정후・조한우・원세성・강원노 (포경기지허여권 회의시 언사 불손)	
3/31	이기(이임, 物品司長)	
4/4	김창수(이력과 품질 허위기재로 징벌)	郭鍾錫・李根中
4/22		김익승, 유맹
4/26	남궁억・정태하(의원면관)	李敎聲・李鳳朝・閔泳采・鄭泰夏
총수	27명	28명

* 『官報』, 『承政院日記』, 『일성록』, 『각사등록』 등 참조.

1899년 1월 2일과 3일 의관 윤하영・신해영・어용선・변하진・이승만・홍재기 등은 '표선인재' 시 박영효・서재필을 추천하여 면관되었다. 이들을 대신하여 朴承祖[82]・李建鎬[83]・洪在疇・劉堂[84]・洪允

---

82) 1900년 1월 6일 外部 繙譯官 朴承祖를 중추원 의관 임명, 1904년 3월 21일 平理院判事 朴承祖를 日本國第5回博覽會觀覽委員으로 差下. 1905년 9월 27일 漢城府少尹 朴承祖를 警務廳警察局長 임명, 1906년 6월 19일 警務使 임명. 『承政院日記』 참조.

83) 1888년 2월 13일 電務委員에 差下하여 西路電線架設 沿道巡・弁兵을 督率檢察케 하다. 1896년 1월 13일 鏡城府觀察使에 任命. 1896년 2월 28일 鏡城府觀察使 李建鎬를 依願 免職. 1897년 5월 19일 駐箚美國公使館 書記生에 任命. 1898년 3월 독립협회 총대위원으로 활동. 1898년 7월 8일 中樞院 三等議官에 임명. 1898년 11월 7일 독립협회 간부 17인 구속 중 포함. 1899년 2월

98

祖·崔命夏·金炳薰이 의관으로 충원되었다.

이때 충원된 의관 대부분이 독립협회 계열 또는 근대문물에 접근이 용이한 경력을 가진 인물들로 면관된 의관들의 성향과 유사하였다. 이는 중추원 내 독립협회 계열과 황국협회 계열의 수를 처음 임명할 당시와 균형을 맞추려는 의도가 아닌가 생각된다.

중추원 의관 중 양홍묵, 정항모, 도진삼 등은 중추원에 출석하지 않은 지 한 달이 되었으며, 기타 여러 의관들도 병을 칭하며 출석하지 않아 회의에 필요한 의관 수에 미달되어 개회하지 못하는 경우도 생겼다. 그러자 출석한 의관들은 출석하지 않은 의관에게 통첩하여 출석을 촉구하였다.[85] 2월이 되어서도 의장이 아직 受勅하지 않았고, 부의장도 윤치호가 덕원감리로 移任된 후 공석으로 남아있었다. 중추원은 부의장 공천을 의장 출석 이후로 연기하고 있었다.[86] 또한 여전히 수칙하지 않고 사진하지 않은 의관들로 인하여 원활한 회의가 이루어지지 못하자, 중추원은 未受勅·移任·免官·不進한 의관의 성명과 그 이유를 적어 이들을 모두 면관한 후 의관들을 새로 임명할 것을 의정부에 요구하였다.[87]

2월 13일에는 궐석으로 남아있던 부의장직을 투표로 公選하여 의관 홍종억이 대신하게 되었다.[88] 2월 18~21일에는 언사가 거칠다는 이유로 洪允祖[89]가 면관되었고,[90] 임명된 지 여러 달이 지나도록 수칙하지

18일 중추원 의관 의원면관, 1905년 11월 13일 平理院檢事 李建鎬를 平理院判事에 任命. 『承政院日記』 참조.

84) 1894년 5월 3일 濟衆院主事. 1895년 5월 1일 日本博覽會를 視察하기 爲하여 派遣하다. 『承政院日記』 참조.

85) 『皇城新聞』, <樞官不進>, 1899년 1월 27일.

86) 『中樞院來文』, 照會 제6호, 1899년 2월 6일.

87) 『中樞院來文』, 通牒 제2호, 1899년 2월 6일.

88) 『中樞院來文』, 公薦案, 1899년 2월 14일 ; 『皇城新聞』, <樞院選任>, 1899년 2월 15일.

않고 있던 高永根을 면관시켰다.91) 그동안 출석을 하지 않던 의관 이
남규·현제창·도진삼·양홍묵·정항모·이건호·윤시영 등은 依願
免本官하였고, 이로 인한 결원을 金永迪92)·鄭衡基93)·姜元魯·韓永
福·宋振玉·柳秉律·徐丙肅94)·金潤根·李範虎·姜正欽·金昌洙95)·
金泰植·鄭鍾洛96)으로 충원하였다.97) 이 중 김영적, 정형기, 정종락은

89) 1898년 7월 24일 中樞院 三等議官에 임명, 1899년 1월 6일 중추원 의관 임명,
   1899년 2월 18일 중추원 의관 면관, 1899년 6월 21일 신기선·조병식 저택 폭
   탄투여사건에 緣坐되어 拿囚당하였다.『承政院日記』참조.
90) 『中樞院來文』, 照會 제4호, 1899년 1월 30일 ;『皇城新聞』, <照會政府>,
   1899년 2월 3일.
91) 『承政院日記』, 1899년 1월 9일 ;『官報』, 1899년 2월 21일·22일·24일.
92) 1898년 11월 14일 前비서승 홍종우 등과 聯名으로 萬民共同會 解散 요구에
   대한 내용을 만민공동회에 보내고 惠民署 근처에 負商 및 100명을 모집,
   1899년 2월 18일 중추원 의관 임명, 1899년 4월 26일 依願 면관, 1899년 9월
   25일 중추원 의관 임명, 1899년 11월 16일 의원면관, 1899년 12월 26일 궁내
   부특진관 임명, 1900년 4월 3일 의원면직, 1900년 11월 8일 궁내부특진관 임
   명.『承政院日記』참조.
93) 1899년 1월 3일 上疏하여 獨立協會 및 그 會員을 論斥하다.『承政院日記』,
   1898년 11월 22일 ;『官報』, 1899년 1월 9일·10일.
94) 1899년 5월 30일 중추원 의관 임명, 1905년 3월 7일 農商工部農鑛局長 임명,
   1906년 8월 2일 農商工部農鑛局長 임명, 1906년 10월 9일 日本農林을 시찰
   하였다.『承政院日記』참조.
95) 1896년 3월 9일 江西郡을 襲擊했던 義兵大將 金昌洙(이후 金九) 등이 大洞
   江 下流 治下浦에서 日本人 陸軍中尉 土田讓亮을 殺害하다. 1905년 3월 15
   일 慶興郡守 金昌洙가 該郡에 留駐하던 露國軍 200명이 2월 9일에 撤收하
   여 烟秋 등지로 갔다고 報告하다.『承政院日記』참조.
96) 1899년 1월 1일 幼學 鄭鍾洛이 上疏하여 所謂 凶黨이라고 하는 獨立協會 亟
   治하여 그 根源을 끊고 5臣을 召還할 것을 請하다. 정종락은 독립협회라는
   것은 입으로는 충성을 떠벌리지만 속으로 역적이 되어버렸다고 하면서 빨리
   역적의 무리를 다스리고 그 근원을 끊어버린 다음에야 기타 재정과 군사에
   관한 문제도 사리에 맞게 될 것이라고 하였다. 이에 고종은 "너희들의 말은
   역시 당연한 것"이라고 비답을 내리다.『承政院日記』, 1898년 11월 20일 ;
   『官報』, 1898년 1월 9일.
97) 『官報』, 1899년 2월 21일.

독립협회와 협회원을 논박하고 만민공동회의 해산을 종용하였던 사람들이었다. 독립협회 계열의 의관들이 면관된 자리에 독립협회를 규탄한 儒學들이 충원된 것을 보면, 이 시기에는 독립협회와 황국협회 계열의 균형을 맞추고자 하는 의도가 없어진 것을 알 수 있다. 이로써 고종과 집권관료는 군주권 강화와 기존의 사회질서 유지에 중점을 두었음을 알 수 있다.

이상의 중추원 의관의 임면으로 중추원은 어느 정도 안정되면서, 부의장 홍종억 주도하에 2월 중순 이후부터 활동이 활성화 되었다. 1899년 3월 러시아의 케설링 백작이 요구한 포경기지 조차에 대한 의정부와 중추원 간의 협의타결 과정에서, 의정부는 포경기지 조차를 의결해 주어야 하는 당시 외교상의 형세를 설명하였고 중추원은 이에 대하여 강력 반대하였다. 회의진행 중에 의견이 좁혀지지 않자 당시 위원으로 출석한 의정부 참서관과 의관들 사이에 심한 언쟁이 있었다. 이에 문제를 일으킨 참서관 金益昇과 의관 홍정후·조한우·원세성·강원노[98]·유맹은 징계되어 免官되었다.[99]

4월에 임명된 의관 중 郭鍾錫은 거창군에 거하는 前현감으로 학문과 덕이 높아 그 이름이 고종에게도 알려져 칙지로 서임하였으나 끝내 거절하였다.[100] 곽종석과 같은 지방의 명망있는 유생을 중추원 의관으로 임명하고자 한 것에서 고종과 정부가 새롭게 충원하는 중추원 의관을 개혁적 인물보다는 전통적 유교를 학습한 인물에서 찾고자 했음을 알 수 있다. 1899년 1~4월 동안의 의관 임면관에 의하여, 1898년 11월 29일 독립협회 계열로 중추원 의관이 된 17명 중 징계에 의한 면관·

---

98) 강원노는 1895년 9월 6일 稅務視察官光武으로 임명, 1899년 2월 18일에는 度支部財務官에서 중추원 의관으로 이임되었다.
99) 『官報』, 1898년 4월 4일.
100) 『起案』 4, 訓令 제7호, 1899년 4월 8일.

依願免官·타관직으로의 이동 등으로 5월까지 의관 직에 남아있던 사람은 孫承鏞 한 명뿐이었다. 하지만 손승용도 1899년 5월 22일 중추원 관제 개정이 이루어지면서, 5월 30일 免官되어 결국 6개월 만에 중추원 내 독립협회 계열의 의관들이 모두 면관되었고, 황제권을 지지하고 기존 지배질서를 유지하고자 하는 인물들로 중추원이 채워졌다.

2) 의정부 제출 안건 심의

'票選人材' 사건으로 인한 의관 임면으로 변동된 중추원 구성원이 1899년에 들어서면서 중추원 관제에 규정되어진 기능을 시행하였다. 1898년 시작된 중추원 기능 정상화 요구와 독립협회·만민공동회 등의 노력으로 의회의 성격을 가진 기관으로 개편된 후, 1899년 중추원이 본격적으로 활동한 기간은 약 5개월로 길지 않았으나 의정부 자문의안, 중추원 건의, 인민헌의에 대한 활발한 심사 의정을 통하여 국정에 참여하였다. 이는 한국 근대정치사에서 주목해야 할 활동으로 의회제의 시작이라고 볼 수 있다는 점에서 중요한 의미를 가진다.

1899년 중추원의 활동을 관제에서 규정한 기능인 의정부 자문안건, 중추원 자체건의, 인민헌의에 따라 내용을 분류하여 간단히 정리하면 다음과 같다. 먼저, 의정부가 중추원에 자문한 안건을 날짜순으로 나열하고, 각각의 안건에 대하여 중추원에서 審査 議定한 날짜와 함께 그 결과를 가결·부결·보류로 나누어 정리하였다.

<표 5> 1899년 의정부 자문안건

날짜	안 건	가부	비 고
1898/ 12/28	固城地方隊所屬屯土及漁基 移屬度支部事	1/4 가결	
	解由規則 更定施行事 法律案 ☆	1/10 부결	6/22 의정부격교
	官立各種學校敎官敎員俸給改正事 勅令案	1/4 수정가결	
12/30	鎭衛隊地方隊編制改正事 勅令案	1/11 가결	
1899/ 1/15	續聘俄語敎師事	1/17 가결	
	中樞院經費立款事 ☆	1/17 부결	尾附意見
	集會及協會規例及保安條例 勅令案 ☆	1/18 부결	1900/1/13 의정부 격교
1/19	各地方軍需不足額支出事	1/21 가결	
	咸興郡五大川堤堰修築費支出事	1/23 보류	2/2 원안가결
	仁川港租界內 古家八處 移埋費支出事	1/23 가결	
	濟州漂民恤金支出事	1/23 가결	
	預備金二十萬元添算事	1/23 가결	
	預備金四十五萬七千二十八元八十二濱一里添算事	1/23 가결	
	明成皇后殯殿魂殿都監儀軌造成費支出事	1/21 가결	
	郵遞事業費支出事	1/23 보류	2/2 원안가결
	各府郡捕賊巡檢以下 賞金支出事	1/23 가결	
	度支部出納局米鹿課見失金額叩減事		
	金城鑛民恤金給與事	1/26 가결	
	高等裁判所經費增額支出事	1/23 가결	
	判檢事及試補官等俸給改正事勅令案	1/21 가결	
	新聞條例頒行事勅令案 ☆	1/27 수정 의관 공천	3/4 수정안 의정부 에 제출, 실행 안됨
1/29	勅奏任官捐俸之例肩 光武三年度에 繼續施行事	1/30 가결	
	光武三年度總預算事	1/30 가결	
2/4	議政府所屬職員官制中改正事勅令案	2/6 가결	
	駐箚英德俄義法奧前任公使隨員 閔泳瓚 回還費支出事	2/6 가결	
	軍法起草委員月金增額支出事	2/6 가결	

	典當鋪規則中改正事勅令案	2/6 가결	
2/8	軍部官制中改正勅令案	2/14 부결	2/23 원안가결
2/23	勅奏判任官의 陞級及 陞等令	3/13 가결	
	京畿各郡戊戌災結事	2/25 가결	
	忠淸南道各郡戊戌災結事	2/25 가결	
	同 北道各郡戊戌災結事	2/25 가결	
	全羅南道各郡戊戌災結事	2/25 가결	
	同 北道各郡戊戌災結事	2/25 가결	
	慶尙北道各郡戊戌災結事	2/25 가결	
	同 南道各郡戊戌災結事	2/25 가결	
	黃海道各郡戊戌災結事	2/25 가결	
	咸鏡南道各郡戊戌災結事	2/25 가결	
	江原道各郡戊戌災結事	2/25 가결	
	成均館官制中改正事 ☆	3/4 부결	
3/3	俄國人鯨業基地訂約事	3/9 보류	3/26 고종,원안가결
	南關王廟重建費支出事	3/8 가결	
	醫學校官制事	3/7 가결	
	量地衙門職員及處務章程中改正件	3/10 부결	4/15 원안가결
	警務使以下服章	3/6 보류	3/18 원안가결
	外國人三十名解雇費支出	3/13 가결	
3/15	景孝殿神榻改修費不足額支出事	3/17 가결	
	本國漂民由日本護還費支出事	3/17 가결	
	扈衛隊經費增額支出事 ☆	3/22 부결	10/9 탁지부로 격교
3/18	自京至金城 電報及電話設置費 支出事	3/22 부결	4/3 원안가결
	郵遞物發送時限 改定事	3/21 가결	
	製鹽場試驗費 支出事	3/22 가결	
	前議官 李埈鎔 學資費 支出事	3/21 가결	
	典圜局官制中 臨時增減 添入事 ☆	3/29 보류	6/22 의정부 격교
	前駐日公使 旅費 支出事	3/21 가결	
	地稅及戶布錢收納 勅令中 添入事	3/21 가결	
	三南海溢被災處 恤金 支出事	3/21 가결	
3/27	公洞小學校移設費支出事 中學校官制	3/29 가결	
	內部所管俸給增額支出事	3/29 부결	4/3 원안가결
	全羅南北道被燒戶恤金支出事	3/29 가결	

	義和君學資費支出事	3/29 가결	
	中學校官制	3/29 가결	
4/3	洪陵石儀重修費支出事	4/5 가결	
	南關王廟碑石費支出事	4/5 가결	
4/6	各道量務監理肩 該道內郡守中擇任事	4/8 부결	4/15 원안가결
4/14	景孝殿祭器造成費支出事	4/15 가결	
	享需費 不足額支出事	4/15 가결	
	軍部所關隆武亭兵卒處所修理費支出事	4/17 가결	
	電報司官制中改正事	4/18 부결	5/19 원안가결
	病院官制勅令案	4/17 가결	
	各港市場監理署官制規則事	4/18 부결	4/28 원안가결
4/17	十三道觀察府總巡圖章新造費支出事 ☆	4/20 부결	尾附意見
	咸鏡北道各郡戊戌災結分俵事	4/20 가결	타도災結例分表에 의거할 意로 제정
	駐美公館費增額支出事	심사전 繳回	4/24 재자문 5/9 수정가결
4/20	南關王廟重建費增額支出事	4/22 가결	
	鎭衛隊地方隊編制中添入事	4/22 수정가결	領尉官中 아래 九字를 刪去하고 가결
4/24	典章法律을 參酌新舊惧야 一切校定에 關한 事	4/26 가결	
	外部所管 駐美公使館費增額을 預算外支出事	4/26 부결	5/9 원안가결
4/28	英德義公使以下赴任旅費支出事	5/2 부결	5/9 원안가결
	俄法墺公使以下赴任旅費支出事	5/2 부결	5/9 원안가결
	延聘醫學校敎師事	5/2 부결	5/9 3년→1년으로 개정 가결
5/9	地方官吏任期中添入事	5/10 부결	5/17 원안가결
	仁川港內礀尸收埋費預算外支出事	5/10 가결	
	各地方燒死人與螟死人恤金預算外支出事	5/10 가결	
	漢城府五署內礀尸收埋費預算外支出事	5/10 가결	
	新開港市警務署設竪事	5/10 가결	
5/11	商務會議所規例改正議案送交事	5/12 가결	
5/16	大理院特設事	5/19 가결	
	勅奏任官拘拿時待遇事	5/19 가결	
	郵遞司官制中改正事	5/19 가결	

	新開港監理鑄造費支出事	5/19 가결	
	開港及地方裁判所事務署理에 關한 事	5/19 가결	
	昌原城津沃溝平壤裁判所設置事	5/19 가결	
5/22	緣坐律施行事		
	法律類集刊行事-法律類集二冊		7/22 의정부에 격교
6/19	預備金增額事		
	御服章費支出事		
	廢止三郡經費還入 新設三府經費支出事		
	新開港市場四處 警務署設腎費支出事		6/21 재자문 →6/22 의정부격교
	新開港市場裁判所印章鑄造費支出事		
	新開港府尹警務官及開市場總巡印章鑄造費支出事		
	濬慶墓永慶墓新建費支出事		
6/19	平理院印章鑄造費支出事		
	京元鐵道認許事		미개회로 의안격교
	地方各郡別巡校增設事		1900/1/13 의정부 격교
	漢城府裁判所判事試補一人及各地方檢事試補二十五人設置費支出事		
6/21	解由規則更定事法律案		6/22 의정부에 격교
	典珛局官制中臨時增減事		
	預備金增額事		
	御服裝費支出事		
	廢止三郡經費定額還入 新設三府經費支出事		
	新開港場四處 警務署設腎費支出事		
	新開港市場裁判所印章鑄造費支出事		
	新開港府尹警務官印章鑄造費支出事		
	濬慶墓永慶墓新建費支出事		
	平理院印章鑄造費支出事		

* 『照會』(奎17754)와 『中樞院來文』(奎17788) 등을 참조하여 정리
* ☆ 표시는 의정부-중추원 간의 합의가 이루어지지 못한 의안

이상의 표를 살펴보면 의정부에서 중추원에 자문한 안건은 1898년

12월 28일과 30일에 자문한 안건을 포함하여 6월 21일까지 총 116건이었다. 5월 22일 중추원 관제 개정이 이루어진 후에는 중추원이 개회하지 않아 자문안건에 대한 논의가 이루어지지 않았다. 5월 22일 이전 심사 의정한 93건 중 1차 회의에서 가결한 안건은 66건, 부결한 안건은 19건, 보류한 안건은 6건이었다.[101] 그러나 이후 부결 또는 보류된 안건에 대하여 의정부가 중추원으로 설명위원을 보내어 협상 타결하는 과정에서 17건이 다시 가결되었고, 5월 22일까지 의정부와 중추원 간에 합의가 이루어지지 않은 안건은 8건(☆표시)이었다.

府院간에 합의가 이루어지지 않은 안건들은 1899년 5월 22일 중추원 관제 개정 이후 중추원 회의가 이루어지지 않으면서, 여러 차례에 걸쳐 의정부로 돌려보내졌다. 의정부에서 중추원에 자문한 안건은 국정 전반에 걸쳐 이루어진 것으로 특정 분야에 대해서만 자문한 것이 아님을 알 수 있다. 중추원은 의정부의 자문 내용이 정확하지 않을 경우(未詳處가 있다고 표현) 이를 설명할 의정부 위원을 요구하며 결정을 유보하였고, 부결된 안건에 대해서는 부결한 이유를 설명하고 있다.

다음으로 중추원 건의 중 그 내용을 알 수 있는 안건은 8건이다. 신문자료와 『각사등록』 등에서 중추원 의관들이 건의하였다는 기록은 나오지만, 그 내용을 찾을 수 없어 이에 대한 논의가 불가능하다. 이에 내용을 알 수 있는 8건을 살펴보면 전폐 논의, 기복행공 폐지, 국서부본 관련, 의관 김병훈의 시무건의, 중추원 회의규칙 제정 요구, 탑동공원 건설 중지, 의관 남궁억 피납관련 교도 처벌, 도량형 건의 등이다. 이상의 건의안들은 모두 당시 시무와 밀접한 관련이 있는 안건으로 다

---

101) 가결, 부결, 보류건수에 해당시키지 않은 2건은 1월 19일 자문한 탁지부 출납국 米鹿課見失金額 관련건은 이에 대한 논의가 나타나지 않고, 같은 날 신문조례반행사 칙령안에 대한 내용은 중추원에서 3월 4일 수정안을 의정부에 제출하였으나 실행되지 않았다.

양하게 개진되었다. 전폐·탑동공원 관련·도량형 관련 안건과 같이 부원간의 합의에 의하여 진행되어진 논의도 있었고, 기복령과 같이 부원간의 합의가 이루어지지 않아 끝까지 논쟁이 되고 결국 의정부 자의로 칙령안을 반포하는 안건도 있었다.

마지막으로 중추원으로 인민이 헌의하여 의정부에 상달된 안건은 모두 3건이었다. 인민헌의가 중추원을 통하여 의정부에 상달될 수 있었던 것은 1899년 1월 4일 참정 徐正淳이 "曾經한 奏·判任官 및 士庶人이 만약 言事하고자 하면 中樞院에 獻議하기를 許諾한다."고 하는 내용을 상주하여 고종의 재가를 받음으로써 가능하게 되었다.[102] 이러한 조치는 1899년 초에 이르기까지 혼란한 정국 분위기에서 유생들의 빗발치는 상소로 골치를 앓던 정부가, 칙임관 외에는 직접 상소를 금지하고 그 외 주임·판임관 및 士庶人은 중추원을 통해 정부에 건의하도록 규정한 것이다. 이러한 조치는 정부가 언로를 규제하기 위한 것이었지만, 중추원이 인민의 헌의를 받아들이는 주요 통로가 되었다는 것을 의미하기도 한다.

당시 인민이 헌의한 내용은 蔘政事, 均田요구, 海蔘威의 영사관 신설에 관한 것이다. 蔘政事는 개성부 梁錫綏 등이 "개성부의 蔘政은 개성부 주민의 재산이자 이득의 원천일 뿐 아니라 국가의 稅課에도 크게 관계되므로, 근래 자행되는 竊採를 막기 위한 특별법과 관서의 설치를

---

102) 1899년 1월 4일 參政 徐正淳이 상주하여 재가를 받은 내용은 다음과 같다. 1. 勅任官은 時任과 曾經을 물론하고 陳疏에 거리낌이 없고 단 時帶한 奏任은 비록 勅任을 曾經하였더라도 陳疏할 수 없음, 2. 現帶한 奏·判任官이 만약 言事하고자 한즉 本屬長官에게 請하여 奏聞을 代行하게 하되 或 具案하여 政府에 請議하고, 3. 曾經한 奏·判任官 및 士庶人이 만약 言事하고자 하면 中樞院에 獻議하기를 許諾하고, 4. 勅任以下官員 및 士庶人이 만약 彈劾하고자 하면 반드시 證據를 確鑿한 然後에 具案하여 高等裁判所에 送呈하며 그 法을 接하여 懲判하기를 要求할 것. 『承政院日記』, 1898년 11월 23일 ; 『官報』, 1899년 1월 6일.

요구"하였다.[103] 均田요구는 전라북도 전주군 曹國信 등이 "民情과 國計를 위하여 장부를 근거로 均田하고, 농간하는 악습을 금하여 폐단을 두절할 것을 요구"한 것이다.[104] 海蔘威에 영사관을 신설하는 헌의는 함경북도 경성군에 사는 여형섭 등이 "해삼위에 영사관을 신설하고 청과 러시아와의 접경지에 있는 우리 流民을 보호하기 위하여 관리를 파견할 것을 요구"한 것이다. 이에 중추원은 "해삼위 주민들의 어려운 형편에 대해 헌의한 것과 立碑顚末을 헛되이 할 수 없으므로, 한청조약 시 국경문제는 각각 위원을 파견하고 답사하여 후일 作地하기를 바란다."고 하였다.[105]

인민헌의를 살펴보면 그들은 민생과 관련된 시급한 문제들을 해결하기 위하여 중추원을 통해 정부에 자신들의 상황을 알리고 있다. 또한 개성, 전주, 해삼위 등 다양한 지역에서 살고 있는 인민들에 의하여 헌의가 이루어졌다. 이는 인민헌의 건수 자체는 적지만 인민들이 중추원이란 기관을 통해 자신들의 문제를 정부에 알릴 수 있다는 사실을 인지하기 시작한 것을 알 수 있다.

중추원의 건의나 인민헌의는 의정부가 중추원에 자문한 안건과 비교하여 그 수가 적다. 당시에는 의정부와의 역학관계 속에서 의정부의 국정운영에 대한 전반을 심사 의정하였기 때문에 중추원의 활동은 자문안건 처리에 집중된 것으로 보인다. 그러나 중추원은 국정운영이나 시무책에 관련하여 정부와의 논의가 미흡하다고 생각되는 것은 건의를 통해, 그리고 중추원에서 간과할 수 있는 논의는 인민의 헌의를 받아 국정에 반영시키고자 하였다.

---

103) 『皇城新聞』, <獻議蔘政>, 1899년 2월 18일.
104) 『皇城新聞』, <願罷均田>, 1899년 2월 18일.
105) 『皇城新聞』, 別報, 1899년 4월 6일 ; 『議政府來去文』 7, 照會 제57호, 1899년 4월 18일 ; 『照會』 1-1, 照會 제57호, 1899년 4월 18일.

이상에서 중추원의 활동을 그 기능별로 살펴보았는데, 이번에는 각각의 의안들을 주제별로 나누어 중추원 의관들이 각각의 의안을 가부 결정한 내용을 분석하여 당시 중추원의 성격을 정리하고자 한다. 중추원의 활동을 황제권 강화, 외교적 자주성 확립 노력, 관리 임명에 관한 엄격한 원칙 적용, 근대개혁에 대한 불확실한 인식 등의 주제로 나누어 살펴보겠다.

(1) 황제권 강화

중추원은 의정부가 자문한 集會及協會規例及保安條例 勅令案을 심사 의정하는 과정을 통하여 군주권을 제한하기보다는 군주권을 강화하고자 하는 의지를 볼 수 있다. '집회협회규례·보안조례 칙령안'은 1899년 1월 15일 의정부가 중추원에 자문한 안건으로, 중추원은 다음과 같은 이유로 부결하였다.

> 爛商토의한 결과 민회의 폐단은 世間에서 모두 알고 있는 바이므로 번거롭게 설명할 필요도 없다. 협회를 설치한 것은 비단 무익할 뿐 아니라 도리어 단점이 더 크니 민회라고 하는 명목은 일제히 폐지하고 그 규례는 시행하지 말 것으로 의결한다.[106]

이에 의정부는 내부와 법부에 조회하여 중추원에 설명위원을 보내 집회와 협회규례 시행에 대하여 설명하라고 하였다.[107] 내부와 법부는 해당 規例 3건은 會民 등의 지나친 행동을 구속하기 위하여 일정한 범위를 정하려는 것이지 협회를 완전히 폐지하려는 것이 아닌데 중추원

---

106) 『照會』 1-1(奎17754), 照會 제3호, 1899년 1월 15일.
107) 『起案』 3(奎17746), 通牒 내부 제7호 법부 제8호, 1899년 1월 30일 ; 『照會』
    1-1, 照會 제10호, 1899년 1월 30일.

110

은 민회 명목은 일절 폐지하고 규례를 시행하지 말라고 결정하였다고 하면서, 협회의 폐지 여부는 의정부에서 결정하는 것이고 우리 부서와 중추원이 논의하여 결정할 사항이 아니라고 하였다.[108] 2월 21일 의정부는 다시 중추원에 조회하여 민회혁파는 사리에 불가능하니 정부에서 파송한 위원과 함께 해당 조례를 다시 상의하여 그 결과를 보고하라고 하였으나,[109] 이 의안은 府院간의 원만한 타협을 보지 못한 채 그 결정이 유보되었고, 결국 1900년 1월 13일 의정부의 요구로 돌려보내졌다.

중추원이 집회 등 규례에 대하여 난상토의한 1월 18일은 독립협회 계열 의관 중 표선인재 사건으로 5명(신해영·어용선·변하진·이승만·홍재기)이 면관되었고, 5명(고영근·현제창·양홍묵·정항모·윤시병)은 회의에 출석하지 않았으며, 새로 임명된 의관 중 독립협회 계열의 인사를 합하여도 개혁적 인사들은 10명을 넘지 않는 수였다. 황국협회 계열의 의관들이 절대적으로 수적 우위를 차지하고 있는 시점에서, 집회 등 규례에 대한 수정을 요구한 의정부의 의안에 대하여 과격하게 민회 혁파를 결정한 중추원의 태도는 시사점을 준다. 즉 난상토의라는 말에서 중추원 내의 독립협회 계열 의관과 황국협회 계열 의관 사이에 격렬한 토론이 진행되었음을 알 수 있는데, 이는 군주권의 제약과 강화라는 측면에서 양측의 입장 차이가 명확하였다는 것을 알려준다. 결국 다수결에 의하여 수적으로 우세한 황국협회 계열 의관들의 입장이 공론화되었을 것이며, 나아가 집회 등 규례에 대한 폐지론으로 결정된 것이다. 오히려 의정부에서 民會名目의 일절폐지는 불가능하다고 하면서 府院간의 합의를 이루지 못하고 보류되었다.

---

108) 『內部來文』8(奎17761), 의정부편, 照會, 1899년 2월 2일 ; 『法部來文』7(奎 17762), 의정부편, 通牒 제34호, 1899년 2월 4일.
109) 『皇城新聞』, <會條連拖>, 1899년 2월 21일.

(2) 외교적 자주성 확립 노력

중추원의 활동 중에서 눈에 띄는 것은 열강과의 외교문제와 관련해서 자주권을 지키고자 하는 노력이었다. 중추원은 俄國人鯨業基址訂約事, 금성전화와 전보비 지출사, 각항시장감리서 청의서, 주미공사관 청의서, 연빙의학교교사, 외교문서, 남궁억 피납교도 처벌건, 탑동공원 건설정지건 등과 관련하여 외교 논의를 진행하였다.

가. 俄國人 鯨業基址 訂約事

1899년 3월 3일 의정부에서 중추원에 보낸 안건 중 俄國人 鯨業基址 訂約事가 있었다.[110] 동해안에서 러시아 태평양포경회사의 포경업이 본궤도에 오르자 어장 가까운 육지에 포획 고래를 처리·가공할 기지가 절실히 요구되었다.[111] 케설링(H. H. Keyserling) 백작은 1897년부터 러시아공사 웨베르(K. Waeber)를 통하여 포경기지 조차교섭을 시작하였다. 1898년에 이르러서는 태평양포경회사의 포경선이 영해에 불법적으로 침입하여 포경을 하였고, 1899년에는 한·러간 외교문제가 되었다.[112]

포경기지 조차문제는 러시아 케설링 백작이 파블로프(A. Pavlov) 러

---

110) 『照會』 1-1, 照會 제32호, 1899년 3월 3일.
111) 러시아 장교인 케설링 백작은 1891년 당시 러시아 황태자 니콜라이의 수행원으로 극동항해 길에 올랐다. 이 극동항해에서 케설링은 극동해양에 고래가 많다는 것을 알고 수익성이 높았던 捕鯨業에 착수하기로 결심하였다. 케설링은 포경업 착수를 위한 자금과 포경기지를 러시아 정부에게 청원하여 도움을 받았고, 포경업의 원활한 경영을 위하여 1894년 '케설링백작태평양포경회사'를 설립하였다. 박구병, 『韓半島沿海捕鯨史』, 대화출판사, 1989.
112) 포경선의 미통상항구 진포로의 입항에 따른 한러간의 논쟁으로, 1899년 2월 23일 러시아는 조선정부에 조업정지로 인한 손해배상을, 3월 3일 조선정부는 러시아 포경선의 불법행위에 따른 벌금을 부과하였다. 박구병, 『韓半島沿海捕鯨史』, 대화출판사, 1989, pp.181~191.

시아공사와 함께 한국정부에게 포경기지로 경상도 울산포·강원도 강진포·함경도 진포도 등 3곳의 조차를 요구하면서 시작되었다.[113) 정부에서는 중추원의 회의를 거쳐 上奏하기 위하여 3월 3일 俄國人 捕鯨基地 請約書를 중추원으로 보냈고,[114) 중추원은 상세하지 않은 부분에 대한 설명위원의 설명을 요구하며 의결을 보류하였다.[115) 포경기지 허여에 대한 한국정부의 대답이 조속히 이루어지지 않자 파블로프 공사는 다시 이를 강력히 요구하였고,[116) 외부대신 박제순은 중추원의 설명 요구에 따라 3월 13일 외부 참서관 조성협을 중추원으로 보내 포경기지 허여의 불가피성을 설명하였다.[117) 그러자 의관들이 "선왕의 강토를 척촌인들 외국 사람에게 허여하겠는가. 내 나라의 토지를 남의 나라 사람에게 주자는 의안은 도로 정부로 보내자."고 의결하였다.[118) 중추원은 "이 의안을 만일 막지 아니하면 오직 3곳 기지뿐 아니라, 十百千萬의 기지에 이르러 남을 땅이 없을 것이다. 이 일은 결단코 시행치 못할 뜻으로 공동 설명함."이라는 설명서를 의정부에 보냈다.[119)

정부에서는 중추원의 설명서를 보고, 중추원에 "17일 외부대신이 중

---

113) 『독립신문』, <고래잡는 일>, 1899년 3월 9일.

114) 『照會』 1-1, 照會 제32호, 1899년 3월 3일.

115) 『中樞院來文』, 通牒 제10호, 1899년 3월 9일.

116) 파블로프 공사는 박제순 외부대신이 언질을 준 5일 이내로 포경기지 허여에 대한 계약 체결이 이루어지지 않으면, 국왕을 알현하여 외부의 소홀한 처사를 面奏할 것이라고 위협하였다. 포경기지 허여에 관한 의정부와 중추원의 논쟁이 점점 심해지는 과정에서, 파블로프 공사는 자의로 설정한 기일 내에 조인이 이루어지지 않자 3월 22일 직접 국왕을 알현하여 포경기지를 요청하였다. 『구한국외교문서』 17권(俄案), 1899년 3월 11일.

117) 『起案』 3, 照覆 제43호, 1899년 3월 13일 ; 照覆 제44호, 1899년 3월 13일 ; 『議政府來去文』 7(奎17793), 通牒 제44호, 1899년 3월 13일.

118) 『독립신문』, <중의 불울>, 1899년 3월 15일.

119) 『독립신문』, <추원 설명>, 1899년 3월 17일 ; 『中樞院來文』, 通牒 제8호, 1899년 3월 14일.

추원에 직접 가서 合席妥決하겠다.”고 통첩하였다.[120] 외부대신 박제순이 포경건으로 원안과 중추원이 보낸 설명서를 가지고 합석 논의하였으나, 중추원에서는 ‘決不可施行할 事’로 의결하였다.[121] 이에 난처해진 외부대신 박제순은 참정 심상훈에게 중추원 관제를 개정하던지, 아주 없애버리자고 불평을 하였다.[122] 의정부 참서관 金益昇과 의정부 찬정 權在衡이 포경기지 허여에 대한 고종의 뜻을 받들고,[123] 3월 24일 중추원에 합석, 설명하고 協贊을 촉구하였다. 권재형은 포경기지 허여가 외교상 관계된 일로 영구허여가 아니라 12개년의 약정기한이 있으며, 그 기한 동안에도 매년 일정한 세금을 받는다는 사실을 설명하였다. 그러나 의관 元世性·劉猛·姜元魯·趙漢禹·洪正厚 등은 강력 반대하였고, 홍정후는 “이전에 森林 鐵路 鑛山 魚採를 許給하고 금번 鯨業基址를 허급한 전외부대신 이완용·이도재를 법에 따라 징판하면 차후에는 외국인이 우리나라 법률을 두려워하여 이권을 다시 청하지 못하리라.” 하면서 이권을 외국에 허여한 대신들을 징판하자고까지 하였다.

결국 중추원 대판의장 이교석이 가부를 물었는데 다수결로 의안은 부결되었다. 이에 정부위원으로 출석하였던 의정부 참서관 김익승은 탁자를 치며 성난 목소리로 “정부와 중추원이 한 마음으로 和議해야 하거늘 요즘에 角勝하기를 위주로 하니 이와 같으면 어찌 국사를 논하리오.”라고 하였다.[124] 의관들은 해당 의견서에 대하여 결코 허락할 수

---

120) 『起案』3, 通牒 제51호, 1899년 3월 16일 ; 『독립신문』, <외대 합석>, 1899년 3월 18일.
121) 『照會』1-1(奎17754), 照會 제38호, 1899년 3월 17일 ; 『中樞院來文』, 照覆 제18호, 1899년 3월 17일 ; 通牒 제13호, 1899년 3월 24일 ; 『독립신문』, <고래사단>, 1899년 3월 27일.
122) 『독립신문』, 1899년 3월 22일.
123) 『起案』3, 通牒 제53호, 1899년 3월 21일 ; 『起案』3, 통첩 제55호, 1899년 3월 23일.

없음을 알리고 정회하였다. 이후 의정임시서리찬정 신기선은 주청하여
회의 중 정부위원과 서로 다투어 언사가 거칠어 회의장을 떠들썩하게
하였다는 이유로 포경기지 허여건에 대하여 적극 반대한 의관 원세성,
유맹, 홍정후, 강원노, 조한우 5명과 회의 종반에 분노하여 말썽을 일
으킨 참서관 김익승을 모두 파면하였다.[125]

의관 원세정 등을 면관시킨 것은 회의를 방해했다는 표면적인 이유
가 아니라, 정부 활동을 방해하는 것에 대한 징계가 목적이라는 것을
알 수 있다. 『독립신문』은 다음과 같은 기사를 통해 중추원 의관들의
포경기지 허여 반대활동을 적극 지지하였다.

> 우리 땅 3곳을 고래잡이하는 러시아 백작에게 不許하자는 주장은 의
> 관된 마땅한 도리이고, 주장이 강한 의관을 免本官시킨 것은 의관들의
> 마땅한 도리를 막는 행위이다. 이럴진대 중추원은 왜 설치하였느냐.[126]

捕鯨基地 租借件에 대하여 의정부와 중추원은 可와 不可로 양분되
었다. 이 사건이 府院 합의에 의하여 타결될 기미가 보이지 않자 의정
부 의정서리찬정 신기선은 3월 26일 의정부 회의에서 可한 標題가 8이
고 否한 標題가 1이 나오자, 중추원에 자문한 즉 부결하여 여러 차례
협상하였으나 끝내 타결되지 않았다는 이유를 들어 의정부 標題와 중
추원 설명서를 함께 上奏하였다. 이에 고종은 의정부 표제 다수에 따
라 시행하라고 하였고, 의정부는 고종의 결정을 3월 27일 중추원과 외
부에 알렸으며, 3월 29일 포경기지 3곳은 러시아 케설링 백작에게 허
락되었다.[127]

---

124) 『皇城新聞』, <更拒鯨業>, 1899년 3월 25일 ; 논설, 1899년 3월 27일.
125) 『中樞院來文』, 1899년 3월 24일, 通牒 제13호 ;『독립신문』, <고래사단>,
　　　1899년 3월 27일 ;『官報』, 1899년 4월 4일.
126) 『독립신문』, 논설 <중추원은 어디 쓸런지>, 1899년 3월 28일.

포경기지 허여의 일련의 과정을 살펴보면, ① 러시아에게 포경기지를 허여하는 약정은 이미 고종과 러시아 공사 간에 이루어진 것으로 그에 대한 절차로서 의정부의 회의와 중추원으로의 자문을 거친 것임을 알 수 있었다. 의정부의 설명위원이 '奉承旨意'하였다는 것은 고종이 포경기지를 이미 허락하였다는 것을 알려주는 것이다. 그럼에도 불구하고 중추원은 끝까지 포경기지 관련 의안을 부결한 것을 보면 정부 나아가 고종의 의견일지라도 자주권을 훼손시킬 우려가 있는 의안에 대해서는 태도를 굽히지 않았음을 알 수 있다. 즉 당시 의정부는 고종의 입장을 대변하고 있는 정부기관이라면, 중추원은 정부와 고종의 독단적 국정운영을 견제할 수 있는 기관으로 양자 간의 역학관계를 보여 주었다. ② 府院이 不合하여 결정이 나지 않을 경우 왕에게 그 안건을 상주하여 고종의 결정을 따르는 모습을 보여 주었다. 이는 중추원 관제 규정에 위배되는 것으로, 아직 중추원의 권한이 안정적으로 정착되지 못하였음과, 여전히 국왕의 결정이 국정운영에 절대적인 요인이었음을 알 수 있다.

나. 외국과 관련된 예산외 지출건

의정부는 외국인 편의시설 또는 외국인 고용을 위한 예산외 지출 관련 안건을 중추원에 자문하였는데 이에 대한 중추원의 반응을 정리하면 다음과 같다.

① 3월 18일 의정부 조회 40호로 농상공부에서 請議한 경성－金城 堂峴간 전화부설과 전보설치를 위한 예산외지출 요구에 대하여,[128] 중

---

127) 『起案』3, 通牒 제60호, 1899년 3월 27일 ;『起案』1(奎17746), 의정부편, 指令 제20호, 1898년 3월 27일 ;『議政府來去文』7(奎17793), 指令 제20호, 1899년 3월 27일 ;『皇城新聞』, <鯨業許施>, 1899년 3월 28일.
128) 『照會』1-1, 照會 제40호, 1899년 3월 18일.

116

추원은 의안을 부결하고 "예산외지출을 하여 외국인의 편리를 도모하는 것은 진행해야 할 바가 아니므로 不可施行"이라고 하며 부결 이유를 설명하였다.129) 이에 의정부는 두 차례에 걸쳐 의안을 설명하기 위하여 정부위원을 중추원으로 파송하였고,130) 중추원은 농상공부소관위원의 설명을 재차 듣고 할 수 없이 원안대로 가결하였다.131)

② 4월 14일 의정부에서 교부한 의안 중 各港市場監理署관제청의서를 중추원에서 심사하여 "군산포·마산포·성진포의 개항과 평양의 開市에 대한 예산이 없으니 연기하여야 한다."고 부결하였다.132) 의정부는 각항시장감리서관제를 정부회의를 거쳐 가결하였으므로 두 차례에 걸쳐 의안의 이치를 설명하였으나 중추원이 계속 예산외지출이라는 이유로 부결하였다.133) 4월 28일 중추원은 설명위원과 다시 협의하여 "3港 1市를 증설하는 안건은 본원이 실시되기 이전에 이미 재가를 받았으므로 계속 부결할 수 없어 어쩔 수 없이 원안대로 可決한다."고

---

129) 『中樞院來文』, 照會 제21호, 1899년 3월 22일 ;『독립신문』, <중추원 반대>, 1899년 3월 22일.
130) 『起案』3, 通牒 제62호, 1899년 3월 28일 ; 通牒 제63호, 1899년 3월 28일 ; 通牒 제69호, 1899년 4월 1일 ;『照會』1-1, 照會 제50호, 1899년 4월 1일.
131) 『中樞院來文』, 照覆 제22호, 1899년 4월 3일.
132) 『독립신문』, <중추원공론>, 1899년 4월 13일 ; <세번 반대>, 4월 27일 ;『中樞院來文』, 通牒 제11호, 1899년 4월 18일.
133) 『照會』1-1, 照會 제59호, 1899년 4월 21일 ;『起案』3, 通牒 제74호, 1899년 4월 21일 ;『議政府來去文』7, 외부편, 通牒 제74호, 1899년 4월 22일 ;『外部來文』3(奎17770), 通牒 제56호, 1899년 4월 22일 ;『議政府來去文』7(奎17793), 외부편, 通牒, 1899년 4월 22일 ;『中樞院來文』, 照覆 제28호, 1899년 4월 23일 ;『起案』3, 通牒 제76호, 1899년 4월 25일 ;『議政府來去文』7, 외부편, 通牒 제76호, 1899년 4월 25일 ;『照會』1-1, 照會 제62호, 1899년 4월 25일 ;『外部來文』3(奎17770), 通牒 제57호, 1899년 4월 25일 ;『議政府來去文』7, 通牒 제57호, 1899년 4월 25일 ;『中樞院來文』, 照覆 제30호, 1899년 4월 25일 ;『起案』3, 通牒 제78호, 1899년 4월 28일 ;『議政府來去文』7, 通牒 제78호, 1899년 4월 28일 ;『起案』3, 通牒 제79호, 1899년 4월 28일.

하였다.[134] 그러나 중추원은 3항 1시 증설안건 가결 후 의정부에 의안 결정에 좀더 신중할 것을 다음과 같이 요구하였다.

어떤 안건을 물론하고 의정부에서 자문하고 본원에서 의정하는 것은 널리 의견을 들어 더 나은 결정을 하기 위함인데, 미리 정하여 한편으로 실시하면서 임시로 교부한다면 자문하고 의결할 필요가 없다. 이후로는 처음부터 신중하게 하여 民國 事宜에 타당하기를 바란다.[135]

③ 중추원은 자문의안 駐美公使官費증액지출사를 4월 26일 부결하였고,[136] 자문의안 英德義公使以下赴任旅費支出事, 俄法墺公使以下赴任旅費支出事 역시 5월 2일 회의에서 부결하였다.[137] 이에 의정부는 5월 6일 외부에 조회하여 소장 관원을 설명위원으로 삼아 원안과 설명서를 가지고 중추원에 가서 합석 타결하라고 하였다.[138] 중추원은 5월 9일 의정부 설명위원과 합석협의하고 당시 상황에 맞추어 3개 의안을 부득이 가결하였다. 그러나 주미공사관안건 중 서기 1명을 외국인으로 임용하는 것에 대해서는 강하게 반대하면서 반드시 서기생 2명 모두 한국인으로 임용할 것을 요구하였다.[139]

---

134) 『外部來文』3, 通牒 제60호, 1899년 4월 28일 ; 『議政府來去文』7, 通牒 제60호, 1899년 4월 28일.

135) 『中樞院來文』, 通牒 제17호, 1899년 4월 28일.

136) 『起案』3, 通牒 제73호, 1899년 4월 19일 ; 『中樞院來文』, 通牒 제2호, 1899년 4월 20일 ; 『照會』1-1, 照會 제61호, 1899년 4월 24일. 4월 17일에는 의정부가 중추원에 주미공사관비증액지출사를 자문하였는데, 4월 19일 의정부는 의안을 改正할 곳이 있으니 즉시 開送하기를 요구하여 4월 20일 중추원은 이를 의정부로 송교하였다. 『中樞院來文』, 照覆 제26호, 1899년 4월 26일.

137) 『照會』1-1, 照會 제65호, 1899년 4월 28일 ; 『中樞院來文』, 照覆 제27호, 1899년 5월 2일.

138) 『議政府來去文』7, 照會 제78호, 1899년 5월 6일 ; 『照會』1-1, 照會 제 79호, 1899년 5월 6일.

118

④ 중추원은 5월 2일, 4월 28일 의정부에서 교부한 의안 延聘醫學校 敎師事[140]를 접수·심사하여 다음과 같은 이유로 부결하였다.[141]

무릇 외국의사가 학술에 밝고 藥料에 정밀하여 外治에는 현저한 효과가 있으나, 內治에 이르러서는 水土와 腸胃가 달라 치료할 때에 실수가 있고 완전하지는 않았다. 외국교사보다 우리나라 사람 중 동서의 학을 배운 우수한 자를 선택하여 교사로 임명하면 더 나을 것이다.[142]

교사고빙의안과 관련 있는 학부는 중추원에 설명위원을 파송하여 의안의 이치를 설명하였고,[143] 5월 9일 부원이 합석하여 해당 의안 중 교사고빙연한 3개년을 1개년으로 수정하고 원안에 의거하여 가결하였다.[144]

중추원은 이상의 의안들에 대하여 처음에는 모두 부결하였고, 재차 정부에서 파송한 정부위원과의 합석타결과정에서 어쩔 수 없이 또는 조건을 달아 가결하였다. 중추원이 부결한 이유는 예산외지출, 또는 외국인 고용 때문이었다. 그러나 당시 중추원이 의정부에서 자문한 예산외지출에 관련하여 처음부터 가결하는 의안들이 많은 만큼 이는 단순한 예산외지출의 문제가 아니라 한국을 열강의 영향권에서 조금이나마 벗어나게 하고자 하는 의지의 표현이었다. 특히 경성-당현간 전화 전보시설 설치[145]와 開港·開市에 관련된 의안은 열강의 이권 침탈을

---

139) 『中樞院來文』, 照覆 제37호, 1899년 5월 9일 ;『外部來文』3, 照覆 제64호, 1899년 5월 9일 ;『議政府來去文』7, 照覆 제64호, 1899년 5월 9일.
140) 『照會』1-1, 照會 제65호, 1899년 4월 28일 ; 照會 제68호, 1899년 4월 28일.
141) 『中樞院來文』, 照覆 제27호, 1899년 5월 2일.
142) 『皇城新聞』, <醫校說明>, 1899년 5월 5일.
143) 『照會』1-1, 照會 제73호, 1899년 5월 3일 ;『起案』3, 通牒 제82호, 1899년 5월 3일 ;『皇城新聞』, <醫校說明>, 1899년 5월 5일.
144) 『中樞院來文』, 照覆 제38호, 1899년 5월 9일.

용이하게 하는 의안으로 한국의 자주권과 밀접한 관련이 있는 안건이
었다. 이러한 안건에 대하여 의정부는 여러 차례 정부위원을 중추원에
파송하여 事勢를 운운하며 가결을 종용하여 결국 원안에 따라 가결하
게 되었다. 즉 정부는 국정운영에 있어 열강과의 역학관계를 원활히
유지하기 위해 이권 양여를 인정하였고, 중추원은 이권을 지키기 위하
여 의정부가 자문한 안건에 대하여 부결함으로써 자주의지를 표명하
였다. 중추원의 역부족으로 이권을 지키지는 못하였으나 열강의 이권
요구에 무차별적으로 허여하였던 이전과 비교하면, 중추원이라는 국가
기관을 통하여 규정된 기능을 실행하는 과정에서 열강의 이권요구를
합법적인 통로를 통하여 반대하였다는 것은 주목할 만한 진전이라고
볼 수 있다.

다. 기타

중추원의 열강으로부터 자주하고자 노력은 자체건의에서도 나타난
다. ① 중추원은 1899년 1월 파블로프 러시아공사가 한국에 부임하여
國書를 제출할 시에 국서 副本이 없었다는 소식을 전해 듣고 외부로
해당 국서 부본의 유무를 두 차례에 걸쳐 조회하였다.146) 이에 외부에
서 "파블로프 러시아공사가 가지고 온 러시아 國書에는 副本이 없었
다. 이에 러시아공사에게 질문하니, 러시아 국서 往來에 或有或無하다
칭하므로, 다음 국서부터는 반드시 부본을 갖출 것을 요구하였다."고
회답하자,147) 중추원은 이에 다음과 같이 분격하였다.

---

145) 이배용, 『한국근대 광업침탈사연구』, 일조각, 1989, pp.105~123.
146) 『外部中樞院來去文』, 照會 제5호, 1899년 1월 20일 ; 照會 제2호, 1899년 1월 30
    일 ;『皇城新聞』, <樞院照會>, 1899년 1월 21일 ;『독립신문』, <여하조처>,
    1899년 2월 3일.
147) 『구한국외교문서』 18권(俄案), 新任公使陛見時에는 國書副本을 先呈해야 한
    다는 常例의 通告, 1899년 1월 21일(외부대신 박제순→러시아 공사 파블로프)

각국 공사 도임 시 반드시 국서 부본을 외부에 제출하는 것은 이전
부터의 규칙으로 각국 공사가 임명된 장소에 도착할 때 부본이 없다는
것은 국제관계상 가벼운 일이 아니다.[148]

중추원은 다시 발론하여 박제순 외부대신이 국체를 손실한 것을 그
대로 볼 수 없다 하여 책임자 문책을 주장하였다.[149]

② 중추원은 내부에서 中署 塔洞 등 지역에 공원을 건설하기 위하
여 부근 민가 몇 백호를 철거할 것이라 듣고, 3월 31일 "(외국인을 위
한) 공원건설은 急務가 아니니 정지하여 인민들이 離散하지 않게 함이
妥合하다."고 건의하였다. 이에 의정부는 내부로 하여금 이를 선처하
여 공원건설 정지를 지시하였고,[150] 4월 6일 내부는 家舍를 毁撤하고
공원을 건축하려는 계획이 없다고 중추원에 알렸다.[151]

③ 4월 23일에는 鍾峴敎徒 10여 인이 프랑스의 힘을 믿고 중추원 의
관 남궁억을 "皇城新聞 사장으로 신문 중에 佛入天敎라 한 句語를 發
刊하여 천주교인을 비방하고 훼손하였으니 확실한 증거를 제시하라."
고 하며 교당으로 끌고 가 위협한 사건이 있었다. 이에 중추원은 이 사
건을 국체 훼손과 관련된 것으로 이는 단지 남궁억 1인이 단독 당한
것이 아니고 한국 관료가 함께 당한 것으로 보았다. 중추원은 "이 사건
이 외교와 관계 있으므로 외부와 법부로 하여금 공정히 판단하여 우리
나라를 업신여기는 폐단을 방지하기 바란다."[152]고 하였다. 이에 의정

　　;『外部中樞院來去文』, 앞의 글.
148)『外部中樞院來去文』, 照會 제3호, 1899년 2월 3일 ;『독립신문』, <추원외부
　　왕복>, 1899년 2월 7일.
149)『中樞院來文』, 照會 제4호, 1899년 2월 13일 ;『독립신문』, <추원조회>, 1899
　　년 2월 15일.
150)『照會』1-1, 照會 제46호, 1899년 3월 31일.
151)『起案』2, 照覆 제9호, 1899년 4월 6일.
152)『中樞院來文』, 照會 제29호, 1899년 4월 25일.

부도 외부와 법부에 조회하여 나라에 법을 담당하는 기관이 있는데 현직 주임관을 자의로 끌고 가는 것은 있을 수 없는 일이니 조사하여 프랑스 공사관에 알리고 납치범들을 公辦하라고 하였다.[153]

　이상의 사례를 통하여 1899년 중추원은 정부 차원에서 행한 열강과의 조약뿐 아니라 국내의 외국인과 관련된 크고 작은 외교문제에 대하여 예민하게 반응하며 한국·한국인의 권익을 지키고자 노력하였다. 그러나 중추원의 노력은 고종과 정부의 설득과 강요로 인하여 결국은 무산되는 경우가 많았다. 이는 중추원의 힘이 상대적으로 미약하여 의정부를 견제하는 데 한계가 있었다는 것을 알 수 있다. 하지만 한국 역사상 정부의 결정에 대하여 강력하게 반대하고, 의정부가 해당 의안을 설득하기 위하여 여러 차례 설명위원을 파송하였던 기관의 예는 찾아보기 힘들다. 의정부가 결국은 의관을 사직시키는 특단의 조치를 취하고, 중추원 존재에 대하여 불만을 표출하기도 하지만, 정책을 실시하는 의정부와 그 정책을 심사 의결하는 중추원의 역할 구분은 근대 정치 양상으로 발전할 수 있는 모습을 보여주었다.

---

153) 의정부는 외부에 조회하여 "法司自在어늘 현직 주임관을 자의로 끌고 가는 것은 있을 수 없는 일이니 조사하여 법국 공사관에 알려 公辦케 하라."고 하였다. 또한 법부에도 조회하여 "남궁억과 관련된 사건은 貴部(법부) 소관이니 南宮議官을 邀致하야 상세히 조사하고 납치범들을 잡아 公辦하여 後弊를 방지하라"고 하였다. 외부와 법부는 敎民作弊로 본국의 법관을 거치지 않고 먼저 외국공사에게 知照하는 것은 교섭의 순서를 잃을 뿐 아니라 국체에도 손상이 되는 것이라 하면서, 먼저 재판을 통하여 본국민이 외국인의 指使를 받았으면 司法官이 被告의 確供을 근거하여 외교관에게 行文하여 轉照外國使臣하여 장정에 비추어 심사하도록 하겠다고 하였다. 『議政府來去文』, 照會 제63호, 1899년 4월 25일 ; 『照會』1-1, 照會 제63호, 1899년 4월 25일 ; 『照會』1-1, 照會 제64호, 1899년 4월 26일 ; 『起案』2, 照覆 제13호, 1899년 4월 26일 ; 『外部來文』3, 照覆 제58호, 1899년 4월 26일 ; 『議政府來去文』, 照覆 제58호, 1899년 4월 26일.

⑶ 관리 임용시 원칙 적용 요구

'표선인재'로 물의를 일으킨 의관들이 면관된 후 구성된 1899년 전반기 중추원 의관들은 대부분 관리 임용에 있어서 '표선인재'와 같은 과격한 방법에 대해서는 반대하였다. 그러나 공정하고 능력 있는 자를 관리로 임명해야 한다는 것에는 뜻을 같이 하였으며 권력자의 농단에 의하여 자격 없는 사람들이 관리로 임명되는 것에는 원칙적으로 반대하였다. 따라서 중추원은 관리 임명에 있어 '解由規則'과 '起復令' 등의 원칙을 철저히 지킬 것을 요구하였다.

解由規則[154] 更定施行事 법률안은 의정부가 중추원에 처음으로 자문한 1898년 12월 28일 제시된 3개의 의안 중 하나였다.[155] 중추원은 1899년 1월 10일 해유규칙을 부결하여 의정부로 의견서를 첨부하여 보냈고,[156] 탁지부에서 청의한 各 府尹·牧使·郡守 해유규칙에 대하여 다음과 같이 설명하였다.

① 甲午로부터 戊戌에 이르기까지(1894~98년) 각 郡의 체납된 공납 중 이를 사사로이 유용한 군수·향리의 명단과 잘못된 행위가 계속되는 이유를 엄격히 조사한다. ② 한편으로는 각기 所管 府牧郡으로 하여금 체납한 공납을 모두 내도록 하고, 한편으로는 공납을 유용하고 이에 동조한 사람들을 일일이 재판하고, 그 죄에 합당한 벌을 주어 폐단의 원인을 없앤다. ③ 이상과 같이 한 후 해유규칙을 반포하고 시행하는 것이 타당하다.[157]

---

154) 관원이 轉職할 때 후임자에게 그 사무와 관리하던 물건을 인계하고 재직 중의 會計와 물품관리에 대한 책임을 면하는 법적 절차로, 특히 錢穀의 출납을 맡아보던 관청의 관원이나 지방관의 해유는 더욱 엄격하였다.
155) 『各部去照存案』 2(奎17754), 照會 제105호, 1898년 12월 28일.
156) 『中樞院來文』, 照會 제2호, 1899년 1월 10일.
157) 『皇城新聞』, <樞院提議>, 1899년 1월 13일 ;『起案』3, 通牒 제9호, 1899년 1월 30일.

게다가 중추원은 계속하여 국고를 탕감하여 사사로이 사용한 官逋吏를 법에 따라 처벌할 것을 요구하였고, 의정부는 이에 대하여 답변을 하지 않고 있었다.[158]

의정부는 5월 10일 중추원의 해유규칙 결정에 대하여 "중추원의 의견은 극히 타당하지만, 해유규칙을 의논한 지 여러 달이 되도록 아직 상주하지 못하였을 뿐 아니라 공납이 제대로 이루어지지 않아 재정이 점점 시급해지므로 조속히 결정하기를 바란다."[159]고 하였다. 이에 중추원은 5월 12일 "해유규칙에 대하여 부결한 이유는 이미 설명하였고, 중추원 의견은 이전과 동일하다."고 하였다.[160] 이후 의정부는 6월 19일 해유규칙에 대하여 중추원에 설명위원을 보내어 다시 논의하고자 하였으나,[161] 이 시기는 5월 22일 중추원 관제 개정 이후 중추원 활동이 마비된 시기로 부원간에 논의할 수 없는 상황이었다. 해유규칙은 의정부가 중추원에 최초에 자문한 안건이지만 끝내 부원간에 합의가 이루어지지 못하였고, 의정부의 요구로 6월 22일 의안이 돌려보내져, 결국 6월 28일 정부에 의하여 반포되었다.[162]

다음으로 起復行公에 관한 중추원의 건의안이다. 기복행공이란 특정인이 아니면 특정직을 감당할 수 없기 때문에 喪祭라도 부득이 公務를 행하는 것을 말한다. 그러나 기복행공이 일상화되자, 의관 李埈憙은 다음과 같이 기복행공의 폐지를 건의하였다.

才器가 다르지 않는데도 기복행공을 하는 것은 녹봉을 탐하기 때문

---

158) 『中樞院來文』, 照會 제31호, 1899년 4월 27일.
159) 『照會』 1-1, 照會 제81호, 1899년 5월 10일.
160) 『中樞院來文』, 照覆 제40호, 1899년 5월 12일.
161) 『中樞院來文』, 照會 제115호, 1899년 6월 19일.
162) 『官報』, 各府尹·牧使·郡守 解由規則, 1899년 7월 4일 ; 『奏議』 31, 1899년 6월 28일.

이며, 기복행공의 본의에 어긋나는 것이다. 이에 규례를 정하여 기복종
사자를 모두 해임하고 喪을 치른 후 수용해야 할 것이다.[163]

이후에도 1899년도를 전후하여 벼슬하는 풍속을 보고 중추원은 의
정부로 기복행공 폐지에 관하여 건의하였고,[164] 의정부에서 참정 신기
선이 중추원의 건의에 따라 상제는 벼슬을 못하게 하였다.[165] 이때 각
군 군수 중에 13인, 각부 관원 중에 33인이 기복행공을 하고 있었는데,
칙임대관·군부 관리·경무청 관리만 기복케 하고 그 외 주판임관의
기복은 불허하였다.[166]

중추원이 건의한 기복행공 폐지가 가결되자, 의정부는 기복 관련 법
률의안을 구비하여 중추원으로 보내어 심사 의정하도록 하였다.[167] 의
정부가 작성한 기복령에는 "칙임관은 特旨로 기복하고 주판임관은 該
管대신이 上奏한 후 기복한다."[168]는 내용이 있었다. 이는 기복령을 얼
마든지 자의적으로 활용할 여지가 있는 문구로, 중추원의 반발을 사게
되었다. 중추원은 '기복령'의 내용 중 잘못된 점을 지적하고, "勅奏判任
官 內外職 軍隊警官 등을 물론하고 起復被命을 一切廢止함이 사리에
합당하다."[169]고 강력하게 대응하였다.

이에 의정부 참정 신기선은 중추원의 주장이 옳기는 하지만, 을미경
장 이후 기복을 행하여 많은 사람을 등용하고 있는 즈음에 갑자기 기
복을 폐지하는 것은 불가능하다고 하였다. 그 대신 기복행공하기 위해

---

163) 『皇城新聞』, <議官建議>, 1899년 2월 17일.
164) 『中樞院來文』, 照會 제15호, 1899년 3월 9일 ;『起案』2(奎17746), 의정부편,
　　　照覆 제6호, 1899년 3월 13일 ;『中樞院來文』, 照會 제27호, 1899년 4월 20일.
165) 『제국신문』, 1899년 4월 25일 ;『독립신문』, <기복못할 일>, 1899년 4월 29일.
166) 『皇城新聞』, <起復嚴防>, 1899년 4월 28일.
167) 『照會』 1-1, 照會 제71호, 1899년 5월 1일.
168) 『皇城新聞』, <其人其職>, 1899년 5월 3일.
169) 『中樞院來文』, 照覆 제35호, 1899년 5월 3일.

서는 반드시 고종의 지시를 기다린 후 행하며, 판임관의 임면관은 해당 장관의 권리이지만 의견서를 참작하고 칙령안을 작성하여 회의에 올리겠다고 하면서 기복령에 대한 중추원의 이해를 구하였다.[170)]

1899년 5월 8일 의정부는 기복령을 독단으로 상주하였고, 이에 대하여 의정부는 중추원에 기복령을 상주하게 된 배경을 다음과 같이 알렸다. 의정부는 "기복령에 위배되어 관직에 있는 자는 100명에 겨우 1명 정도이고, 그 역시 다른 사람이 대신할 수 없기 때문에 시무를 계속하는 것이다. 승평기도 아닌 때에 기복의 길을 완전히 막아버린다는 것은 실로 時宜에 합당하지 않고, 府院의 논의가 비록 같지 않으나 그 기본은 예를 지키자는 것이므로 의정부에서 회의를 거쳐 재가 받았기에 알린다."[171)]고 하였다. 중추원은 5월 10일 관보에 게재된 칙령 17호 기복령을 조사하여, 기복에 관한 칙령안에 대하여 반대하는 이유를 다시 의정부에 개진하였다. 또한 府院의 의견이 不合하였는데도 왕에게 직접 상주한 이유를 설명할 것을 요구하였다.[172)] 그러나 이후 이 문제도 중추원 관제 개정으로 더 이상의 논의는 불가능하였다.

기복령 처리 과정에서 생각해 볼 수 있는 문제는 府院간 不合한 의안에 대한 견해 차이였다. 의정부는 반드시 부원간의 합의를 거쳐야 하는 것은 의정부가 자문한 안건이라고 하였고, 중추원은 그 외의 중추원 건의나 인민헌의에 관한 사항도 반드시 부원간의 합의를 거쳐야 한다고 생각한 것으로 나타난다. 원칙적으로 중추원 관제 상 중추원에서 심사 의정하는 모든 의안들 중 법률로 제정되는 사항은 부원간의 합의를 거쳐야 한다. 그러나 의정부는 자신들의 주장을 관철시키기 위

---

170) 『各部請議書存案』 10(奎17715), 의정부편, 請議書 제8호, 1898년 5월.

171) 『起案』 2, 照覆 제17호, 1899년 5월 ; 『起案』 3, 通牒 제84호, 1899년 5월 8일 ; 『독립신문』, 1899년 5월 12일.

172) 『中樞院來文』, 照會 제39호, 1899년 5월 10일.

126

하여 관제 규정까지도 자의적으로 해석하는 모습을 보였다.

그 외에 3월 27일 의정부는 조회 의안 중 內部所管俸給增額豫算外支出청의서를 중추원에 자문하였는데, 3월 29일 중추원 회의에서 부결하였다.[173] 내부 시찰관 2인과 주사 3인, 技手 1인의 월봉이 금년도 예산에 들어있지 않자 내부서리대신이 정부에 제의하여 해당 봉급액을 청구하여 탁지부에서 예산외지출을 하였다. 중추원에서 이 사건에 대하여 '불가'로 정부에 통첩하였다.[174] 이에 대하여 의정부와 중추원은 난상 협의하고[175] 내부소관 설명위원의 설명을 상세히 들은 후 "參互할 만하다."는 이유로 원안대로 可決하였다.[176] 그러나 중추원은 내부소관봉급증액에 대하여 2개월이 지난 6월, 예산외로 첨가된 내부시찰과 판임관 몇 명의 봉급을 정부회의를 거쳐 다시 자문하였을 때 또 반대하였고, 내부는 다시 2~3차 정부위원으로 하여금 중추원에 설명하여 어렵게 그 인가를 얻어야 했다.[177]

관리 임용에 관한 자문의안과 중추원 건의에 대한 의정부와의 협상 타결과정에서, 중추원은 기본 원칙을 중시하는 입장을 고수하였다. 즉 해유규칙도 원칙대로 공납을 체납하거나 공납을 사사로이 도용한 지방관을 법에 따라 처벌하고 장부를 깨끗이 정리한 후 다시 새로운 해유규칙을 시행하자고 하였으며, 기복령도 本意에 벗어남을 들어 일체 금지할 것을 주장하였고, 내부소관 규정 외 관리들의 봉급을 위한 예산외지출에 대해서도 그 불합리함을 들어 부결하였다. 3건의 의안은

---

173) 『中樞院來文』, 照覆 제22호, 1899년 3월 29일.
174) 『皇城新聞』, <漏官請算>, 1899년 3월 30일.
175) 『起案』 3, 通牒 제64호, 1899년 3월 30일 ;『照會』 1-1, 照會 제45호, 1899년 3월 30일 ;『中樞院來文』, 照覆 제20호, 1899년 3월 31일.
176) 『起案』 3, 通牒 제67호, 1899년 4월 1일 ;『照會』 1-1, 照會 제49호, 1899년 4월 1일 ;『中樞院來文』, 照覆 제22호, 1899년 4월 3일.
177) 『皇城新聞』, <內部多事>, 1899년 6월 20일.

모두 처음에는 부결되었고, 원만한 합의를 이루지 못하여 논의가 계속
되었으며, 5월 22일 관제 개정까지 해결이 나지 않은 의안은 의정부로
돌려보내기도 하였다. 이와 같은 사항은 중추원이 관리임용에 대하여
부정한 인물들을 배제하고, 집권세력이 임의로 관리를 임용할 수 없도
록 법적 근거를 마련하고자 하였던 것이다. 중추원이 원칙을 지켜 관
리를 임용하고자 하였던 것은 관리임면 과정에서 부정부패를 근절하
고, 공정하고 역량있는 관리를 임명함으로써 민의 생활을 안정되게 하
며, 열강의 침탈에 적극적으로 대응할 수 있는 근간을 마련하기 위한
조치였다.

⑷ 제한적 근대화 정책 제시

중추원은 근대화를 이루기 위한 법률제정에 있어서는 일관적인 의
견을 제시하지 못하고 있다. 錢幣논의와 도량형 통일을 건의하는 모습
은 경제 분야에서 개혁 의지를 가지고 적극적으로 건의하고 있으나,
양지아문과 관련된 자문안건을 논의하는 과정에서는 폐단이 많으므로
양지아문 자체를 폐지하는 것이 좋겠다는 의견을 제시하였다. 나아가
신문조례에 대한 의안에 대하여 중추원은 그 구속이 과하다는 이유로
수정안을 제시하기도 하지만 적극적으로 신문에 대한 근대적 인식이
이루어져 있지 않았으며, 성균관 관제 개정에 대해서는 유생의 관리
등용을 통하여 유풍 진작을 요구하기도 하는 등 보수적 모습을 보이기
도 한다.

이는 당시 중추원 의관들이 근대화의 필요성에 대해서는 어느 정도
인정하고 있지만, 군주권을 제한할 수 있는 신문이나, 자주권과 관련된
다고 생각하는 외국인 기술자 등용과 관련된 양지아문 관련 의안은 앞
에서 살펴본 중추원의 성향과 관련하여 적극적으로 수용하는 데 한계
를 가질 수밖에 없었다. 나아가 그들의 사상적 기반인 성리학을 유지

발달시키기 위하여 성균관 관제 개정을 통하여 儒風 진작을 요구하기도 하였다. 이에 각각의 안건을 정리하며 설명하겠다.

전폐논의는 청일전쟁 이후 재정이 더욱 궁핍해지면서 本位貨의 주조 없이 補助貨인 白銅貨를 남발하게 됨으로써, 그 유통량이 필요량을 초과하여 통용가격이 하락하고 물가가 등귀하는 백동화 인플레이션을 배경으로 나타났다. 1899년 이후에는 米穀凶作으로 인한 수출부진으로 日貨의 공급이 감소되고 이 때문에 日貨의 가치가 등귀하는 반면, 백동화·엽전의 가치는 하락되어 한국 경제는 날로 어려워지게 되었다. 이에 한국정부는 本位銀貨를 주조하여 幣制를 개혁하고자, 典圜局을 확장하여 은화주조에 착수하였고, 은행설립과 은화주조를 위한 차관교섭을 시도하였다.[178]

중추원은 심각한 전폐로 물가가 매일 배로 올라 국가 경제가 점점 곤란해지자 전폐에 대한 대책을 마련하고자 하였다. 5월 5일 중추원은 참정·각부대신·각부협판이 전폐를 어떻게 조정할 것인지에 대한 의견서를 각각 마련하여 일제히 중추원에서 모여 결의하자고 정부에 통첩하였다.[179] 이에 의정부에서도 전폐의 심각성을 절감하고 있었으므로, 各府部大臣·협판·중추원 의관과 외국인 고문에게 '錢貨捄弊'에 관한 의견서를 제출하도록 하고, 5월 15일 내부에서 회동하였다.[180]

各府部院 관리와 고문이 모여 48장의 의견서를 차례로 낭독하고 상의하여, 銀貨를 本位貨로 삼기로 결정하였다. 그러나 은화를 제작하기

---

178) 나애자, 「이용익의 화폐개혁론과 일본제일은행권」, 『한국사연구』 45, 1984, pp.59~63.

179) 『皇城新聞』, <樞院通牒>, 1899년 5월 5일 ;『中樞院來文』, 照會 제36호, 1899년 5월 5일 ;『독립신문』, <중추원조회>, 1899년 5월 9일.

180) 『起案』 2, 照覆 제16호, 1899년 5월 6일 ;『起案』 3, 通牒 제85호, 1899년 5월 12일 ;『독립신문』, <정부답조>, 1899년 5월 9일, ;『皇城新聞』, 1899년 5월 5일.

위한 자금조달방법에 대해서는 확정하지 못하였고, 다만 國債는 일체 쓰지 않기로만 결정하였다. 정부는 각 의견서를 취합하여 다시 논의하였을 때는 金을 本位貨로 하고 銀을 補助貨로 하며 자본을 外債로 차관을 받아 하자는 의견이 우세하여 이전과는 다른 논의가 진행되었지만, 역시 확정짓지는 못하였다.[181]

이런 상황에서 정부는 5월 23일 브라운(J. McLeavy Brown), 러젠드르(C. Le Gendre), 그레이트하우스(C. Greathouse) 등 3명의 고문을 청하여 의견을 제시하도록 하였다.[182] 1899년 5월 錢弊에 관한 논의는 각 부서의 관리들과 고문들이 의견만 나누고 결정된 사항 없이 마무리되었다. 중추원에서 전폐논의가 계속 진행되지 못한 이유도 중추원 관제 개정으로 인한 의관들의 전면적인 임면이 이루어졌던 것에 기인한 것으로 보인다. 이후 화폐논의는 1899년 11월 이용익의 화폐개혁을 위한 대일 차관교섭으로 다시 시작되었다.

중추원의 화폐제도 개혁에 관한 발의는 국가의 현안을 중추원이 주도하여 의정부와의 논의를 통해 해결할 수 있는 가능성을 연 것이다. 따라서 기복행공과 전폐논의는 중추원 건의를 통한 국정운영 참여의 시발이라는 측면에서 적극적으로 평가해야 할 것이다.

의정부에서 자문한 안건 중 量地衙門總裁官例兼請議書에 대하여, 중추원은 3월 10일 설명서를 덧붙여 송교하였다.[183] 내부대신, 농상공부대신, 탁지부대신이 양지아문총재를 例兼하는 의안에 대하여 중추원에서 토론할 때 의관 李德夏는 "대한산천의 형세가 서양과 다르니 西法으로 측량하는 것은 정확하지 않을 듯하며 量地를 시작하면 민간

---

181) 『皇城新聞』, <府院果合>, 1899년 5월 16일 ; <府院取決>, 1899년 5월 17일 ;『독립신문』, <화폐사단>, 1899년 5월 23일.
182) 『皇城新聞』, <貨幣議論>, 1899년 5월 24일.
183) 『中樞院來文』, 通牒 제6호, 1899년 3월 10일.

소요가 점점 심해질 것이다. 따라서 양지아문을 유지하는 것은 국가재정에 손해만 되고 하나도 이익이 없을 것이니 양지아문을 혁파하는 것이 옳다."고 주장하였다.[184] 4월 6일 의정부는 '各道量務監理를 該道內郡守 중에서 擇任하는 사항'을 중추원에 자문하였고,[185] 중추원은 다음과 같이 의견을 제시하며 부결하였다.

> 量地는 時務의 急先이오 理財를 위한 주요 장치이지만 준비 없이 급하게 시작하면 제대로 일을 이룰 수 없다. 현재 量地衙門 고용인의 토지측량기술은 우수하나 우리나라의 언어습속을 잘 알지 못하여 중간에서 협잡하는 폐단과 인민의 동요로, 量地가 제대로 이루어지지 않으며 도리어 해가 되고 있다. 그러므로 양지아문은 폐지하고 법률을 정한 연후에 다시 妥合하는 것이 옳다.

이에 의정부는 "이미 설치한 아문을 폐지하는 것은 불가능하고 오직 법을 설치하여 有害無益의 지경에 이르지 않도록 하는 것이 事宜에 합당하다."고 하였다.[186] 중추원은 國財의 고갈을 우려하여 양지아문 자체의 폐지를 요구하였으나, 의정부가 사전준비를 철저히 하면 양지 실시에 대한 확실한 효과가 있을 것이며 전국의 부강빈부가 이에 기초할 것이라고 하자, 중추원은 의정부가 자문한 양지에 관한 두 개의 청의서를 모두 원안에 의거하여 가결하였다.[187]

그 외에 경제활동의 근대화를 위하여 의관 徐丙肅은 4월 말 도량형 통일에 대하여 "도량형(斗升衡尺)은 나라의 모범이고 인민의 표준이므로 조금이라도 균등하지 못하면 서로 속이는 폐단이 생긴다. 근래 도

---

184) 『皇城新聞』, <議革量衙>, 1899년 3월 10일.
185) 『照會』 1-1, 照會 제52호, 1899년 4월 6일.
186) 『照會』 1-1, 照會 제54호, 1899년 4월 8일.
187) 『中樞院來文』, 照覆 제26호, 1899년 4월 15일.

량형이 같지 않아 사람들이 서로 불신하고 물가는 높이 앙등하니 도량형을 전국에 균일케 하여 인심을 안정시키도록 하라."고 정부에 건의하였다.[188] 이에 의정부 역시 "도량형은 王이 통일해야 하는 의무로 천하가 均平하게 되는 법"이라고 하며 실시 여부를 5월 8일 중추원에 자문하였다.[189] 그러나 도량형 통일 문제도 5월 22일 중추원 관제 개정으로 논의가 중단된 것으로 보인다.

사회문제에 관한 중추원의 활동 중 중요한 것은 의정부가 자문한 新聞條例의 수정활동이었다. 의정부에서 1899년 1월 19일 중추원에 자문한 안건 중 '新聞條例頒行事'가 있었다. 신문규칙에 대한 논의는 1898년 『독립신문』을 비롯하여 『매일신문』, 『帝國新聞』, 『皇城新聞』 등이 관리들의 비행을 폭로하고, 열강의 이권침탈을 규탄하면서 시작되었다. 즉 각국 공사관과 정부는 신문들이 자신들에 대하여 불리한 여론을 형성해 나가자 신문에 대한 규제, 나아가 탄압을 하기 위한 법적 근거를 마련할 필요가 있었던 것이다.[190] 1898년 독립협회와 만민공동회의 활동이 활발해지면서 10월 28일에는 헌의 6조를 고종에게 상주하였고, 고종도 이를 받아들이고 5개조의 조칙을 내렸다. 이때 중추원 장정의 제정과 함께 회규와 신문조례의 제정을 명하여,[191] 협회와 신문을 규제하고자 하였다. 1898년 11월 4일 수구파의 익명서 사건 이후 신문들이 수구파 인사들에 대해 계속적으로 공격하자, 급기야 정부대신들 사이에서는 신문을 없애자는 논의까지 있었다.[192]

이러한 정부의 신문탄압은 1899년 1월 초에 新聞條例案의 立法시도라는 구체적인 형태로 나타났다. 의정부에서는 신문조례와 협회규칙을

---

188) 『皇城新聞』, <請均四器>, 1899년 4월 29일.
189) 『照會』 1-1, 照會 제97호, 1899년 5월 8일.
190) 최기영, 「光武新聞紙法 에 관한 研究」, 『역사학보』 92, 1981, pp.38~40.
191) 『高宗實錄』, 1898년 10월 30일.
192) 최기영, 앞의 글, p.44.

132

새로 만들어 내부로 보냈고,[193] 정부가 신문조례를 준비하고 있다는 사실에 대해『독립신문』은 1899년 1월 10일자 논설로 <언권ᄌ유>를 게재하여 신문조례가 신문을 탄압하고자 하는 의도에서 제정된다는 것을 강조하였다. 또 신문조례는 한국 신문에만 적용되어 열강의 신문 은 규제할 수 없을 것이라고 하며 그 부당성을 비난하였다. 이와 관련 하여 각 신문사 기자들은 일본과 서양각국의 신문규제법을 얻어 특별 회를 개최하여 내부에 신문조례의 내용에 관해 질문하고자 하였다.

내부에서 작성된 신문조례안은 1899년 1월 19일 의정부 조회로 중추 원에 이송되었다. 중추원에서는 의정부로부터 받은 신문조례안을 보고 중추원 의관들은 의론하기를 "이 조례는 속박이 과한 듯하니, 개명한 각국에서 공통으로 쓰는 신문조례를 의방하여 중추원에서 수정안을 꾸며 의정부로 보내자."고 하였다.『독립신문』도 정부가 제정한 신문조 례안은 재판배상금조항을 이용한 신문탄압만을 규정하였다고 비난하 였다. 즉 신문조례안에는 신문에 대한 정부의 行政處分, 司法處分과 법률위반 시의 처벌규정으로 벌금과 체형이 설정되었으리라 추측할 수 있다.[194]

중추원에서는 정부에서 보낸 신문조례의 조항이 과다하여 의안대로 의결하기 어려워 신문조례안을 수정할 의관 3인을 공천하였는데 남궁 억, 이시우, 박승조가 피천되었다.[195] 南宮檍은 독립협회 간부 출신으 로 당시 황성신문사 사장직에 있었던 新聞人이었으며, 李時宇는 황국 협회계 인물이었다. 朴承祖는 독립협회 간부 출신으로 1899년 1월 6일 외부 번역관에서 중추원 의관으로 임명되었다. 중추원에서 공천된 의

---

193)『매일신문』, 1899년 1월 6일.
194)『독립신문』, <수정위원>, 1899년 1월 27일 ; 최기영, 앞의 글, pp.46~47.
195)『독립신문』, <수정위원>, 1899년 1월 27일 ;『皇城新聞』, <條例更整>, 1899
　　년 1월 27일.

관들은 다음의 설명과 함께 신문조례를 수정하여 수정안과 원안을 의
정부로 보냈다.196)

　　정부에서 자문한 신문조례 원안은 일본 명치 23년간에 시행한 것으
　로, 그 국가풍속과 문법이 우리와 다른데 정부에서는 사리를 깊이 살
　피지 않고 그 의미만 취하여 신문을 심하게 구속하였다. 그러므로 신
　문조례 원안의 36조를 개정하여 33조로 구성하였으나 그 구속의 심한
　부분만 수정하였다.197)

　그러나 중추원에서 새로 작성된 33조목의 신문조례는 당시 각 신문
사의 부정적 분위기와 정부 내의 의견 불일치 등으로 반포되지 못하였
다.198) 정부의 신문조례 미반포 결정에 따라 당시 신문들도 정부의 특
정기사에 대한 게재금지요청, 곧 文簿의 未決案과 국무의 기밀한 사항
에 대해서는 정부의 요청을 수락하여 게재하지 않고 협조하기로 하였
다.199) 1899년의 독립협회와 『독립신문』을 중심으로 한 신문들에 의한
여론 형성과 이로 인하여 불리해진 열강과 수구파 대신들은 신문조례
를 규정하여 언론을 탄압하고자 하였다. 그러나 중추원의 반대 의지와
이로 인한 수정안 제시, 각 신문사들의 신문조례에 대한 강력한 반대
논설 등에 의하여 1899년 1월부터 시도되었던 신문조례안 반포는 이루
어지지 못하였다.

　또한 의정부는 중추원에 成均館官制中改正事를 자문하였다.200) 이
에 중추원은 심사 의정하여 다음과 같은 이유로 부결하였다.

---

196) 『中樞院來文』, 通牒 제9호, 1899년 3월 4일.
197) 『皇城新聞』, <改正條例>, 1899년 3월 3일.
198) 『독립신문』, 논설 <언권자유>, 1899년 1월 10일 ; 논설 <신문규칙>, 1899년
　　　1월 27일 ; 1899년 2월 1일 ; 『皇城新聞』, <개정조례>, 1899년 3월 3일.
199) 최기영, 앞의 글, p.49.
200) 『照會』 1-1, 照會 제27호, 1899년 2월 23일.

京外유생을 試取薦選하여 博士로서 순차적으로 서임할지라도 만약 관직 진출이 박사로서 끝난다면 수용의 道에 맞지 않는다. 박사로 서임한 후 학부로 하여금 그 재주를 살펴 經筵官과 府部院廳에 자유롭게 통용하면 士氣와 儒風이 자연 진작되어 경제와 시무에 관련된 방책을 내놓을 것이다.[201]

즉, 성균관 관제 개정에 관한 의안이 부결된 이유는 유생을 박사로 서임하는 것으로 끝나는 것에 대한 반대의견으로 유생을 그 재주에 따라 다양한 기관에서 중용할 것을 요구하고 있다. 이는 근대교육을 받지 않은 유생들을 과거의 방법으로 관직에 등용하자는 주장이다. 또한 士氣와 儒風 진작을 주장하는 내용에서 중추원 의관들이 아직도 東道 의식에서 벗어나지 못하고 있음을 알 수 있다.

중추원이 심사 의정하는 과정에서 이상의 근대화를 위한 조항들이 전폐논의와 도량형 통일을 위한 건의에서는 개혁적으로, 양지아문 관련 자문의안과 신문조례에 대해서는 중도적 입장으로, 성균관 관제 개정에 대한 자문의안에 대해서는 보수적으로 혼재해서 나타나고 있음을 살펴보았다.

이는 중추원 의관들의 성향과 밀접한 관련을 가지는데, 당시 의관들 중 황국협회 계열 또는 보수적이라고 구분되어진 의관들이 다수를 이루고 있었기 때문이다. 이들은 유교적 소양을 바탕으로 절대군주제를 지향하는 인물들로 부국강병을 위한 근대화에 대해서는 부분적으로 필요성을 인식하고 있는 사람들이었다. 그러므로 이들의 근대화에 대한 인식은 당시 국가적으로 급히 해결해야 할 문제였던 전폐와 도량형에 대해서는 적극적으로 개선하려 하였다.

반면 같은 맥락으로 생각할 수 있는 양지아문 관련 안건에 대해서는

---

201) 『中樞院來文』, 意見書, 1899년 3월 4일.

외국인 기술자 고용과 양지사무로 인한 인민의 생활상 불편을 외국과의 외교문제로 파악하여 폐지를 요구한 것이다. 그러나 중추원은 정부의 설득으로 그 필요성을 인정하고 있는 모습을 보여주었다. 그리고 정부가 행정권을 제약한다는 이유로 제정한 신문조례안을, 중추원은 언론의 자유를 심하게 속박하는 부분만을 수정하여 제시하였다. 이는 기본적으로 황제권을 인정하면서도 근대화를 위하여 필요한 신문의 자유권을 심하게 제약하는 것 또한 간과할 수 없다고 보아 그 적정선에서 수정한 것이었다. 성균관 관제를 심사 의정하는 과정에서는 유생들의 적극적인 등용을 통하여 東道를 진작시키고자 하는 보수적 모습을 보여주었다.

표선인재 사건 이후 1899년 1~5월의 중추원 활동은 의정부의 정책결정과 활동에 압력을 가하면서 의정부와의 갈등구조를 나타내고 있다. 이 시기 중추원 활동은 의정부에서 자문한 안건과 중추원의 건의사항을 심사·의결하는 역할에 중점을 두고 있다. 당시 중추원은 안건의 심사의정을 통해 황제권 강화, 열강의 이권요구에 대한 허여 반대, 관리 임명에 엄격한 원칙 적용, 근대화 개혁에 대한 부분적 수용을 강력하게 주장하였다. 이는 표선인재 사건으로 상당수의 독립협회 계열 의관들이 면직되면서, 중추원을 주도하게 된 황국협회 계열의 성향이 반영된 것이다. 열강의 이권 요구와 관리 임명에 관한 안건들을 의결하는 과정 등에서 의정부와 갈등을 일으켰으며, 고종을 중심으로 하는 권력집단은 국정운영을 견제하는 중추원의 역할을 축소시키고자 하였다.

4. 정부의 중추원 통제

1) 중추원 관제 개정과 중추원의 반발

국왕과 의정부 관료들은 중추원의 활동이 국정을 방해한다고 생각하여, 이에 대한 불만이 쌓여갔다. 결국 의정부는 중추원에서 주장이 강하고 의정부 활동에 제동을 거는 의관들을 국왕의 윤허를 받아 축출하였고, 중추원 활동 자체를 제약할 수 있도록 중추원 관제를 1899년 5월 22일 勅令 20호로 다시 개정하였다.[202] 의정부가 자체의 활동을 자유롭게 하기 위하여 개정한 중추원 관제의 주요 내용은 다음과 같다.

중추원의 역할(1조)은 1898년의 칙령 36호와 동일한 것으로 보아 중추원의 주요 업무에는 변동이 없음을 알 수 있다. 그러나 의안을 심사 의정하는 가운데 의정부와 중추원의 의견이 불일치한 경우, 서로 협의하여 합치되지 않으면 반드시 의정부와 중추원 간의 합의를 거쳐야 하는 것이 원칙이기는 하나, 다음의 조항을 첨부하여 실질적인 중추원의 기능에 제약을 가하였다.

시급한 사정이 있는 의안은 의정부에서 직접 上奏하고 추후로 그 이유를 설명한다거나, 按例應行(이전의 관례에 따라 시행하는 것)하여 諮詢할 필요가 없는 것은 역시 직행한다(제11조).

이로써 의정부는 중추원의 가결 없이도 勅令·法律들을 제정할 수 있는 법적 근거를 마련하였다. 11조는 중추원이 의정부의 활동을 견제하는 기능을 크게 축소시킬 수 있는 조항으로, 극단적으로는 의정부를 견제하는 것은 고사하고 중추원이 중요 국정 결정에 참여할 수조차 없게 되는 조항이었다. 칙령·법률의 제정과 시행이 의정부와 중추원의

---

202) 『官報』, 勅令 20호, 1899년 5월 24일.

합의 후에만 가능하다는 조항이 반포된 지 약 6개월 만에 先行上奏하는 1895년도의 중추원 관제로 다시 돌아가게 되었다.

또한 "중추원 회의 細則을 의정부에서 정할 것(제14조)"이라고 규정하였다. 이는 1895년 4월 2일 閣令 2호로 반포된 중추원 회의 및 처무장정에서 "중추원의 議事細則은 중추원의 정하는 바에 의함(제21조)"이라 한 것과 비교하면 중추원의 권한이 약해짐과 동시에 의정부의 구속을 받게 되었음을 보여 주는 조항이다. 의관 구성에 있어서 의관 수는 50명으로 동일하지만 칙임 10명, 주임 40명으로 나누어 의관 내 상하 차등을 두었으며, 월봉은 칙임은 40원, 주임은 25원으로 정하여 국왕이 직접 임명하는 칙임의관의 권위를 높였다.

부의장 홍종억은 기타 조항 중에서도 정부권력에 방해가 되는 조항은 일절 삭제하였다는 이유로 5월 22일 사직상소를 제출하였다.[203] 5월 22일 중추원 관제 개정이 이루어지면서 이전 의관들은 모두 해임되었고, 5월 30일 景孝殿提調 趙秉式을 의장에, 궁내부 특진관 徐正淳을 부의장에, 그리고 50명의 의관을 다음과 같이 임명하였다.[204]

---

203) 『皇城新聞』, <樞官改制>, 1899년 5월 23일.
204) 李根命·李裕寅·洪鍾檍·趙秉弼·朴容大·李萬敎·李宗稙·李容泰·金容元·申應善·李敎奭·尹履炳·金用來·李時宇·李觀濟·金益昇·李敎聲·李泰稙·洪在疇·白樂亨·劉猛·宋達顯·李德夏·郭鍾錫·姜鳳朝·宋秀萬·金永珪·徐丙肅·崔永運·金奎弼·崔錫彰·宋珽仁·金永佑·姜正欽·金璉植·李埈憙·韓永福·兪夏濬·柳汶秀·金秉薰·朴來東·閔泳采·趙龍善·趙東璇·李根中·鄭泰夏·李鍾遠·金相範·鄭鍾洛이 議官으로 임명되었다.

138

<표 6> 1899년 5월 30일 임명된 의관성향

이름	생몰 연대	본	과거 (연도)	경력·활동	비고
趙秉式 중추원 의장	1832 -1907 (68세)	양주	문과 (1858)	외무대신(1897.12.13). 독립신문을 통하여 알렉세이에프 고빙 및 외대 조병식을 비난했기 때문에 미국공사관에 중추원고문관 서재필의 해임을 통보 중추원 의관(1898.9) 독다사건의 根由를 사탐, 징판키 위해 總商會長의 명칭으로 商民에게 철시를 命. 익명서사건 주도(1898.11). 고영근·최정덕 등이 조병식 저택 폭발탄 투척(1899.6.10).	
徐正淳 중추원 부의장	1835 -1908 (65세)	대구	문과 (1871)	법부대신(1898). 의정부찬정, 표선인재와 관련된 의관을 견책할 것 상소(1898.12.23) → 박영효·서재필을 천거한 의관 면관, 벌봉 상소(1899.1.3) → 중추원에서 의정부로의 통첩이 대등통첩이 아님을 들어 거절, 중추원 항의(1899.1.7) 법규교정소 의정관(1899.8.17), 대한국국제 제정. 함경도관찰사 金宗漢이 민요를 일으키자 잘 처리하여 人心이 높아짐(1902).	세인들이 공평한 인물로 평가.
李根命	1840 -? (60세)	전의	문과 (1871)	성균관대사성(1880). 한림학사. 대사성. 이조참판. 주차천진 督理通商事務(1888). 의주부윤(94). 궁내부특진관(95). 이용익의 주선으로 경기도 관찰사(1901). 의정대신(1902). 의정대신(1905. 李容泰, 申箕善과 만사를 相談 相手). 경기도 지계감독 특차. 각도의 지계와 양무사무를 전담케 함(1902). 啓見 : 우범선을 살해한 고영근, 노원명을 그 功으로 풀어주되 外部로 하여금 조회, 호환할 것(1903). 百弊를 일으킨 상무사 혁파를 상소(1904) 한일협약을 조정에 자문하지 않고 통과시킨 자를 按律처단할 것 상소(1905.11.19).	세인들이 강직한 선비로 평가자작수여

李裕寅				파주목사(1888). 뮈텔주교를 왕에게 소개하여 국호, 연호의 제정 도움(1897). 법무대신(1898). 경무사(1899). 보안회 부회장(1894). 중추원 1등의관(1898). 을미역적의 복수를 청하고 유교를 바로 세울 것 등 시무 15조를 상소(1900.1.7). 평리원재판장 임시서리 경무사(1900.5.28) → 권형진·안경수를 上奏 없이 처교. 경상남도 관찰사(1901). 한성부판윤(1903) 중추원 부의장(1904). 공진회 사건으로 구속(1905), 석방(1906).	정치가 천주교신자
洪鐘檍	1850 -1902 (50세)	남양	문과 (1884)	1898.12. 중추원 의관.	
趙秉弼	1835 -1908 (65세)	풍양	문과 (1871)	참의교섭통상사무(1883). 동래부사(1884). 이조참의(1885). 경상도 관찰사(1896). 진주에서 일어난 민란 진압. 이용익 추천으로 해주관찰사. 순비 엄씨를 황귀비로 進奉하는 기일 추택(1903.12.15). 내무대신(1907).	
朴容大	1849 - (51세)		문과 (68)	암행어사 (1874). 형조참판(1883). 병조참판(1884). 이조참판(1886). 성균관대사성(1891). 한성부좌윤(1892). 예조참판(1894). 대사헌. 관세사장(1895). 장례원경 역임(1899). 법규교정소 의정관(1899.8.17). 충남관찰사(1900). 태의원경, 사직서 제조(1903). 법부대신(1905). 홍문관 학사(1906). 규장각 제학. 남작수여(1910). 궁내부특진관 상소. 관원의 相敬禮式 구성을 청(1903.12.18) 신기선, 이용식과 대동학회 설립(1907.3.14) 황태자 대리인의 결정을 청(1907.7.19) 국민대연설회, 의사회 간사로 선출(1909.12.7).	
李萬敎				참의내무부사(1887). 사간원대사간(1891). 중추원 2등의관(1897.1.12 : 충추원의 奏請에 의하여서임). 중추원1등의관(1898). 법부협판(1898). 고등재판소재판장(1898).	

李鍾稙				중추원의관(1896), 농상공부 통신국장(1897), 동래부감리 겸 부윤(1897), 부산항재판소 판사(1897), 중추원 의관(1898), 평리원 검사(1899), 중추원의관(1899, 1900, 1902).	
李容泰	1854 - (46세)	전주	문과 (1885)	참의내무부사(1891). 장흥부사(1894) : 고부민란의 안핵사(동학군 무마 시 지나친 탄핵과 만행 자행. 동학교도의 반발을 삼. 봉기 확대. 파직 당함). 갑오개혁 시기 대원군 계열과 친일적 개화파 의원(군국기무처)들 간의 불화관계 지속, 대원군 계열에 큰 타격을 주는 음모설 관련. 이용태가 참모 역할했다고 당시 논의됨(1894.8.29). 평리원재판장(1899). 주미공사(1901). 비서원경. 사직서 제조. 중추원 의관. 궁내부 특진관. 이용익 탄핵(1902), 중추원부의장(1904). 내부대신(1904). 육군부장(1904). 중추원참의(1905). 학부대신(이완용 내각). 자작수여(1910). 3·1운동 가담, 작위 박탈.	一種의 재물이나 책략에 富하고 성실을 缺하다로 평가. 조병식, 허위, 신기선과 친밀.
金容元				홍문관부교리(1885). 사간원 대사간(1892). 중추원이등의관(1897). 칙임의관(1899)	
申應善	1871 -	평산	문과 (1893)	선공감 간역 부제(1892). 동몽교관(1892). 홍문관 부수찬(1893).사간원 헌납(1893). 중추원 의관(1898, 1899, 1900, 1901), 중학교 교관(1902).	
李敎奭				1898.12. 중추원 의관.	
尹履炳	?-1921			1898.12. 중추원 의관.	
金用來				호조참판. 부산첨절제사(1883). 工兵 제3대대 대대장. 청주군수(1897). 중추원 의관(1898. 1899). 무안감리(1904).	
李時宇				1898.12. 중추원 의관.	
李觀濟				1898.12. 중추원 의관.	
金益昇				통리교섭통상사무아문주사(1885). 인천해관감리서서기관(1886). 원산항감리 겸 원산항재판소 판사(1895).	

金益昇				일본공사 加藤이 조회 : 원산감리 김익승이 艀船주식회사 창설, 화물 선척하는 귀국인부 일체를 전달 영업. 이를 엄금해줄 것 요구(1898). 의정부 참서관으로 중추원회의에 참석. 의관과 논쟁. 면관(1899.3.24). 중추원 의관(4.20). 법규교정소 위원(1899.7). 대한국국제 제정 참가. 외부교섭국장(1904), 중추원 의관.	
李敎聲				중추원 2등의관(1898). 중추원 의관(1899.4.26, 5.30, 9.25).	
李泰植				중추원 의관(1899.2.18, 5.30, 9.25).	
洪在疇				중추원 3등의관(1898.5.4) 중추원 의관(1899.1.6).	
白樂亨	1845 - (55세)		무과 (1871)	훈련원 주부(1886). 훈련원 판관(1887). 韓山군수(1894). 중추원 의관(1899). 시종원 分侍御(1900). 중추원 의관(1900). 시종원 시종(1901). 철산군수(1904).	
劉 猛				1898.12. 중추원 의관. 안주군수 : 치적 양호. 교육열의, 유맹의 주선으로 안흥학교 창설, 학업장려. 住民 칭송 자자(1906). 홍주군수. 충청남도 慰諭使로 임명. 災民 구호의 만전을 기하게 함(1906). 내부 지방국장(1906). 봉상사장(1907). 농상공부협판(1907). 전라북도관찰사(1907). 내부위생국장(1908). 내부토목국장(1908). 국민의 관혼상제 개량을 연설(1909).	
宋達顯				1898.12. 중추원 의관. 통리교섭통상사무아문주사(1889). 중추원 의관(1899).	
李德夏				1898.12. 중추원 의관. 충청북도 양무감리(量務監理) 해임(1901.4.9).	

이름	생몰	본관	과거	활동	
郭鐘錫		현풍		蔭補로 중추원 의관. 비서원승(1903.10.15). 중추원 의관(1904.10.3). 의정부 찬정 (1903.10.18). 을사조약 체결되자 조약의 폐기와 조약체결에 참여한 매국노 처형을 상소. 1910. 합방되자 고향에 은거. 3·1운동 時 전국 유림들의 궐기 호소. 거창에서 金昌淑과 협의하여 파리의 만국평화회의에 독립호소문 보낸 후 옥고 치름.	
姜鳳朝				중추원 의관(1899.4.26, 5.30, 9.25). 영선사장(1905). 상방사장(1906). 태복사장(1906).	
宋秀萬	1857 - (43세)	여산	무과 (1875)	1898.12. 중추원 의관. 보안회 조직. 일본의 황무지개척권 요구 성토. 전국에 通文 발송(1904.7)→ 황무지개척 반대집회 중 일본공사관에 피체(1904.7).	
金永珪				중추원 3등의관(1898.5.4). 장례원 전사(1909)	
徐秉肅		대구		陽智현감(1895). 영일군수(1896). 중추원 의관(1899). 농상공부 참서관(1900). 시종원시종(1901) 수륜원 과장(1902). 농광국장(1905). 농무국장(1906). 일본농림 시찰(1907.10). 원예모범장장(1906). 농림학교장장(1906).	
崔永運				중추원 3등의관(1898.7.8).	
金奎弼				1898.12. 중추원 의관. 김영준 사건에 연루, 처벌(1901.3.18).	
崔錫彰				1898.12. 중추원 의관(도표 참조). 과천군수(1899). 중추원 의관(1902). 탁지부 참서관(1905). 중앙은행 병설위원(1905).	
宋珽仁				중추원 의관(1899.9.25). 중추원 직원 중 50여 일간 5~10일 궐사한 의원은 모두 견책 시행. 송정인 포함(1903).	
金永佑				1898.12. 중추원 의관. 중추원 3등의관(1899.7.24).	

姜正欽			중추원 의관(1899.2.18).	
金璉植			1898.12. 중추원 의관.	
李埈悳			1898.12. 중추원 의관.	
韓永福			중추원 의관(1898.2.18).	
兪奭濬			1898.12. 중추원 의관.	
柳汶秀				
全秉薰			전都事 전병훈 시무 상소(1899.1.1) 중추원 의관(1899.1.6) 전라남도 양무감리, 황해도 양무감리(1901).	
朴來東			1898.12. 중추원 의관.	
閔泳采			중추원 의관(1899.4.26, 5.30, 9.25) 무안감리 겸 무안부윤(1901). 규장각부제학(1908).	
趙龍善				
趙東璿			중추원 의관(1899.5.30, 9.25).	
李根中			중추원 의관(1899.4.5, 5.30).	
鄭泰夏			중추원 의관(1899.4.26, 5.30, 9.25).	
李鐘遠				
金相範			1898.12. 중추원 의관. 중추원 의관으로 상소 : 독립협회 및 그 회원을 論斥(1899.1.2) 중추원 의관(1899.5.30, 9.25) 대한자강회 평의원(1906). 정주군수 국채보상금처리회에서 각처에서 모은 금액을 조사키로 결의, 조사위원으로 선출(1910.4.19).	
鄭鐘洛			幼學으로 상소 : 흉당인 독립협회를 亟治하여 근원을 끊고 5신 소환을 청함(1899.1.1). 중추원 의관(1899.2.18, 5.30).	

 * 1898년 12월 중추원 의관을 역임했던 인물의 경력은 <표 1>, <표 2> 참조.

144

중추원 의장 조병식과 부의장 서정순은 모두 독립협회 활동을 부정적으로 평가한 보수적 성향의 인물들이었다. 조병식은 1897년 외부대신 재직 시 미국공사관에 당시 중추원 고문관이었던 서재필의 해임을 통보하였는데, 이는 『독립신문』을 통하여 알렉세이에프 고문과 자신을 비난하였기 때문이었다.[205] 1898년 9월에는 독차사건의 근본적 이유를 사탐·징판하기 위해 總商會長의 명칭으로 상민에게 撤市를 명하였기도 하였다.[206] 또한 1898년 11월 12일에는 독립협회와 만민공동회의 활동이 활발해지자 이를 저지하기 위하여 익명서 사건을 閔種默·兪箕煥 등과 함께 주도한 장본인으로 만민공동회에 의하여 不逞者로 지적되었고,[207] 1899년 6월 10일 조병식의 집은 독립협회 계열의 의관이었던 고영근·최정덕에 의하여 폭탄투하의 대상이 되기도 하였다.[208]

부의장인 서정순은 공평한 인물로 평가받았지만[209] 중추원의 票選人材 결과에 대하여 강하게 반발하며 이에 관련된 의관들의 면관과 벌봉을 청하였고,[210] 1899년 8월에는 법규교정소 議定官으로 대한국국제를 제정하였다.[211] 이를 통해 서정순은 전제왕권을 수호하는 인물로 당시 군주권을 제약하는 개혁 활동에는 비판적인 인물이었음을 알 수 있다.

---

205) 『구한국외교문서』 11권(美案), 1663호, 1897년 12월 13일 ; 1664호, 1897년 12월 14일.
206) 『承政院日記』, 1898년 7월 29일 ;『官報』, 1898년 9월 17일.
207) 『承政院日記』, 1898년 9월 29일 ;『독립신문』, <병정의리>, 1898년 11월 14일 ; <윤음전유>, 11월 15일.
208) 『承政院日記』, 1899년 5월 3일 ;『官報』, 1899년 6월 11일 ;『독립신문』, 號外, 1899년 6월 13일.
209) 최영희, 앞의 글.
210) 『官報』, 1898년 12월 27일 ; 1899년 1월 5일·6일 ;『承政院日記』, 1898년 11월 22일 ;『일성록』, 1898년 11월 22일 ;『독립신문』, <정부주본>, 1899년 1월 5일.
211) 『承政院日記』, 1899년 7월 12일 ;『官報』, 1899년 8월 19일·22일.

즉 중추원 수장인 조병식과 서정순은 당시 개혁 세력인 독립협회와 만민공동회, 그리고 이들에게 힘을 보태어 줄 수 있는 중추원, 票選人材 등에 대하여 강하게 비판하였던 핵심인물이었다.

중추원 의관으로 임명된 50명 중 1898년 11월 29일에 중추원 의관으로 임명되어 계속해서 의관직을 유지한 사람은 洪鍾檍·李敎奭·尹履炳·李時宇·李觀濟·劉猛·宋達顯·李德夏·宋秀萬·金奎弼·崔錫彰·金永佑·金連植·李埈憙·兪夏濬·朴來東·金相範으로 모두 17명이다. 17명 중 유맹을 제외하고는 모두 황국협회 계열로 분류된 의관들이었다. 1899년 5월 30일 전격적인 의관 임명이 이루어지기 전에 여러 이유로 면관된 의관들의 자리를 보충하기 위하여 임명된 의관들이 연임된 경우를 살펴보면 다음과 같다. 洪在疇(1월 6일)·全秉薰(1월 6일)·李泰植(2월 18일)·姜正欽(2월 18일)·韓永福(2월 18일)·鄭鍾洛(2월 18일)·徐丙肅(2월 28일)·李敎聲(4월 26일)·李根中(4월 5일)·姜鳳朝(4월 26일)·金永珪(5월 4일)[212]로 모두 11명이다.

이들 11명은 1899년 1월부터 5월까지 중추원 활동과정에서 개혁적 성향을 가지고 있던 독립협회 계열 의관들이 해임되면서 임명된 의관들로, 보수적 성향을 지니고 있었다. 이외의 22명이 중추원 의관으로 새롭게 임명되었다. 이 중에는 金益昇이 있는데, 그는 러시아 포경기지 조차 안건을 설명하기 위하여 의정부에서 파견한 위원으로 당시 회의석상에서 불손한 언사를 사용하였다는 이유로 면관되었는데, 2개월만에 중추원 의관으로 임명되는 모순을 보이기도 한다. 이것도 중추원 성격 변화의 한 단면을 알려주는 것이라 하겠다.

새롭게 구성된 중추원 구성원은 6월 7일 모여 개회하고 정부에 조회하여, 개정된 중추원 章程과 細則을 보면 중추원이 政府屬司와 다를

---

212) ( ) 안의 날짜는 1899년 중추원 의관으로 임명된 날을 기록한 것이다.

146

바 없다고 하면서 다음과 같이 관제 개정을 요구하였다. 이들은 다음
과 같이 자신들의 요구대로 중추원 관제가 개정된 후에야 중추원의 업
무를 맡아보겠다고 하였다.213)

① 奏任議官과 參書官은 議長이 上奏敍任할 것, ② 의관은 勅奏任
을 물론하고 言官의 직책을 담당하므로 民國事宜에 대하여 자신이 생
각하는 바를 上疏할 수 있을 것, ③ 11조는 삭거할 것, ④ 府院이 합석
협의할 때에는 主務大臣이 중추원에 출석하여 議案의 理趣를 설명할
것, ⑤ 중추원 議事規則은 府院이 合議繕定할 것.

이에 의정부는 "奏任議官의 상소는 새로 정한 上疏章程과 어긋나는
점이 있으니 言路에 관한 것은 의논하고 타결되는 것을 기다려 상정해
도 늦지 않다. 그 나머지 조항도 가히 의논하지 못할 것이 없으나, 새
로운 章程細則 반포를 마무리해야 하므로 당장 의논하는 것은 어렵다.
마땅히 회의를 거친 후에 可否를 照明하겠다. 그러나 전후 諮詢 議案
이 많이 적체되어 하루가 급하니 현행 장정에 의거하여 개회 의논하여
조복하기를 바란다."214)고 하였다. 의정부는 개정된 중추원 관제에 대
하여 중추원과 타결하여 방법을 모색하겠다고는 하였으나, 이는 의정
부가 중추원의 불만을 무마하기 위한 말일 뿐이었다. 의정부는 관제
개정보다 중추원이 적체된 의안을 의결하는 것이 더 급한 사항이라고
하며 그 의결을 촉구하였다. 그러나 의정부의 조복에 대하여 중추원
의장 조병식은 중추원 관제를 개정한 후에야 다시 개회하겠다고 결정
하였다.215)

---

213) 『中樞院來文』, 照會 제1호, 1899년 6월 7일 ; 『皇城新聞』, <樞院初事>, 1899
    년 6월 8일.
214) 『起案』 2, 照覆 제22호, 1899년 6월 9일.
215) 『皇城新聞』, <議長動議>, 1899년 6월 14일.

의정부는 다시 6월 15일 조복하여 다음과 같이 '中樞院官制 萬難變通事'를 알렸다.

① 관제 11조는 실제로 시급한 사무와 관계되어 방해되는 조항을 없앤 것으로 原初章程에도 이미 이 조항이 있었고, 이번에 어쩔 수 없이 添入한 것으로 결코 고칠 수 없으며, ② 言路는 중추원의 건의가 아니어도 많이 변통되고 있어, 정부회의가 원만하게 歸決되지 못하고 있다. 이에 그 장정을 刪改한 것이므로 다시 상의하여 타결할 것 없다. ③ 議官 임명과 細則 선정을 의정부에서 하느냐 중추원에서 하느냐는 실제로 중요하지 않다. ④ 중추원의 조회 중에 만약 요구한대로 개정하지 않으면 政府命令을 중추원이 장차 奉行하지 않겠다고 한 것은 있을 수 없는 일이다. 이로 인하여 오래도록 개회하지 않음은 국가를 위하는 논의가 아니므로 살펴주기 바란다.216)

중추원은 의정부의 조복을 받고 6월 16일 다시 "새로 장정을 반포하는 것이 原初에 의거하였다고 하나 조금도 가감되지 못하는 이유를 알지 못하겠다. 의장이 의관을 奏差함은 역시 이미 例에 있으므로 그 개정을 청하는 것이 실제 違格이 아니다. 또한 칙주임 의관의 상소 규정이 현재 새로 정해지는 상소장정에 있다고 하나 언제 言路에 관한 조례만을 妥議하여 시행할 수 있겠는가"라고 하여, 의정부의 답에 조목 조목 그 부당함을 나열하며 중추원 관제의 독소조항을 수정하고자 하였다.217)

중추원 의장 조병식이 중추원 관제에 합의치 못하여 여러 차례 사직 상소를 올리자, 고종은 정부에게 다시 의논하여 조정하라고 하였다. 이에 의정부는 6월 28일 회의하여 상주하였고 다수의 의견을 따라 시행

---

216) 『起案』 2, 照覆 제24호, 1899년 6월 15일.
217) 『中樞院來文』, 照會 제2호, 1899년 6월 16일.

하라는 고종의 지시에 따라 중추원 관제 중 개정 칙령안을 중추원에 다시 보내게 되었다.[218] 그 내용은 주임의관은 정부의 회의를 거치지 않고 중추원 의장이 자의로 선택하여 上奏하고, 칙주임 의관은 모두 상소를 통하여 자신의 의견을 개진할 수 있게 되었다.[219] 그러나 가장 중요한 조항인 11조에 대한 타협은 끝내 이루어지지 못하였다.

이로써 중추원이 원하는 대로 관제가 개정된 것은 아니었지만, 의장 조병식은 6월 30일부터 개회하겠다는 의사를 의관들에게 알렸다. 그러나 정부가 그 다음날로 해당 조회를 철거함에 따라 의장 조병식은 의관에게 이 사건이 타정된 이후 開會議事하자고 다시 알렸다.[220] 이후 중추원은 한 달 이상을 개회하지 못하였고, 당시 의장과 부의장은 법부와 교정청의 직무에 겸임되어 중추원에는 전혀 나오지도 못하는 실정이었다. 8월 7일이 되자 중추원에 仕進한 몇몇 의관들이 사진하지 않는 의관들에게 윤첩하여 중추원 사무가 수개월 동안 이루어진 것이 없으니 일단 모여 의논하기 위하여 일제히 나오라고 하였다.[221] 8월 9일 중추원 칙임의관들이 회동하여 의장 조병식에게 편지로 "법부사무가 비록 중요하여 여유를 내기 어려우나 중추원 상황 또한 매우 곤란한 처지이니 일차 왕림하기를 바란다."고 청하였다. 의장 조병식은 중추원에 나아가지 않는 것은 겸무의 어려움 때문이 아니라 관제 개정과 관련된 것이라고 하며, 모든 의관의 의견에 따라 중추원에 나가겠다고 하였다.[222]

8월 11일 의장 조병식은 그간의 과정을 다음과 같이 정리하여 의정부에 조회하였다.

---

218)『照會』1-2, 照會 제129호, 1899년 6월 29일.
219)『皇城新聞』, <樞制又改>, 1899년 6월 27일.
220)『皇城新聞』, <旣照旋繳>, 1899년 7월 1일.
221)『皇城新聞』, <樞官有牒>, 1899년 8월 8일.
222)『皇城新聞』, <議長將進>, 1899년 8월 11일.

중추원 관제개정사로 여러 차례 왕복이 있었고, 정부가 批旨를 받아 중추원 활동을 제약하는 독소조항을 일부 수정한 관제를 보내왔기에 개의하고자 하였다. 그러나 다음날로 수정된 관제를 철회하여 다시 개회를 미루게 되었으며, 이후 여러 달이 지나도록 어떠한 비지도 듣지 못하였다. 이에 조회하니 관제 개정에 관련하여 답을 주기 바란다.223)

의정부는 8월 13일 조복하여 "중추원 관제 개정은 의정부 의정이 병이 나서 開會하지 못하여 지금까지 연기된 것으로, 곧 개회를 하여 중추원 관제를 논의 결정하겠다."고 하였다.224)

중추원 관제 개정을 요구하며 개회를 하지 않고 있었던 시기에 거의 유일하게 중추원이 의정부로 건의한 안건이 있다. 이는 어떤 사람이 궁궐에 백의로 난입한 사건에 대하여 "이는 매우 놀라운 일로, 엄중하게 처리해야 할 사건인데 遞任 警務使 元禹常은 난입자를 狂夫라 칭하고 놓아주었다고 하니 이는 있을 수 없는 일이다. 범인을 경무청으로 다시 잡아들여 법에 따라 처리하고 遞경무사 원우상도 역시 경계하지 않을 수 없다. 본원이 비록 開會하지 못하고 있으나 이 일에 이르러서는 가만히 있을 수 없어 이에 의견을 보내니 살펴주기 바란다."고 의정부에 조회하였다.225) 이에 의정부는 곧 뜻을 같이하여 "遞任 警務使가 방면한 것은 매우 소홀한 것이니 중추원의 탄핵은 과연 엄정한 것이다. 그러나 어제 궁내부에서 해당 경무사가 방면한 것을 탄핵함과 해당 범인을 다시 구속할 뜻으로 稟奏를 거쳐 奉旨하였고 경무사는 이미 면관되었다."고 답하였다.226) 이를 보면 당시 중추원에서 개회를

---

223) 『中樞院來文』, 照會 제4호, 1899년 8월 11일.
224) 『起案』 2, 照覆 제29호, 1899년 8월 13일 ; 『皇城新聞』, <府院往復>, 1899년 8월 15일.
225) 『中樞院來文』, 照會 제3호, 1899년 6월 13일.
226) 『起案』 2, 照覆 제23호, 1899년 6월 13일.

하지 않아 활동이 정지된 상태에서도 가장 중요하게 생각하는 것은 국왕의 안전이었다. 이로써 5월 30일 임명된 의관들의 성향이 군주에 대한 忠을 모든 것에 우선하는 전통적인 政體觀을 가진 것을 확인할 수 있다.

2) 대한국국제 반포와 중추원의 기능 약화

1899년 8월 22일 대한국국제가 반포되면서, 국가의 행정권·군사권·사법권 등 모든 권한이 황제에게 집중되어 고종의 전제화를 위한 기반이 확립되었다. 이러한 상황 하에서 의정부는 중추원 관제 개정에 대하여 8월 25일 중추원에 조회하였다. 그 내용은 6월 중추원 의장 상소로 인하여 고종이 정부로 하여금 중추원 관제를 다시 의논하라고 지시하여, 8월 24일에 중추원 의장의 상소를 가지고 난상토론한 후 中樞院官制改正勅令案을 마련하여 上奏하였고 고종 역시 허락하였기에 勅令案을 첨부하여 보낸다고 하였다.[227] 이에 勅令 34호로 개정된 중추원 관제가 반포되었다.[228] 이로써 중추원 의장 조병식을 중심으로 한 의관들과 의정부 간의 난상협의와 고종의 중재로 1899년 8월 중추원 관제가 개정되었다. 그 내용을 살펴보면 다음과 같다.

중추원에서 심사 의정할 수 있는 사항이 ① 이전 관제에서는 새로운 法律, 勅令은 당연히 중추원의 審議를 거쳐야 했던 것이 "의정부가 諮詢하는 法律, 勅令의 制定과 廢止"에만 관여할 수 있게 되었다(1조 1항). ② 의정부에서 經議上奏하는 일정 사항을 심사 의정할 수 있던 권한이 "各部院請議로 의정부에서 經議上奏하는 사항"(1조 2항)으로 축소되었다. ③ 칙령으로 의정부에서 자문하는 사항과 의정부에서 임시

---

227) 『起案』 3, 通牒 제128호, 1899년 8월 25일.
228) 『官報』, 勅令 34호, 1899년 8월 28일.

건의에 대하여 자문하는 사항은 삭제되어 칙령·의정부 자체의 안건에 대해서는 중추원에서 논의하는 것이 불가능하게 되었다. ④ 중추원에서 임시 건의하는 사항과 인민의 헌의하는 사항에 대하여 심사 의정하는 역할을 담당하게 되었다. 이로써 이전과 비교하여 중추원의 권한 중 변하지 않은 것은 중추원 건의와 인민헌의를 심사 의정하는 것뿐이고 그 외에는 의정부가 선정한 의안에 대해서만 심사 의정할 수 있게 되었다.

중추원 구성원에 있어서의 주요 변화는 부의장직이 없어지고, 의관의 경우, 勅任과 奏任의 비율이 1899년 5월 22일 개정된 칙령 20호 중추원 관제에서도 10 : 40이던 것이 20 : 30으로 개정되었다(2조). 부의장직이 없어진 이유는 1898년 12월 '표선인재' 진행건과 1899년 전반기 중추원 활동을 보면 알 수 있다. 부의장은 의관들에 의한 공천으로 임명되어 고종과 정부의 임명권한 밖에 있었으며, 부의장이 단지 의장의 보조적 지위가 아니라 空席이었던 의장을 대신하여 중추원을 주도하여 국정에 일일이 관여한 장본인이기 때문에 '부의장' 자체를 없앤 것이다. 또한 칙임의관의 수를 더 늘림으로써 중추원을 더욱 의정부의 통제 하에 두고자 하는 의도를 읽을 수 있다.

勅任議官 10명과 奏任議官 15명만을 月俸을 지급하고, 나머지 25인에게는 지급하지 않는다(6조)고 규정하여, 無俸議官 15인은 명예직으로 전락하고 開議 時에 參聽討論만 할 수 있게 되어(7조) 의결권마저 없어졌다. 의관의 자격 조건으로 前銜品秩을 요구함(8조)으로써 관력이 없는 인물들은 의관이 될 수 있는 자격이 없어져 순수한 의미의 民選은 불가능하게 되었다. 이상의 규정으로 일부 의관들은 의관으로서 의안을 심사 의정할 수 있는 자격이 박탈되고 무봉의관으로 전락되면서 경제까지 위협받게 되었다.

시급한 사정이 있는 안건은 의정부에서 先行上奏할 수 있는 조항(13

조)이 계속 존재함으로써 중추원의 기능은 점점 취약해졌고, 그 후 중추원의 활동은 극소화되어 의정부를 견제하기 힘들어졌다. 즉 1899년 5월 22일 개정된 중추원 관제에 불만을 가진 중추원의 모든 구성원이 문제있는 조항들을 수정해 줄 것을 의정부에 요구하였으나 대한국국제가 반포된 뒤 8월 25일 개정된 중추원 관제는 그 권한이 훨씬 축소되었다. 대한국국제는 황제권의 절대화를 규정한 법률인 것에서 알 수 있듯이, 황제와 의정부의 국정 독단을 견제하였던 중추원의 기능을 더욱 축소시킨 것은 당시 정치적 상황에서 보면 당연한 결과였다.

의정부는 이번의 중추원 관제 개정을 통하여 ① 중추원의 심사 의정이 가능한 내용 축소, ② 중추원 구성원 중 개혁적 인사가 부의장으로 공천되어 개혁적 의관들의 중추가 된 사례에 따른 부의장직 삭제, ③ 의관들의 전함품질 요구로 일반 민의 의관직 제수는 불가능, ④ 칙임 의관 수의 증가, ⑤ 일부 奏任議官의 無俸 처리 등을 규정하여 중추원의 기능을 약화시켰으며 이로써 의정부의 활동을 견제하기 힘들어졌다.

중추원 관제 개정에 따른 의관 구성에는 변화가 없었으나, 중추원에서 9월 월봉을 지급하라고 탁지부에 요구하였더니, 탁지부에서는 개정된 중추원 관제의 의관 월봉 규정에 따라 이전과 같이 봉급을 지출하지 않았다.[229] 이에 중추원 의장 조병식은 9월 22일 舊의관(관제 개정 전부터 의관직에 있었던 사람) 40명 중 有祿의관 15명, 無祿의관 15명 습 30명을 차출하고 그 나머지 10명은 어쩔 수 없어 퇴직시켰다. 중추원 의장 조병식은 중추원 관제의 개정에 따라 주임의관을 모두 해임하고 새로 주임의관을 임명하였다.[230] 중추원 개편으로 관제 상 중추원의 기능은 더욱 약화되었고, 중추원 의장 조병식도 관제 개정 이후 오

---

229) 『皇城新聞』, <無官無祿>, 1899년 9월 19일.
230) 『承政院日記』, 1899년 8월 21일 ; 『官報』, 1899년 9월 29일.

래지 않아 면관되었으며, 의관 구성원의 변화 등으로 이후 여러 달 동안 중추원은 거의 활동을 하지 못하였다.

1898년 3월 중추원 관제 실시 요구 이후 1899년에 이르는 동안의 중추원은 중추원 활동 숱시기를 통하여 활발한 활동을 전개한 시기 중 하나였다. 임의로 나누어 정리한 4시기 동안 각각 의관들의 성향이 명확히 구분되며, 그들에 의하여 추진된 활동의 성격 역시 판이하게 다르게 나타남을 알 수 있었다. 약 1년 반의 짧은 시간 동안 한국은 중추원을 통하여 다양한 정치적 실험을 해 보았다고 할 수 있다.

부의장 신기선을 중심으로 하는 중추원은 처음 개회하면서 노륙·연좌제 부활을 논의하였다. 신기선 등 보수세력은 독차사건을 맞아 노륙·연좌제 부활 논의를 다시 거론하면서 황제권에 도전하는 세력을 철저하게 응징하고자 하였다. 이러한 논의는 중추원이 국정 현안에 대하여 건의할 수 있는 기관이었기 때문에 가능하였다. 그러나 독립협회를 중심으로 하는 개혁파 세력 등의 강한 반대로 신기선은 면직되면서 노륙·연좌제 부활 논의는 중지되었다.

1898년 11월에는 독립협회 등의 의회개설 노력으로 중추원 관제가 개정되었고, 새로운 의관들이 임명되었다. 독립협회 계열과 황국협회 계열이라는 상반된 성향의 의관들로 이루어진 중추원은 12월 개회하면서 독립협회 계열의 의관들의 주도로 '票選人材'가 진행되었다. 이에 추천된 인물 중 박영효·서재필이 포함되면서 정치적 쟁점이 되었으며, 결국 박영효·서재필을 추천한 의관들은 免官되었다. 이후 중추원은 황국협회 의관들이 주도하게 되었다.

1899년에 들어서면서 5월까지 황국협회 의관들과 '표선인재'사건 이후 남아있던 몇몇 독립협회 의관들에 의하여 심사 의정을 통하여 의정부의 국정운영을 견제하였다. 특히 자주권을 수호하기 위한 이권 양여

의안과 원칙적인 관리 임용을 위한 의안 등에 있어서 의정부와 갈등이 일어나면서 의관들은 계속적으로 교체되었고, 결국 5월 22일 관제가 개정되었다. 1899년 두 차례(5월과 8월)의 관제 변화는 1899년 1~5월 사이의 중추원 활동에 따른 의정부와의 갈등 결과이며, 1899년 8월 22일 '대한국국제' 반포에 따른 결과였다. 이로써 1898년 11월 제정된 의정부의 독단적인 국정운영을 견제할 수 있었던 조항은 삭제되었다.

1898~1899년 중추원의 개편과 활동이 가능했던 것은 그만큼 근대 정치에 대한 요구가 형성되었다는 것을 보여주는 것이고, 중추원의 의정부 견제 기능이 중도에 좌절된 것은 집권관리의 근대정치에 대한 수용력 부족과 근대정치를 요구하는 새로운 지식층 또는 인민이 이를 관철 유지시킬 역량이 부족하였던 것으로 정리할 수 있다. 그러나 중추원의 정치 참여를 통한 의정부 견제 경험은 이후에도 계속 다양한 방법으로 정치 참여를 시도하게 하였으며, 특정 정치집단의 국정 독단을 막고자 하는 노력이 중추원 관제 개정 논의를 통하여 나타났다. 따라서 1899년 심사 의정을 통한 중추원의 국정 참여는 한국 근대 정치발전에 있어 중요한 경험이 되었다고 할 것이다.

제4장 중추원의 기능 축소와 파행적 운영
(1900~1903)

1. 1900년대 초 중추원 활동

1) 중추원의 위상

1899년 2차례에 걸친 중추원 관제 개정과 중추원 구성원의 교체로 중추원의 활동이 위축되었다. 이후 1904년 러일전쟁의 발발로 한국의 국내외 정세가 급변하기 전까지 중추원은 어떤 역할을 하였는지 살펴볼 필요가 있다. 중추원은 이 시기에도 계속적으로 중추원 구성원이 충원되었고, 활동도 나타났다. 그 활동의 의미를 찾아보는 것이 본장의 주요 과제가 될 것이다.

1899년 8월 중추원 관제가 개정된 후 중추원의 활동을 의정부에서 자문한 의안·중추원의 건의·인민의 헌의를 심사 의정하는 기능과 관련하여 살펴보면 다음과 같다. 1899년 8월 관제 개정 후 실제로 의정부는 여러 달 동안 자문하지 않고 先行上奏하였을 뿐 아니라, 官報에 기재한 법률·칙령 개정건과 예산외 지출건 등을 조회로도 알리지 않았다.[1] 이에 중추원은 중추원의 기능을 무시하고 국정 운영에서 배제

---

1) 1899년 8월 중추원 관제 개정 이후 중추원의 활동은 의정부가 1899년 중추원에 자문한 안건 3건(集會協會規例及保安條例는 1899년 1월 15일에, 各地方

시킨 의정부의 행동을 비판함으로써, 중추원 기능 회복의 의지를 표명하였다.[2] 의정부는 그간 회의한 사건이 거의 按例應行(필자주 : 이전의 관례에 따라 시행하는 것)에 해당되고 시급한 사정이었다고 하면서, 이후에는 시정하겠다고 답하였다.[3] 그러나 의정부가 중추원에 자문한 안건이 너무 적어, 자문의안 심사 의정활동이 정상적으로 이루어졌다고 볼 수 없다.

이러한 상황에서도 중추원은 의정부에 조회하여 "현행 의사규칙은 현행 관제로의 개정 이전에 반포된 것으로 실시하는데 무리가 따르니 수정하기 바란다."[4]고 하여 중추원의 기능을 활성화시키고자 노력하였다. 이에 의정부는 1900년 8월, 부의장직이 없어진 개정된 중추원 관제를 반영하여 중추원 의사규칙을 수정, 반포하였다. 중추원 관제는 다시 1902년 11월 16일 칙령 20호로 개정되었으나,[5] 부의장직을 다시 부활시키면서 발생하는 관련 규정을 수정한 것뿐이었다.

다음으로 중추원 구성원의 자체 건의 및 상소 기록을 살펴보면 다음과 같다. 의장 김가진이 加結 실시와 私鑄 금지를 통한 민생안정을 요구하는 상소를 올렸다. 의장 김가진은 1900년 10월 국가의 재정부족 현상을 극복하기 위한 방안으로 加結과 印紙 사용을 제시하였고,[6] 의

別巡校增設事와 各裁判所檢事試補設置事는 1899년 6월 19일에 의정부가 중추원에 자문한 사항으로, 집회 관련 건은 중추원과 의정부의 의견이 합치되지 못하였고 나머지 두건은 1899년 5월 관제 개정으로 인하여 개회하지 못하고 있던 시기에 자문하여 중추원이 심사 의정하지 못한 안건이었다)을 중추원의 타결여부와 상관없이 의정부로 돌려보낼 것을 요구하여 이를 送交한 것과, 중추원이 1899년 9월 25일 새롭게 조직된 이후로 의사결정 없이 월급만 받고 있다고 하면서 의정부가 자문하지 않음에 대하여 항의하는 문서를 보낸 것뿐이었다. 『中樞院來文』, 照覆 제4호, 1900년 1월 14일.

2) 『中樞院來文』, 照會 제1호, 1900년 1월 20일.

3) 『起案』2(奎17746), 照覆 제1호, 1900년 1월 25일.

4) 『中樞院來文』, 照會 제2호, 1900년 6월 4일.

5) 『官報』, 칙령 제20호 中樞院官制를 改正하는 件, 1902년 11월 18일.

정부는 이 중 加結을 채택하여 탁지부에게 加結을 위한 예산 수입과 지출 현황을 보고하라고 하였다.[7] 印紙는 상업과 관계되는 것이지만 무명잡세가 아직 없어지지 않은 상태에서 실시하면 인민들이 이를 번잡하게 여길 것이므로, 각 지방에서 무명잡세를 우선 폐지할 것을 지시하였다.[8] 의장 김가진은 1902년 3월 상소를 통해서는 당시 물가 앙등과 재정 고갈의 이유가 사사로운 화폐 주조와 그 사용에서 비롯되었다고 하였다. 이에 대한 대책으로 私鑄를 법으로 금지시키고, 탁지부는 화폐교환소를 설치하여 관에서 날인한 官貨를 통용케 할 것을 제시하였다.[9]

1900년 12월, 의관 尹泌은 음성군 結錢을 체납한 음성군리 최석주를 체포하고 그 징수를 독촉토록 훈령하라고 하였으며,[10] 1902년 10월과 11월에는 의관 이학규가 吏屬의 포탈과 해마다 늘어나는 虛結로 인하여 민의 생활이 점점 힘들어지고 있음을 서술하고 虛結을 蕩免하면 민폐가 없어질 것이라고 상소하였다.[11] 따라서 3년 동안 중추원 의장과 의관들은 민생 안정을 위한 시무책을 제시하였으나 그 수가 너무 적어 중추원의 기능 중 중추원 건의의 비중이 적었음을 알 수 있다.

1899년 중추원 관제 개정 이후 의정부의 자문이 나타나지 않고 개혁적 성향의 의관들이 제거된 상황에서 중추원 의관의 건의도 미미한 수

---

6) 『經議疏本存案』(奎18154), 上疏, 1900년 10월 19일.

7) 『照會』 1-3, 照會 제118호, 1900년 10월 30일 ; 『照會』 1-4, 照會 제127호, 1900년 11월 8일. 탁지부는 의정부의 조회를 받아 각 관찰부와 각 府·牧·郡의 수효대로 結稅加排事由冊子를 보낸다고 알림.

8) 『議政府來去案』(奎17887), 照會 제121호, 1900년 11월 5일 ; 『照會』 1-4, 照會, 1900년 11월 5일.

9) 『經議疏本存案』(奎17233), 上疏, 1902년 3월 12일.

10) 『公文編案』(奎18154), 訓令, 1900년 12월 26일.

11) 『經議疏本存案』, 上疏, 1902년 10월 21일 ; 『議政府來去案』, 탁지부편, 請議書, 1902년 11월 19일.

준이었다. 중추원은 활동이 위축된 상황에서 국정에 참여할 방법을 찾아야 했고 그 방법으로 중추원의 기능 중 하나인 인민헌의 상달 기능을 활성화시켰다. 이전에는 인민헌의 상달 건수가 의정부 자문이나 중추원 건의에 대한 심의 상달 건수에 비하여 적었으나, 실질적으로 의정부 자문이 없어진 상황에서 중추원 의관들은 인민의 헌의에 주목할 수밖에 없었다. 중추원은 1900년 이후 인민헌의의 상달을 통해 국정에 참여하고자 하였다.

2) 『照會原本』의 편집 배경과 내용

(1) 『조회원본』의 편집 배경

1899년 두 차례에 걸친 중추원 관제 개정으로 의정부 자문이 법적 강제성이 없어지면서 중추원의 활동이 위축되었고, 중추원은 계속적으로 중추원에 답지하는 인민헌의를 심사 의정하여 이 중 중요한 헌의서를 의정부에 상달하는 역할을 주목하게 되었다. 즉 위축되어 있던 중추원은 의장을 중심으로 국정에 참여할 방법을 찾아야 했고 그 방법으로 중추원의 기능 중 하나인 인민헌의 상달 기능을 활성화시킨 것이다. 중추원은 자신들이 선택하여 의정부에 상달한 헌의서만을 모아 『조회원본』 책으로 엮은 것을 보면 인민헌의 상달을 통한 자구책 마련에 심혈을 기울였던 것을 알 수 있다. 즉 당시 중추원은 인민헌의 상달을 통하여 중추원 자체의 존재 이유를 찾고자 하였다.

중추원에서 의정부로 올린 헌의서들이 취사선택되어지는 과정은 1900년 8월 1일 개정된 중추원의사규칙을 통하여 살펴볼 수 있다. 인민의 헌의가 의정부에 상달되어 고종이 직접 읽게 되는데 걸리는 과정은 民이 헌의서를 중추원에 제출→ 접수위원 2인이 일차로 헌의 접수 여부 검사→ 의심되거나 상세하지 않은 헌의에 대해서는 심사위원 3~

5인이 심사→ 회의 중에 報明→ 의관 1인 이상의 協贊→ 의제로 삼아 토론→ 다수결에 따른 의결→ 의결된 사항을 의정부로 상달→ 고종에게 상주의 과정을 거쳐야 했다.[12] 따라서 수많은 헌의서 중에 의정부까지 상달된다는 것은 매우 어려운 일이었으며, 그 과정을 직접 관장하고 결정하는 것은 중추원만의 고유 권한이었다. 이러한 과정을 거쳐 1900년에서 1902년에 이르는 시기 중추원에서 의정부에 올린 헌의서들을 모아 놓은 문서가 『照會原本』이다. 따라서 『照會原本』은 당시 인민의 의견과 중추원 의관들의 의견이 합쳐서 만들어진 인민 제시·官 추천의 정치의견서, 또는 官의 의도에 따른 인민의 헌의 선택이라고 말할 수 있을 것이다.

1900~1902년간 중추원의 '人民헌의를 심사 의정'하는 기능에 대하여 논의할 때 인민의 구체적 실상을 알 수 있는 자료 역시 『조회원본』이다. 『조회원본』에는 헌의서를 보낸 사람들의 소속과 이름을 밝히고 있다. 간혹 商民이라고 자신을 소개한 헌의서도 있고, 간도 문제와 같은 주제에서는 일반 民의 이름으로 보이는 연명상소도 보이기는 하지만, 거의 대부분 지방 유생이거나 전직 관료들이다. 따라서 '인민'의 규정은 일반 모든 백성들을 포함하지만 당시 중추원에 의견을 낸 사람들은 주로 일정한 지식을 갖춘 유생층과 전직관료였고, 이들은 중추원을 통해 자신의 의견을 정부에 제시하였다.

또한 헌의서에 기재된 헌의인들의 지역과 인원수, 같은 주제에 대한 헌의서 건수를 보면 그 의견의 광범위함과 절실한 정도를 미루어 살필 수 있다. 중추원은 중추원에 전달된 民의 헌의서들 중 채택되어진 헌의서들을 모아 중추원 의장이 서명하여 '……등의 헌의서를 接受轉呈하오니 査照裁處하심을 敬要'라는 형식으로 의정부에 상달하였다.

---

12) 이방원, 「중추원 『照會原本』의 사료적 가치」, 『이화사학연구』 31, 2003, pp.30
6~307 ; 『官報』, 中樞院議事規則, 1900년 8월 6일.

(2) 『조회원본』의 내용

헌의서의 본문에 해당되는 내용을 연도별, 주제별로 정리하여 그 특징을 간단히 살펴본 후 주제별로 각각의 헌의서를 분석하여 당시 인민들의 생각 나아가 중추원의 정책 방향을 설명하도록 하겠다.

먼저, 헌의서의 총 건수는 73건으로 연도별 건수를 정리하면 다음과 같다.

<표 7> 연도별 헌의서 분류

년/월	안 건	연도별 건수
1900년 1월	을미역적 1건	을미역적 8건 이용익 탄핵 2건 유학관련 4건 시무책 8건 대한분할설 6건 국경문제 2건 기타 2건 총 32건
1900년 2월	을미역적 1건	
1900년 3월	이용익 탄핵 2건, 언론확장 1건	
1900년 4월		
1900년 5월	유학관련 1건, 시무책 1건	
1900년 6월	을미역적 5건, 시무책 2건, 유학관련 1건	
1900년 7월	중추원 권리 1건, 을미역적 1건	
1900년 8월	시무책 4건, 대한분할설 6건, 유학관련 1건	
1900년 9월	시무책 1건	
1900년 10월	국경문제 1건	
1900년 11월		
1900년 12월	국경문제 1건	
1901년 1월		유학관련 3건 차관관련 3건 일본인 침탈 1건 순비승후 3건 시무책 2건 국경문제 1건 기타 1건 총 14건
1901년 2월	유학관련 3건	
1901년 3월		
1901년 4월		
1901년 5월	차관관련 2건	
1901년 6월	일본인 침탈 1건 , 차관-이용익관련 1건	
1901년 7월	순비 승후 1건	
1901년 8월	시무책 1건, 순비 승후 2건	
1901년 9월		
1901년 10월		
1901년 11월	관직 청원 1건, 국경문제 1건	
1901년 12월	기타	

1902년　1월	일본인 침탈 2건, 시무책 1건	
1902년　2월	일본인 침탈 1건, 시무책 1건	
1902년　3월	순비 승후 2건, 국경문제 1건, 유학관련 2건	
1902년　4월		일본인 침탈 3건
1902년　5월	순비 승후 1건, 국경문제 1건	시무책 2건
1902년　6월	순비 승후 8건	순비승후 16건
1902년　7월	유학 관련 1건	유학관련 4건
1902년　8월	순비 승후 4건, 유학관련 1건	국경문제 2건
1902년　9월	순비 승후 1건	총 27건
1902년 10월		
1902년 11월		
1902년 12월		

　1900년 헌의서의 특징은 을미역적에 관한 내용이 1월부터 7월 사이에 8건, 러시아와 일본에 의한 한반도 분할설에 대한 내용이 8월에 6건으로 집중된다는 점이다. 각각의 시기에 특정 내용이 집중되는 이유는 다음 장에서 주제별로 분석하는 과정에서 정치·사회상황과 연관하여 설명되어질 것이다. 1901년 헌의서의 특징은 7월과 8월 순비(엄귀비)를 황후로 올리자는 헌의가 나타나기 시작하였다는 점과, 일본인의 조선 침탈과 열강으로부터의 차관이 가지는 폐해에 대한 헌의가 나타난다는 것이다. 헌의 내용이 다양하게 나타나지만 1900년·1902년과 비교하면 헌의 건수 자체는 줄어든 것을 볼 수 있다. 1902년 헌의의 특징은 순비 승후에 대한 헌의가 3월부터 9월까지 16건으로 집중적으로 나타난다는 것이다. 헌의서의 건수만을 본다면 1902년 정치적으로 가장 중요하게 해결해야 할 일이 순비의 승후에 관한 것처럼 보여질 정도이다. 이외에 다른 헌의는 그 이전부터 논의되어 오던 내용들이고 일본인 침탈에 대한 헌의가 늘어난 것을 볼 수 있다.

　각각의 연도마다 집중되어 나타나는 헌의 주제는 해당 시기의 국내외 상황과 밀접한 관계가 있다. 이는 1900년에서 1902년 사이 정치권력의 이합집산 과정을 통한 권력구조의 개편에서 중추원이 지지하는 세력과 견제 또는 제거하고자 하는 세력을 찾을 수 있으며 결국 당시 중추원의 정치적 성향을 유추할 수 있을 것이다. 대외관련 헌의는 열강과의 관계에서 중추원이 어느 정도의 위기의식을 가지고 각각에 대하여 대처하고자 하였는지 살펴볼 수 있을 것이다.

다음으로 주제별로 헌의서를 정리하면 다음과 같다.

<표 8> 주제별 헌의서 분류[*]

헌의 내용	건수	헌의 내용	건수
淳妃嚴氏 陞后	19건	國境 人民 問題	5건
時務에 관한 方策	12건	일본인 侵奪 防策	4건
유학진흥 관련	11건	프랑스 借款 반대	3건
乙未事變 관련 逆賊 처단	8건	기타	3건[**]
러·일의 大韓分割說	6건	李容翊 聲討	2건

[*] 진덕규, 「대한제국의 권력구조 연구 II - 중추원의 분석적 고찰」, 『대한제국연구』 II, 1984 ; 한명근, 「개화기 중추원의 활동과 성격」, 명지대학교 석사학위논문, 1994.
위 두 논문에도 『照會原本』의 내용을 건수별로 정리해놓았다. 헌의서들을 주제별로 나누는 과정에서 그 명칭을 대체적으로는 선학의 의견을 따랐으나, 좀 더 구체적으로 제시할 필요가 있거나, 그 내용이 서로 관련성이 깊어 나눌 필요가 없다고 생각되는 것은 합쳐서 건수를 정리하였다. 이 과정에서 주제별 건수가 약간의 차이가 나타난다. 또한 한 주제에 복합적으로 다른 주제가 나타날 경우 - 예를 들어 차관에 관한 반대 헌의를 하면서 차관을 주도하는 이용익에 대한 탄핵이 들어있을 경우 - 좀 더 비중 있는 주제에 건수를 더하였다.
[**] 『조회원본』에 포함된 내용 중 중추원이 헌의서를 올리는 과정에서 중추원 자체의 권한에 대한 논의는 민의 헌의와는 성질이 다르므로 기타로 설정하였다.

『照會原本』에 기재된 헌의 내용 중 순비 엄씨를 황후로 올리자는 것과 시무에 대한 논의가 많은 부분을 차지하였다. 유학진흥과 관련해서는 황제국의 학교인 辟雍설치·유학 복원의 필요성·과거부활에 관한 방법론에 관한 헌의 등이 나타나며, 을미역적을 처단하는 것에 대한 논의도 많이 나타났다. 이를 통하여 1900~1902년에 이르는 시기 인민들의 관심과 중추원의 관심이 순비 승후에 가장 많이 집중되어 있음을 알 수 있다. 또한 시무에 대한 논의도 많은 부분을 차지하고 있음으로 당시 국가의 급무를 찾아 이를 해결함으로써 국가 발전에 도움이 되고자 인민의 의견이 계속 올려지고 있었다. 이에 대한 분석을 통하여 당시 중추원이 급무라고 생각하는 내용은 무엇이며 이에 대한 대책을 어떻게 제시하는가를 알 수 있다. 이에 대한 분석은 헌의 주체자들의 성향과 내용 분석 그리고 중추원 구성원과의 상관관계 속에서 이해해야 할 것이다.

을미역적에 관한 논의는 의외의 내용으로 보일 수 있다. 을미사변이 일어난 지 5년이 지난 시점에서 다시 을미역적을 처단하자는 상소가 올라오고 있는 것은 당시 정치상황과 맞물려 설명해야 할 것이다. 을미역적에 대한 상소를 분석하는 가운데 당시 정치세력간의 문제를 살펴볼 수 있을 것이다.

이외에는 러·일의 대한분할설, 국경 인민의 문제, 일본인의 한국 침투와 이에 대한 인민들의 헌의는 국내의 정치문제보다는 상대적으로 적은 부분을 차지하지만 당시 열강들의 이권침탈, 러시아와 청국과의 국경문제, 일본인의 한국 내 침투로 인한 국제관계는 전 시기부터 계속 문제시되었던 내용으로 그 일단을 살펴볼 수 있는 자료를 제공하고 헌의 건수를 비교하여 중추원의 관심이 어느 분야에 집중되었는지 알 수 있을 것이다.

2. 1900년대 초 중추원 주요 구성원의 성향

1900~1902년에 이르는 시기 동안 중추원의 주요 구성원이 자신이

속한 중추원을 통해서 자신의 역량을 어떻게 펼쳐 나갔는지를 살펴보기 위해서는 먼저 그들의 경력과 성향을 살펴볼 필요가 있다. 이는 1900~1902년까지 중추원의 주요활동이었던 인민헌의를 의정부에 상달하는 과정에서 중추원의 주요 구성원이 결정적 역할을 하였을 것이기 때문이다.

당시 중추원 구성원은 의장 1명(칙임), 의관 50명(20명은 칙임, 30명은 주임), 참서관 2명(주임), 주사 4명(판임)이다. 이들 중 그 성향을 분석하는 대상은 의장과 칙임의관으로 한정하고자 한다. 고종이 직접 중추원 구성원을 선정하는 대상은 의장과 칙임의관이며, 그 외의 구성원들은 의장에 의하여 선정되었기 때문에 그들의 성향은 의장의 성향과 크게 다르지 않을 것이라 상정된다. 또한 칙임의관의 경우도 자주 '依願免官'되고 있는 상황에서, 주임의관의 경우는 중추원에 영향을 끼쳤다고 볼 수 있는 의관을 선별하는 작업에도 무리가 따르기 때문이다.

1) 의장의 성향

1900~1902년간의 중추원 의장은 鄭洛鎔(1899. 10. 16~1900. 3. 15), 任商準(1900. 3. 16~1900. 3. 21), 申箕善(1900. 3. 23~1900. 10. 10), 金嘉鎭(1900. 10. 10~1902. 11. 19), 趙秉世(1902. 11. 19~1903. 1. 9) 등이었다. 1900~1902년간 중추원 활동의 근거를 『照會原本』에서 찾고자 하므로 의장의 성향 분석은 『조회원본』에 헌의서들이 나타나기 시작하는 1900년 1월부터 헌의서가 끝나는 1902년 9월까지 의장직을 담당한 정락용·신기선·김가진으로 한정하고자 한다. 임상준은 그 임기 기한이 너무 짧아 중추원 의장으로서의 역할을 하였다고 보기가 힘들어 이 부분에서 제외하였다.

<표 9> 1900~1902년간 중추원 의장의 주요 관력

鄭洛鎔 (1827 -1914)	무과(1855), 三道水使(1879), 左邊포도대장(1885), 後營使(1885), 전원국총판(1886), 工判(1886), 刑判(1887), 강화부유수(1888), 평안병사(1888), 한성부판윤(1894), 중추원일등의관(1896), 한성부판윤(1896), 농상공부대신(1897), 중추원일등의관(1898), 궁내부특진관(1898), 중추원의장(1899), 시종원경(1900), 궁내부특진관(1904).
申箕善 (1851 -1909)	문과(1877), 참의군국사무(1882), 공무대신(1894), 戶參(1894), 군부대신(1895), 학부대신(1896), 법부대신(1898), 중추원부의장(1898), 학부대신(1899), 參政(1899), 궁내부특진관(1900), 중추원의장(1900), 장례원경(1900), 元帥府조사국총장(1900), 법부대신(1901), 贊政(1901), 군부대신(1902), 參政(1904), 함남관찰사(1905), 궁내부특진관(1906), 중추원부의장(1908)
金嘉鎭 (1846 -1922)	문과(1886), 주일참서관(1887), 駐日辦事大臣(1888), 여주목사(1890), 工判(1894), 외무협판(1894), 농상공부대신(1895), 주일전권공사(1895), 중추원일등의관(1896), 황해관찰사(1897), 중추원일등의관(1898), 궁내부특진관(1898), 중추원의장(1900), 중추원부의장(1902), 중추원의장(1903), 贊政(1904), 농상공부대신(1904), 법부대신(1904), 중추원찬의(1905), 중추원부의장(1905), 충남관찰사(1906), 중추원찬의(1907)

* 『承政院日記』, 『官報』, 『대한제국관원이력서』 등 참조

　중추원 의장 정락용은 1855년 무과에 급제하여 1880년대 초중반 三
道水使와 포도대장 등을 역임하는 동안 탐오와 무모한 행동으로 비판
의 대상이 되어 처벌을 받았다.[13] 이후에는 전환국 총판으로서 조백창
을 완공하고,[14] 1880년대 후반에는 공조·형조 판서에 이르렀으며 강

---

13) ① 前前 통제사 정락용의 탐오한 수량이 그렇게 많다. 그는 양심도 없고 법을
　　무시함이 어찌 이 지경에 이르렀는가. 한 차례 형장을 친 다음 멀고 험한 섬
　　에 위리 안치할 것이다. 『高宗實錄』, 1883년 6월 29일. ② 의금부에서는 정락
　　용을 우지도에 유배하였다가 이후 석방하였다. 『高宗實錄』, 1883년 7월 4일
　　; 『高宗實錄』, 1884년 12월 29일. ③ 정락용이 후영사 재직 당시 侍講院 使
　　令을 후영에서 느닷없이 곤장을 쳐, 체면이 어긋나는 행동을 했다는 이유로
　　추궁을 받았다. 『高宗實錄』, 1886년 11월 15일. ④ 후영사 정락용이 경무대에
　　나가 각영의 군사들이 호위하는 안쪽을 횡단하여 지나간 일이 있어 벼슬을
　　박탈하였으나 곧 용서해주었다. 『高宗實錄』, 1887년 4월 24일.
14) 전환국의 조백창이 완공되어, 전환국 총판 정락용의 수고에 대한 성의로 加
　　資하였다. 『高宗實錄』, 1887년 10월 29일.

화도 유수 등을 거쳐 1890년대 중반에 이르러서는 한성부판윤, 1890년
대 후반에는 농상공부 대신이 되는 등 내외관직을 골고루 역임하였다.
1896년 아관파천의 주역으로 인정되어 실권을 장악한 세력의 무리에
포함되었다.[15] 1898년에는 황국협회의 회장이 되었으며, 독립협회로부
터 "정락용의 잘못으로 인민에게 해가 미쳤다."는 탄핵을 받기도 하였
다.[16] 황국협회 회장을 맡으면서 독립협회를 견제하였던 활동을 인정
받아 궁내부 특진관이 되었다.

　중추원 의장 신기선은 기존의 유교 중심의 보수적 성향이 강한 인물
로,[17] 1896년 학무대신으로서 한글 사용 반대, 청국 正朔 폐지 반대,
학생들의 단발과 양복 착용 반대 등을 주장하고, 유학관련 서책을 간
행하여 유포하였으며, 기독교를 비난하여 물의를 일으키기도 하였
다.[18] 1898년 9월에는 중추원 부의장으로서 김홍륙 독차사건의 해결책

---

15) 서영희, 『대한제국 정치사 연구』, 서울대학교 출판부, 2003, p.34.

16) ① 訓練院에서 皇國協會 發會式을 거행하다. 皇國協會는 지난 6月 30日에
　　警務使 申奭熙가 奉勅하여 認可를 하고 皇太子가 지난 7月 2日에 該會經費
　　條로 1,000圓을 내렸으며 事務所는 忠勳府에 두었고 發起人은 원세성·강창
　　희·강원달·이승원·원운·이희철·이희종·김경수·최용환·이병소 등이
　　다. 該會會長은 정락용이 선출되다.『독립신문』, <황국협회>, 1898년 7월 5
　　일 ; <개회 퇴정이라>, 7월 7일 ; <발회식>, 7월 9일. ② 尹容善·趙秉式·
　　閔種默·鄭洛鎔 等은 協會의 因췌을 입지 않은 이가 없다.『承政院日記』,
　　1898년 8월 21일.

17) 권오영,「申箕善의 東道西器論硏究」,『청계사학』1, 1984. 권오영은 신기선이
　　철저한 주자학자였으나, 理氣論을 해석하는 것에 차이를 보이면서 西器를 수
　　용하자고 주장하였고, 1876년 관계에 진출하면서 재야 유림과 결별하고 이전
　　부터 교유하였던 김옥균·박영효의 영향을 받아 한 때 급진개화파로 분류되
　　기도 하였다. 그러나 갑신정변으로 약 10년간 요직에 오르지 못하다가 1894
　　년 갑오개혁 때 주요 관직에 임명되었다. 당시 신기선의 학문적 중심은 주자
　　학이었으므로 동도를 잃지 않는 범위에서 서구의 과학기술과 학문을 받아들
　　이고자 하였기 때문에, 1890년대 후반 신기선은 보수적 성향을 견지하는 인
　　물로 평가되었다.

18) ① 학부대신 신기선이 上疏하여 한글을 쓰는 것과 淸國正朔을 폐지하는 것

으로 노륙·연좌제 부활을 주장하여,[19] 독립협회에 의하여 "신기선은 다만 아부하기만 일삼아 구차히 爵綠만 보존하려 할 뿐 赤子를 도탄에 빠뜨리고 宗社를 위태롭게 하는 대신"이라고 탄핵의 대상이 되었다.[20] 신기선은 독립협회의 활동에 제동을 걸고자 조직된 상무사의 長인 商務社都社長을 맡기도 하였다.[21]

  이후 의장으로 임명된 김가진은 1880년대 중반기(1883. 1~1886. 10)에는 소장급 개화관료로서 개화정책의 일선 실무자로 활약하였고, 이후 갑오개혁 이전(1886. 10~1893. 3)까지는 주일외교관으로 고종의 반청자주외교를 충실히 보좌하였다.[22] 즉 김가진은 1886년 7월 청의 간섭이 심해지자 러시아를 끌어들여 자주하고자 논의하는 과정에서 실패하여 유배당하였으나,[23] 이후 반청활동의 일환으로 고종이 주일·주

을 반대하였다.『독립신문』, 1896년 6월 9일. ② 학부대신 신기선이 학교 학생들의 머리 깎고 洋服 입는 것을 禁하였다.『독립신문』, 1896년 6월 11일. ③ 학부대신이 儒學經緯라는 책을 저술하고 이를 刊印하여 일반에게 散布하는 동시에 공립학교 생도에게 讀習시킨다 하는 바 그 중에 서양인의 예수교를 鄙俚 淺妄한 것으로서 오랑캐의 陋俗이라 하여 각국의 尊尙하는 종교를 비난하는 말이 있으니……『舊韓國外交文書』3권(日案), 4167호, 1896년 10월 14일 ; 4171호, 1896년 10월 16일.

19) ① 법부대신 겸 중추원 의장 신기선이 新定한 法律을 써보지도 아니하고 경홀하다 하여 戮法과 連坐律을 다시 쓰기 위하여 제 의관을 모아 상소하였다. 『독립신문』, <독립협회고발사건>, 1898년 10월 4일. ② 의정부 의정서리 신기선의 奏에 따라 외부에서 請議한 안건을 의정부 관원이 중추원에 가서 合席 妥議하는 중에 중추원의관 洪正厚·趙漢禹·元世性·姜元魯·劉猛 等이 의정부 參書官 金益昇과 忿爭하였다 하여 모두 免官 懲戒할 것을 允許하다.『承政院日記』, 1899년 2월 13일.

20)『承政院日記』, 1898년 8월 26일 ;『官報』, 1898년 10월 13일 ;『독립신문』, 1898년 10월 11일.

21) 정교,『大韓季年史』下, 1899년 5월 9일·10일.

22) 오영섭,「東農 김가진의 개화사상과 개화활동」,『한국사상사학』20, 2003, p.261.

23) 김가진은 청의 원세개가 국정간섭이 심할 즈음 背淸引俄 논의를 이끌고, 이

168

미공사관을 설치하고 외교사절단을 파견할 때 김가진은 1887년 5월 주일공사관의 참찬관으로 임명되었다. 1891년까지 약 4년간 참찬관과 공사로서 주일공사관을 실질적으로 운영하며 조선의 자주외교를 주도하였다.[24] 김가진은 주일공사를 역임하면서 일본의 발전상을 보고, 일본의 서구화를 긍정적으로 평가하였다. 김가진은 1890년 1월 휴가 차 귀국하여 고종에게 일본의 의회개설 계획, 육군과 해군의 정예함, 수입·지출에 따른 예산 설립으로 인한 재정의 안정 등에 대하여 복명하였다.[25] 또한 새로운 기술과 지식을 우리나라에 적용하기 위하여 외국으로부터 기술자와 고문관을 초빙하는데 적극적이었다.[26]

김가진은 갑오개혁기에 군국기무처의 '회의원'으로서 개혁활동을 주도하였다. 김가진은 안으로는 왕의 보호를 받고, 밖으로 일본 공사관에 의지하여 당시 대원군 계열을 물리쳐 개혁운동을 자유롭게 하고자 하였다.[27] 그러나 1895년 윤5월 박영효의 국왕폐위음모설이 유포되면서, 당시 박영효를 지지하였던 김가진의 입장도 난처해졌고, 중앙정계에서의 입지는 점차 좁아졌다. 김가진은 적극적인 정치활동을 자제한 채

의 실패로 유배당하였다. 『承政院日記』, 1886년 7월 17일.

24) 오영섭, 앞의 글, pp.263~265.

25) 駐箚日本辦事大臣을 하고 돌아온 김가진은 일본의 의회개설 계획과 육군과 해군의 정예함, 수입·지출에 따른 예산 설립으로 인한 재정의 안정들에 대하여 복명하였다. 『承政院日記』, 1890년 1월 22일.

26) ① 駐箚日本辦事大臣 김가진이 回國할 때 援引하여 온 미합중국人 차알스 러젠드르(Le Gendre, Charles W., 李仙得)는 協辦內務部事에 임명되었다. 『承政院日記』, 1890년 2월 19일. ② 농상공부대신으로 있을 당시, 통신국사무가 번잡하므로 일본인을 고용하고자 조회하였다. 『農商工部去牒存案』, 농상공부편 11책, 照會 제59호, 1895년 8월 6일.

27) 김가진·안경수·조희연 등의 친일적 개화파 의원 및 이에 동조하는 김학우·이윤용 등은 안으로 왕과 왕비의 비호를 구하고 밖으로 일본 공사관에 의지하면서 대원군 계열을 물리쳐 개혁운동을 자유롭게 하고자 하여 두 세력 간에는 군국기무처가 설립되면서부터 不和한 관계가 계속되어 오던 중…… 『承政院日記』, 1894년 8월 29일.

일시적 은거상태에 들어갔으며, 갑오개혁기 김가진의 개혁활동은 종말을 고하게 되었다.[28]

김가진은 개혁적 인사들이 독립문과 독립공원을 창설하기 위해 만든 고급관료 클럽 모임인 독립협회 결성에 참여하였고,[29] 대한제국 건국 이후 구본신참의 정신에 입각한 새로운 법을 제정하는 교전소에도 참가하였다.[30] 그러나 5월에 교전소의 지사원을 자진사퇴하고 황해도 관찰사로 나가게 되었는데, 이는 러시아 군사교관 고빙을 반대하는 인물들을 지방으로 전출시키려는 고종의 조치에 따른 것이었다.[31] 1898년 만민공동회의 활동이 활발해지자 김가진은 다시 독립협회운동에 가담하였고, 독립협회가 해산되는 시기 중추원 일등의관으로서 독립협회는 '나라의 세력을 굳건히 하고 백성의 뜻을 정하는 단체'라고 하면서 속히 복설할 것을 요청하였다.[32]

김가진은 독립협회에서 활동하면서 왕의 전제권에 위협을 가한 인물이었음에도 불구하고, 1900년에 중추원 의장으로 임명되었다. 김가진이 이전보다 기능이 축소된 중추원의 의장이기는 하나 국가 기관장이 된 것은 정치 성향이 고종의 위상과 권위를 크게 침해하지 않는 가운데, 다만 이전보다 군주의 전제권 만을 다소 축소시킨 '군주우위의 군민공치제'를 지향하고 있었기 때문에, 또 국가 변란의 위기 순간에는 대체로 고종의 전제권력을 인정하고 거기에 기대는 모습을 보였기 때문에 1880년대 후반부터 1900년대 초반까지의 정치적 격변기에 정치

---

28) 오영섭, 앞의 글, pp.276~277.
29) 안경수·이완용·이윤용·고영희·민상호·이상재·남궁억 등 30여 인이 중추원에 모여 독립협회를 결성하였다.『독립신문』, 논설, 1896년 7월 2일 ; 신용하,『독립협회연구』, 일조각, 1985, p.82.
30) 『承政院日記』, 1897년 3월 14일.
31) 오영섭, 앞의 글, p.280 ; 주진오,「19세기 후반 개화 개혁론의 구조와 전개」, 연세대 사학과 박사학위논문, 1995, pp.85~86 재인용.
32) 『承政院日記』, 1898년 11월 5일.

생명을 유지할 수 있었다고 평가되어진다.[33] 즉 김가진은 근대지향적 개혁성향을 지니지만 政體에 관해서는 기존의 질서를 유지하는 동도서기적 인물이었다.

이들 3명의 의장이 중추원을 담당하였던 1900~1902년의 정치적 상황은 다음과 같다. 고종은 1898~1899년에 걸쳐 독립협회와 만민공동회의 활동, 그리고 중추원의 개혁적 의관들의 활동으로 자신과 의정부의 활동이 제약받자 이들을 해산 또는 해직시키고, 대한국국제를 반포하면서 왕권의 절대화를 확고히 하였다. 이후 전제군주라는 정체에 대해 이해를 같이하며 그 체제하에서 개혁을 이루고자 하는 인사들로 관직을 개편하였다.[34]

즉 이상 3명의 중추원 의장들은 개혁논의에 있어 진보성의 차이가 있을지라도 절대군주를 지지하는 면에서는 의견을 같이 하는 동도서기적 인물이라고 할 수 있다. 1899년과 1900년 초 중추원 의장이 된 정낙용·신기선은 독립협회를 견제하기 위해 설립된 황국협회와 상무사의 핵심에 있었기 때문에 중추원에서 개혁적 성향의 의관들을 퇴출시키는 과정에서 필요한 역할을 담당시키기 위하여 임명된 것으로 보이며, 김가진은 1900년 이전에 현직을 골고루 역임하였지만 이후 정치권력 판도에서 밀려 관제개편으로 그 기능이 상당부분 위축된 중추원으로 밀려나게 된 것으로 보인다.

그 입장은 다르지만 이미 그 기능이 축소된 중추원의 의장직을 맡게 된 이들은 당시 중추원의 기능 중 그나마 역할을 담당할 수 있었던 인민의 헌의서들을 선별하여 의정부에 상달하는 책임을 졌다. 이 과정에서 중추원 의장들은 일정한 영향력을 행사하였고 자신들의 의견을 피력할 수 있었다.

---

33) 오영섭, 앞 글, p. 283.
34) 서영희, 앞의 책, pp.84~91.

2) 칙임의관의 성향

칙임의관은 황제가 직접 지목하여 임명한 의관으로 당시 고종의 의지가 반영된 것을 알 수 있다. 1900~1902년 간 중추원 관련 문서인 『中樞院來文』에 기록된 詔로 임명된 의관들을 중심으로 조사하였다. 그 중 2번 이상 詔로 임명된 의관들을 열거하면 姜澍(6), 金奎熙(4), 申應善(2), 安鍾悳(2), 吳相奎(2), 劉漢翼(3), 李敎奭(2), 李宗植(2), 李虎榮(3), 李熙斌(2), 趙慶濬(2), 洪鍾宇(2) 등이다.[35]

이 시기 칙임의관들은 자주 바뀌었다. 그 이유는 대부분 의관들이 '依願免官' 즉 스스로 중추원 의관직을 사퇴하고자 했기 때문이다. 이는 의관직을 맡은 사람들이 중추원에 대하여 그 중요도를 낮게 생각하는 것을 뜻하며, 당시 중추원의 위상을 대변하는 것으로 파악할 수 있다. 또 중추원 의관으로 임명된 후 얼마 지나지 않아 다른 직으로 이동한 사례들도 보인다. 이는 중추원이 이전에 가지고 있던 관직 대기소로서의 역할도 일부 담당하고 있었음을 알 수 있다. 그러나 고종이 어떠한 사람들에게 칙임의관을 맡겼는가를 살펴보면 고종의 의도와 함께 중추원 구성 자체의 분위기를 살펴볼 수 있으리라고 본다.

먼저, 칙임의관들의 관력을 통하여 칙임의관들이 주로 역임했던 관직간의 공통점을 살펴보고, 칙임의관들 중 인물의 성향을 살펴볼 수 있는 특정인을 선택하여 정리해보고자 한다.

1900~1902년간 칙임의관들 중 여러 번 중추원 의관으로 임명되었더라도 재임 기간이 짧아 의관직을 전적으로 담당할 수 없었을 것이라고 추측되는 인물은 김규희, 오상규이다. 김규희는 4차례에 걸쳐 의관에 임명되었으나, 재임기간은 짧게는 하루, 길게는 1달 반 정도였으며, 탁지부 재무관·철도국장 등 재정과 근대화 기관 관련 업무를 보았다.

---

35) ( ) 안의 숫자는 1900~1902년 간 칙임의관으로 임명된 횟수.

<표 10> 1900~1902년간 칙임의관의 주요 관력

인 명	관 력
강건	이조판서(1868), 營繕司長(1896), 중추원의관(1900), 한성부판윤(1900), 중추원 의관(1901)
김규희 (경주) 1857년생	통리교섭통상사무아문 주사(1885), 탁지부 재무관(1900), 중추원 의관(1900), 귀족원경(1900), 철도국장(1900), 중추원 의관(1901), 궁내부 특진관(1902), 중추원 의관(1902), 한성부판윤(1904), 중추원 의관(1904), 법부협판(1904), 내장원감독(1905), 학부협판(1906), 법부협판(1906), 전라북도관찰사(1906), 중추원 찬의(1907)
신응선 (평산) 1871년생	선공감 간역 부제(1892). 동몽교관(1892). 문과(1893). 홍문관 부수찬(1893). 사간원 헌납(1893). 중추원 의관(1898, 1899, 1900, 1901), 중학교 교관(1902)
안종덕	중추원 의관(1897, 1898, 1900), 평리원 검사(1901), 중추원 의관(1901), 중추원 의관(1903), 경상북도선유사(1906)
오상규 (해주) 1858년생	무과(1883). 기사장(1890). 오위장(1890). 탁지부 司稅局장(1897), 철도국장(1898), 중추원 의관(1900), 평리원 판사(1900), 평리원 검사(1901), 중추원 의관(1902), 탁지부 출납국장(1902), 중앙은행 병설위원(1903), 내부 지방국장(1905), 지방 조사위원(1906), 한북흥학회 회장(1906)
유한익	인천항 경무관(1898), 경무국장(1900), 중추원 의관(1901), 경무청 경무국장(1902), 중추원 의관(1902), 경무국장(1902), 덕원감리(1903), 중추원 의관(1902), 중추원 의관(1904)
이교석	기무국 위원(1883), 주차미국공사관 서기생(1896), 중추원 의관(1897), 중추원 의관(1898, 1899), 평리원 검사(1901), 중추원 의관(1901), 경무청 경무국장(1902), 중추원의장(1902), 평리원 검사(1902)
이종직	중추원의관(1896), 농상공부 통신국장(1897), 동래부감리 겸 부윤(1897), 부산항재판소 판사(1897), 중추원 의관(1898), 평리원 검사(1899), 중추원의관(1899, 1900, 1902)
이호영	중추원 의관(1898, 1900, 1901)
이희빈	전라좌도 수군절도사(1885), 중추원 의관(1897), 중추원 의관(1901), 중추원 의관(1902)
조경준	중추원 의관(1901, 1902)
홍종우 1850년생	이조 부수찬(1894), 사간원 헌납(1892), 경연원 시독(1896), 궁내부 외사과장(1896), 비서원승(1897), 홍양군수(1898), 중추원 의관(1898), 의정부 총무국장(1899), 평리원 판사(1899), 평리원 재판장(1899), 법부 司理局長(1899), 중추원 의관(1900), 법부 사리국장(1900), 평리원 재판장(1900), 중추원 의관(1901), 비서원승 견 태의원소경(1902), 중추원 의관(1902)

* 『承政院日記』, 『官報』, 『대한제국관원이력서』 등 참조

오상규는 탁지부 司稅局·철도국·평리원 판사·평리원 검사·탁
지부 출납국장 등 재정과 재판 관련 관직을 주로 담당하였고 중추원
의관은 그 사이 약 1~2개월 재직하였다.

그러므로 김규희와 오상규는 1900~1902년 사이 재무·재판·근대
화 관련 일에 주력하였고, 그들에게 중추원은 관직 대기소로서의 역할
을 한 것으로 파악할 수 있다.

유한익과 이희빈의 경우에는 6개월 내외로 중추원에 재임한 적이
있다. 유한익은 1898년 만민공동회가 연일 열리고 있던 시기 경무관이
었는데, 독립협회 회원들이 경무청에서 모이는 것을 막지 못하여 질책
을 받았지만,[36] 1900년부터 1903년 4월 덕원감리에 임명될 때까지 약
3년간 중추원 의관과 경무국장을 번갈아 가면서 재직하였다. 그동안
중추원 의관에는 3번 임명되었는데, 각각 7개월(1901. 9. 28~1902. 4.
30), 1개월 20일(1902. 7. 1~1902. 8. 21), 6개월(1902. 9. 7~1903. 3. 18)
정도 재임하였다. 이희빈은 2번 중추원 의관에 임명되었으나, 그 재임
기간은 1개월 15일(1901. 8. 19~1901. 10. 2), 5개월(1902. 2. 27~1902.
7. 18) 정도였다. 이 시기는 순비 승후에 대한 논의가 일어난 시기이고,
활성화된 시기이다. 또한 이희빈은 1903년 5월 13도의 유생들을 인솔
하고 순비 엄씨를 황후로 책봉하자는 연명소를 올리고, 송덕비를 건립
하자고 간청하였다.[37] 이로써 이희빈은 순비 승후에 적극적으로 참여
한 인물임을 알 수 있다.

한편 중추원 의관직을 1900년 이전부터 역임하고 1900년 이후에도
주로 중추원 의관을 담당한 인물은 이종직, 이호영, 이교석 등이다. 이
종직은 1899년 5월 중추원 관제 개정에 따라 의관으로 임명된 것으로
보아 군주권 강화를 지지하는 인물이었음을 알 수 있고, 1899년 후반

---

36) 『官報』, 1898년 11월 7일.
37) 황현, 『매천야록』 3권, 1903년 5월.

174

약 2개월 정도 평리원 검사직을 담당하고 다시 중추원 의관을 제수 받았다. 반면 이호영은 1900년 6월 중추원 의관으로 임명되었을 때에는 보름 만에 依願免官하였지만, 1901년 11월에 임명되었을 때에는 약 1년 7개월 동안 재임하였다. 이호영이 올린 시무5조의 내용은 황실예산을 증액, 갑오경장 이후 폐지된 지방특산물의 進貢을 부활, 結稅를 倍加하여 常法으로 제정할 것 등으로 역시 황제권 강화를 지지하였던 인물임을 알 수 있다.[38] 이교석은 1898년 11월 12일 익명서 사건으로 중추원 관제가 개정되면서, 이에 따라 새롭게 중추원 의관으로 선출되었다. 이때 의관 50명 중 33명은 황국협회 계열에서, 17명은 독립협회 계열에서 충원되었는데, 이교석은 황국협회 계열로 분류되었다.[39] 이교석은 1900~1902년 사이에는 의관과 경무청, 평리원의 관직에 임명되었다. 안종덕은 중추원과 평리원 관직을 주로 담당하였다. 따라서 이들은 황제권 강화를 적극적으로 지지하는 인물로 재판관련 관직 역임 과정에서 황제권 강화를 위해 활동하였음을 알 수 있다.

강건은 1900~1902년 사이 중추원 의관으로 여섯 차례나 임명되는데, 일정 기간 재임 후 依願免官하였고, 곧 이어 다시 중추원 의관으로 임명되는 것을 볼 수 있다. 강건은 1902년 11월 이용익이 순비 엄씨를 황귀비로 승후하는 논의에 대하여 가볍게 보는 발언을 하고 조정의 신하로서 체모를 손상하였다고 하면서 우선 면관시키고 법부로 하여금 엄벌에 처할 것을 상소하였다. 이를 보면 강건은 황제의 측근에서 권력을 휘두르며 오만하게 행동하는 이용익을 탄핵하면서 왕실의 체통을 중시하였던 인물임을 알 수 있다.

칙임의관들 중 사료에서 행적을 구체적으로 찾을 수 있는 인물은 홍

---

38) 『承政院日記』, 1900년 11월 6일 ; 『官報』, 1900년 12월 29일.
39) 신용하, 『갑오개혁과 독립협회운동의 사회사』, 서울대학교 출판부, 2001, p.480.

종우이다. 홍종우(1850~1913)는 서구 근대법을 공부하기 위한 목적으로 1890년에 프랑스 파리로 유학을 떠났다. 홍종우는 유학을 마치고 한국으로 돌아오는 도중, 1894년 김옥균을 상해로 유인하여 3월 28일 살해하였다.[40] 홍종우는 김옥균의 시신과 함께 한국에 도착하였고, 김옥균을 암살한 공을 인정받아 4월에 殿試에 直赴하여 5월부터 출사하게 되었다.[41] 홍종우는 1898년 여러 차례의 상소를 통하여 시무책을 제시하였다. 이에 일본은 홍종우가 러시아당과 연합하여 배일운동을 시도하는 것이라고 비판하였다.[42] 또한 1898년 8월 청년애국회 사건(일명 고종폐위모사사건)에 대하여 안경수 등 亂賊을 제거할 것을 주장하였다.[43] 이후 만민공동회 집회가 성하게 되자 만민공동회로 편지를 보내 집회의 해산을 종용하며 외국병사와 負商을 모집하여 강제해산도 불사할 뜻을 가지고 있음을 알렸다.[44] 이상에서 홍종우는 강력한 황제권 중심의 근대 자주 개혁을 의도하였음을 알 수 있다. 홍종우는 김옥균을 살해한 공, 1898년 청년애국단 사건에 대한 처리 방법 제시, 만민공동회의 해산 의지를 인정받아 1899년·1900년 평리원과 법부 관련 관직에 임명되었다.

---

40) 홍종우는 김옥균의 살해 이유를 ① 김옥균 등이 갑신정변 시 죄 없는 많은 사람을 살해한 일, ② 국왕을 선동하여 나라를 혼란케 하고 국왕을 고통에 빠지게 한 일, ③ 외국군대를 이끌고 궁중에 들어온 일, ④ 조선·청국·일본 등 아시아 국제관계에 큰 해를 끼친 일 등이라고 밝혔다. 즉 홍종우는 외세 의존적 쿠테타로 인한 왕실권위의 쇠락과 국제사회의 냉각을 우려하였다. 조재곤, 「홍종우 재조명 - 왜 김옥균을 살해하였는가」, 『역사비평』 17, 1992년 여름호, pp.271~278.

41) 『承政院日記』, 1894년 5월 28일.

42) 곡가 안정을 위한 방곡령 발포, 한성 내 불법 외국상민의 주거 철거, 憑票 없는 외국인의 내지여행 금지, 절영도 외국조계 확정, 외국돈 사용 금지 등을 통한 自制의 권리를 주장하였다. 『독립신문』, 1898년 4월 9일·12일.

43) 『承政院日記』, 1898년 6월 22일 ; 『官報』, 1898년 8월 12일.

44) 『독립신문』, <만민회 질문>, 1898년 11월 16일.

그 외에 특별한 활동을 살펴볼 수 없는 의관은 신응선과 조경준으로, 1900~1902년 사이 2차례에 걸쳐 중추원 의관으로 임명되었다. 신응선은 과거합격을 한 인물로 유학교육을 받았던 것을 알 수 있으며, 1898년부터 중추원 의관직을 꾸준히 제수 받았는데 특히 1900년 이후에는 依願免官한 지 열흘 혹은 6일 만에 재임명되기도 하였다. 조경준도 1901년 9월에 중추원 의관에 임명된 후 1902년 6월 30일까지 약 9개월간 재임하였다.

이상의 정리를 통하여 1900~1902년 사이 임명된 칙임의관들은 대체적으로 1890년대 후반부터 두각을 나타낸 사람들로서 재정과 법에 관련된 職을 주로 역임한 것을 알 수 있다. 재정관련 관직을 역임한 의관들은 황실 재정과 연관을 맺고 있었으며, 경무청과 평리원은 황실의 안위와 연관되어 황권에 도전하는 세력들을 체포·재판하는 기능을 담당하였던 기관이었다.[45] 이로써 칙임의관들은 황제에 충성하는 인물들로 선별·임명되었다는 것을 알 수 있다. 이들은 1900년을 전후한 시기 핵심세력 층으로까지는 진입하지 못하였지만 황제권 지지 세력으로는 인정받았다. 또한 특정 사건 이후 실무 관료직에서 중추원 의관으로, 중추원 의관에서 실무 관료직으로 이관되는 양상을 보이기도 하여 관료대기소로서의 역할이 아직도 잔존하고 있었음도 살펴볼 수 있었다.

3. 『조회원본』을 통해 본 중추원의 정치적 입장

1) 중추원 구성원의 권력 확대 시도

1900년 당시 고종은 '大韓國國制'를 반포하고 측근세력들의 비호를

---

45) 차선혜, 「대한제국기 경찰제도의 변화와 성격」, 『역사와 현실』 19, 1996.

받으며 '光武改革'을 추진하고 있었다. 광무개혁을 실질적으로 담당한 인물들은 고종의 측근들로 갑오개혁을 담당한 친일파도, 이전의 고위 관리도, 독립협회와 만민공동회를 주도한 개혁세력도 아닌 고종에게 충성하는 새로운 정치세력들이었다. 황제측근세력은 신분적으로 이전의 고위 관리들보다 한미하고 그들 간의 결속력이 약하여 황제권을 견제하기에는 역부족이었고, 전통적인 신권을 대표하기보다는 황제권의 강화에 이바지하고 있었다.

이러한 정치 분위기 속에서 중추원 구성원들은 당시 정치적 주요 현안에 대하여 중추원에 올라오는 관련 헌의서를 선택, 의정부로 상달하였다. 의정부에 상달한 헌의서를 묶어 놓은『조회원본』에는 당시 이슈가 되었던 특정 정치인 또는 정치집단에 대한 입장이 1) 을미역적이라고 규정된 친일세력(安駉壽·權瀅鎭) 규탄, 2) 李容翊 탄핵, 3) 順嬪 嚴氏의 승후로 표명되어 있다. 당시 상황과 이에 따른 헌의서 분석을 통하여 중추원 구성원들이 기존의 집권세력들과 지위가 안정되지 못한 측근세력이 혼재하는 세력 다툼의 현장에서 어느 세력을 지지하고 있는지 살펴보고자 한다.

(1) 을미역적 처단

을미역적은 민비 시해에 관여한 역적이자 이후 왕권에 도전하는 체제 도전세력들의 총칭으로 불리어졌다. 즉 민비 시해에 직접적으로 관여하지 않았어도 박영효·안경수 등 일본을 배경으로 권력을 획득하여 체제변혁을 계획한 세력들도 포함하여 지칭하였다.

안경수는 원래 한미한 가문 출신으로 무과를 거쳤으나, 민씨정권의 세도가인 민영준의 문객으로 인연을 맺어 1880년대 후반 개화정책에 실무진으로 참여하였다. 특히 전환국 幇辦으로 임명되어 화폐개혁을 추진하기도 하였다. 갑오개혁기에는 개화정권에 참여하였는데, 을미사변 당시 다른 개화파와는 달리 왕실을 옹호하는 태도를 보였으므로, 아관파천 이후 대대적인 개화파 숙청에서 살아남아 경무사가 되었다.

그러나 곧 국왕 측근의 궁내관들이 주도하는 정국에서 소외되어 환궁운동을 전개하였으며 독립협회에 참여하였다. 만민공동회 운동으로 정국이 극도의 혼란에 빠지자 1898년 8월 안경수는 고종을 폐위시키고 황태자를 대리케 하여 입헌군주제를 수립하려는 황태자추대 謀事, 일명 '청년애국회사건'을 진행하면서 다시 한 번 권력을 장악하고자 하였다. 이 사건에는 일부의 정부 관리, 일본공사관, 일본에 망명하였던 박영효가 관련되었던 것으로 알려졌고, 이 계획이 탄로나자 안경수는 일본으로 망명하였다.[46] 당시 망명자들은 입헌군주제를 지향하는 정치집단이었으며, 고종에게 있어 가장 강력한 반체제세력이었다. 이에 따라 망명자 처단은 고종과 집권관료들의 최대 관심사 중 하나였다.

안경수는 망명 후 한국으로의 귀국을 계속 시도하였다. 그러나 1898년 독립협회와 만민공동회의 급진파 회원들에 의한 국내 소요와 망명자 귀국 풍설에 대한 정부의 불안, 이로 인한 일본정부의 저지로 이루어지지 못했고 1900년 2월에 이르러 귀국할 수 있었다.[47] 안경수의 귀국에는 한국정부와 일본공사간의 사전 협의가 있었다. 즉 한국정부는 안경수에 대하여 고문을 절대로 하지 않을 것과 국법에 의한 공정한 재판을 약속하였다.[48] 한편 권형진도 안경수가 귀국한 지 수개월이 지나도 신변에 이상이 없자 5월 귀국하여 경무청에 자진 출두하였다.[49] 당시 권형진의 귀국 역시 한국 조정 일각과 사전 합의된 사항으로 세

---

46) 송경원, 「한말 안경수의 정치활동과 대외인식」, 이화여자대학교 석사학위논문, 1992, pp.59~66 ;『한국사상사학』8, 1997.

47) 송경원, 위의 글, p.67. 1900년 2월 7일 인천 도착, 2월 9일 入京.

48)『舊韓國外交文書』, 日案 4, 5720호 안경수 등 고문처형사건의 질난 및 해명요구, p.676.

49)『皇城新聞』, <東萊電報>, 1900년 5월 11일 ; <權氏就囚>, 1900년 5월 14일.

간에 알려졌다.[50]

안경수가 일본으로부터 귀국하자, 정계에서는 안경수의 거취에 대한 논의가 일어났다. 당시 중추원 의장이었던 정락용은 경무청으로 自現한 안경수를 급히 逆律에 따라 시행할 것을 청하였다.[51] 정부대신들도 일본으로부터 귀국·자수하여 경무청에 수금된 권형진 역시 안경수와 더불어 급히 처형할 것을 청하였다.[52] 안경수가 귀국한 이후 한 달 동안 정부 관리에서 일반 민에 이르기까지 관련 정부기관에 안경수를 성토할 것을 계속 상소·헌의하였고,[53] 이후 권형진이 귀국하면서 다시 역적 논의가 시작되면서 안경수와 권형진이 교형에 처해질 때까지 성토가 계속되었다.[54]

이에 고종은 '법에 따라 심판할 것'이라고 하며 상소를 물리쳤다. 이러한 분위기에서 당시 평리원 재판장임시서리 경무사였던 이유인이 5월 28일 권형진과 안경수를 대역모반죄에 의거하여 絞에 처할 것을 선고하고 즉시 형을 집행하였으며, 법부대신은 이를 사후에 上奏하였다.[55] 고종은 "법관이 법을 어긴다면 어찌 국가에 법이 있다고 하겠는가."라고 하며 이유인 등 이와 관련된 법관들을 免官流配시켰다.[56]

일본은 안경수를 자수시키면 국법에 의거하여 공정히 재판하여 처

---

50) 『皇城新聞』, <權榮鎭氏歸國>, 1900년 5월 12일.
51) 『承政院日記』, 1900년 1월 22일 ; 『官報』, 1900년 2월 2일.
52) 『承政院日記』, 1900년 4월 28일 ; 『官報』, 1900년 5월 27일 ; 『皇城新聞』, <權氏就囚>, 1900년 5월 14일 ; 『제국신문』, 1900년 5월 11일·14일.
53) 안경수 성토 관련 기사 : 『皇城新聞』, <樞院陳疏>, 1900년 2월 22일 ; <院疏承批>, 2월 23일 ; <儒生獻議>, 2월 24일 ; <安獄三審>, 2월 26일 ; <發通伏閣>, 3월 7일 ; <不克封章>, 3월 12일 ; <進伏捉囚>, 3월 22일 ; <安家三人의 被囚>, 3월 26일.
54) 안경수·권형진 성토 관련 기사 : 『皇城新聞』, <儒生長書>, 1900년 5월 25일 ; <會議上疏>, 5월 26일 ; <警使의 押囚報告>, 5월 28일.
55) 『皇城新聞』, <安權處絞와 法官上疏>, 1900년 5월 29일.
56) 『承政院日記』, 1900년 5월 1일·2일·3일·4일 ; 『官報』, 1900년 5월 30일.

180

분하되 고문을 하지 않을 것이라는 보증과 관리들의 요청에 의하여 안
경수로 하여금 자수케 하였는데, 안경수 등에게 가혹한 고문을 하고
처형까지 한 것에 대한 책임 소재와 시체의 회검을 요청하였다.57) 이
에 日醫와 洋醫가 함께 시체 부검에 들어갔으나 부검 결과, 고문에 대
한 판단이 서로 틀려 논쟁이 되기도 하였다.58)

　이후 한편에서는 의정부 참정 김성근·중추원 의장 신기선59)·정락
용60)·의정부 의정 윤용선61) 등이 이유인 등 법관의 유배 환수 요청을
상소하였다.62) 당시 유생들은 역적을 교살한 이유인의 행동은 김옥균
을 살해한 홍종우의 행동과 같다고 하였으며,63) 이유인 등이 유배지로
떠날 때 각부 대신과 都約所 유생 등 70여 명은 전송하기도 하였다.64)
다른 한편에서는 을미역적을 처단할 것을 주장하는 상소가 계속되었
다.65) 나아가 주일공사 이하영은 안경수·권형진 등의 공초에서 밝혀
진 죄인 이준용·조희연·유길준·이두황·권동진·조희문 등을 일본
으로부터 인도 받기 바란다고 일본 외무성에 조회하기도 하였으나, 일
본은 죄인송환 조약이 없다는 이유로 거절하였다.66) 안경수 건은 일단

---

57) 『舊韓國外交文書』 4권(日案), 5720~5721호, 1900년 5월 28일 ; 5722~5724호,
　　1900년 5월 29일.
58) 『皇城新聞』, <美日醫檢屍>, 1900년 5월 31일.
59) 『承政院日記』, 1900년 5월 3일 ; 『官報』, 1900년 5월 31일 ; 『皇城新聞』, <政
　　府再疏>, 1900년 5월 30일.
60) 『承政院日記』, 1900년 5월 4일 ; 『官報』, 1900년 6월 2일.
61) 『承政院日記』, 1900년 5월 8일 ; 『官報』, 1900년 6월 6일.
62) 이유인 면관·유배 취소 요구 관련 기사 : 『皇城新聞』, <政府再疏>, 1900년
　　5월 30일 ; <大臣三疏>, 5월 31일 ; <討李救李>, 6월 4일 ; <樞院上疏>, 6
　　월 6일.
63) 『皇城新聞』, 1900년 5월 31일.
64) 『皇城新聞』, <餞送李氏>, 1900년 6월 4일.
65) 『皇城新聞』, <疏曩聯名>, 1900년 6월 18일 ; <聯請聲討>, 6월 19일 ; <樞
　　院上疏>, 6월 20일 ; <樞院再疏>, 6월 25일.
66) 『皇城新聞』, <李使拿犯의 公報>, 1900년 7월 9일.

이유인 등의 법관이 모두 방면되는 것으로 일단락되고,[67] 을미역적에 대한 논의도 어느 정도 정리가 되었다.

『照會原本』의 안경수·권형진 관련 을미역적 헌의는 총 8건이 나타난다. 관련 헌의서 내용들은 우선 을미사변과 관련된 인물 처단의 필요성을 "을미사변이 일어난 지 6년이란 시간이 흘렀음에도 아직까지 역적을 처단하지 못한 것은 종묘사직과 황상을 저버린 것이고 명성황후와 동궁전하에 대한 예가 아니다."라고 하며, 그 역적들의 죄상과 이름을 낱낱이 들어 그 처단을 요구하였다.[68] 안경수에 대해서는 다음의 이유를 제시하면서 역적을 다스리는 법으로 단죄해야 한다고 헌의하였다.

> 안경수는 당시 軍務의 책임자였음에도 불구하고 역적과 더불어 일을 도모하였으며 왕세자에 의한 代理說을 만들어 내는 등 대역죄를 짓고 일본으로 도망가 3년 만에 귀국하였다.[69]

한편 안경수를 붙잡은 후 재판을 거치지 않고 교수형에 처한 당시 재판장 이유인을 10년간 유배를 보낸 것[70]에 대한 항의와 이유인의 행동에 대한 변론 헌의들은 다음과 같다.

> 이유인의 행위는 정당하였음에도 불구하고 자기 마음대로 했다는 법률을 적용하여, 討逆을 시작하려는 때에 한 나라의 원수를 처단한 刑官을 유배를 보내었으니 앞으로 어떻게 忠節하라고 할 수 있겠는가.[71]

---

67) 『承政院日記』, 1900년 7월 6일 ; 『官報』, 1900년 8월 3일.
68) 『照會原本』 1권, 1900년 6월, pp.124~126.
69) 『照會原本』 1권, 1900년 2월, pp.144~146 ; 1권 , 1900년 1월 19일, pp.148~150 ; 1권, 1900년 7월, pp.210~213.
70) 『官報』, 1900년 6월 5일.
71) 『照會原本』 1권, 1900년 5월, pp.238~240 ; 1권, 1900년 6월, pp.247~248.

안경수·권형진의 처형을 요구하는 상소들을 의정부에 올린 중추원의 의견 역시 을미사변을 일으킨 자들의 처벌을 마무리함으로써 고종황제의 위상을 높이고 명성황후의 넋을 위로함과 동시에, 일본과 조정의 변혁을 꾀하는 무리들에게 경계를 삼는 본보기가 되어야 한다는 것이었다. 중추원은 이러한 작업을 통하여 당시 의정부 고위 관료들과 뜻을 같이 하여 친일세력이 정계에 다시 발을 들여놓지 못하게 하려는 의지를 보여주었다. 황실측근파인 당시 평리원재판장 이유인·평리원검사 장봉환·평리원판사 이인영은 체제수호적인 목적이 있었으며, 이는 안경수를 전격 처형하여 입헌군주제 지지 세력의 재기를 차단하려는 것이었고 이에는 고종의 의중도 반영되었다고 보아야 할 것이다.[72]

안경수를 전격 처단한 이유인은 1900년 1월 궁내부 특진관으로서 상소하여 을미시역배의 복수를 청하였고,[73] 1900년 5월 16일 경무사로 임명되었으며,[74] 5월 24일 臨時署理平理院裁判長事務를 겸임하게 되었다.[75] 5월 28일 이유인 등은 죄인 권형진·안경수를 선고 즉시 上奏 없이 處絞하였다. 이는 이유인이 경무사가 되고 12일 만에 안경수·권형진을 처형하였으며, 평리원 재판장이 된 후 4일 만의 일로, 5월 26일 안경수가 경무청에서 평리원으로 보내졌으며, 5월 28일 권형진이 죄를 자백함으로서 전격 絞에 처해진 것이다.

이와 같은 전후 상황을 살펴보면 안경수·권형진의 처형은 이유인이 고종의 밀지를 받아 계획된 일이었고, 上奏하지 않고 전격 처형함으로써 고종이 이 일과 관련 없음을 내외에 알리고, 일본 등 외세의 간섭을 배제시키고자 하는 의도가 있었음을 알 수 있다. 또한 6월 1일 10

---

72) 현광호, 「대한제국기(1897~1904) 망명자문제의 정치-외교적 성격」, 『사학연구』 57·58합집, 1999, p.1049.
73) 『承政院日記』, 1889년 12월 7일 ; 『官報』, 1900년 1월 9일.
74) 『承政院日記』, 1900년 4월 18일.
75) 『承政院日記』, 1900년 4월 26일 ; 『官報』, 1900년 5월 26일.

년 유배형을 받은 이유인이 7월 31일 방면되는 것을 보아도 고종이 일본 등 외세가 안경수·권형진의 처형에 항의하는 것을 무마시키고 이유인을 보호하려는 처사로 이해할 수 있다.

당시 주한일본공사 하야시 곤스케(林權助)는 안경수·권형진 처형을 항의하기 위하여 여러 차례 陛見을 요청하였으나, 사건 처리 전에는 만나지 않겠다고 하여 거절당하였다.[76] 궁내부 고문관 샌즈(W. F. Sands)는 안경수·권형진 처형에 대하여 반역죄인은 재판을 거쳐 증거가 분명하면 교수형에 처하는 것은 당연하다는 의견을 제시함으로써,[77] 고종이 안경수 처형을 결정하는 데 일정 부분 영향을 끼친 것으로 보인다.

보수적 성향의 정락용·신기선·김성근·윤용선 등의 대신들도 안경수 문제에 대하여 적극적으로 대처하였다. 이들은 각종 정변이 일어나는 것은 유교윤리가 약화되었기 때문이라고 인식하여, 군신간의 윤리를 쇄신하기 위해서도 안경수·권형진을 극형에 처해야 한다고 주장하였다. 이들은 망명자 처형을 제기하여 고종의 신임을 얻고 나아가 의정부의 위상을 회복하려 한 것으로 볼 수 있다.[78] 마찬가지로 당시 중추원 의장이었던 정락용[79]과 신기선[80]은 각각 상소를 통해 법의 엄격성을 들며 을미역적의 처단을 요구하였다. 또한 인민의 헌의서를 의정부에 올림으로서 안경수·권형진 처형의 당연함과 그들을 처형한 이유인 등의 정당성에 대하여 당시 인민들의 의견, 분위기를 의정부에

---

76) 『皇城新聞』, <樞院上疏>, 1900년 6월 6일 ; <樞院의 經議通牒>, 6월 11일.
77) 『皇城新聞』, <山島意見>, 1900년 6월 12일.
78) 현광호, 앞의 글, p.1050.
79) 중추원 의장 정락용은 법의 엄격성과 법관의 자격을 강조하는 글을 올려, 을미역적의 처단에 대하여 요구하였다. 『高宗實錄』, 1900년 2월 21일.
80) 『承政院日記』, 1900년 5월 3일 ; 『官報』, 1900년 5월 31일 ; 『皇城新聞』, <政府再疏>, 1900년 5월 30일.

알렸다.

⑵ 이용익 탄핵

이용익은 함경북도 명천의 무반가문 출신으로 임오군란을 계기로 왕실과 인연을 맺은 이래 광산경영에 탁월한 능력을 보여 광무감리로서 오랫동안 왕실소유 광산을 관리해왔다. 이용익은 점차 고종의 신임을 얻어 광무개혁을 추진한 국왕 측근의 인물로, 내장원경과 탁지부협판 등을 역임하면서 왕실과 국가의 재정을 관리하는 최고 책임자가 되었다. 특히 황실재정 확대와 근대로의 개혁을 위해 화폐개혁, 양전사업과 역둔토 정리, 홍삼전매, 광산경영 등을 추진하였다. 이용익에 의하여 추진된 재정개혁들은 황실재정의 확충에는 기여했지만, 국가재정을 위협하였고 민생에 심각한 타격을 주게 되었다.[81] 이용익은 개혁을 추진하면서 고종의 신임을 얻었으나, 그 여파로 피해를 입은 인민이나 노선을 달리하는 정부대신들과는 대립할 수밖에 없었고, 그 결과 이용익에 대한 비판이 나타났다. 이용익이 고종의 총애로 재정 등 중요부분에서 전권을 행사하자 못마땅하게 여기던 대신들이 합세하여 이용익을 정치권에서 제거하고자 하였다.[82]

『조회원본』에 나타난 이용익에 대한 탄핵 헌의는 1900년 3월의 2건[83]과 1901년 5·6월의 3건으로 나누어 볼 수 있다. 먼저 1900년 3월의 헌의는 당시 이용익이 고종 앞에서 언행을 불손하게 한 것에 대한 규탄이었다. 즉 이용익이 고종의 총애를 입고 있음에도 그 언행이 자중하지 못하여 물의를 일으킨 것은 북방의 모진 성품, 자만심, 만족할

---

81) 오연숙, 「대한제국기 이용익 연구」, 단국대학교 석사학위논문, 1991, pp.13~24.
82) 오연숙, 앞의 글, pp.25~33.
83) 『照會原本』 1권, 1900년 3월, p.152 ; 1900년 3월, p.154.

줄 모르는 욕심을 가진 사람이기 때문이라고 평하였다. 또한 정치를 행함에 있어서는 국가의 경제를 발전시킨다는 명목으로 세금을 거둬들이고 금광을 개발하여 사심을 채우고 국가를 병들게 하고 백성을 좀먹는다고 혹평하였다.[84] 변방출신의 이용익이 중요한 자리에 앉아 고종의 총애를 얻은 것에 대하여, 고관으로서의 자격을 갖추지 못한 자가 요직에 앉아 있다는 불만을 나타내고 있었다. 중추원 주요 구성원 역시 이용익 언행의 불손함을 탄핵하고자 인민의 헌의서를 이용하였다.

1900년 3월 이용익에 대한 탄핵 2건 모두 정락용이 의장으로 있을 당시 헌의서를 의정부에 상달한 것으로 그 내용이 정락용 자신의 상소 내용과 거의 유사하였다.[85] 이는 의장들이 자신의 의견을 직접 상소로 올리기도 하지만 그에 대한 백성들의 의견을 첨가시킴으로써 더 강조하는 효과를 거두려 했음을 알 수 있는 자료이다.

반면 이용익이 외국 차관을 주도하는 상황에서 올려진 이용익 탄핵 헌의는 이전 헌의의 성격과 다르게 나타난다. 이용익에 관한 탄핵과 관련하여 차관에 관한 헌의는 3건으로 1901년 5·6월에 집중되어있다.[86] 헌의자의 대부분은 전에 관직을 가졌던 사람들로 차관에 대한 구체적 사건을 가지고 이용익을 탄핵하고 있다.

이용익은 근대적 화폐제도와 금융제도를 확립하여 일본의 제일은행

---

84) 『照會原本』 1권, 1900년 3월, pp.152~153 ; 『照會原本』 1권, 1900년 3월, pp.154~156.

85) 『承政院日記』, 1900년 2월 12일·15일 ; 『官報』, 1900년 3월 14일·17일. 중추원 의장 정락용은 이용익의 가렴주구와 거만한 행위, 김영준의 가렴주구와 경무사로서의 법 위반들을 이유로 징벌할 것을 상소하였다. 『高宗實錄』, 1900년 3월 12일.

86) 『照會原本』, 1권, 1901년 5월 15일, pp.95~96 ; 1권, 1901년 5월, pp.108~109 ; 1권, 1901년 6월, pp.110~112.

권의 유통을 막고 자주적인 근대화를 이룩하기 위하여 노력하였다. 화폐개혁의 과정에서 이용익은 1897년 11월 전환국장이 된 이래로 本位貨 주조와 백동화 인플레이션에 대한 대책을 강구하였다. 정부는 1901년 2월 12일 金本位制를 채용하는 '貨幣條例'를 발표하였으나 이를 실현할 자금이 부족하였고 재정이 궁핍하였으므로 화폐개혁 자금을 외채에 의존할 수밖에 없었다. 이 때문에 자주적인 개혁의도와는 반대로 차관제공 조건을 둘러싸고 차관 교섭국 간에 이권쟁탈전이 치열하게 벌어졌다. 이용익은 1900년 프랑스 운남 신디케이트 대표와 차관교섭을 시작하여 1901년 4월 16일 차관합동계약을 체결하는 데 성공하였다. 그러나 이 차관은 차관제공조건인 海關稅 담보 등 이권양여에 대한 반대와 열강의 이권유지를 위한 방해로 순조롭게 진행되지 않았다. 열강 중에서도 일본이 프랑스와의 차관체결에 대하여 가장 적극적으로 방해하였고, 이를 후원한 나라는 영국이었다. 일본은 海關은행으로 20년 간 그 지위를 유지해온 일본제일은행의 지위가 불안해지는 것을 막고, 영국은 해관세 관리권을 장악하고 있는 영국인 브라운의 지위를 유지하여 한국 내에서 러시아와 프랑스의 세력이 성장하는 것을 저해하기 위해서였다.[87]

『조회원본』을 살펴보면 중추원은 프랑스 운남 신디케이트와의 차관조약에 대해 반대하는 인민의 헌의를 의정부에 상달하였음을 알 수 있다. 즉, 차관을 주도한 이용익에 대한 탄핵과 차관 자체에 대한 반대 이유를 다음과 같이 서술하고 있다.

이용익의 본성은 무례하고 탐욕스러우며, 이번의 차관 시도도 경제를 개혁한다는 명분으로 자신의 배를 채우려는 것이다. 이로써 결국

---

87) 나애자, 「이용익의 화폐개혁론과 일본제일은행권」, 『한국사연구』 45, 1984, pp.61~72.

나라의 재정은 고갈되고, 심각한 세금의 징수와 잘못된 행정으로 백성들의 생활은 점점 피폐해질 것이다. 따라서 이용익은 조정에서 물러나야 한다. 재정에 필요한 금액은 차관을 통해서가 아니라 갑오년 이후 贓吏(부정한 수단으로 재물을 취득한 관리)들의 公金 포탈을 조사하여 찾아내면 될 것이고, 그래도 모자라는 것은 절약해서 자력을 강화하는 것이 국가를 경영하고 재정을 도모하는 방법이 될 것이다.[88]

또한 차관 자체에 대해서는 차관 소식으로 서민들까지 동요하는 상황을 서술하면서, 차관 이자로 인해 국채가 나날이 불어나 국가 전체의 재앙으로 발전하는 화근이 될 것이라고 우려하면서 차관정책 폐지를 헌의하였다.[89] 또한 軍國의 大事가 아니면 차관을 들이지 않아야 되며, 빈약한 나라가 외국으로부터 외채를 빌렸다가 국토가 할양되었음과 강대국이 약소국을 농락할 때 항상 이 방법을 사용하였음을 지적하면서 곧바로 차관 논의 폐지를 요구하였다.[90]

한편 중추원은 차관과 같은 중요한 문제에 대하여 정부가 자문하지 않고 독단적으로 결정한 것에 대하여 비난하고 해명을 바라는 글을 의정부에 조회하기도 하였다.[91] 이상에서 살펴본 바와 같이 이용익에 의하여 추진된 차관은 내외의 격렬한 반발에 부딪혀 차관계획을 무효로 하기 위한 계약수정에 착수하여 1902년 2월 26일 차관합동 무효 결의안을 프랑스 공사에게 통첩하였다.[92]

당시 인민의 헌의를 보면 당시의 차관이 화폐개혁을 위하여 필요한 자금조달의 측면으로 구체적으로 이해하는 글이 없이 이용익의 사욕

---

88) 『照會原本』 1권, 1901년 6월, pp.110~112.
89) 『照會原本』 1권, 1901년 5월 15일, pp.95~96.
90) 『照會原本』 1권, 1901년 5월, pp.108~109.
91) 『照會原本』 1권, 1901년 5월 16일, pp.94~95.
92) 나애자, 앞의 글, pp.72~74.

188

과 차관도입이 주권의 침해를 가져올 수 있다는 우려만을 서술하고 있다. 당시 백동화와 화폐사주의 폐해가 심각했던 시기로 헌의인들도 화폐개혁의 필요성을 인식하고 있었을 것이다. 또한 차관이 이때 처음 실시된 것이 아니었음에도 이때의 차관에 대하여 특히 반대 헌의가 잇따르는 것에 대하여 생각해보아야 할 것이다.

이용익에 대한 탄핵과 차관에 대한 철폐요구는 겉으로 보여지는 이용익의 본성과 차관에 대한 원론적인 우려는 부차적인 이유이고, 당시 전권을 가진 이용익의 정계 퇴진을 위한 보수 관료들의 노력과 차관으로 인하여 불이익을 당하게 되는 열강들의 이해가 맞물려 이루어진 것이다. 이용익 탄핵과 차관 철폐를 더욱 강력하게 요구하고자 인민의 헌의라는 이름으로 공적인 절차를 밟아 여론을 형성하였던 것으로 보아야 할 것이다.

(3) 순비 승후 헌의

『照會原本』에 나타난 황실 관련 상소는 모두 淳嬪 엄씨를 淳妃로 책봉하자[93]는 내용과 나아가 순비를 황후의 지위로 올리자는 내용들이다. 이에 대한 내용은 모두 19건으로 총73건 중 26%에 해당하며, 『照會原本』의 상소 중 가장 많은 비중을 차지하고 있다. 이들 헌의는 1901년 7·8월의 3건과 1902년 3월부터 9월까지 16건이 집중적으로 나타나며 모두 김가진이 중추원 의장으로 있을 당시 의정부에 상달되었다. 1901년의 헌의 이후 순빈은 순비로 그 지위가 올라갔고, 1902년의 헌의로 순비 승후 논쟁은 격렬해졌다.

순비 엄씨는 을미사변 이후 개화내각에 대한 극도의 불신과 신변안전에 대한 공포로부터 벗어나고자 하는 고종과 세자를 러시아 공사관

---

93) 『照會原本』 1권, 1901년 8월, p.82 ; 1901년 8월 16일, p.84.

으로 파천한 주요 인물로 당시는 상궁의 위치에 있었다. 당시 엄상궁은 아관파천을 치밀하게 계획하고 러시아 공사와의 면회를 통하여 고종과 세자의 신변확보를 확인한 후 일을 진행하였다. 아관파천이 성공하자 엄상궁은 그 보상으로 권력을 차지하였고, 내명부의 최고 자리에 오르게 되었다.[94] 이후 엄상궁은 고종의 측근세력으로 활동하였으며, 1897년 10월 20일 아들을 낳음으로써[95] 귀인으로 봉해졌고,[96] 1900년에는 淳嬪으로 봉해졌다.[97] 이후 순빈 엄씨를 황후로 삼자는 논의가 나타나면서[98] 1901년 淳妃로 다시 존봉되었다.[99] 순비로 봉해진 후 1902년 5월부터 승후 논의가 본격화되면서 헌의와 상소가 집중되었다.[100] 이러한 노력으로 황후가 되지는 못하였지만 1903년 12월 귀비에 '皇'자를 더하여 皇貴妃로 진봉되었다.[101]

순비의 승후는 그녀의 소생인 영친왕 李垠의 지위와도 관련이 있었다. 순비는 미천한 출신 배경으로 엄준원, 엄주익 외에 척족 세도가를 부식할 수 없었으나 자신이 직접 측근세력의 일원으로 활동하면서 정부대신의 임면에까지 간여하는 등 막강한 궁중권력을 휘두르고 있었

---

94) W. F. 샌즈, 김훈 옮김, 『조선의 마지막 날』, 미완사, 1986, pp.75~79.
95) 『承政院日記』, 1897년 10월 20일.
96) 『承政院日記』, 1897년 9월 27일 ; 『官報』, 1897년 10월 25일 ; 『독립신문』, 1897년 10월 26일.
97) 『承政院日記』, 1900년 7월 9일 ; 『官報』, 1900년 8월 4일.
98) 『皇城新聞』, <疏請封妃>, 1901년 8월 26일 ; <樞院獻議>, 8월 31일 ; <上疏封妃>, 9월 16일 ; 『照會原本』 1권 , 1901년 8월, p.82 ; 1901년 8월 16일, p.84.
99) 『承政院日記』, 1901년 9월 3일 ; 『官報』, 1901년 10월 17일.
100) 『皇城新聞』, <獻議陞后>, 1902년 6월 9일 ; <西臣獻議>, 6월 16일 ; <三次上疏>, 6월 19일 ; <陞后獻議>, 6월 21일 ; <陞后上疏>, 8월 11일 ; <陞后獻議>, 8월 26일 ; <陞后上疏>, 9월 10일 ; <皇妃承封>, 10월 30일.
101) 『承政院日記』, 1903년 11월 7일 ; 『官報』, 1903년 12월 28일 ; 『皇城新聞』, <冊封吉日>, 1903년 12월 26일.

다.[102] 순비가 궁중에서 권력의 핵심을 차지하게 되고 皇子 垠을 낳은 후에는 이준용과 의화군을 배척하고 황태자 坧의 건강이 좋지 않다는 이유로 황자 垠을 황위계승자로 추대하려고 하였다. 그러나 여전히 민씨 일족들은 황태자 坧과 황태자비 민씨의 후견인으로서 일정한 정치적 위상을 확보하고 있었기 때문에, 민씨 일가 중심의 세력들과는 대립할 수밖에 없었다.

당시 순비파를 지원하는 사람들은 민씨 세력들과 대립하고 있었던 여러 세력들, 즉 조병식 등 친러파와 윤용선 등 보수파 중신, 또한 김영준 등 친일파, 그리고 민병석 등 중립파였지만, 그 의도는 다양하였다. 1900년 7월 고종은 일본의 정책을 타진하기 위하여 궁내부 시종 현영운을 일본에 파견하였으나, 순비의 요청을 받아 일본에 주재하고 있으면서 차후 황제가 될 가능성이 있는 의화군 등 망명자의 귀국 실현을 계획하고 있다고 전해졌다.[103] 즉 일본 망명자를 귀국시키고 이들에 대한 사법 처리를 진행함으로써, 순비는 명분으로는 역적 처단을 실리로는 자신의 아들이 황위에 오르는 데에 방해가 되는 세력들을 제거하려는 이중 목표를 달성할 수 있으리라 생각했던 것이다.

1902년 후반 대한제국의 정계는 엄순비의 승후문제를 둘러싸고 당파 대립이 격화되고 있었다. 엄순비는 고종의 비호를 강화하고 자신의 아들인 영친왕 垠의 지위를 확보하여 일문의 명예를 높이기 위해 여러 세력들에게 승후운동을 하였다. 민씨 척족 및 친미파는 황태자 坧을 옹위해서 이에 대항하였고, 순비파 중에도 이용익과 이근택의 대립이 일층 격화되어 이 때문에 승후운동도 분열되어 혼미를 거듭하였다. 11월 말이 되자 이근택이 주도하는 이용익의 배척운동이 강화되었다.[104]

---

102) 서영희, 앞의 책, p.97.
103) 森山茂德, 『근대한일관계사연구』, 현음사, 1994, pp.166~168.
104) 森山茂德, 위의 책, pp.185~186.

이는 嚴柱益(순비의 三從孫)과 金永振(순비의 從弟)에 의하면 내장원경 이용익이 순비에 대하여 凌逼하고 조정의 신하로서 체모를 손상시켰으므로 免官하고 처벌하여야 한다고 강하게 주장하자,[105] 고종은 이용익을 러시아공사관으로 피신시켰다.[106] 이러한 일은 당시 순비를 중심으로 嚴俊源·嚴柱益·金永振·李基東 등이 두각을 나타내면서 당시 실세였던 이용익 측과의 알력이 표출된 것으로[107] 이용익은 이후 잠시 정권의 핵심에서 물러나게 되었다.

　이상의 상황을 정리하면 1896년 아관파천 이후 권력을 잡기 시작한 순비는 1900년을 전후한 시기에 자신을 옹호하고 황자 垠에게 황위를 계승시키려는 것에 동조하는 무리를 형성한 것을 알 수 있다. 나아가 1902년 말에 이르기까지 자신을 황후의 자리에 올리는 운동을 하는 한편 자신과 뜻을 달리하는 인물들을 밀어내면서 권력의 핵심을 차지하게 되었음을 알 수 있다.

　순비 엄씨가 승후되는 과정 동안 중추원에서 의정부로 상달한 인민헌의의 내용을 분석하여 당시 여론을 살펴보면 다음과 같다. 을미사변 이후 오랫동안 비어있는 황후의 자리에 빨리 淑姿를 구하여 종사를 돕

---

105) 『承政院日記』, 1902년 10월 28일 ; 『官報』, 1902년 11월 28일 ; 『宮內府來文』 (奎17757), 通牒, 1902년 11월 28일 ; 의정부 의정 윤용선 등의 討逆箚子에 대한 批答, 11월 29일 ; 영돈녕원사 심순택 등의 討逆箚子에 대한 批答, 11월 30일 ; 비서원랑 이의국의 討逆奏本과 批答, 12월 1일 ; 중추원의관 강건의 討逆疏 및 궁내부특진관 이유인의 상소에 대한 批答 등의 건, 12월 1일.
　이용익 탄핵 기사 : 『皇城新聞』, 의정 윤용선 이하 대신, 1902년 11월 29일 ; 심순택·조병세 재차 연명 상소, 원수부·중추원 의관 연명 상소, 12월 1일 ; 윤용선 이하 이용익 성토 상소, 12월 2일 ; 정계 원로들의 이용익 '망언' 성토 상주, 12월 3일 ; 중추원 칙·주임 의관이 이용익 성토 일로 모여 토의, 12월 9일 ; 윤용선 상소, 12월 13일 등.

106) 『承政院日記』, 1902년 10월 30일 ; 『官報』, 1902년 11월 29일·30일·12월 2일.

107) 오연숙, 앞의 글, p.33.

게 하는 것이 급무이므로 엄씨를 승봉하여 황후로 삼자고 하였다.[108] 1895년 이후 계속된 정치의 혼란 속에서 새로운 국모에 대한 논의를 한다는 것이 어려웠을 것이나, 궁궐 안의 내명부를 관할하는 최고의 어른은 있기 마련이고, 그 역할을 아관파천 이후 고종의 지척에서 엄씨가 담당하였기 때문에 순빈 엄씨를 승후하자는 헌의가 올려지고 있었다.

먼저 중전의 자리를 채워야 하는 명분으로 주역의 음양론과 유교적 관점에서 한 나라의 부모는 왕과 왕비이며, 현재 국모의 자리가 오랫동안 비어있음은 도리에 어긋난다는 것을 들고 있다.[109] 나아가 중전의 자리에 순비 엄씨를 승후해야 하는 이유를 아관파천 시 고종의 신변을 보호한 것과 순비 엄씨의 덕을 칭송하고 그동안 궁궐에서의 활동을 주시하였다.[110] 또한 고종과 걱정을 나누고 국사를 편안한 반석에 두게 하였으며 민생들을 도탄에서 구제하였음[111]과 임금을 섬긴 것이 여러 해이고 壺政閨範을 일괄하였음[112]을 들어 이미 순비를 황후로 받들자는 여론이 형성되어 있음을 설명하였다. 또한 순비가 고종의 적자를 낳아 국가의 터전을 굳게 하였음과[113] 순비 엄씨가 낳은 皇子는 이미 王의 칭호를 받았으므로 어머니가 자식을 따라 귀하게 된다는 春秋大義에 따라, 그리고 순비가 낳은 英王은 동궁의 오른 팔이 되고 황실을 보좌하는 역할을 하고 있음을 들어 순비 승후의 타당성을 강조하였다.[114]

---

108) 『照會原本』 1권, 1902년 5월, pp.36~38.
109) 『照會原本』 1권, 1902년 6월 21일, pp.4~5.
110) 『照會原本』 1권, 1902년 3월, pp.26~28.
111) 『照會原本』 1권, 1902년 6월, pp.11~13.
112) 『照會原本』 1권, 1902년 6월, pp.29~31.
113) 『照會原本』 1권, 1901년 8월 16일, pp.84~85.
114) 『照會原本』 1권, 1901년 8월, pp.82~83.

반면 당시 조정에서는 숙종 시기 장희빈의 일로 이후 후궁으로서 황후를 삼는 예를 없앴음을 들어 순비 엄씨를 황후로 삼자는 승후론에 대하여 반대하는 상소가 올라오고 있었다.115) 순비 승후에 대한 반박 상소는 前主事 李文和를 중심으로 강하게 제기되었는데, 승후 반대 통문을 돌린 이문화는 7월 4일 경무청에 잡히고, 이문화와 반대소청을 함께 한 신영희 등 4~5인은 7월 12일 경위원에게 잡혀 신문을 받았다.116) 민씨 일족들은 승후 반대 운동자들에게 자금을 주어 疏廳를 설치하게 하는 한편, 새로 황후를 간택해야 한다는 논리로 대항하였다.117) 이에 대해서 중추원은 다음과 같은 인민헌의를 내세우며 이를 일축하였다.

西漢의 竇氏와 東漢의 馬氏궁은 後宮이었으나 德으로서 皇后까지 올랐으며, 순비 역시 이러한 賢淑한 德이 있고 옛날의 聖后와도 비견할 만하다. 또한 肅宗 시기의 일은 인현왕후가 坤位를 지키고 있었고 聖意가 이전의 잘못을 뉘우치고 깨달음으로써 장희빈의 일은 마무리가 된 일이다.118)

당시 순비 승후에 대한 의견은 중추원에 올라온 헌의서에서만 나타난 것이 아니라 정부의 고관들도 여러 차례 고종에게 직접 상소하고 있다. 그러나 황태자는 자신의 생모 명성황후를 생각하면서 절대로 천한 출신인 순비를 모친으로 모실 수 없다는 태도였고, 고종도 순비의 황후 책봉에는 소극적이었다. 후궁을 황후로 올리지 않는 법을 들어

---

115)『照會原本』1권, 1902년 8월 6일, pp.19~23.
116)『皇城新聞』, <陞后反對>, 1901년 6월 21일 ; <辨李文和通文>, 7월 7일 ; <反對被捉>, 7월 12일 ; <非衛伊務>, 7월 14일.
117) 서영희, 앞의 책, p.98.
118)『照會原本』1권, 1902년 8월 6일, pp.19~23.

유생들의 순비 승후에 대한 반대상소 역시 비등하여 순비 승후를 단행하지 못하였다. 그러자 內部大臣 李乾夏·議政府 參政 金聲根[119]·特進官 趙秉式[120]·議政府 議政 尹容善·特進官 李胄榮[121] 등은 상소하여 명나라의 예를 들어 '皇貴妃'란 貴妃에 皇자를 붙인 것은 특별히 우대하는 예의로 귀비를 높이자는 것이었다고 하여 순비를 '황귀비'로 높이자고 하면서, 이는 옛 것을 그대로 따르고 변통을 하는 두 가지 원칙에 다 부합되는 것이라 하였다. 고종은 10월 28일 순비 엄씨를 황귀비로 봉하는 제반 의절을 掌禮院으로 하여금 例에 따라 거행하라고 하였으나,[122] 이용익의 폄하 발언으로 인하여 중단되고 결국 1903년에 다시 승후논의가 일어나면서 12월 25일에 황귀비로 책봉되었다.[123]

중추원에 도래한 순비 엄씨의 승후에 관련된 헌의 중 의정부에 보내진 헌의서는 모두 적극적으로 순비 엄씨의 승후를 찬성하는 글들이었다. 당시 순비 승후에 관련된 반대 의견도 팽배한 분위기를 위의 헌의와 언론에서 느낄 수 있는데, 중추원이 순비 승후를 찬성하는 헌의만을 의정부로 보낸 것은 순비 승후를 적극적으로 지원하였음을 말해주는 것이다. 또한 의정부 의정·참정·내부대신·특진관 등 최고의 고관들이 순비 승후를 적극 주장하면서, 주위의 반대로 고종의 명령이 내려지지 않자 차선책으로 '皇貴妃'를 제시하면서 순비 엄씨의 지위를 확고하게 다지고자 하였다. 이는 순비를 둘러싸고 이전의 집권층들이 다시 결합하는 양상이었다. 이들은 측근세력, 황태자를 둘러싼 민씨척족 세력을 견제하면서 권력핵심으로 나아가고자 하였고, 중추원 주요

---

119) 『承政院日記』, 1902년 9월 12일 ; 『官報』, 1902년 10월 14일.
120) 『承政院日記』, 1902년 9월 13일 ; 『官報』, 1902년 10월 16일.
121) 『承政院日記』, 1902년 9월 23일 ; 『官報』, 1902년 10월 26일.
122) 『承政院日記』, 1902년 9월 27일 ; 『官報』, 1902년 10월 29일.
123) 『承政院日記』, 1903년 11월 7일 ; 『官報』, 1903년 12월 28일 ; 『皇城新聞』, <冊封吉日>, 1903년 12월 26일.

구성원인 김가진 등도 이에 합세하고 있다. 특히 중추원은 인민헌의를 상달하는 기관으로 인민헌의 중 순비 승후를 지지하는 헌의서만을 제시하면서 여론을 형성하는 역할을 담당하였다.

2) 동도서기적 시무책 제시

1899년 대한국국제의 반포 이후 황제에게 입법·행정·사법·군사 등의 모든 권한이 집중되는 가운데 고종이 주체가 되어 광무개혁을 추진하였다. 인민들 역시 근대화의 필요성을 인식하고 이에 대한 자신들의 생각과 시무방안을 정리하여 중추원에 헌의하였다. 중추원은 여러 헌의서 중 일부를 선택해 의정부에 올림으로써 근대화에 대한 정책방향을 제시하고 있다. 근대화에 대한 인민들의 헌의를 분석함으로써 인민들의 근대화를 위한 시무책 나아가 중추원이 지향하는 사회에 대하여 살펴볼 수 있다.

3년간 의정부에 상달된 시무관련 헌의는 주로 신기선이 의장이었던 시기에 12건 중 8건이 집중되었고, 헌의인들은 개인이 단독으로 헌의하였으며 대부분 과거 관직에 있었던 유생이었다. 이들에 의하여 제시된 시무책의 주요 내용을 크게 교육 확대와 관리 등용, 재정 확충, 군사력 증진으로 나누어볼 수 있다.

(1) 교육 확대와 관리등용 방법

교육 확대와 관리등용에 대한 헌의가 전체 시무책 헌의 10건[124] 중 7건으로 다양한 내용을 개진하고 있다. 또한 유학진흥에 대한 헌의서

---

124) 중추원이 시무책 관련 헌의서 중 선정하여 그 방법을 제시하고 있는 헌의서가 12건이다. 12건 중 2건은 동학교도에 대한 처리문제와 자신을 지방관리로 등용해준다면 소신대로 다스려보겠다는 헌의이고 나머지 10건은 부강책에 관한 내용으로 분리해 볼 수 있다.

196

들의 내용 중에서도 교육과 관리등용에 대한 의견이 10건 포함되어 있고, 그 의도가 유사하여 이를 함께 정리하여 서술하고자 한다. 이 헌의서들은 국가 부강을 위해 교육 확대의 필요성을 제시하며 교육 내용과 관리의 등용 방식에 대한 제안을 하고 있다.

교육 내용에 대한 의견을 제시한 헌의서를 보면 다음과 같다. 첫째, 기존의 성균관과 향교를 진흥시키고, 유교 경전을 중심으로 가르쳐야 한다고 주장하였다.

> 국가의 발전 여부는 전적으로 교육의 성패에 따른 것인데, 경장 이후로 舊學은 폐하고 新學은 널리 행해지지 않아 학교의 실체가 없어졌다. 이에 대한 해결책으로 정부에서 각 군의 鄕校 및 사설 학교에 학식이 뛰어난 敎官을 선발하여 儒學을 중심으로 時務를 가르치면 집집마다 孔子와 朱子가 태어날 것이다.[125]

한편 갑오개혁 이후로 성균관이 학부에 소속되어 간략히 경의를 강론·製述하는 것만으로 관리를 선발하여 인재를 바르게 임용하지 못하고, 향교 역시 享祀의 의식만 행하고 교육을 실시하지 않아 교육하는 본래의 뜻을 잃어가고 있다고 하였다. 이에 대한 대책으로 성균관을 태학으로 개칭하여 엄중하게 선발된 인재로 하여금 享祀와 교육의 직책을 관장하게 하고, 학문이 우수한 자를 관리로 등용하면 斯道(필자주 : 유학을 기본으로 하는 도)가 크게 밝혀질 것이라고 하였다.[126] 지방에는 향약을 설치하여 인민으로 하여금 교화 속에서 살도록 해야 한다고 하였다.[127]

---

125) 『照會原本』 1권, 1900년 6월, pp.131~135 ; 1900년 9월, pp.177~183 ; 『照會原本』 2권, 1902년 2월, p.5.
126) 『照會原本』 1권, 1901년 2월, pp.91~93.
127) 『照會原本』 1권, 1902년 7월 9일, pp.50~52.

둘째, 선진기술을 배워 부강의 기초를 다져야 한다는 의견이다. 외국과의 교역 이후 백성이 가난해지고 재물이 고갈되는 이유는 외국으로부터 器物과 기술을 제대로 배우지 못한 때문이라고 하였다. 우리가 지켜야 할 것은 윤리와 예의이며 외국으로부터 본받아야 할 것은 기물과 기술이라고 하면서, 기능공을 기르고 기술력을 확보하기 위해서 외국으로 유학을 보내고, 그 기능을 익힌 자가 새로운 제품을 발달시키면 인민들이 실제 혜택을 입게 될 것이라고 하였다.[128] 나아가 공업의 진흥을 위해서 제작기술이 우수한 자를 선발하여 선진국에 파견하고, 먼저 軍器의 기술을 익힌 자에게 상을 내리고 중책을 맡기면 한국의 기술이 발전할 것이라고 주장하며 공업을 등한시하는 세태에 대하여 탄식하였다.[129]

이들 헌의 내용을 살펴보면 인민들이 신학문에 대해서 냉담한 것이 아니라 그 필요성을 인식하고 있음을 알 수 있다. 하지만 신학문만을 중시하게 되면 그 폐단으로 나타나게 될 충과 효에 대한 고유한 의식의 부재를 걱정하고 있다. 이는 헌의인들이 동도서기적 입장에서 교육 내용을 기존의 유학에 중심을 두고, 시무에 필요한 신학문을 보충하여야 한다고 인식하고 있음을 알 수 있다. 특히 기술 증진에 대해서는 그 습득의 필요성을 재정과 군사력 증진의 측면까지 생각하여 적극적으로 권하고 있다.

관리등용 방법에 대한 제시도 다양하게 나타난다. 첫째, 성균관이라는 최고의 교육시설을 이용하여 그곳에서 일정한 시험을 거쳐 우수한 인재를 등용하는 방법을 제시하였다. 성균관 관제에 규정된 3년에 한 번 經義問對와 時務策試選을 통한 인재 등용 방법을 제시하였고,[130]

---

128) 『照會原本』 1권, 1900년 8월, pp.165~173.
129) 『照會原本』 1권, 1900년 9월, pp.177~183.
130) 『照會原本』 1권, 1900년 6월, pp.242~246.

198

실제로 학부에서 成均館經學科試驗을 통하여 우등생 6인을 選取하기도 하였다.[131] 이는 유교경전을 중심으로 시무관련 교과를 가르쳐야 한다는 교육관련 헌의와도 관련있음을 알 수 있다.

둘째, 과거를 부활하여 인재를 등용할 것을 제시하였다. 헌의서에는 과거폐지에 대한 폐단으로 新規는 아직 수립되지 않았는데 舊學은 폐하여 젊은이들이 학문을 멀리하게 되었다고 하였다. 또한 정부가 당시의 교육을 오직 관립학교와 외국 유학만을 생각하는 것에 대하여 한정된 재정으로는 오랜 시일이 소요될 것이라는 문제를 지적하였다. 이에 대한 해결책으로 다시 과거를 부활하여 그 이름은 그대로 사용하지만 時務에 필요한 내용을 시험 보면 그 효과가 관립학교와 외국유학에만 의존하는 것보다 나을 것이라고 주장하였다.[132]

셋째, 적당한 인물을 里에서부터 천거를 시작하여 나라로까지 올리는 방식을 제안하고 있다. 교육을 받은 이들이 관리로 등용되는 방식에 대하여 뇌물로 관직을 얻지 못하게 하며, 기획력과 업무에 대한 지식을 갖춘 자를 선택하되 공개적으로 선발할 것을 요구하였다.[133] 그리고 지방관의 경우 백성들의 미세한 것까지 다스려야 하기 때문에 里안에서 실력 있는 자를 뽑는 것이 좋으며, 文・武・孝・廉한 인물을 뽑기 위한 방법으로 적당한 인물을 里→面→郡→省→중앙으로 올리는 것을 제안하고 있다.[134] 관직이 비었을 경우에는 적당한 인물을 천거하여 정부의 회의를 거쳐 뽑는 것이 가장 이롭다고 하였다.[135]

헌의인들이 기대하는 관리는 유교적 소양을 갖추고 새로운 정부에서 필요로 하는 기획력과 업무에 관한 지식을 갖춘 자로 경학과 시무

---

131) 『官報』, 1901년 11월 28일.
132) 『照會原本』 1권, 1900년 8월 2일, pp.192~196.
133) 『照會原本』 1권, 1900년 6월, p.127.
134) 『照會原本』 1권, 1900년 8월, pp.184~191.
135) 『照會原本』 2권, 1902년 2월, pp.5~8.

능력을 고루 갖춘 인재를 일컬었으며, 공개선발 또는 천거에 의하여 뽑는 것이 옳다는 것이 대체적인 의견이었다. 즉 당시 중추원에서는 교육에 있어서 구본신참의 방법으로 성균관·향약·과거 등을 통하여 유학을 진흥시키고, 지식 습득의 내용이나 과거보는 내용에 있어서 새로운 문물을 보충하는 방식을 제시하였다. 이는 당시 신교육 방법만을 중시하여 기존의 유생들이 학업에 뜻을 잃는 것을 우려한 마음을 나타낸 것으로 기왕에 실시되고 있는 교육방법을 인정하면서도 유학진흥이라는 옛 것으로의 복귀라는 생각이 주를 이루는 듯하다.

이러한 헌의는 당시 개혁자들이 추구하는 서구식의 교육·관리등용 방식과는 차이가 있는 것으로, 장지연은 중추원이 상달한 '과거부활건'에 대해서 적극적으로 반대의사를 표명하였다.[136) 중추원이 추구하는 성균관 교육, 향약 실시, 과거제 부활은 원칙적으로는 동도를 따르고, 시대의 대세가 이미 서구적 과학기술에 대한 필요성을 인식하고 생활도 변하고 있으므로 변법으로 이를 일정한 범위 하에서 채택할 것을 제시하고 있었다. 중추원에서 취사선택하여 의정부로 상달한 헌의 내용을 통하여 당시 중추원 구성원의 신교육에 대한 생각과 관리등용에 대한 생각을 읽을 수 있으며, 그들이 동도서기적 성향을 유지하고 있음을 알 수 있다.

(2) 재정 확충과 군사력 증진

재정 확충에 대한 내용은 부강책 관련 상소 10건 중 8건에 해당하는 가장 큰 비중을 차지하고 있다. 재정 확충에 관한 헌의 내용에는 재정의 정도에 따라 제도를 마련하고, 백성의 생산을 살펴 그 용도를 절제한다면 나라의 재정이 풍족해질 것이라는 일반론에서부터,[137) 양전·

---

136) 장지연, 『韋庵文稿』, pp.332~334.
137) 『照會原本』 1권, 1900년 6월, pp.127~130.

미곡확보・전폐문제・도량형 통일・상무규칙 작성 등의 당시 경제안정을 위한 급무가 구체적으로 개진되어 있다.

당시 근대화 개혁의 관건이 된 것은 재정개혁을 통한 자금의 확보였다. 이 중 재정개혁의 기초가 되는 양전사업은 갑오개혁 정권이 시도하였다가 정권의 붕괴로 수행하지 못하였던 것으로, 대한제국이 설립된 후 1898년 양지아문의 설치로 1899년부터 실시되고 있었다.[138] 인민들은 양전을 하는 과정에서 토지 결수가 감소하는 이유로 관리의 隱田・백성의 僞田이 증가함을 들었고, 토지 측량의 필요성을 주장하며,[139] 절반이나 진행된 量田사업을 속히 매듭지어 나라의 세금과 백성들의 결수를 확정해야 한다고 하였다.[140] 또한 곡식의 입출을 적절하게 조치하고,[141] 미곡을 확보하여 갑작스런 기근과 전쟁에 대비할 것을 헌의하고 있다.[142] 이는 인민들도 양전의 필요성을 인식하고 근대식 토지파악에 대하여 긍정적으로 생각하며, 양전의 조속한 완결과 이에 따른 안정된 재정 확보를 요구하고 있었음을 알 수 있다.

광무년간의 개혁사업 중 집요하게 시도된 것이 화폐금융제도의 개혁이었다. 화폐제도가 문란하여 갑오개혁기부터 신식화폐발행에 대하여 논의하였다. 광무년간에는 이용익 주도로 화폐제도 개혁과 중앙은행의 창립을 시도하였다. 화폐제도 개혁에 소요될 막대한 자금을 국가재정으로는 염출할 수 없었으므로 차관도입에 의존할 수밖에 없었으나, 차관제공의 대가로 이권을 차지하고 세력을 확장하려는 제국주의 열강의 상호 방해로 화폐개혁을 이룰 수 없었다.[143] 인민들도 당시 화

---

138) 나애자, 「대한제국의 권력구조와 광무개혁」, 『한국사』 11, 한길사, 1994, p.172.
139) 『照會原本』 1권, 1900년 8월, pp.163~165.
140) 『照會原本』 2권, 1902년 2월, pp.5~8.
141) 『照會原本』 1권, 1900년 8월, p.184.
142) 『照會原本』 1권, 1900년 8월, p.158.
143) 나애자, 앞의 글, pp.174~175.

폐제도의 폐단을 인식하고, 안정된 화폐 유통을 위하여 동전의 유통과 은화의 주조를 헌의하였고,[144] 상업에서의 신뢰와 상행위의 활성화를 위한 용량·중량·길이 등의 도량형 통일을 헌의하기도 하였다.[145]

재정과 관계하여 인민은 빈약한 국가재정 상태를 극복하기 위하여 양전사업·미곡확보를, 문란한 화폐제도를 개혁하기 위하여 은화의 주조를 건의하였다. 재정관련 헌의 내용이 시무책의 내용 중 가장 많은 부분을 차지하고 있으며 근본문제는 잘 파악하고 있으나, 그 해결방안을 제시하는 과정에서 내용이 결집이 되지 않고 각각의 사항에 대한 일회적 헌의 상달로 그치고 있는 한계를 보인다. 그 이유는 중추원 관제에서 '인민의 헌의'라고 하였을 때 실질적인 헌의인은 전직관료와 유생층으로 비교적 생활이 안정된 사람들이었고, 그들의 관심은 경제보다 정치에 집중되었기 때문이라고 생각된다. 또한 헌의서들을 의정부로 상달하는 과정에서 중추원 자체에서도 경제문제에 대한 위기의식이 상대적으로 절실하지 않았음을 말해주는 것이다.

한편 부국강병에 대한 또 다른 논의로 군사력에 대한 헌의들이 보인다. 부국강병은 궁극적으로 열강으로부터의 자주를 유지할 수 있는 가장 중요한 근간이 되는 것이다. 따라서 강병에 해당하는 군사력 증진에 관한 내용은 당시 열강들의 이권침탈과 한국 침략을 둘러싼 열강들의 준비작업이 한창인 즈음에 중요한 문제일 수밖에 없었다. 인민의 헌의에 나타나는 시무책 관련 상소 10건 중 5건에서 군사력 증진 관련 내용이 나타나며, 주요 내용은 병사수의 증강과 신무기에 대한 필요성에 관한 것이다.

병사수 증강에 대한 대책으로 병농일치[146]와 6개월씩 上下番으로

---

144) 『照會原本』 1권, 1900년 8월, p.158.
145) 『照會原本』 1권, 1900년 9월, p.177.
146) 『照會原本』 1권, 1900년 6월, pp.127~130.

군대에 나아가 무예를 익히게 하고 급료를 주며, 물러날 때에는 자기의 일을 돌보게 한다면 백성들의 생활에 방해를 주지 않으면서도 나라를 지킬 방법이 될 것이라고 하였다. 각 郡에서는 자기의 마을은 자신의 힘으로 지킬 수 있는 병사를 내어 18~35세까지 훈련을 받게 할 것을 헌의하였고,[147] 군비는 농지 3/10을 軍田으로 충당하면 강국의 방법으로 이보다 더 나은 것이 없다는 의견을 내놓기도 하였다.[148] 이러한 의견들은 과거 군사제도와 크게 다를 것 없는 내용으로, 군사력 증진의 필요성은 절실하지만 그 방법에 대해서는 새로운 방책 없이 이전의 방법을 제시하고 있었다. 그러나 당시 백성들도 신무기 사용을 중요하다고 여기며 신무기를 만들고 다룰 수 있는 기능인의 교육과 그에 따른 혜택에 대하여 논의하고 있다.[149]

당시 우리 영토 안에서 청일전쟁·을미사변·아관파천 등이 일어나고, 열강의 이권침탈이 자행되고 있는 상황에서 自主하기 위한 가장 근본적 요건이 '强兵'임을 인식하고 있었을 텐데 그 구체적인 방법이 전통사회에서의 국방의 방법과 큰 차이가 없다는 것은 헌의인들의 인식의 한계이며, 당시 국가를 운영하는 위정자들의 한계였다. 고종은 군사력보다도 경찰력을 증강하여 황제권 강화를 위하여 정치세력에 대한 사찰과 정보수집, 정치적 사건에 대한 수사업무 등을 담당하게 하였다.[150] 이는 아직도 위정자와 인민 모두 열강에 대한 위기상황을 철저히 인식하지 못하고 있었고, 따라서 이에 대한 대책 마련에 적극적이지 못하였으며, 지배층은 권력 획득과 유지에 더 많은 관심을 기울이고 있었음을 알 수 있다.

---

147) 『照會原本』 1권, 1900년 8월, pp.165~173.
148) 『照會原本』 1권, 1900년 8월, pp.184~191.
149) 『照會原本』 1권, 1900년 8월, pp.165~173.
150) 차선혜, 「대한제국기 경찰제도의 변화와 성격」, 『역사와 현실』 19, 1996, p.99.

3) 열강의 침탈에 대한 대응

1900년에서 1902년 사이에는 한국을 둘러싼 러시아와 일본의 대한 외교정책이 팽팽한 대결양상을 보였다. 또한 국경문제로 청국과의 마찰이 야기되었고, 미국 등 서구 열강과의 관계도 경제적 이유로 계속 쟁점화되고 있었다.『조회원본』에 기재된 열강의 한국침탈에 대한 인민들의 헌의는 15건으로 국내 문제보다는 상대적으로 적은 부분을 차지하지만, 대외관련 헌의는 열강과의 관계에서 중추원이 어느 정도의 위기의식을 가지고 각각의 사항에 대처하고자 하였는지 살펴볼 수 있다.

(1) 러·일의 대한분할설에 대한 대응

일본은 1894년 경복궁 점령과 청일전쟁의 승리를 통하여 한국에서의 정치적·경제적 우위를 확보할 수 있었고, 한국 정계 내의 반일세력의 성장을 막기 위하여 을미사변을 일으키면서까지 한국에서의 우위를 지키고자 하였다. 그러나 1896년 아관파천으로 갑오개혁을 주도하였던 친일계 관료들은 모두 죽임을 당하거나 일본으로 망명함으로써, 한국에서 일본의 영향력은 축소되었고 새롭게 러시아가 부상하였다. 이후 러시아와 일본은 서로 한반도를 둘러싸고 양자간 여러 차례의 협상을 하면서 세력 균형에 있어 유리한 위치를 차지하고자 하였다.

1900년 7월 만주에서 의화단 사건이 일어나자 이를 러시아군이 진압하였고, 동청철도 보호를 이유로 만주에 대량의 병력을 투입하였다. 러시아는 만주 확보를 가장 중요시하였기 때문에 의화단 진압을 이유로 러시아군의 월경 허가를 한국정부에 요청하면서 한국 북부의 방위를 맡고자 하였다. 이러한 생각으로 러시아는 일본에 한국분할에 대한

204

제의를 한 것이다. 『동경신문』의 기사에 근거하여[151) 1900년 8월 8일
『皇城新聞』에 "주한러시아공사가 주한일본공사 하야시 곤스케(林權
助)에게 대한을 분할하자고 하였고, 하야시는 이를 거절하였다."[152)는
기사가 실렸고, 이후 분개한 국민들에 의한 헌의가 중추원에 빗발쳤
다.[153)

　일본과 러시아의 대한분할설에 관한 상소는 6건이 있는데, 그 시기
는 모두 1900년 8월에 집중되어있다. 중추원에서 상달된 인민의 헌의
를 받은 외부는 러·일의 대한분할설에 대하여 "일본공사에 조회하여
허위임을 밝히고 동경신문에 정정 보도를 요청하여 (대한분할설에 관
한 건은) 이미 처리되었으니 장황하게 늘어놓을 필요가 없다."고 중추
원에 답하였다.[154) 헌의인들은 사건의 중요성을 제대로 파악하지 못하
고 축소하여 은폐하려고 하는 외부의 자세에 분개하며 허위보도한 자
를 처벌함과 함께 허위보도의 이유를 천하에 공포해야 한다고 주장하
였다.[155) 또한 근거가 없는데서 나온 분할설이라면 기사를 잘못 기재
한 신문사가 책임을 져야 하며, 근거가 있다면 러시아 공사의 무례함
을 묵과할 수 없으므로 러시아로 귀환시켜야 한다고 하였다.[156)

　이에 『皇城新聞』측은 社告를 통하여 러·일의 대한분할설이 『동경

---

151) 『照會原本』 1권, 1900년 8월, pp.206~207.
152) 『皇城新聞』, <請者냐 絶者냐>, 1900년 8월 8일. 대한분할설에 대한 논의는
　　 1896년 山縣(山縣有朋 : 일본전권공사)·로바노프(러시아 외무대신) 협정을
　　 체결하면서도 제기되었다. 山縣은 양군 군대의 충돌을 피하기 위하여 주둔지
　　 역을 결정하자고 하면서 한반도를 북위 38도선으로 분할하자고 하였으나 러
　　 시아는 분할제의를 거부한바 있었다. 모리야마 시게노리, 『근대한일관계사연
　　 구』, 현음사, 1994, pp.74~85.
153) 『皇城新聞』, <樞院會議>, 1900년 8월 13일 ; <獻議樞院>, 8월 21일.
154) 『起案』 2(奎17746), 照覆 제5호, 1900년 8월 24일.
155) 『照會原本』 1권, 1900년 8월, pp.174~177.
156) 『照會原本』 1권, 1900년 8월 13일, pp.198~199.

신문』을 번역한 것이라는 사실을 알렸다.[157] 정부는 대한분할설에 대한 기사를 실은『皇城新聞』사장 남궁억을 구속하였으나, 대한분할설 관련 기사가 일본 신문의 보도를 인용하였다는 것이 확인되어 방면하였다.[158] 또한 헌의인들은 만국공법과 대한분할설을 연관시켜 러시아의 불법 행동을 엄중히 처리하고 만국에 공포해야, 앞으로도 외국인이 한국을 넘겨다보지 못할 것이며 竝立의 세를 펼 수 있을 것이라는 의견을 개진하였다.[159]

『조회원본』의 글에서 헌의인들이 러시아의 행동에 대하여 분개하고 이를 엄중히 처리해야 한다는 의지를 느낄 수 있으며, 외부에서는 사태를 축소시켜 열강과의 관계를 불편하지 않게 유지하려는 분위기를 알 수 있다. 이에 중추원은 대한분할설에 대하여 철저히 조사하고 만국공법에 의거하여 열강의 잘못을 바로 잡아 우리의 권리를 보호할 것을 건의하였고,[160] "정부에서 중추원에서 올린 헌의서 내용에 대하여 회의했다는 말만 있고 이에 대한 답이 없다."고 불만을 토로하였다.[161] 중추원은 '대한분할설' 등 외세의 의견에 예민하게 반응을 하고 있으나 중추원의 영향력이 법적으로 제한되어, 정부의 열강에 대한 미온적 태도에 실질적으로 영향을 끼치는데 한계를 보인다. 그러나 외교문제를 자의로 처리하려는 정부와 한국의 자주권을 침해하려는 열강의 의도에 '인민의 헌의'를 앞세워 일정한 제재를 가하였다.

(2) 국경지역 한인에 대한 대책

---

157) 『皇城新聞』, <社告>, 1900년 8월 14일.
158) 『皇城新聞』, 1900년 8월 16일 ;『皇城新聞』, 1900년 8월 25일 ;『官報』, 1900년 8월 18일 · 9월 1일.
159) 『照會原本』 1권, 1900년 8월, pp.206～207 ; 1900년 8월 8일, pp.216～217.
160) 『照會原本』 1권, 1900년 8월, p.214.
161) 『照會原本』 1권, 1900년 8월, pp.206～207.

206

　국경지방의 문제에 관한 상소는 5건으로 병사 징집에 관한 관할지역, 국경지역에 대한 중국과 한국간의 소유권, 그에 따른 지역주민들의 생활에 관계된 문제 등이다. 헌의인들 중 '間島居民 상소'라고 하여 인민 60명이 연명 상소하여 생활의 어려움에 대하여 서술한 헌의서도 보인다.[162]

　당시 열강들의 이권 쟁탈장이 되었던 만주지역은 러시아·청·한국 세 나라의 접경지역으로, 경제적으로 어려웠던 청나라 사람들이 도적이 되어 국경선을 넘어 출몰하는 횟수가 잦았으며, 러시아 군인들의 횡포도 잦아 국경지역에 살고 있는 한국 주민들은 항상 위험에 노출되어 있었다. 특히 1900년 2월 산동성에서 봉기한 '의화단 사건'은 한반도 국경 지역에도 영향을 끼쳐 변방민의 생활을 더욱 힘들게 하였다. 한국정부도 이에 대한 대책을 마련하고자 하였으나 근본적인 대책이 마련되지 못하였고, 변방민의 문제는 특정 시기, 특정 지역의 문제가 아닌 한말 전 국경지역의 문제가 되었다.

　국경지방 보호 대책을 살펴보면, 삼수·갑산 지역은 1899년에도 청국 비적들이 국경을 넘어와 민가를 불지르고 인민의 생명과 재산에 피해를 주어, 청국에 비적들의 처단과 손해배상을 요청하였으며 이에 대한 확답을 받았다.[163] 당시 변방민들은 일정한 사건이 있을 때마다 관련 정부기관에 대책마련을 요구하였다. 함경도 삼수·갑산과 평안도 강계에 淸人이 난입하여 산림을 훼손했을 때는 농상공부에 산림보호를 위한 관원 파견을 요구하였으며,[164] 경성 居民은 심계지역이 한·청간의 중요한 지역이므로 양국 외부대신이 담판하여 장정을 개정할 것을 요구하였다.[165] 함남관찰사 서정순은 삼수·갑산의 民訴를 내부

---

162) 『照會原本』 2권, 1901년 10월, p.25.
163) 『舊韓國外交文書』 9권(淸案), 2002호, 1900년 3월 5일.
164) 『皇城新聞』, ＜自薦派員＞, 1900년 4월 12일.

에 보고하면서 淸匪 출몰을 대비하여 원수부에 山砲를 요구하였다.[166] 이에 정부는 정부회의를 통하여 함경남·북도 지방대 설치 문제에 대하여 의논을 하였고, 원수부 회의에서는 淸匪의 국경 침입에 대비한 병사를 파송하는 것에 대하여 논의하였다.[167]

또한 국경지방의 군민들도 자체적으로 청군의 약탈에 맞서고자 군사를 모집하는 등 대책을 마련하였다. 함북 간도민들은 청비와 러시아 군인들의 횡포에 각자 재물을 내어 모병하겠다고 외부·원수부에 요청하였고,[168] 종성 군민들도 청비의 출몰을 대비하기 위하여 自保隊를 형성하였다.[169] 무산군수는 청비 방어를 위하여 茂山군 포군 30여 명을 모집하여 방비하고자 하였고,[170] 이후 山砲를 300명을 모집하고 원수부에 양총 분급을 청하였다.[171]

이러한 국경지역의 상황 하에서, 요동강 연안 7郡에서는 관리가 배치되지 않아 십만여 호에 이르는 백성들이 나라의 보호를 받지 못하고 있다고 다음과 같이 헌의하였다.

요동강 지역은 본래 우리 대한의 강토이고 그곳에 사는 백성들은 우리의 풍습을 지니고 살고 있는데도 갑오년의 소란 이후 관은 전혀 돌보지 않고 백성은 따르지 않아 중국의 영토와 다름이 없게 되었다. 관리를 두어 단계별로 요동강 연안의 백성들을 교화하고 호적을 작성하며 세금을 내게 하여 한국의 토지와 인민임을 알게 하자.[172]

---

165) 『皇城新聞』, <鍾城報請>, 1900년 4월 13일.
166) 『皇城新聞』, 1901년 7월 30일.
167) 『皇城新聞』, <照會淸署>, 1900년 7월 2일.
168) 『皇城新聞』, <請願設隊>, 1901년 3월 1일.
169) 『皇城新聞』, <咸北警報>, 1901년 8월 19일.
170) 『皇城新聞』, <慶源警報>, 1900년 8월 23일.
171) 『皇城新聞』, <設砲請銃>, 1902년 12월 6일.
172) 『照會原本』 1권, 1900년 12월, pp.88~90.

이에 정부는 칙령을 내려 함경북도 변계에 **警務署**를 설치하는 것을 재가하여 一切墾荒邊戶를 보호하되 그 위치는 지방형편에 따르라고 하여,[173] 함북변계 경무소 봉급과 경비에 관한 사항을 재가 받았다.[174]

또한 청비와 러시아 군인들은 인명살상·재물약탈·방화를 자행할 뿐 아니라, 한국정부가 국경지역에 대한 관리를 허술히 하자, 변방민들을 위협하여 일상생활을 자신들이 보호해주는 대신 그에 대한 대가를 요구하고 있었다. 변방민들은 이에 대한 정부의 조정을 헌의서를 통하여 요구하였다. 함남 주민들이 청국 渾春 등지로 이주하여 청국군의 모습으로 청국진영에 있다가 러시아군의 습격으로 2000여 명이 사망하는 사건이 발생하였으며,[175] 러시아 군인의 혼춘 점거로 한국인이 피난하자 이를 청국 패잔병이 약탈을 하였고,[176] 자주 한청국경 연변에서 사람을 해치고 도적질을 하였다.[177] 또한 혼춘 부통령이 월경 이주민은 청복을 입으라고 강요하였으며,[178] 청관리가 한국인 머리를 강제로 깎는다는 보고가 있었다.[179]

당시의 헌의서를 통해, 정부는 청과의 경계문제로 불거지고 있는 제반 상황을 처리하기 위하여 경무소를 설치하였으나 실질적인 효과를 보지 못하였고 변방민들은 계속 청인들로부터 심한 곤욕을 치르고 있었음을 알 수 있다. 중추원에서도 변경 문제를 중시하며 정부에 헌의를 하고 있지만 당시 청과 러시아와의 변경 문제는 국내외 상황의 혼란 속에서 근본적인 해결책이 제시되거나 눈에 보이는 진척이 이루어

---

173) 『官報』, 1901년 2월 18일.
174) 『承政院日記』, 1901년 1월 18일 ; 『官報』, 1901년 3월 11일.
175) 『皇城新聞』, <韓人慘死>, 1900년 8월 20일.
176) 『皇城新聞』, <慶源警報>, 1900년 8월 23일.
177) 『皇城新聞』, <北邊良將>, 1901년 4월 30일.
178) 『皇城新聞』, <「照禁薙髮>, 1902년 7월 8일.
179) 『皇城新聞』, <淸薙韓髮>, 1902년 8월 12일.

지지 못하였다. 이와 같은 현상은 한국이 국제사회에서 힘의 논리에 밀려 변방 주민들의 생명과 재산을 보호하여 안정된 생활을 할 수 있게 하기 힘든 상황이었으며, 이는 또한 한국 내 정치상황의 혼란과 한국 관리들의 외교문제 해결 능력의 부족과도 연결된다.

⑶ 이주 일본인에 대한 대책

일본인의 잦은 한국 이민과 그로 인하여 파생되는 문제에 대하여 헌의인들은 우려를 나타내며, 일본인의 행동을 제어할 수 있는 법적 장치를 요구하였다. 이와 관련된 내용은 4건으로 1901년과 1902년에 헌의되었다. 헌의인들은 5명 이하의 소수가 연명으로 의견을 개진하고 있으며, 거의 전직 관리들이다. 개항 이래로 일본인이 한국으로 들어와 생활하면서 일어나는 불미스러운 일들이 계속 보고되었다. 이 글에서는 헌의서에 나타나고 있는 문제에 초점을 맞추어 정리하겠다.

① 경상북도의 유생들은 일본상인 요시카와 사타로(吉川佐太郞)가 월미도를 매입했다고 주장하면서 백성의 집을 헐고, 그들을 내쫓는 행위에 대하여 交隣의 도리를 내세워 비난하였다. 이를 해결하기 위해서는 정부가 일본인에게 돈을 돌려주고 월미도 인민의 생활을 안정시켜야 한다고 하였다.[180]

요시카와(吉川)에 의한 月尾島 매입은 당시 일본과 한국 사이의 외교문제로 확대되었다. 월미도 개간을 허락받은 金某가 요시카와 사타로(吉川佐太郞)에게 그 토지를 방매하였고,[181] 요시카와는 자신의 토지에 있는 가옥 수십 채를 철거하도록 요구하며 가옥을 훼손하자 주민들이 이를 중지시켜 줄 것을 호소하였다.[182] 일본상인 요시카와가 매

---

180)『照會原本』 1권, 1901년 6월, pp.73~75.
181)『皇城新聞』, <月尾島事件>, 1900년 5월 4일.
182)『皇城新聞』, <島民呼訴>, 1900년 10월 9일 ; <訴之何益>, 1901년 5월 22일.

210

수한 월미도는 인천항의 요지이므로 궁중에서 환매하기로 하여 가격을 책정하였으나 조속한 처결이 이루어지지 않자,[183] 일본공사가 월미도 거주민의 철거를 감리서에 조회하기도 하였다.[184] 결국 요시카와는 정부가 元錢을 상환하지 않는다고 島民을 축출하고 가옥과 분묘 등을 훼손하였으며,[185] 주한일본공사는 외부에 조회하여 월미도의 地價를 속히 상환해줄 것을 요구하였다.[186] 월미도와 관련된 외교문제는 1901년 12월을 전후하여 마무리되었다.[187] 1900년 5월경에 시작된 월미도 관련 외교문제는 1901년 12월에 이르는 시기까지 약 1년 6개월 동안 계속되었으며, 이 과정에서 월미도 주민들의 고통은 신문 등을 통하여 전국에 알려졌고, 직접적인 관련이 없는 경상북도 유생들에 의한 헌의서가 중추원에 답지한 것이다.

② 정부는 열강의 광산채굴권과 철도부설권 침탈에 대응하여 1898년 국내철도와 광산의 자체개발을 명분으로 이권양여를 거부한다는 방침을 표명하였고, 궁내부에 철도원과 광무국을 설치하여 이를 활성화시키고자 하였다. 그러나 자금부족과 이익균점을 주장하는 열강의 요구로 경부·경의철도 부설권은 일본에게 허용하였고, 광산개발도 기술이나 경영혁신을 이루지 못한 채 열강에게 이권을 빼앗기게 되었다. 인민들도 위기의식을 가지고 광산, 항구의 관세, 산림 등의 이권이 대부분 열강의 손에서 관리되는 것을 통탄하였으며, 경부철도도 이를 남의 손에 맡길 것이 아니라 우리의 자금과 노동력으로 건설해야 후일

---

183) 『舊韓國外交文書』5권(日案), 611호, 1901년 1월 28일 ; 6117호, 1901년 2월 1일. 월미도를 환매하기 위하여 협정된 대금의 지불이 연기되고 있으니 이를 속히 처결하여 줄 것을 주한일본공사가 외부에 공문을 보냄.
184) 『皇城新聞』, <撤退島民>, 1901년 3월 6일.
185) 『皇城新聞』, <倘非是計>, 1901년 8월 30일.
186) 『皇城新聞』, <照請速償>, 1901년 9월 5일.
187) 『舊韓國外交文書』5권(日案), 6566호, 1901년 12월 6일.

그 국권과 民業이 보전될 수 있을 것이라는 의견을 제시하였다.[188] 헌의인들은 외국인(특히 일인)들이 한국에 들어와 땅을 차지하고, 가난한 백성을 노예로 삼고, 땅을 빼앗으니 앞으로 우리의 식산은 우리의 것이 되지 않을 것이라고 경고하고 있다. 우리는 조약·절검·예로써 우리의 권리를 지켜야 하며, 한국에 자리 잡은 외국인들에게 家間稅와 商店稅를 따로 정하여 조약을 확립할 것을 제시하였다.[189]

③ 일본인의 自由渡韓 문제에 대하여 1901년 9월『조선신보』에 의거하여『皇城新聞』에서 일본인의 자유도한 문제는 거류민의 숙원으로 인천항의 일본 상업회의소에서도 자유도한 문제를 만장일치로 가결시켰고, 주한일본공사와 영사도 이에 동의하였음을 밝히고 있다.[190] 이에『皇城新聞』은 논설을 통하여 '자유도한의 策은 植民의 배태가 되는 것'이라고 주장하며 자유도한에 대한 우려를 나타냈다.[191]

일본은 '이민보호법'의 개정을 통하여 1조에 "외국은 한·청 양국 이외의 국가로 규정한다."고 하였는데, 그 이유는 제반 상황이 渡航 근로자를 특별히 보호할 필요가 없고 번잡한 이민법을 적용할 필요가 없기 때문이라고 하였다.[192] 이에『皇城新聞』은 '이민보호법' 1조는 청한 양국을 일본의 국내 지방으로 인정한 것으로 일본이 한국을 식민지하려는 것이라고 하였다.[193] 한국인이 부산항을 나오며 목격한 바로는 동승하였던 일본인들 중 일본관청에서 발급한 여행권을 휴대하지 않은 자가 대부분이었으나 일본 警吏는 별반 힐문하지 않았다는 것으로 보

---

188)『照會原本』1권, 1900년 6월, pp.131~135.
189)『照會原本』2권, 1902년 1월, pp.15~17.
190)『皇城新聞』, <自由渡韓>, 1901년 9월 30일 ; <自由渡韓의 議決>, 1901년 10월 2일.
191)『皇城新聞』, <論說>, 1901년 10월 12일.
192)『皇城新聞』, <日本移民法의 改正>, 1901년 12월 20일.
193)『皇城新聞』, <論說-論日本政府移民法改正>, 1901년 12월 23일.

아, 日本人의 自由渡韓은 이미 오래 전부터 시행되고 있었으며 일본 정부는 이를 묵인하였음을 알 수 있다.[194] 1901년 12월 말 일본은 '이민보호법' 중 개정 법률안과 '한·청 이민보호법' 개정안을 하의원에서 가결시켰다.[195]

일본정부에서 이민법을 개정한 이후로 일본 국내 각 회사에서는 한국에 이주할 방법을 상호 논의하며 한국으로의 이민을 위한 정보수집이 한창이었다.[196] 이러한 상황에서 李沂는 일본인의 이민으로 인한 일본인의 토지 매입과 生利 침탈이 자행되리라는 것에 우려를 표명하였다.[197] 또한 4차례에 걸쳐 일본의 이민보호법개정에 관한 문제에 대하여 『조선신보』의 "한국인은 일본의 대한경영을 의심의 눈으로 볼 필요가 없다."는 주장을 논박하며, 일본인의 이민은 대부분 노동 이민으로 한국 경제상의 이익은 거의 없으며, 이민 오는 자가 많으면 한국의 利源은 더욱 소모될 것이라고 하였다.[198]

당시 이민보호법이 개정되는 때에 한국 내 여론은 논설과 기서 등을 통하여 일본이 이민법을 개정하여 일본인으로 하여금 자유롭게 한국에 건너올 수 있게 한다고 하며 우려하였다. 또한 헌의인들도 일본인들이 한국에 들어와 광산과 어촌 등에서 우리의 生利를 빼앗아 인민의 분노가 팽팽한 상태가 되면 조만간 서로 크게 싸울 일이 생길 것이라고 지적하면서, 한국은 일본인들의 여권을 검사하여야 하며, 여권 없이 한국에 있는 자들은 일본에서 도망한 자들로 이들을 조치해야 한다는

---

194)『皇城新聞』, <自由渡韓>, 1901년 12월 23일.
195)『皇城新聞』, <移民法改正의 委員可決>, 1901년 12월 24일 ; <韓淸移民法改正의 可決>, 12월 28일.
196)『皇城新聞』, <移民現狀>, 1902년 1월 13일.
197)『皇城新聞』, <奇書>, 1902년 1월 23일.
198)『皇城新聞』, <論說 - 辨朝鮮新報辨妄之謬(1)>, 1902년 1월 28일 ; <論說 - 辨朝鮮新報辨妄之謬(2)>, 1월 29일 ; <論說 - 辨朝鮮新報辨妄之謬(3)>, 1월 30일 ; <論說 - 辨朝鮮新報辨妄之謬(4)>, 1월 31일.

헌의서를 중추원에 올렸다.[199]

일본이 개정한 이민법으로 일본인에게 자유로운 한국 이주가 허용된 것은 한국을 경영하기 위한 초석으로, 일본의 노동자들이 한국에 뿌리를 내리면 한국의 利源을 모두 차지하리라는 것을 인식하고 있었다.[200] 당시 러시아도 신문 『노보브렘야報』를 통하여 한국에 일본의 이주자가 매우 많아져 장차 한국이 일본의 보호국이 될 것이라고 우려하며, 러시아도 신속하게 일본의 행동에 대항하는 수단을 취해야 한다고 논하였다.[201]

중추원은 일본의 이민법개정과 이로 인하여 한국으로의 일본인 진출에 우려를 나타냈고, 일본인의 한국 이민에 대한 헌의인의 생각을 의정부에 상달하였다. 그러나 일본인의 이민은 특별한 방해 없이 진행되었으며, 한국에 자리 잡은 일본인들은 이후 일본이 한국을 식민지화하는 과정에서 일본정부에게 적극적인 활동을 요구하는 행동대로서의 역할을 담당하였다.

1900년대 초 열강과의 관계에서 불거졌던 사안에 대하여 인민들은 헌의를 통하여 한국의 자주권 확립과 인민의 생활 보호를 요청하였다. 중추원은 문제의식을 가지고 헌의를 충실히 의정부에 상달하였으며, 그에 대하여 적극적으로 대응하고 해결하지 못하는 정부에 대하여 비난하였고 대안책 마련을 촉구하였다. 이는 중추원이 열강 침탈에 대하여 위기의식을 가지고 적극적으로 대처하고자 하였음을 알 수 있다.

1900~1902년 중추원은 1899년 8월 중추원 관제 개정 이후 활동이 위축되어 유명무실한 기관이 된 상황에서, 중추원의 주요구성원 특히

---

199) 『照會原本』 2권, 1901년 1월 25일, pp.17~18.
200) 『照會原本』 2권, 1902년 2월, pp.2~4.
201) 『皇城新聞』, <俄論韓國關係>, 1902년 8월 29일.

의장을 역임한 인사들은 국정에 참여하는 방법으로 인민의 헌의를 받아 취사선택하여 의정부에 상달하는 중추원의 기능에 주목하고 민의의 전달 통로로서의 역할을 하였다. 중추원은 당시 의정부에 상달한 인민헌의서를 모아 『照會原本』을 엮었으며, 이를 근거로 다음의 사실을 추론할 수 있었다.

중추원 주요구성원은 인민의 헌의를 취사선택하여 여론화시킴으로써 자신들의 입장을 대변하도록 하였다. 즉 을미역적과 이용익을 탄핵함으로써 입헌군주제로 정체 변혁을 시도하였던 세력들에 대한 단죄를 주장하여 강력한 황제권을 지지하였으며, 측근세력을 탄핵함으로써 자신들이 정권의 핵심으로 진입하고자 하는 의도를 읽을 수 있었다. 이에 주목하여 살펴보아야 할 인물은 1900~1903년 중추원을 가장 오랫동안 주도하였던 김가진이다. 김가진은 1900년 10월 10일~1902년 11월 19일까지는 중추원 의장으로, 1902년 12월 17일~1904년 2월 22일까지는 중추원 부의장으로 활동하였다. 김가진은 순비 승후를 실질적으로 주도하였다고 볼 수 있으며, 1904년 이후 대신직을 수여받는 것으로 보아 중추원을 자신의 권력 재창출을 위하여 활용하는 데에 성공하였다고 할 수 있다.[202] 즉 1900~1903년간 중추원은 중추원의 주요구성원이 정권 재창출을 위한 여론을 형성하는 기관으로 파행적으로 운영되었음을 알 수 있다.

---

202) 1904년 김가진의 관력 : 議政府贊政(2월 22일), 農商工部大臣(3월 8일), 臨時署理外部大臣事務(3월 11일), 議政府贊政(8월 11일), 臨時署理法部大臣事務(8월 25일), 法部大臣(9월 15일).

제5장 중추원의 개편과 기능 강화
(1904~1907)

1. 러일전쟁 이후 중추원의 개편

1) 일본의 보호국화에 따른 위기의식 고조

러일전쟁이 일어나자마자 1904년 2월 23일 한국 외부대신서리 李址
鎔과 일본특명전권공사 하야시 곤스케(林權助) 사이에 韓日議定書가
조인되었다. 일본은 한일의정서를 체결함으로써 한국에 대한 시정 개
선을 권고(1조), 유사시에 한반도에 군대를 파견·주둔시킬 수 있는 권
리를 획득(4조), 다른 열강과의 협약을 견제하면서 한일간 군사동맹 상
태를 강제(5조)할 수 있게 되었다. 이는 한국 황실의 안전보장(2조)과
한국의 독립 및 영토 안전보장(3조)의 조항이 삽입되어 표면적으로는
보호권의 설정과는 거리가 있는 듯하나, 실질적으로는 정치적·군사적
간섭을 통하여 식민지화를 추진할 수 있는 근거를 마련한 것이다.[1]

한일의정서 조인 사실이 알려지자, 1904년 2월 28일 중추원 구성원
들은 "중추원 장정은 있으나 의정부에서 중추원에 諮詢하는 사항이 전
혀 없어 民國事務를 알지 못하니 중추원을 설치한 의미가 없다."고 하
면서 사직상소를 올렸다. 즉, 한일의정서 조인을 계기로 중추원은 관계
기관 사이에서 낮아진 위상을 절감하게 되었고, 한일의정서 조인과 같

---

[1] 통감부 편,『韓國條約類纂』, 1908, pp.4~5 ; 서영희,「일제의 한국 보호국화와
통감부의 통치권 수립과정」,『한국문화』18, 1996, pp.293~294.

216

은 국가 중대사를 조인 전에 알지도 못하였음에 대하여 반성하며 그 책임을 지고 사퇴하고자 한 것이었다. 그러자 고종은 의정부의 독단적인 국정운영을 견제하고 일본으로부터 자주권을 유지하기 위하여, 중추원의 기능에 주목하고 그 활동을 재개하도록 지시하였다.

중추원은 고종의 지시에 힘입어 "의정부는 법률·칙령안·임시심사 사항을 일일이 중추원에 자문하여 의정부와 중추원간의 의결을 기다린 연후에 시행하기를 바란다."고 의정부에 요구하였고, 의정부는 고종의 批旨가 중하니 장정에 의거하여 수시로 자문하겠다고 답하였다.[2]

중추원 부의장 李裕寅[3]은 2월 29일 중추원 회의를 통하여 "무릇 의안을 혹 按例라 칭하고 혹 時急이라 칭하면 자문할 사항이 있겠는가?"라고 하면서, 의정부가 국가의 대소사를 중추원으로의 자문 없이 결정하는 현상을 비판하였다. 나아가 중추원의 활동을 활성화시키기 위하여 중추원 관제 중 "但 時急한 事案은 政府에서 直行妥結할 事(1899년 8월 칙령 34호 제13조)"란 17자를 삭제하고, 일체의 정부 의안을 중추원에 자문하는 장정 실시를 요구하였다. 고종은 이를 윤허하였고 중추원은 이 사실을 의정부에 알렸다.[4] 이는 중추원이 직접적으로 표현하지는 않았지만 중추원으로의 자문을 통하여 의정부 독단으로 체결한 '한일의정서 조인'과 같은 사태를 미연에 방지하기 위하여 중추원 관제 개정을 요구한 것이다. 이러한 중추원의 요구는 고종의 의사를

---

2) 『起案』 8(奎17746), 의정부 편, 照覆 제3호, 1904년 2월 28일.

3) 1898년 법부대신, 1899년 경무사, 1900년 평리원 재판장 등으로 활약하면서 황제권에 도전하였던 세력들을 처벌하는 데 앞장섰으며, 일본에서 귀국한 안경수를 전격 처형함으로써 황제에게 충성을 보였다. 안경수 처형으로 일본과의 외교문제가 불거지자 유배를 떠나고 경상북도 관찰사로 좌천되기도 하였으나, 1902년 다시 궁내부 시종원경으로 복귀한 이후 마지막까지 고종을 측근에서 보필하였다. 서영희, 「광무정권의 국정운영과 일제의 국권침탈에 대한 대응」, 서울대학교 국사학과 박사학위논문, 1998, pp.64~65.

4) 『皇城新聞』, <△△實踐>, 1904년 2월 29일.

충분히 포함하고 있었다.

　의정부 의정 李根命은 3월 1일 고종의 지시에 따라, 1899년 1월 4일 장정5)을 增刪하여 언로 개방을 주청하였다. 그 내용 중 "일찍이 奏任官을 지낸 사람과 判任官 및 士庶人은 말하고자 하는 문제를 중추원에 헌의할 수 있다."6)는 조항이 있으나 '중추원으로의 헌의' 사항은 이전부터 규정된 사항으로 특별하게 언로를 개방하였다고 볼 수 없다. 또한 '17자 삭제'에 대한 중추원의 요구는 의정부와 중추원간에 서로 직권을 지켜야 하고 勅令 改正이 事體愼重하다는 이유로 거절되었다.7) 의정부가 중추원 관제 중 중추원으로의 자문 없이 의안을 직행, 반포할 수 있는 '17자의 삭제'를 거절한 것은 의정부 활동을 제약할 것이 분명한 관련 조항을 개정하지 않겠다는 의지의 표명이었다.

　한편 중추원은 한일의정서 조인에 대하여 외부대신에게 질문하고 그 不可함을 상소하였으며,8) 한일의정서 조인과 관련된 외부대신서리 이지용과 외부 참서관 具完喜를 '賣國之賊'이라고 하면서 국법으로 처벌할 것을 요구하고 한일의정서 조인을 막지 못한 의정 이하 각 대신

---

5) 1898년 후반 독립협회의 활동이 활발해지면서 독립협회와 직간접으로 관계된 사건들에 대하여 그 찬반을 논하는 각종 상소가 도래하였다. 고종은 번거로운 상소문제에 대한 대안책을 마련하라고 의정부에 지시하였고, 당시 의정부 參政 서정순은 정부의 관료들과 의논하여 1899년 1월 4일 언로 규정을 제의하여 고종의 허락을 받았다. 『承政院日記』, 1898년 11월 23일 ; 『官報』, 1899년 1월 6일 ; 『독립신문』, <상소조례>, 1899년 1월 7일.

6) 『起案』 8, 奏本, 1904년 3월 2일.
　一. 勅任官 勿論時任曾經 無碍陳疏
　一. 現帶奏任 許令陳疏言事 但不得夾帶辭職句語
　一. 曾經奏任人 與判任官及士庶人 若欲言事 許令獻議于中樞院 但縉紳章甫聯疏時 無碍簽名
　一. 勅任以下官應陳疏人 如欲彈劾 必須證據笃鑿然後 始許陳疏 不得只憑傳聞 糊塗登徹.

7) 『起案』 8, 照覆 제4호, 1904년 3월 3일.

8) 『皇城新聞』, <樞院上疏>, 1904년 3월 2일.

218

을 공격하였다.[9)]

　또한 중추원은 한일의정서 중에 국권을 침해하는 구절에 대하여 외부에 질문하였다. 이에 외부는 "의정부와 商定하여 한일의정서를 조인하였고 그 전문을 抄錄하여 보낸다."고 하면서, 중추원 관제 규정을 들어 중추원은 의정부의 자문과 인민헌의에 대하여 심사할 권한은 있으나, 외부와 의정부에 관한 사항을 의논하고 질문할 권한은 없음을 분명히 하고 서로 職權을 지킬 것을 요구하였다.[10)] 의정부 의정 이근명도 "전일 중추원의 發問事件은 의정부가 자문한 사항이 아니고 외부에서도 역시 공무상 교섭할 성질이 아니므로 자문하지 않은 것인데, 이에 대하여 중추원이 외부와 의정부에 질문한 것은 중추원 규칙에 어긋나는 것"이라고 중추원에 답하였다.[11)] 의정부와 외부의 조복을 받은 중추원은 다음과 같이 주장하였다.

　중추원 규칙 중 비록 심사 의정의 권한만 있으나 의정부가 國家安危에 관계되는 大事를 자문하지 않아 심사할 수 없었고, 중추원은 국무대신의 한일의정서 시행 관련 사안을 심사하기 위하여 세 차례에 걸쳐 照會하였으나 그에 대한 응답이 없었다. 이는 公務上 交涉이라 할 수 있는가. 중추원 장정 제13조를 개정하여 府院事務가 共濟之義에 따라 실시되기를 바란다.[12)]

　즉, 중추원은 한일의정서 조인과 같은 국가의 중대사에 대하여 해당 사무를 담당한 외부와 의정부로 질문을 하였고, 외부와 의정부는 중추원의 한정된 역할을 주지시켰다. 이에 중추원은 그 역할을 충분히 알

---

9) 『皇城新聞』, <樞院上疏>, 1904년 3월 3일.
10) 『起案』 8, 照覆 제5호, 1904년 3월 4일.
11) 『起案』 8, 照覆 제8호, 1904년 3월 12일.
12) 『照會』 2-3(奎17823), 照會 제6호, 1904년 3월 21일.

고 있으나 의정부가 국가의 주요 사안에 대하여 자문하지 않았고, 고종의 비지 이후에도 중추원의 조회에 답하지 않은 것을 비난하였다. 또한 의정부의 독단으로 인한 잘못된 국정운영을 막기 위하여 의정부에서 상주하는 모든 의안을 중추원에 자문할 것과, 의정부·중추원간의 타결 이후 의안을 시행할 수 있도록 중추원 규칙 개정을 다시 요구하였다.

중추원과 의정부 사이에 역할 논쟁이 진행되는 가운데, 의정부는 법률·칙령 의안에 대한 자문을 시작하였다. 그러나 대부분 官報에 안건들을 먼저 게재하고 열람하도록 하는 형식적인 형태였다. 중추원은 의정부에게 "此後照會라 하더라도 上奏後 頒布前이어야 하는데 官報에 게재한 후 알리는 것은 중추원과 의정부의 규정에 어긋나는 것"이라고 하면서 시정할 것을 요구하였다.[13] 그러나 의정부는 이후에도 거의 모든 의안을 관보 게재 후 중추원에 조회하였으며, 형식적인 자문의안 열람마저도 5월 9일 이후에는 보이지 않는다. 이는 의정부가 고종과 중추원의 의견을 실질적으로는 무시하면서 형식적인 모습만 보여준 것이다.

1904년 8월 22일 다시 외부대신서리 윤치호는 특명전권공사 하야시 곤스케(林權助)와 제1차 한일협약을 체결하여, 일본이 한국정부에 외교고문과 재정고문을 추천하고, 이후 외국과 조약을 체결하거나 특권 양여와 계약 등의 처리에 대해서 미리 일본정부와 상의할 것을 규정하

---

13) ① 의정부가 의정부請議書와 의정부官制改正과 會議規程勅令案을 閱悉한 것은 장정을 존중한 것이다. 그러나 비록 차후 조회라 하더라도 上奏後頒布前인데 官報 게재 후 조회하는 것은 府院間實施本意가 아니니 이를 살피기 바란다. 『照會』 2-3(奎17823), 照覆 제1호, 1904년 3월 13일.
② 42개의 의안을 조사하라는 의정부 조회 역시 官報上已認한 후였으니 府院간 사무가 번잡할 뿐이요 중추원을 實施하는 本意가 아니다. 『照會』 2-3, 照覆 제7호, 1904년 3월 22일.

였다.[14]

고종은 중추원 활동의 활성화를 통하여 일본과의 조약 체결에 제재를 가하고자 하였으나 실효를 거두지 못한 채, 한국을 둘러싼 국제관계는 일본을 중심으로 진행되었다. 이에 고종의 위기의식은 더욱 고조될 수밖에 없었다. 고종은 혁신의 필요성을 절감하며, 1904년 10월 8일 정부로 하여금 整理所를 설치하고 新舊를 참작하여 행정기관의 관제를 완비하여 나라의 완전한 법을 확정지을 것을 지시하였다. 특히 "중추원은 규정만 있을 뿐 의논이 없으니, 이는 관청을 설치한 본의가 아니다. 중추원 규정을 의논·확정·실시하여 諫하는 기풍을 다시 세우고 백성들의 뜻이 통하게 함으로써 지극히 공정하다는 것을 세상에 보여주어야 한다."[15]고 지시하여, 중추원의 활성화와 민의 국정참여를 통하여 의정부 활동을 견제하고 국가의 위기를 극복하고자 하는 고종의 의지를 보여주었다.

당시 의정부와 각부 대신들은 이전부터 명문가 집안의 후손으로, 고종이 측근세력과 손을 잡고 국정을 운영하고 있는 동안 권력 핵심에서 물러나 있었던 인물들이었다. 이들은 국제정세를 살피며 한국 내에서 다시 우위를 차지한 일본에 붙어 자신의 권력 회복을 위하여 왕의 지시마저도 형식적으로 대처하면서 일본의 의도에 맞추어 국정을 독단적으로 운영하고 있었다.[16] 고종은 국정운영에 있어 자신에게 힘을 보태어 줄 세력이 필요하였고, 중추원과 인민이 그 대상으로 부각된 것이다. 그리하여 고종이 중추원의 활동을 정상화시키기 위하여 노력하였던 반면, 의정부 대신들은 중추원의 국정참여를 저지하기 위하여 고

---

14) 『官報』, 1904년 9월 9일 ; 『皇城新聞』, <交涉事項>, 1904년 9월 10일.
15) 『高宗實錄』, 1904년 10월 8일.
16) 서영희, 「광무정권의 국정운영과 일제의 국권침탈에 대한 대응」, 서울대학교 사학과 박사학위논문, 1998, pp.195~231.

종의 의견을 형식적으로만 따르고 있는 실정이었다.

2) 중추원 관제 개정과 그 의미

고종은 중추원 관제를 개정하여 言議(필자주 : 국정에 대하여 의논)의 책임을 실시케 하라고 정부에 특별 지시를 내렸으나, 실제 중추원 관제에 대한 개정과 실시는 연기되고 있었다.[17] 결국 1905년 2월 26일에 가서야 칙령 12호로 중추원 관제가 개정되었다.[18]

주요 개정 내용은 중추원이 심사 의정할 수 있는 사항과 중추원 구성원에 관련된 사항이었다. 첫째, 중추원이 심사 의정할 수 있는 사항에 대해서는 기존 '의정부에서 자순하는 법률·칙령의 제정·폐지·개정에 관한 사항'과 '인민헌의에 관한 사항'은 변함이 없었고, '중추원이 임시 건의하는 사항'이 삭제된 대신 '법률·칙령의 실행효과의 정도와 未備로 생각되는 일에 관하여 건의하는 사항'과 '법률·칙령 실시에 관하여 건의하는 사항'이 덧붙여졌다. 둘째, 중추원 구성원은 기존 의관 수가 칙임·주임을 합하여 총 50명이었으나 칙임으로 贊議 15인만을 임명하도록 개정되었다. 의관을 '贊議'로 개칭하였고, 찬의로 임명될 수 있는 자격은 2개년 현직을 역임한 자로 한정하였다.[19]

중추원 기능의 변화가 보이는 '법률·칙령에 관련된 건의' 규정은 중추원에서 건의할 수 있는 내용을 구체적으로 정하였다고 볼 수도 있고, 또는 건의 사항에 한계를 두기 위한 조치로도 분석해 볼 수 있다.

---

17) 『대한매일신보』, <추원변제>, 1904년 10월 10일 ; <사의선용>, 1904년 10월 12일 ; 『皇城新聞』, <振政有望>, 1904년 10월 11일 ; 『皇城新聞』, <論說 - 中樞院官制沿革及改善實施,>, 1904년 10월 14일.
18) 『韓末近代法令資料集』, 勅令 12호, 1905년 2월 26일. 개정 전의 중추원 관제에 대한 내용 및 분석은 이방원, 「한말 정치변동과 중추원의 역할(1894~1910)」, pp.88~97 참조.
19) 『皇城新聞』, <官制釐正所聞>, 1905년 2월 28일.

그러나 중추원 심사 의정의 범위를 구체적으로 또는 한정적으로 규정
했다고 해도 이 조항으로는 의정부를 견제할 수 있는 강제력은 없다.
또한 의관 수의 급격한 축소 역시 중추원을 활성화시키려는 의도로 보
기 어렵다.

즉 개정된 중추원 관제로는 의정부 활동을 강력하게 견제할 수 있는
법적 장치가 될 수 없었고, 오히려 중추원의 활동을 축소시키고 있다
고 볼 수 있다. 의정부의 활동을 견제하기 위해서는 '上奏하는 모든 의
안을 중추원에 자문해야 한다'는 조항과 '국가의 주요 의안은 반드시
부원간의 타결이 있은 이후 상주한다'는 조항이 포함되어, 의정부의
'직행반포'를 규제해야만 한다. 개정된 중추원 관제 하에서는 의정부의
자의적 국정운영이 얼마든지 가능하였다. 따라서 고종의 의지로 개정
되어진 중추원 관제는 고종의 지시를 형식적으로 따르면서 여전히 중
추원의 역할을 제한하고자 했던 의정부, 나아가 일제의 의도가 반영된
것으로 볼 수 있다. 이런 이유로 칙령 12호로 관제가 개정된 이후에도
중추원의 활동을 활성화시킬 수 없었다. 중추원은 시급한 사정이 아닌
데도 의정부가 계속 자문하지 않고 상주하자 이에 대하여 불만을 표시
한 것에서 중추원의 활동은 여전히 정체되어 있었음을 알 수 있다.[20]

1905년 6월 일본인 나가모리 도키치로(長森藤吉郎)의 황무지개간권
요구 등으로 일본의 한국에 대한 야욕이 노골화되는 가운데, 고종은
1905년 8월 19일 詔勅을 내려 다음과 같이 지시하였다.

국가가 위급한 상황에 이른 것은 내 자신의 무능뿐 아니라 관료들의

---

20) "近日 奏裁揭頒한 官制釐正·通信院 協定·公賀欠逋人處斷例가 모두 시급
한 사정이 아닌데 하나도 자순하지 않고 의정부에서 먼저 上奏하였으며, 이
후 중추원으로 그 내용도 알리지 않은 것"에 대하여 의정부에게 항의하게 되
었다. 『照會』2-7, 照會 제4호, 1905년 5월 8일.

책임도 있다. 이에 대한 自救策을 마련하기 위하여 현전직 칙임관과 현직 주임관은 각기 의견을 진술하라.[21]

이로써 당시 일본의 움직임에 대한 고종의 위기의식이 고조되고 있음을 알 수 있다. 언론은 중추원의 역할을 강조하며, "중추원은 兩司(사헌부, 사간원)가 합쳐진 기관으로 전국의 言責(필자주 : 국정을 논의하는 책임)을 더불어 담당하니, 그 직책과 임무가 중요한 것이다. 그러나 국가가 어려운 때를 당하여 아무 소리가 없으니 존재하는 이유를 알 수 없다."고 하며 국권침탈의 위기 상황에서 적극적으로 활동하지 않음을 비난하였다.[22] 고종이 조칙한 이후 두 달이 지나도록 국가 위기상황 극복에 관한 의견을 개진한 사람이 없었다. 다만 중추원이 1905년 10월 의정부에 다음과 같이 조회하여 부원간의 합의에 따른 의안 시행을 요구하는 정도였다.

중추원 관제를 개정할 때에 '시급한 사항은 先行上奏하고 중추원에 追後知照하는 조항(10조)'을 첨입한 후부터 시급하지 않은 議案도 (중추원에) 자문하지 않고 정부가 直行하고 있다. 앞으로는 定章 본래의 뜻을 살펴 民國에 관계된 것이 있거든 자문하여 서로 가부간에 절충하여 시행하기를 바란다.[23]

그 후 중추원의 활동을 활성화하여 의정부의 활동을 제한하고자 하였던 고종의 의지와 중추원의 의견이 반영되어, 1905년 10월 24일 의정부회의규칙 제1조 "政府諸臣 會議可否를 不拘하고 皇帝陛下獨斷

---

21) 『承政院日記』, 1905년 7월 19일 ;『官報』, 1905년 8월 19일.
22) 『대한매일신보』, <飢鳥可憎>, 1905년 9월 19일.
23) 『各官廳公文原本』, 照會 제25호, 1905년 10월 2일 ;『皇城新聞』, <照會議政府>, 1905년 10월 10일.

224

處理一款은 削去하고 軍國大事를 必諮詢于中樞院하여 取其可否決行할 事"로 의결되었고,[24] 따라서 勅令 46호로 중추원 관제도 개정되었다.[25] 이 조항으로 고종의 독단적인 정책결정권이 삭제됨으로써 황제권의 약화를 초래하였다고 볼 수 있다. 그러나 군국사무를 반드시 중추원에 자문하고, 중추원과 의정부의 합의 이후 정책을 시행해야 한다는 조항이 첨입됨으로써 의정부는 중추원의 규제를 받을 수밖에 없었고, 고종은 이를 통하여 의정부, 나아가 일제의 간섭을 막을 수 있는 장치를 마련하고자 한 것이다.[26] 이는 당시 언론이 중추원 관제 개정 이유를 분석·게재한 것에서도 살펴볼 수 있다.

고종이 종전 회의 규정에 可否의 多少를 불구하고 재가할 수 있는 권리는 자신의 본뜻이 아니었음을 밝히고, 이에 대한 정부의 잘못을 꾸짖고 정부대신들 역시 고종의 뜻을 깨달아 時局의 절박함을 알게 되었으며, 중추원이 허명으로 존재하고 장정이 未備하여 군국중대사건을 중추원에 자문하지 않고 한두 대신이 자의적으로 처단하는 것을 常事로 알게 되었는데, 민국의 시급한 時機를 맞아 정부의 책임이 더욱 중

---

24) 『대한매일신보』, <議案概聞>, 1905년 10월 26일 ; 『皇城新聞』, <政會議案二條>, 1905년 10월 26일.
25) 『官報』, 1905년 10월 28일.
26) 서영희는 그의 박사학위논문(p.211)에서 1905년 10월 24일 개정·반포된 칙령 44호 <의정부관제>와 칙령 45호 <의정부회의규정>을 분석하여 광무년간 황제 주도의 정치체제 하에서는 의정부회의에서 정부대신 다수가 반대해도 황제가 이에 상관없이 결정할 수 있었던 전제권이 소극적인 거부권으로 축소된 것으로 서술하였다. 이는 당시 일제의 간섭이 점점 심해지는 시대상황과 함께 의정부관제와 회의규정의 내용을 그대로 이해하면 맞는 분석이지만, 군국사무를 반드시 중추원에 자순하여야 하고 합의타결 이후에만 의정부가 정책에 반영시킬 수 있는 조항과 함께 생각한다면 이는 고종이 일제의 의견을 일부 수용하면서 자신이 원하는 것을 취하는 일종의 정치라고 보아야 할 것이다.

하므로 중추원으로의 자문이 반드시 필요하다는 인식을 하였기 때문
이다.[27]

칙령 46호로 개정된 중추원 관제의 주요 내용으로는 ① 중추원의 역
할로 의정부에서 자순하는 법률·칙령 외에도 軍國重要事項에 대해서
도 심사 의정하도록 첨가한 것(1조)과 ② 시급을 요하는 사항에 대해서
는 先行上奏하고 중추원에 追後知照하는 조항을 삭제하고, 의정부에
서 자순하는 사항에 대하여 衆論博採가 필요할 때에는 의장이 전현직
고위관리들과 함께 회의하여 결정할 것(10조)을 규정하였다.

중추원은 군국중요사항에 대하여 심사 의정할 수 있어 다른 나라와
의 조약 등에 관여할 수 있게 되었다. 또한 의정부가 법률을 입안하고
실시하기 위해서는 반드시 중추원의 동의를 구해야 했으며, 주요 의안
에 대해서는 전현직 고위관리들을 소집하여 함께 논의하고 결정할 수
있어, 관제상으로는 국가정책에 중대한 결정권을 가지는 기관으로서의
위상을 갖추게 되었다. 이로써 중추원은 모든 국정에 적극적으로 참여
하고, 의정부의 활동을 견제할 수 있는 기관으로 재구성되었다.

칙령 46호 반포 이후 보름만에 다시 중추원 관제가 개정되었는데,
주요 내용의 변화는 없고 다만 중추원 구성원의 수와 임명방법에 약간
의 수정이 있었다. 1905년 11월 8일 개정·반포된 칙령 49호의 중추원
관제는 중추원의 구성원 중 '贊議 15人 勅任'이 삭제되고 '贊議 8人 勅
任, 副贊議 15人 奏任'이 첨가된 것이 개정의 전부이다.[28] 부찬의 15명
중 2인은 한성판윤이 薦任하고 13인은 각 관찰사가 1인씩 薦擧하기로
의결하였다.[29] 이는 衆意博採를 위하여 전국에서 의관직을 담당할 인

---

27) 『皇城新聞』, <論說 – 對政府議案二條警告政府>, 1905년 10월 27일.
28) 『官報』, 1905년 11월 10일 ; 『皇城新聞』, <樞院官制改正>, 1905년 11월 10
    일.
29) 『皇城新聞』, <樞院官制改正>, 1905년 11월 10일.

사를 뽑으려는 의도라고 생각해 볼 수 있다. 칙령 49호는 칙령 46호를 보완하기 위하여 의관들의 구성을 조정한 중추원 관제 개정안이었다. 언로를 넓혀 나라의 위급한 상황을 극복하고자 여러 차례 중추원 관제를 개정하였던 고종의 노력에도 불구하고, 일본의 강제로 인하여 1905년 11월 17일 을사조약은 체결되었다.

3) 중추원 활동을 위한 기반 조성

을사조약이 체결된 이후에도 중추원은 그 활동을 정상화시키기 위한 제반 기반조성에 노력을 기울였다. 중추원 의장 민종묵은 개정된 관제를 시행하는 과정에서 1906년 2월 4일 수정·보완되어야 할 사항을 다음과 같이 정리하여 의정부에 조회하였다.

① 중추원 관제가 새롭게 정해진 후 의사규칙의 반포를 청한 것이 한두 번이 아닌데[30] 아직도 연기되고 있다. ② 1905년 중추원 관제 개정으로 부찬의 15인을 京鄕各道에서 推薦하도록 규정되었으나 실시되지 않고 있으며, 금년 중추원 관련 예산이 감액되어 부찬의 15인에게 지급할 봉급이 부족하다. 원래 관제에 따르면 15인 定額은 現任 찬의 8명과 才器可堪人(필자주 : 해당직을 감당할 능력이 있는 사람)으로 부찬의에 選任된 7명이다. ③ 중추원은 독립된 기관으로 장관이 있고 역시 규례가 있으므로, 칙임관은 의장이 奉勅하고 奏任官은 舊例에 의거하여 본원에서 奏敍하는 것이 마땅하고, 조금도 그 직권을 침범하는 것이 아니다. 칙령안 개정에 관련하여 중추원의 協商之議 기능에 따라

---

30) 중추원 의사규칙 반포에 관한 내용으로 1905년 5월 4일 개정 이전의 중추원 회의규칙을 官制釐正所에 보내니 고쳐서 반포할 것을 요구하였고, 7월 19일 중추원의 회의규칙 개정 건에 대하여 官報에 게재해 줄 것을 요청하였다. 『照會』 2-7, 通牒 제1호, 1905년 5월 4일 ;『各官廳公文原本』, 照會 제10호, 1905년 7월 19일.

조회하니 살펴 시행하기를 바란다.[31]

중추원은 개정된 관제에 의하여 활동하고자 하였으나 의사규칙의 미반포, 의관들의 봉급 문제, 자체적인 의관구성의 한계 등으로 인하여 을사조약 이후에도 그 활동은 제대로 이루어지지 못하고 있는 실정이었다. 특히 중추원 의장의 조회 중 의사규칙 반포와 주임관을 의장이 서임하는 조항은 1899년 5월 22일 관제 개정에 따른 수정안으로 제시되었던 내용이다. 7년이 지나도록 이에 대한 진전이 없었다는 것은 의정부가 중추원의 주임의관조차도 중추원 자체에서 임명하는 것을 제한한 것으로 중추원의 활동을 활성화시킬 의도가 없다는 것을 알 수 있다. 의정부는 법률상으로 중추원의 의사규칙, 의관들의 봉급문제, 의관구성과 관련된 제반 사항에 대한 결정·반포권을 장악하고 그 활동을 제약하고 있었다.

중추원 의장은 계속해서 중추원의사규칙을 개정·반포하기를 요구하였고,[32] 이에 의정부는 1906년 10월 5일, 1900년 8월 1일 반포된 의정부령 제1호를 약간 수정하여 부의장을 다시 설치한 것과,[33] 의관을 찬의와 부찬의로 분류하면서 의관을 의원으로 개칭한 사항을 변경 서술하여 관보에 게재 반포하였다.[34] 중추원 부찬의 임명 관련조항은 다시 개정되어 지방장관이 公薦하지 않고,[35] 중추원 관제 제3조에 정한

---

31) 『照會』 2-6(奎17823), 의정부 편, 照會 제1호, 1906년 2월 4일.

32) 『照會』 2-6, 照會 제6호, 1906년 8월 22일.

33) 중추원 부의장은 1899년 8월 25일 중추원 관제가 개정(칙령 34호)되면서 그 직이 없어졌는데, 1902년 11월 16일 중추원 관제가 다시 개정(칙령 20호)되면서 부활하였다.

34) 『起案』 13(奎17746), 照覆 제217호, 1906년 10월 5일 ; 『대한매일신보』, <議政府令第一號>, 1906년 10월 4일. 부찬의 월봉은 1909년에 들어가서야 먼저 임명된 6명의 연봉을 1인당 평균 800원의 예산으로 책정되었다. 『대한매일신보』, 1909년 1월 5일.

바에 따라 1906년 12월 의장이 의관을 專行敍任하게 되었다.[36] 이로써 중추원 의장이 1906년 2월 중추원 관제 및 활동과 관련되어 요구하였던 사항 중 의사규칙 반포와 부찬의를 중추원 의장이 전행서임하는 사항에 대해서는 중추원의 요구대로 반포되었다. 그러나 중추원의 부찬의 봉급은 오래도록 법으로 정해지지 않아 예산을 결정하지 못하였고 결국 1907년 예산에는 첨입할 수 없었다.[37] 의정부가 부찬의 봉급에 대한 예산을 조속히 정하지 않는 이유 역시 국가의 재정상의 문제도 있겠지만, 더 중요하게는 의정부가 중추원의 활동을 활성화시키고자 하는 의도가 없었음을 알 수 있다.

미흡하지만 중추원 관제가 중추원의 활동을 보장할 수 있도록 개정되었고, 의사규칙도 반포되었으며 奏任의관도 중추원 의장이 서임할 수 있도록 개정되었다. 개정된 중추원 관제 하에서 활동할 구성원으로 1906년 11월 17일 군부대신 李根澤을 중추원 의장으로 임명하였으나,[38] 12월 중순이 되도록 고종이 受勅하지 않아 시무할 수 없었다. 이근택은 한 때 고종의 측근세력 중 한 명이었으나 친일세력이 되었고,[39] 급기야 을사조약 체결에 앞장섰으므로 고종은 그를 신뢰하지 않았다. 그러므로 고종은 이근택을 의정부, 나아가 일본에 대한 견제책으로 활용하려는 중추원 의장의 역할을 담당할 만한 인물이 아니라고 판단하고 의장직에 수칙하지 않은 것이다. 이로 인하여 중추원의 공무도 積滯되자[40] 12월 18일 중추원 의장 이근택을 遞任하고 韓圭卨을 의장

---

35) 『대한매일신보』, <公薦勿施>, 1906년 9월 26일.
36) 『照會』 2-6, 照會 제7호, 1906년 12월 31일.
37) 『照會』 2-6, 照會 제7호, 1906년 9월 20일.
38) 『承政院日記』, 1906년 10월 2일 ; 『官報』, 1906년 11월 17일.
39) 이근택은 이용익과 더불어 고종의 측근세력이었으나 이용익과의 권력투쟁, 일본측의 협박, 측근세력에 대한 원로대신들의 비판 등에 위기의식을 느끼고 일본측에 가담하였다. 서영희, 「광무정권의 국정운영과 일제의 국권침탈에 대한 대응」, p.136.

으로 피임하였다.41) 이와 함께 12월 18일에는 찬의 8명을, 19일과 20일 양일에 걸쳐 부찬의 15인을 임명하였다.42) 중추원 구성원이 확정되자 언론에서는 "정부에서 중추원 관제를 실시하기 위하여 의장 이하 칙주임 찬의를 일제히 해임하고 朝野의 名望있고 時機에 통달한 사람으로 敍任하였다."고 전하였다.43) 또한 『皇城新聞』은 논설을 통하여 "중추원은 下情上達의 媒이고 衆意博採의 場의 역할을 제대로 담당함으로써 장차 문명의 새로운 중추가 되기를 기대한다."고 하였다.44)

중추원 활동에 대한 기대가 높아져 가는 가운데 12월 28일, 중추원을 이끌고 나갈 의장 한규설이 사직소를 봉정하였다.45) 한규설이 중추원 의장에서 면관된 이유는 統監署理 하세가와(長谷川)가 정부에 교섭하여 중추원 의장 임명에 불만을 표명하였기 때문이다. 통감서리는 "한규설이 外交上 방해가 되는 인물인데 어떠한 이유로 叙任하려고 하는가?"라고 질문하였고, 정부에서는 한규설을 奏免할 것으로 답하였다. 그 근본적인 이유는 1905년 을사조약 체결 당시 參政大臣으로 재직한 한규설이 끝까지 조인을 허락하지 않은 일 때문이었다.46) 즉 고종은 을사조약 체결을 저지하고, 이를 저지하지 못하자 조약을 조인하는 자리를 떠남으로써 조약 체결을 거부한 한규설을 중추원 의장으로 합당한 인물이라고 생각하였다. 그러나 일본은 앞으로 한국을 식민지

---

40) 『皇城新聞』, <慈悲下隷>, 1906년 12월 8일 : 중추원 참서관 洪鎭裕씨가 그 情景을 불쌍히 여겨 100여 원을 借得하여 우선 下隷輩만 월봉을 주었다.
41) 『高宗實錄』, 1906년 12월 18일 ;『皇城新聞』, <議長遞任>, 1906년 12월 20일.
42) 한명근, 「통감부시기 중추원의 기능과 활동」, <표 3> 찬의 역임자 명단, p.395 및 <표 4> 부찬의 역임자 명단, p.396 참조.
43) 『皇城新聞』, <樞院實施>, 1906년 12월 21일.
44) 『皇城新聞』, <論說 - 中樞院職權을 可實施歟>, 1906년 12월 29일.
45) 『皇城新聞』, <議長疏遞>, 1906년 12월 28일.
46) 『대한매일신보』, <條約反對之故>, 1907년 1월 10일.

화하는 과정에서 방해가 되는 인물이라고 판단하였으므로 의정부의
역할을 견제할 수 있는 중추원 의장에 한규설이 임명되는 것을 막아야
만 하였다.

결국 고종은 자신의 의사를 관철시키지 못하고, 12월 31일 特進官
徐正淳을 중추원 의장으로 임명하게 되었다.[47) 서정순은 1898년 12월
'표선인재'와 관련하여 중추원이 당시 반역자로 지명되어 외국에서 망
명생활을 하고 있던 박영효·서재필을 천거하자 그들을 천거한 의관
들을 색출하여 견책할 것을 요구하였던 인물이다.[48) 또한 1899년에는
황제권 강화를 법제화한 '大韓國國制'를 제정한 의정관 역할을 담당하
였다.[49) 따라서 서정순은 황제권, 나아가 국권수호를 담당할 수 있는
인물로 고종에 의하여 선택되어졌다. 바야흐로 중추원은 활동을 위한
제반 기반이 조성되어, 고종의 국권수호 의지를 표출할 수 있는 지지
기반이자 일본에 대응하는 창구로서의 기능을 담당할 수 있게 되었다.

1904년 러일전쟁 전후 일제의 식민지화가 구체화되어가자, 고종은
이를 극복하기 위해 국정에 대한 심사 의정의 기능을 가지고 있으나
실질적 활동이 거의 없는 중추원을 활성화시켜 의정부를 견제하고자
한 것이다. 또한 중추원도 의정부가 단독으로 국정운영을 할 수 있는
규정을 제한하고, 상주하는 모든 의안을 중추원에 자문하여 부원간의
타협 하에서 국정을 운영할 것을 법으로 제정하도록 계속적으로 요구
하였다. 따라서 1904년 동안에는 고종과 중추원은 계속적으로 중추원
의 기능을 활성화하기 위한 제도 마련을 촉구하였고, 이러한 노력으로
1905년 3차에 걸친 중추원의 관제 개정이 이루어진 것이다. 중추원 관

---

47) 『承政院日記』, 1906년 11월 16일 ; 『官報』, 1906년 1월 1일.
48) 『官報』, 1898년 12월 27일.
49) 『고종시대사』, 1899년 8월 18일.

제에 의정부는 군국사무를 반드시 중추원에 자문하고, 의정부·중추원 간의 합의를 거쳐 上奏하고 정책에 반영할 것을 규정하였다. 이로써 주요 국무를 의정부가 독단적으로 결정하지 못하도록 하는 법적 장치를 마련하였다. 이를 바탕으로 1906년에는 새로운 중추원 관제에 따른 의사규칙을 마련하고 중추원 구성원을 새롭게 조직하는 등 실제 활동에 필요한 제반 기반을 조성하였다. 이제 제정된 중추원 관제와 새롭게 구성된 의원들이 중추원을 어떻게 운영하여 일제의 침략에 대응하며 새로운 국가건설에 이바지 할 것인가가 과제가 되었다.

2. 중추원의 국권수호 노력

1) 개편 이전의 중추원 활동

1904년 3월 한일의정서 조인 이후 중추원은 제한적이나마 의정부로부터의 자문을 받아 심사 의정, 중추원 건의안 제출, 인민헌의 상달이라는 제 기능을 재개하였다. 1904~1906년 시기 동안 중추원 활동을 먼저 기능별로 살펴보면 다음과 같다. 의정부가 중추원에 자문한 의안은 모두 74건[50]으로, 1904년 3월 13일부터 5월 9일까지의 기간에만 나타나며 8차례에 걸쳐 자문한 것이었다.

이때 자문한 의안 중 4건을 제외한 70건이 先行上奏한 후에 자문하였고, 그 중 66건은 관보에 게재한 후 중추원에 열람을 요청한 것이었다. 이는 의정부가 중추원에 의안을 자문하는 본래의 의도에 맞지 않는 것으로, 당시 중추원을 활성화시키고자 하는 고종의 批旨에 따라 의정부가 중추원에 형식적으로 자문한 것이었다. 또한 의정부가 정식

---

50) 의정부가 1904년 3월 22일 자문한 42건의 의안은 구체적으로 언급되어 있지 않다. 『照會』 2-3, 照覆 제7호, 1904년 3월 22일.

으로 자문한 4건도 모두 중추원에서 부결되었음에도 불구하고 이 중 3건은 의견의 조정 없이 의정부에서 의결한 후 직행 반포하였다. 이는 의정부가 주요한 국정을 결정함에 있어 중추원의 간섭을 받지 않겠다는 표현이었으며, 그나마 이후에는 어떠한 의안도 자문하지 않았다.

<표 11> 1904년 3~5월 의정부 자문안건

날짜	안 건	가부	비 고
1904 3/13	議政府請議書		관보게재 후 자문
	議政府官制改正		관보게재 후 자문
	會議規程勅令案		관보게재 후 자문
3/22	42개의 議案		관보게재 후 자문
3/23	龍巖浦開港事		관보게재 후 자문
	軍部顧問官聘用事		관보게재 후 자문
	正輦二坐陪往西京時 別看役以下盤纏費支出事		관보게재 후 자문
	我國漂民放還費支出事		관보게재 후 자문
3/29	量地局官制勅令案	부결	
	依亂外國 致損國體者 處斷例法律案	부결	
4/4	瑞丘壇皇穹宇役費不足額支出事		관보게재 후 자문
	內部顧問官戴日匡薪金支出事		관보게재 후 자문
	漢城裁判所官制改正事		관보게재 후 자문
	各學校卒業人收用事		관보게재 후 자문
5/2	瑞丘壇役費增額支出事		관보게재 후 자문
	耆老所前家舍價及慶熙宮修理費支出事		관보게재 후 자문
	進封皇貴妃時 尙衣司擧行法服織造費支出事		관보게재 후 자문
	慶運宮役費不足額支出事		관보게재 후 자문
	東北闕各殿閣以下修理費支出事		관보게재 후 자문
	大觀亭修理及什物費支出事		관보게재 후 자문
	製藥及彈丸製造費支出事		관보게재 후 자문
	警務廳訊問課加額巡檢五十人經費支出事		관보게재 후 자문
	光武七年度各公使以下赴任及回國費支出事		관보게재 후 자문

	國恤時各項需用費支出事		관보게재 후 자문
	勅奏任官捐俸之例 繼續施行事		관보게재 후 자문
	光武八年度總預算事		관보게재 후 자문
	光武八年度各公使以下赴任及回國費支出事		관보게재 후 자문
5/7	黃海平安忠淸三道沿岸漁採條約事	부결	
	軍部通譯官 鈴木順見 雇用事	부결	5/27 조율
5/9	各道癸卯災結鋼減事		선주청 후 열람요청
	羅州宮庄災結準劃事		선주청 후 열람요청
	漢城電報司敎師彌綸斯續聘事		선주청 후 열람요청
	各港市場監理署官制及規則中改正事		선주청 후 열람요청

* 『각사등록』 참고.

　의정부가 자문한 안건 중 중추원에서 논의를 거친 의안의 처리과정
을 살펴보면 다음과 같다. 1904년 3월 29일 의정부에서 度支部가 請議
한 量地局官制勅令案과 法部가 청의한 依亂外國 致損國體者 處斷例
法律案을 중추원에 자문하였고,[51] 중추원은 이를 심사 의정하여 부결
하고 그 이유를 설명서로 첨부하였다.[52] 의정부는 중추원와 의견이 합
치되지 않았음에도 불구하고 이 두 안건을 반포하였다. 이에 중추원은
'意見이 不合則協議妥決後施行'이라는 규정을 들어 의정부가 부원간
에 타결이 이루어지지 않은 상태에서 직행 반포한 것에 대한 설명을
요구하였다.[53]

　1904년 5월 7일 의정부는 중추원에 조회하여 황해도·평안도·충청
도의 三道漁採許施事와 軍部通譯官雇用事에 관한 심사 의정을 요청
하였다.[54] 중추원은 군부통역관 고용에 대한 심사에서 "대개 통역의
임무는 언어 通辯과 문자 번역에 불과하다. 정부에서 학교를 건설하고

---

51) 『起案』 8, 조회 제34호, 1904년 3월 29일.
52) 『照會』 2-3(奎17823), 의정부 편, 8책, 照覆 제10호, 1904년 3월 30일.
53) 『照會』 2-3, 照會 제16호, 1904년 4월 26일.
54) 『起案』 8, 照會 제57호, 1904년 5월 7일.

각 외국어를 가르치는 것은 이러한 임용을 위한 것인데 왜 후한 봉급을 지불하면서 외인을 고용하며, 교제상에 별 이익도 없으면서 학도를 進用하지 않는가"라는 이유로 부결하였다.[55] 의정부는 通譯官雇聘事는 외부와 군부에서 함께 청의한 의안으로 중추원의 부결에 대하여 변명위원을 파송하여 설명하고 협의하겠다고 하였다.[56] 그러나 역시 부결하여 설명서를 첨부한 三道漁採許施事는 어떠한 설명도 중추원에 하지 않고, 의정부가 의결 직행하였다. 이에 중추원은 "事體를 논하자면 漁採의 비중이 雇譯보다 중한 것인데, 중한 의안은 직행하고 좀 더 가벼운 것은 往復辨論하는 것은 事體에 합당하지 않다."고 논박하였다.[57]

이상의 4건은 의정부가 중추원에 상주 전 또는 관보 게재 전에 자문한 의안이었으나, 그마저도 의정부 자의로 반포하는 모습을 볼 수 있다. 이러한 의정부의 행동에 대하여 중추원은 그 활동을 정상화시키고 그 역할을 제대로 하여 국정에 참여하고 나아가 의정부의 독단을 막기 위하여 의정부의 자의적인 반포를 논박했지만, 그 이상 의정부로부터 어떠한 변명도 들을 수 없었다.

다음으로 중추원의 건의안을 살펴보면, 그 건수는 모두 7건[58]으로 한일간 조약과 관련된 건의안이 3건, 역적 처단, 미국공사가 일본공사에게 한국의 문제를 권고 요청한 일, 집도방책(필자주 : 지방소요를 안정시키는 방책), 일본인에게 황무지 개간권 허여를 철회하는 건이다.

이 중 집도방책을 제외한 6건은 모두 자주권 유지와 관련된 것으로

---

55) 『議政府來去文』 10(奎17793), 照會 제61호, 1904년 5월 27일.
56) 『起案』 8, 照會 제61호, 제62호, 제63호, 1904년 5월 27일.
57) 『照會』 2-3, 照會 제23호, 1904년 5월 27일.
58) 중추원의 중추원 관련 관제·의사규칙·의원봉급 등에 관한 건의는 의정부와의 역학관계에서 나타난 사항으로 그 성격이 다르고, 이전 장에서 정리하였으므로 건의 건수에서 제외하였다.

중추원의 주요 관심은 당시 일본으로부터 주권을 지킬 수 있는 방안 마련에 있었음을 알 수 있다. 중추원이 3년간 의정부에 건의한 건수가 7건이라는 것은 매우 적은 수이다. 이는 중추원 관제의 잦은 개정과 이로 인한 중추원 구성원의 변동으로 중추원 회의가 원활히 이루어지지 못했기 때문으로 보인다.

<표 12> 1904~1905년 중추원 건의안

날짜	발론자	안 건	비 고
1904 3/2	부의장 이유인	한일의정서 조인과 관련된 관리 처벌 요구	
3/4	중추원	한일의정서 조항 관련 문의	외부, 조약 전문 발송
3/20	의관 안종덕	張浩翼 등 역적 처단 건의	장호익, 조택현 등 처형
4/11	중추원	美使가 間接日使하여 要請勸告	의정부→외부로 확인 권고
5/27	중추원	집도방책 건의	내부, 중추원 의견 채용
6/23	중추원	長森藤吉郎의 황무지개간권 철회요구	
1905 11/27	찬의 홍순형	을사조약 조인과 관련된 대신 처벌요구	

＊『각사등록』,『관보』 등 참고.

해당 기간 동안 의장은 9차례, 부의장은 11차례의 변동이 있었다. 재임기간도 의장의 경우 길어야 2~3개월, 부의장은 김가진(약 11개월)·이종건(약 3개월)·이재곤(약 5개월)을 제외하고는 2달을 넘지 못하였고 일주일·열흘 만에 사직한 경우도 보인다.[59]

의정부의 자문의안과 중추원의 건의안이 특정 시기에 집중적으로 나타난 것과 비교하면, 인민헌의 21건은 3년 동안 지속적으로 중추원에 상달되었으며 내용도 다양하였다.

---

59) <부록 2> 중추원 주요 구성원 명단(1894~1910) 참조.

<표 13> 1904~1906년 인민헌의[60]

날짜	헌의인	헌의 내용	비고
1904 2/23	前都事 曹喜永 等 百餘人	시무책 : 법률시행, 궁금숙청, 姦者축출	
2/24	前主事 金淑鉉	정치법률속성과 설립 통한 행정법관 등용	
3/15	前主事 盧相旭	시무 14조 헌의	
3/19	前主事 張志淵 등	시무 55조 헌의	
5/11	前教員 李康浩	漢城五署에 私立尋常小學校設置件	
6/11	前營將 柳相夏 등	함경도, 러시아군으로부터 보호 요청	
6/25	前議官 洪肯爕	진황지 개간권 허여 반대	
6/28	通政 朴宜鉉 등	진황지 개간권 허여 반대	
8/3	前主事 白樂衡		
8/9	幼學 羅△△ 幼學 宋鴻		
9/23	長城儒生 宋榮淳 등	時弊矯捄의 方策	
1905 4/4	전 비서승 이석종		
5/2	태학유생	화양동 서원에 송시열을 복향	
5/29	전 都事 박해관	도적소탕 방법 제시	
6/5	유생 이병홍 등		
10/2	前主事 盧鳳洙	陳荒開墾規 통한 國富民足	
10/2	前주사 강하형	관리의 부모상 50일 요구	
1906 5/14	前郡守 鄭寅琥	人民教育	5/31 정부의결
5/14	徐相敦	학교와 人民代議所를 설립	
5/20	鄭圭煥, 具會榮, 徐內準	正國稅 立民業 開陳荒 保民業	5/31 정부의결
10/9	윤치호	相地,巫覡,算命相人,俚諺小說 四弊禁 斷事	1907/1/31 講究 施行事 決定
12/	大韓女子教育會	女子 衣冠을 改良	李淑子 등 7인

* 『각사등록』, 『황성신문』 등 참고.

즉 중추원의 활동이 거의 이루어지지 않고 있을 때조차도 인민들은 자신의 의견을 중추원에 올릴 수 있고, 다시 의정부로 상달될 수 있다는 생각이 보편화되어 실행되고 있었다. 인민들이 헌의한 사항은 당시

---

60) 『皇城新聞』 등 참고 자료에 헌의내용이 적혀있지 않고, 단지 헌의하였다고만 기재된 것은 헌의인 이름만을 제시하였다.

신문기사를 통하여 확인할 수 있으나, 인민헌의 중 일부는 그 내용이 신문에 실리지 않아 구체적 내용을 확인하기 어려운 경우도 있었다.

다음으로 이상의 의정부 자문안건, 중추원 자체건의안, 인민헌의의 내용들을 주제별로 정리 분석하면서 당시 중추원의 역할과 성격을 살펴보고자 한다. 역적 처단, 자주권 유지 노력, 시무책 건의 등으로 나누어 볼 수 있다.

(1) 을사역적처단 건의

중추원은 역적처단에 관해서는 3가지 사건과 관련하여 의정부에 건의하였다. 1904년 한일의정서와 1905년 을사조약 조인과 관련된 관리들에 대한 탄핵과 반란을 음모한 사람들에 대한 처형을 요구하였다. 1904년 3월 2일 중추원은 부의장 이유인을 중심으로 한일의정서 조인과 관련된 외부대신서리 李址鎔과 외부참서관 具完喜를 賣國之賊으로 지목하고 국법으로 처벌할 것을 요구하였고, 이를 막지 못한 의정 이하 각 대신을 공격하였다.[61] 중추원에서 뿐 아니라 고종의 측근들을 중심으로 이지용 탄핵상소와 의정서 반대상소운동을 하였고, 보부상들이 이지용과 구완희를 살해할 계획이라는 소문과 친위대·시위대·각지 진위대 병사들이 동원된 대규모 소요가 있어 민심이 흉흉하였다. 일본은 이상의 한일의정서 반대운동의 배후에는 고종이 있다고 생각하였다.[62]

한일의정서 조인으로 일본의 영향력이 커지면서 자주에 관한 위기의식이 높아가는 시기에 '張浩翼 사건'이 일어났다. 1904년 3월 20일, 중추원 의관 安鍾悳은 반란을 음모한 장호익 등 21명의 역적 중 체포된 12명을 법에 의거하여 처형하기를 청하였다.[63] 장호익 등은 1895년

---

61) 『皇城新聞』, <樞院上疏>, 1904년 3월 3일.
62) 서영희, 「광무정권의 국정운영과 일제의 국권침탈에 대한 대응」, pp.212~213.

일본에 가서 **慶應義塾·士官學校**를 졸업하였는데, 정부의 回還費 미지급으로 귀국을 하지 못하면서 생긴 불만으로 정변을 도모하게 되었다. 정변의 내용은 고종과 황태자를 폐위하고 의친왕을 황제로 옹립하며 국사범으로 하여금 정부를 조직한다는 것이었다.[64] 장호익·조택현 등은 곧 참형에 처해졌으나,[65] 중추원은 그 외 나머지 역적들도 처형하기를 요구하였다. 그러나 장호익 사건은 이로써 일단락되었고 더 진전되는 내용은 보이지 않는다.

1905년 11월 을사조약이 체결되자, 11월 27일 중추원 찬의 洪淳馨은 고종의 비준을 거치지 않고 중추원에도 자순하지 않은 상태에서 을사보호조약을 맺은 대신들을 처벌할 것을 요구하였다. 이를 통하여 고종이 애초에 조약을 허락하지 않았다는 것과 해당 조약은 준수할 것이 못 된다는 것을 모든 국민에게 알려야 한다고 하였다.[66]

---

63) 『高宗實錄』, 1904년 3월 20일.

64) 장호익 사건 : 장호익은 을미년(1895) 2월 24일 일본에 가서 慶應義塾과 士官學校에 입학하여 졸업하였으며, 또 연대로 옮겨 見習하였다. 同學徒 19명은 본국 정부로부터 尉官을 받고 유학의 훈령에 따라 주일공사가 정부에 留學費를 청구하자 召還의 명령을 내렸다. 공사는 학도들의 回還費와 服裝費를 정부에 청구하였으나 여러 달이 지나도록 支撥되지 않자 유학생 6명은 먼저 떠나고 나머지 15인은 일본공사관에 寄留하였다. 이들은 회환비 支撥만을 기다렸으나 끝내 그 기약이 없자 서로 憂歎之際에 권호선이 발론하여 우리나라의 위망은 조석에 있으니 지금 마땅히 盟約을 하여 나라를 위한 約書를 제정하자고 하였다. 그 내용은 1. 廢大皇帝陛下, 2. 廢皇太子殿下, 3. 以義親王代其位, 4. 以國事犯 組織政府, 5. 若洩(비밀이 흘러나오다)此事 以白刃相贈 事이다. 이에 趙宅顯을 首書로 하여 15명이 列名捺章하였다. 이후 유길준과도 만나 이에 대하여 도모하고 한국에 귀국하는 길에 馬關에 도착하여 見面之人을 만나 이를 더욱 확실히 하며 정부 고관들과도 장차 연락을 하여 정변을 일으키고자 하였다. 『司法稟報』(乙) 43(奎17279), 법부편, 52책, 質稟書 제1호, 1904년 3월 10일.

65) 『司法稟報』(乙) 43(奎17279), 법부편, 52책, 報告書 제12호, 1904년 3월 12일.

66) 『承政院日記』, 1905년 11월 1일 ; 『官報』, 1905년 11월 27일, 號外 28일, 號外 29일.

이상의 역적처단에 대한 건의는 1900년대 초 을미사변과 관련된 역적처단에 대하여 강하게 주장하였던 분위기와는 많은 차이점을 보인다. 첫째, 을미역적이라고 명명되어진 안경수, 권형진이 1900년 일본으로부터 귀국하자 그들의 처단에 관한 헌의서와 대신들의 상소는 각기 역적들의 이름 및 죄상을 낱낱이 들어 극형에 처할 것을 요구했는데, 나라가 일본의 식민지화되는 조약을 연달아 조인해도 그에 대한 헌의와 건의는 양적인 면에서나 그 탄핵하는 정도가 너무나 빈약했다.[67]

둘째, 중추원의 역적처단 건의서를 보면 한일의정서와 을사조약을 조인한 관리들에 대한 탄핵보다는 오히려 "국가의 중요한 일을 중추원이 모르고 있었으며, 의정부가 중추원에게 자순하지 않고 일을 처리하니 중추원이 무슨 소용이 있겠는가?"라는 식의 탄식조의 패배감이 묻어 나오고 있다.

셋째, 한일의정서와 을사조약에 관련된 인민의 헌의가 전혀 나타나지 않았다는 것이다. 국가의 인민들이 일본과의 조약 사실을 몰랐을 리가 없는데 중추원에서는 이에 대한 헌의를 전혀 의정부로 올리지 않았다. 도리어 당시 약간의 탄핵상소에 대해서 의정부 의정대신 겸 학부대신 이완용, 참정대신 박제순, 내부대신 이지용, 농상공부대신 권중현, 군부대신 이근택 등이 상소문을 올리고 당시의 상황에 대하여 설명하였다. 이에 고종은 "대체로 모든 관리가 國事에 심력을 다하지만 혹 형편상 그렇게 해내지 못한 경우에 여론이 당사자들에게 책임을 지우는 것을 어찌 이해하지 못하는가. 오늘날의 위태로운 형세를 극복하기 위해서 다 같이 공경하며 힘을 합친다면 어느 정도까지는 안정될 것이니 경 등은 각기 힘써 노력함으로써 빨리 타개할 계책을 도모할

---

67) 을사오적에 대한 탄핵 상소 :『承政院日記』, 중추원 의장 민종묵, 1905년 10월 27일 ; 판돈녕사사 조병식 등, 1905년 10월 30일 ; 중추원 찬의 洪淳馨, 1905년 11월 1일.

것이다."[68]라고 하며 언론을 빌려 간접적으로 비난하고 있음을 알 수 있다. 이상의 사실로 미루어 을사조약 즈음에는 일본의 세력이 한국 내에 강하게 자리 잡고 있었음을 알 수 있으며, 결국 중추원도 친일적 관리들을 탄핵하는 데 있어 한계를 보일 수밖에 없었다.

(2) 자주권 유지를 위한 노력

한일의정서 조인 이후 일본세력이 한국 내에서 우월한 위치를 차지하면서 일본은 한국정부에 자신들의 한국침략 구상[69]에 따른 요구를 하게 되었고, 한국 인민들의 항의가 빗발치게 되었다. 1904~1906년 사이 자주권 확립과 관련된 내용은 1904년 전반기 논란되어진 미국공사의 일본공사를 통한 간접 교섭건과 일본의 황무지개척 요구건이었다. 이 두 건은 국권을 무시당하고, 국토보존과 활용을 통한 인민의 식산에 악영향을 끼칠 수 있는 사안이었다.

미국은 한일의정서 조인 이후 한국과의 직접 교섭보다 일본을 통한 간접 교섭을 시도하여 일본의 한국침략을 암묵적으로 인정하는 모습을 보인다. 1904년 3월 21일자 『皇城新聞』에 "美공사가 日공사에게 한국 감옥서에서 많은 죄인을 刑戮한다고 하는데 미국인 敎人이 연관되어 酷刑을 당할지도 모르니, 한국정부에 권고하여 濫刑하지 말 것을

---

68) 『高宗實錄』, 1905년 12월 16일.

69) 일본은 1904년 5월 말에 원로회의와 閣議에서 <對韓方針과 對韓施設綱領>이 결정되었다. 일본은 한국에 대하여 정치·군사적으로 보호의 실효를 거두고, 경제적으로는 더욱 우리 利權의 발전을 도모해야 한다고 전체적 방향을 정하였다. 즉 한국을 식민지화하고 이를 통해 경제적 실익을 노린다는 것으로, 이와 같은 목표를 현실화하기 위하여 구체적 방안을 6개의 항목으로 나누었다. ① 防備를 완전히 장악, ② 外政을 감독, ③ 재정을 감독, ④ 교통기관을 장악, ⑤ 통신기관을 장악, ⑥ 척식을 도모로 나누어 1904~1910년간 어림잡아 1800여 개의 법령이 제정·개정되었다. 권태억, 「1904~1910년 일제의 한국 침략 구상과 '시정개선'」, 『한국사론』 31, 1994.

청해달라고 하였다."는 기사가 게재되었다. 이 기사로 인하여 중추원은 의정부에 조회하여, 미국공사가 일본공사를 통하여 간접적으로 우리 정부에 건의한 것은 우리의 국권을 무시한 처사라고 하면서 이에 대한 처리를 건의하였다. 중추원은 "각국 공사가 장차 이를 기준으로 일의 대소를 불문하고 일본을 통하여 간접적으로 교섭을 하면 결국 국가가 없어지는 것이니, 외부로 하여금 미국공사와 일본공사에게 성명하여 우리 독립국권을 보존하는 것이 마땅하다."고 하였다.[70)

이에 의정부는 중추원 건의서를 접수하고, 외부에 조회하여 "各國公使는 외부와 직접 交涉事案에 대하여 논의할 수 있는데 미국공사가 일본공사에게 부탁하여 간접적으로 要請勸告하였다는 중추원 건의가 사실이라면, 이는 國體關係에 흠이 되는 것이니 이를 살펴 다시는 이러한 잘못이 없기를 바란다."고 하였다.[71) 이 사례를 통해 한일의정서 조인 이후 열강의 한국에 대한 인식과 한국정부의 외교적 위상을 바로 잡기 위한 중추원의 활동을 살펴볼 수 있다.

1904년 6월 6일 이루어진 일본인 나가모리 도키치로(長森藤吉郎)의 황무지 개간권 요구는 일본에 의하여 1904년 1월부터 준비된 것이다. 일본은 한국 내 황무지 개간권을 획득함으로써 그들의 증가하는 인구를 한국에 식민하여 인구문제를 해결하고, 부족한 식량을 공급하고자 하였다. 이 문제가 언론에 보도되자 보안회를 중심으로 민족적 반대운동이 일어났다.[72)

1904년 6월 23일 중추원은 나가모리(長森藤吉郎)가 의정부에 황무지 개간권(山林川澤原野墾殖契約事書)을 청구한다는 것을 듣고, 의정

---

70) 『照會』2-3, 照會 제14호, 1904년 4월 11일 ; 『議政府來去文』10(奎17793), 照會 제52호, 1904년 4월 12일 ; 『皇城新聞』, <樞院建議>, 1904년 3월 30일.
71) 『起案』8, 照會 제52호, 1904년 4월 12일.
72) 윤병석, 「일본인의 황무지개척권 요구에 대하여」, 『역사학보』22, 1964 ; 신용하, 「구한말 보안회의 창립과 민족운동」, 『한국사회사연구회논문집』44, 1994.

부에 국토를 보존하여 인민의 분노에 답하기를 바란다고 요청하였다.[73] 중추원은 의정부가 기존의 사례들처럼 중추원에 자문하지 않고 단독으로 결정, 황무지 개간권을 허여할 것을 염려하여 자문을 기다리지 않고 먼저 건의한 것이다.

1904년 6월 25일 前의관 洪肯燮은 헌의하여 일본인에게 진황지 개간권을 허여하는 것에 반대하면서 이에 대한 대책을 다음과 같이 제시하였다. 전국의 토지는 일체 농상공부에서 관할할 것, 각 지방 인민에게 회사를 특허할 것, 해당 토지에 대하여 농상공부는 관할 권리와 세금 걷는 권리만 있고 각 지방회사는 작업 권리와 납세 의무만 소유할 것, 농상공부는 인민의 公共 이익을 인정하고 영구히 享受하도록 할 것, 각 지방 인민의 회사가 자본을 모아 공동 작업할 것, 각 지방이나 인민이 개간하고자 할 때에는 해당 지방관에게 청구하여 농상공부의 인허를 받을 것 등 자세하게 제안하였다.[74] 이는 우리 인민이 진황지를 개간하여 나라 토지도 지키고 재정도 튼튼히 할 수 있는 헌의였다.

1904년 6월 28일 通政 朴宜鉉 등이 다음과 같이 헌의하며 역시 일본으로의 황무지 개간권 허여를 반대하였다.

日人이 山林原野陳荒蒭田을 50년간 許與할 뜻을 외부에 조회하고 외부는 정부에 移照하였다 들었다. 경제성이 없는 땅이라 보여도 이 토지를 이용하여 사는 사람이 10명 중 8~9명이다. 이를 허여하면 결국 우리가 살아갈 衣食이 끊어질 것이다.[75]

---

73) 『照會』 2-3, 照會 제25호, 1904년 6월 23일 ; 『皇城新聞』, <請示請書>, 1904년 6월 25일.
74) 『皇城新聞』, <樞院獻議>, 1904년 6월 25일 ; <樞院獻議(續)>, 1904년 6월 27일.
75) 『皇城新聞』, <樞院獻議>, 1904년 6월 28일.

나아가 진황지 개발 방법을 제시하는 헌의서도 보인다. 1905년 10월 2일 前主事 盧鳳洙는 해변의 진황지와 권세자가 불법으로 점유한 진황지를 개간하여 위로는 公用하고 아래로는 民食을 넉넉하게 하면, 국가는 부유해지고 인민은 풍족할 것이라고 하였다.[76] 진황지 관련 헌의는 1906년에도 육군참위 鄭圭煥, 具會榮, 徐內準 등 여러 사람이 헌의하여 結戶 조사·稅簿 정리·契券 발급을 통하여 民業을 확립하고, 陳荒地를 개간하여 민업을 증진시키라고 하였다.[77]

중추원과 인민은 황무지 개간권을 일본에 허여하는 사항에 대하여 전국적으로 반대운동을 벌였고, 황무지 개척에 대해서는 1906년이 되도록 한국 자체에서 황무지 개척을 진행하여 국가재정과 인민의 생활에 도움을 주기 바란다는 헌의가 올라왔다. 결국 일본의 계획은 무산되었고, 국권침탈의 과정에서 고종·중추원·인민의 힘으로 국권 보존의 일익을 담당하는 사례가 되었다. 관민의 협력된 힘으로 황무지 개간권 허여를 철회시키기는 하였지만, 일본은 침략 야욕을 구체적으로 드러내었고 한국의 위기는 더욱 가중되어갔다.

(3) 시무책 건의

국내 시무책과 관련된 헌의가 중추원에 도래하였는데 교육과 戢盜 (지방소요를 그치게 하는)규칙에 관련된 내용이 주를 이루었다. 교육에 관한 내용으로는 학문으로 인민을 교육시키자는 원칙적인 의견부터 그에 대한 구체적인 내용까지 제시되었다.[78] 前교원 李康浩는 한성 五署에 洞里 대소를 불문하고 200~300호 이내에 私立尋常小學校를 설

---

76) 『各官廳公文原本』, 照會 제26호, 1905년 10월 2일.
77) 『대한매일신보』, <雜報>, 1906년 5월 20일 ;『皇城新聞』, <樞院獻議>, 1906년 5월 22일.
78) 『皇城新聞』, <提出意見>, 1906년 5월 14일.

244

치하고, 현재 官立심상소학교는 관립고등소학교로 조직할 것을 헌의
하였다. 학생은 8세 이상으로 정하고, 교원은 관립심상소학교 과정을
마친 자로 하며, 교사는 학교 교칙을 따라 시험을 거친 후 임용하거나
사범학교를 졸업한 자로 한다는 규정도 제시하였다. 나아가 각 학교의
일체 학비는 洞에서 의논하여 빈부에 따라 5등급으로 나누어 조달할
것 등을 제시하여 운영방법도 강구하였다.[79]

또한 平壤에 사는 前主事 金淑鉉은 '정치법률학교 속성과'를 설립
하여 인재를 교육하고, 이들을 각 군수와 각부 재판관으로 서임하여
아무나 행정과 재판을 행하지 못하게 하며, 비어 있는 관직은 시급히
面試하여 인심을 안정시키라고 하였다.[80] 徐相敦은 한국이 빈약하게
된 이유를 관리의 압제와 외인의 업신여김보다 '民智의 不開' 때문이
라고 하였다. 民智를 발달시키기 위해서는 학교를 세워 학문을 일으키
고 인민에게 代議之權을 허락하여, 인민 이익에 관한 일은 인민이 議
定하고 국가가 이를 행하면 부강하게 될 것이라고 하였다.[81]

大韓女子教育會(회장 李淑子 등 7인)는 1906년 12월 헌의하여 大韓
女子教育會의 취지를 "一般男女가 社會를 團結하여 開明進步하는 時
機에, 그 事業을 進就하고자 하는 마음으로 女子를 教育하기 위하여
만들었다."고 밝히고, 풍속이 개량되면 제반 학문과 지식을 발달시키고
자 하는 마음이 자연히 생길 것이라고 하면서 여자의 의관을 개량하여
행동을 자유롭게 하고자 하였다.[82]

교육에 대한 헌의인들은 원칙적으로 동리마다 소학교 및 정치법률
학교와 같은 전문학교 설립을 헌의하였고, 民智를 개발하여 대의제를

---

79) 『皇城新聞』, <設學條規>, 1904년 5월 11일 ; <設學條規>, 1904년 5월 12일.
80) 『皇城新聞』, <金氏獻議>, 1904년 2월 24일 ; 面試 3조 - ① 國際公法, ② 防
    備竊盜하야 保護我人民財産, ③ 貯金理財하야 救我人民之饑荒也.
81) 『皇城新聞』, <設立代議請願>, 1906년 5월 14일.
82) 『請議書』3(奎17848), 내각편, 請議書, 1906년 12월.

실시할 것을 제시하였으며, 나아가 여성교육에 대한 적극적 관심도 나타냈다. 이상의 헌의서를 보면 공통적으로 의무교육과 전문교육을 통하여 인민의 의식수준을 높이고 이를 통하여 자주부강할 수 있다고 생각하여 다양한 방법을 제시하고 있음을 볼 수 있다.

집도규칙 시행에 관한 헌의도 보인다. 1904년 5월 27일 중추원은 현재 지방의 도적이 날로 번성하므로 도적을 잡는 방책이 급하다고 하면서, 戢盜方略에 대한 건의서를 議定하고 향약조례를 첨부하여 정부에 조회하였다.[83] 이에 내부에서는 중추원의 건의서를 채용하여 일부를 수정하고, 각 군에 훈칙하겠다고 하였다.[84]

또한 1905년 5월 29일 都事 박해관은 동학의 餘黨이 군대에 의하여 해산된 후 도적이 된 것이라 하면서, 도적 소탕 방법 3가지를 제시하였다. ① 貪吏를 징판하고 政綱의 법률을 엄격히 할 것, ② 流民을 모아 안정된 작업을 줄 것, ③ 巨魁를 참하고 이를 따르는 자들을 완전히 다스릴 것을 주장하였다.[85] 당시 지방은 도적들로 인하여 불안정한 상태였으며, 도적을 제압하는 것이 시무가 되었음을 알 수 있다.

그 외에 의관 안종덕은 1904년 7월 15일 고종에게 고종 자신의 칙서(1904년 5월 21일)에서 강조한 청렴·근면·공정·신의의 네 가지 덕목을 명심하지 않아 정사가 이루어지지 않는 것이라고 하는 파격적인 상소를 하며, 국가 위기상황을 극복하기 위한 방안으로 ① 내장원, 御供院의 임금 개인 재산을 탁지부로 귀속, ② 賣官 금지, ③ 토목공사 중지, ④ 인재를 등용하고 인재에게 國務를 일임, ⑤ 관직제도 단순화와 법의 공정 진행 등을 제시하였다.[86] 前都事 曹喜永 等 百餘人,[87]

---

83) 『照會』 2-3, 照會 제23호, 1904년 5월 27일.
84) 『起案』, 照會 제67호, 1904년 6월 4일 ; 照覆 제13호, 1904년 6월 4일 ; 『照會』 2-3, 照覆 제5호, 1904년 6월 10일.
85) 『照會』 2-7, 照會 제7호, 1905년 5월 29일.
86) 『皇城新聞』, <安疏大略>, 1904년 7월 19일 ; <安疏大略>, 7월 20일.

前主事 盧相旭,[88] 長城儒生 宋榮淳 등[89]이 일반적인 시무책을 계속 헌의하였다.

당시 인민들이 생각하는 주요 시무책은 교육을 통한 인민의식 함양과 사회 안정을 위한 대책 마련이었음을 알 수 있다. 중추원은 일본에 의한 국정 간섭이 강해지는 중에도 인민의 헌의를 받아 의정부에 상달함으로써 사회발전을 위한 의견을 의정부에 계속 제시하였다.

1904년 한일의정서 조인 이후 고종의 국권수호 의지와 중추원의 노력으로, 1905년 2차례에 걸친 중추원 관제 개정과 1906년 중추원의사규칙 개정이 이루어져 새롭게 중추원 구성원이 충원되었고, 1906년 말에는 의정부를 견제할 수 있는 기반이 마련되었다.

사실상 1904~1906년간의 중추원 활동은 그 개편 과정에서 보여지는 중추원을 정상화시키려는 노력이 가장 중요하였다.[90] 그 외에 중추

---

87) 『皇城新聞』, <樞院獻議>, 1904년 2월 23일 : 下情不通上하고 近日 日兵之入城也-1. 법령을 올바로 밝혀 시행할 것, 2. 요사한 자들을 축출하여 宮禁을 깨끗이 할 것, 3. 간사한 자들을 축출해야 한다.

88) 『皇城新聞』, <十四條獻議>, 1904년 3월 15일 : 시무14조 헌의 ① 賢俊에게 委任하여 朝綱(조정의 기강)을 바로잡고, ② 간사한 자들을 없애 궁권을 엄숙히 하고, ③ 뇌물을 두절하여 勵廉防하고, ④ 잡세를 혁파하여 商務를 안정시키고, ⑤ 필요없는 관직을 없애 正朝著하고, ⑥ 懸保擇人하여 除守宰하고, ⑦ 捕斬逃匿하여 이목을 새롭게 하고, ⑧ 明法律을 펴서 獄訟을 바로잡고, ⑨ 督刷賊逋하여 관리를 징계하고, ⑩ 薦陞德行하여 종교(유교)를 존중하고, ⑪ 제도를 바꾸어 修武備하고, ⑫ 討捕를 설치하여 도적을 경계하고, ⑬ 農工商을 격려하여 遊食을 금하고, ⑭ 졸업한 사람을 수용하여 專工을 살리도록 하는 이상의 모든 조목이 병을 치료하는 良劑이고 급한 時務를 구하는 것이다.

89) 『皇城新聞』, <宋氏獻議>, 1904년 9월 23일 : 時弊矯捄의 方策으로 用人, 足財用, 修武備, 崇正學, 恢公道에 관하여 서술하였다.

90) 의정부에 국정 일반에 대한 자문을 요구, 현 중추원 관제에 맞는 의사규칙 반포, 부찬의(주임의관)를 중추원 의장에 서임, 찬의의 월봉 지급 등을 통한 중

원은 심사의정 활동을 통해 역적 처단, 자주권 유지를 위한 황무지 개척권 요구에 대한 대응, 시무건의 등 당시 주요사안을 의정부에 전달하였다. 1904~1906년의 중추원 활동으로 점점 노골화되어가는 일본의 한국침략 속도를 늦출 수 있었고, 일본에 대한 저항 역량을 축적해 나갈 수 있었다.

또한 1903년 유명무실하였던 중추원이 한일의정서 이후 보여주었던 이상의 활동으로 1907년 전반기 국권유지를 위하여 다양하게 활동할 수 있는 기반을 형성하였다는 점을 간과할 수 없다. 또한 고종이 러일전쟁 이후 보여준 중추원을 통한 극일의지는 황제권 수호, 나아가 국권수호의 측면에서 인정되어야 할 것이다.

2) 개편 이후의 중추원 활동

⑴ 중추원 주요 구성원의 성향

1907년 1월에서 5월에 이르는 시기 『中樞院來問』에는 중추원 구성원들이 회의에 참석한 여부와 의안에 대한 可否가 기록되어 있다. 이를 근거로 당시 중추원 회의를 실질적으로 진행한 의관들의 면모를 살펴보면 다음과 같다.

<표 14>에 근거하여 1906년 12월에 중추원 구성원으로 선정되어 1907년 회의를 주도하였던 의장 서정순, 부의장 이재곤, 찬의 김학진, 김수만, 홍승목, 김재풍, 이충구, 정인홍, 부찬의 송영대, 여병현, 심의성, 윤홍섭을 중심으로 그 성향을 살펴보고자 한다.

추원 활동을 원활하게 할 수 있는 기반을 마련하는 것을 말한다.

<표 14> 1907년 1~5월 중추원 구성원 회의 참석표

<table>
<tr><th>직위</th><th>성명</th><th>1/21</th><th>1/28</th><th>2/4</th><th>2/8</th><th>2/18</th><th>2/25</th><th>3/4</th><th>3/13</th><th>3/18</th><th>4/8</th><th>4/16</th><th>4/19</th><th>4/29</th><th>5/6</th><th>5/13</th><th>5/21</th><th>5/27</th></tr>
<tr><td>議長</td><td>徐正淳</td><td>×</td><td>○</td><td>○</td><td>○</td><td>○</td><td>○</td><td>○</td><td>○</td><td>○</td><td>○</td><td>○</td><td>○</td><td>○</td><td>○</td><td>○</td><td>○</td><td>○</td></tr>
<tr><td>副議長</td><td>李載崒</td><td>○</td><td>○</td><td>○</td><td>○</td><td>○</td><td>○</td><td>○</td><td>○</td><td>○</td><td>○</td><td>○</td><td>○</td><td>○</td><td>○</td><td>○</td><td>○</td><td>○</td></tr>
<tr><td rowspan="10">贊議</td><td>金鶴鎭</td><td>×</td><td>○</td><td>○</td><td>○</td><td>×</td><td>○</td><td>×</td><td>○</td><td>○</td><td>○</td><td>○</td><td colspan="6">免官</td></tr>
<tr><td>金晚秀</td><td>○</td><td>○</td><td>○</td><td>×</td><td>○</td><td>○</td><td>×</td><td>○</td><td>○</td><td>×</td><td>○</td><td>×</td><td>○</td><td>○</td><td>×</td><td>○</td><td>×</td></tr>
<tr><td>洪承穆</td><td>○</td><td>○</td><td>×</td><td>○</td><td>○</td><td>○</td><td>○</td><td>○</td><td>○</td><td>○</td><td>○</td><td>×</td><td>○</td><td>○</td><td>×</td><td>○</td><td>×</td></tr>
<tr><td>金在豊</td><td>×</td><td>×</td><td>○</td><td>○</td><td>○</td><td>○</td><td>○</td><td>○</td><td>○</td><td>×</td><td>○</td><td>○</td><td>○</td><td colspan="4">免官</td></tr>
<tr><td>李忠求</td><td>○</td><td>○</td><td>○</td><td>○</td><td>○</td><td>○</td><td>○</td><td>○</td><td colspan="9">免官</td></tr>
<tr><td>鄭寅興</td><td>○</td><td>○</td><td>×</td><td>×</td><td>○</td><td>×</td><td>○</td><td>○</td><td>○</td><td>○</td><td>×</td><td>○</td><td>○</td><td>○</td><td>○</td><td>○</td><td>×</td></tr>
<tr><td>李基東</td><td colspan="9">任官</td><td>×</td><td>×</td><td colspan="6">免官</td></tr>
<tr><td>南奎熙</td><td colspan="9">任官</td><td>×</td><td>○</td><td>×</td><td>○</td><td>○</td><td>○</td><td>○</td><td>○</td></tr>
<tr><td>韓鎭昌</td><td colspan="9">任官</td><td>○</td><td>○</td><td>×</td><td>○</td><td>○</td><td>○</td><td>○</td><td>○</td></tr>
<tr><td>黃耆淵</td><td colspan="16">任官</td><td></td></tr>
<tr><td rowspan="14">副贊議</td><td>朴用元</td><td>×</td><td>×</td><td>×</td><td>×</td><td>×</td><td>×</td><td colspan="11">免官</td></tr>
<tr><td>宋榮大</td><td>○</td><td>○</td><td>○</td><td>○</td><td>○</td><td>○</td><td>○</td><td>×</td><td>○</td><td>○</td><td>○</td><td>○</td><td>○</td><td>○</td><td>○</td><td>○</td><td>○</td></tr>
<tr><td>呂炳鉉</td><td>○</td><td>○</td><td>○</td><td>○</td><td>○</td><td>○</td><td>○</td><td>○</td><td>○</td><td>○</td><td>○</td><td>○</td><td colspan="5">免官</td></tr>
<tr><td>沈宜性</td><td>○</td><td>○</td><td>○</td><td>○</td><td>○</td><td>○</td><td>○</td><td>○</td><td>○</td><td>○</td><td>○</td><td>○</td><td>○</td><td>○</td><td colspan="3">免官</td></tr>
<tr><td>尹興爕</td><td>○</td><td>○</td><td>○</td><td>○</td><td>○</td><td>○</td><td>○</td><td>○</td><td>○</td><td>○</td><td>×</td><td>○</td><td>○</td><td>○</td><td>○</td><td>○</td><td>○</td></tr>
<tr><td>李敏應</td><td colspan="9">任官</td><td>○</td><td>×</td><td>○</td><td>○</td><td>○</td><td>○</td><td>○</td><td>○</td></tr>
<tr><td>李舜夏</td><td colspan="9">任官</td><td>×</td><td>○</td><td>○</td><td>○</td><td>○</td><td>○</td><td>○</td><td>○</td></tr>
<tr><td>洪祐哲</td><td colspan="12">任官</td><td>○</td><td>○</td><td>○</td><td>○</td><td>免官</td></tr>
<tr><td>徐丙肅</td><td colspan="14">任官</td><td>○</td><td>○</td><td>×</td></tr>
<tr><td>崔　鎭</td><td colspan="14">任官</td><td>○</td><td>×</td><td>○</td></tr>
<tr><td>李膺植</td><td colspan="15">任官</td><td>○</td><td>○</td></tr>
<tr><td>金達河</td><td colspan="15">任官</td><td>○</td><td>○</td></tr>
<tr><td>崔采鵬</td><td colspan="15">任官</td><td>×</td><td>○</td></tr>
<tr><td>李範世</td><td colspan="16">任官</td><td>○</td></tr>
</table>

　중추원 의장으로 임명된 서정순은 1898년 10월 관민공동회에 참석한 대신 중 한 명으로 헌의6조에 찬성하였다는 이유로 11월 4일 파면되었다.91) 그러나 독립협회 계열의 의관들에 의하여 주도된 중추원의

---

91) 『承政院日記』, 1898년 9월 21일 ; 『官報』, 1898년 11월 5일 ; 『독립신문』, <고관퇴출>, 1898년 11월 7일.

'票選人材' 사건에 관련된 의관들의 처벌을 요구하였고,[92] 이후 1899년 7월 2일에는 법규교정소 議定官이 되어 大韓國制를 반포하였다.[93] 절대군주제 하에서 근대화 개혁을 지향한 서정순은 일제의 침략이 노골화되는 즈음에 고종의 국권수호 의지를 담당하고자 개편된 중추원을 이끌게 되었다.

부의장 이재곤은 1888년 나주목사를 시작으로 예조참의·춘천부 관찰사를 거쳤고, 1900년에 들어서면서 법부협판과 학부협판 등을 역임하였다. 이재곤은 당시 사람들에게 "인색하나 多謀하며, 위험한 일에는 처음부터 착수하지 않는 인물로 큰 결점이 없다."라고 평가받았다.[94] 이재곤은 1895년 갑오개혁 직전 고종에게 올린 성균관 개혁안에서 "효성과 공순, 충성과 우애, 養生과 葬死는 일상적으로 서로 의거하여 뗄 수 없는 것으로 修身齊家治國平天下를 위해 종신토록 필요한 덕목이다. 유교는 사람의 기본을 기르는 학문으로, 성균관에 마땅한 관리를 두어 규정을 정리하며, 儒臣을 선발하여 스승으로 삼고 뛰어난 선비들을 골라 공부하게 하면 태평을 이룰 수 있을 것"이라고 한 것에서 東道를 중시하였던 인물이었음을 알 수 있다.

다음 <표 15>는 찬의의 주요 관력이다.

표에 따르면, 찬의 김학진은 1880년대 초반부터 1894년 갑오개혁 이전까지 주요 관직을 다양하게 역임한 것을 알 수 있다. 김학진은 1894년 4월 전라도 관찰사로 임명되어 9월까지 동학교도의 소요[95]에 따른 제반 상황을 수습하였다. 그 직을 수행하면서 ① 기존의 미납된 조세에 대한 처리방안 제시,[96] ② 동학소요로부터 해당 지역을 지킨 지방

---

92) 『官報』, 1898년 12월 27일.
93) 『承政院日記』, 1899년 5월 25일 ; 1899년 7월 12일 ;『官報』, 1899년 7월 5일 ; 7월 12일 ; 1899년 8월 19일 ; 8월 22일 ;『독립신문』, 1899년 7월 7일.
94) 최영희, 「한말관인의 경력일반」, 『사학연구』 21, 1969, p.406.
95) 『고종시대사』의 기록에 따른 표현이다.

<표 15> 1907년 1~5월 중추원 찬의 관력

인명(본관)	관 력
金鶴鎭 (안동) 1838년생	문과(1871), 호조참의(1882), 외무아문 참의(1884), 동래부사 겸 부산항감리(1885), 이조참의·한성부 소윤·성균관대사성(1887), 형조참판(1890), 병조참판(1891), 외아문협판·예조참판(1892), 이조참판(1893), 형조판서·공조판서·전라도 관찰사(1894), 중추원 의관(1897), 궁내부 특진관(1899), 시종원경(1900), 태의원경(1901), 중추원 찬의(1906), 규장각 대제학(1907)
金晩秀 (연안) 1858년생	문과(1884), 규장각 대교(1890), 사헌부 헌납(1891), 형조참의(1892), 중추원 의관(1898), 궁내부 특진관(1899), 장례원 소경(1900), 駐箚 법국공사(1901), 봉상사 제조(1902), 궁내부 특진관(1904), 중추원 찬의(1906)
洪承穆 (풍산) 1847년생	사간원 대사간(1881), 이조참의(1884), 예조참의(1889), 한성부 좌윤(1892), 궁내부 특진관(1900), 장례원 소경(1901), 궁내부 특진관(1902). 장례원 부경(1906), 중추원 찬의(1906)
金在豊 (희천) 1862년생	탁지부 司計局長(1895), 경무사·탁지부 협판·경무사(1896), 중추원 의관(1897), 경무사(1898), 봉상사 제조·중추원 찬의(1906), 강원도 관찰사·경무사(1907)
李忠求	법부 형사국장·고등재판소 판사·법부 민사국장·경무사(1897), 중추원 의관(1898), 중추원 찬의(1906), 경상북도 관찰사
鄭寅興 (동래) 1852년생	법부 민사국장·법부 법률기초위원장·특별재판소 판사(1895), 법부협판·중추원 의관(1896), 중추원 의관(1898), 부동산법 조사위원·중추원 찬의(1906), 경기 선유사(1907), 대심원 판사(1908)

* 『대한제국관원이력서』, 『승정원일기』, 『고종시대사』 등 참고.

관의 連任 건의,[97] ③ 동학소요시 官守를 이탈하고 軍器를 見失한 지방관을 押上케 할 것을 건의하였다.[98] 그러나 김학진은 남원·전주·김제 지역에 聚會한 동학무리들을 진압하지 못하여 파직을 당하였

96) 『고종시대사』, 1894년 8월 2일 ; 『承政院日記』, 1894년 8월 2일 ; 『官報』, 1894년 8월 2일.

97) 『고종시대사』, 1894년 8월 14일 ; 1894년 8월 17일 ; 『承政院日記』, 1894년 8월 14일 ; 1894년 8월 17일 ; 『官報』, 1894년 8월 14일 ; 1984년 8월 17일.

98) 『고종시대사』, 1894년 8월 21일 ; 1894년 9월 17일 ; 1894년 9월 22일 ; 『承政院日記』, 1894년 8월 21일 ; 1894년 9월 17일 ; 1894년 9월 22일 ; 『官報』, 1894년 8월 21일 ; 1984년 9월 17일 ; 1894년 9월 22일.

다.99) 이후 권력 핵심에서 벗어나 있던 중 1905년 3월 7일 다음과 같이 상소하였다.

> 日本이 我國의 內政에 干涉하여 鐵道·鑛山의 利權을 모두 빼앗기며 官制의 釐正과 貨幣의 改革까지도 모두 日人의 指揮에 따라 傀儡가 되니 그 까닭을 알 수 없다. 外國借款과 貨幣制度 등 財政의 失敗·日本軍司令部의 韓國人訴訟 受理와 裁判運營의 不正 등 司法權의 失墜 등을 詰論하고 그 改革方策을 建議한다.100)

이 상소로 11일 일본헌병대가 김학진을 잡아 가두자,101) 외부대신 이하영은 주한일본공사 하야시 곤스케(林權助)에게 일본군사령부에 구금되어 있는 김학진을 석방할 것을 촉구하였고,102) 김학진은 3월 26일이 되어서야 석방되었다.103) 일본의 한국 내정간섭에 대해 질책한 김학진은 국권수호 의지를 가지고 있었음을 알 수 있다.

김만수와 홍승목은 갑오개혁 이전에는 주요 관직을 역임하였으나, 갑오개혁기에는 관직을 담당하지 못하였다. 즉 이들은 갑오개혁기 권력을 소유하였던 친일 인사들과는 구분되는 인물이었고, 아관파천 이후 각각 1898년, 1900년이 되어서야 다시 관직을 제수받았다. 1906년 말 중추원이 활동이 본격적으로 이루어지기 위해 중추원 구성원을 조직하는 시기에 찬의로 임명되었다.

김재풍과 이충구는 갑오개혁부터 1910년 일제의 한국강점에 이르는

---

99) 『고종시대사』, 1894년 9월 17일 ; 1894년 9월 22일 ;『承政院日記』, 1894년 9월 17일 ; 1894년 9월 22일 ;『官報』, 1894년 9월 17일 ; 1894년 9월 22일.

100) 『承政院日記』, 1905년 3월 7일 ;『官報』, 1894년 3월 9일.

101) 『고종시대사』, 1905년 3월 11일 ;『皇城新聞』, 1905년 3월 13일.

102) 『고종시대사』, 1905년 3월 14일 ;『구한국외교문서』(日案), 857호, 1905년 3월 14일.

103) 『고종시대사』, 1905년 3월 26일 ;『皇城新聞』, 1905년 3월 27일.

시기동안 경무소와 법부 관련 부서에서 주로 활동하였다. 김재풍은 갑
오개혁기 박영효 내각 시절 탁지부 사계국장이 되었으나 1895년 박영
효 관련 모반사건(고종폐위음모사건)에 연루되어 징역 3년형에 처해졌
으며, 이충구 역시 같은 사건으로 종신유배형을 받았으나 둘 다 특별
히 석방되었다.[104] 1897년 12월 경무사로 임명된 이충구는 김홍륙 피
격범 미검거 등으로 물의를 일으켜 면관되었고,[105] 김재풍이 그 후임
이 되었다.[106] 독립협회가 회원들을 경무청에 오랫동안 가두고 재판소
로 넘겨 보내지 않는 것을 탐문하자, 경무사인 김재풍은 그 책임을 지
고 면관되었다.[107] 1898년 6월 말 김재풍의 징계가 풀리고, 이충구는
중추원 의관으로 임명되었으나, 이들은 7월 9일 '대한청년애국회 사건
(일명 황태자추대 모의사건)'에 연루되어 체포되었으며 종신 유배형에
처해졌다.[108] 이들은 둘 다 신지도로 정배되어 1906년 1월 18일 석방될
때까지 유배생활을 하였고,[109] 1906년 8월 징계를 특면 받은 후 12월
중추원 찬의에 임명되었다.[110] 이상의 정황으로 김재풍과 이충구는
1895년 박영효 역모사건과 1898년 청년애국회 사건 등으로 이미 역적
으로 낙인 찍혀 다시는 정계에 발을 들여놓을 수 없는 상황이었으나,

---

104) 『承政院日記』, 1895년 11월 15일 ; 1895년 12월 6일 ; 1896년 2월 11일 ;『官
報』, 1895년 11월 15일 ; 1896년 1월 20일 ; 1896년 2월 11일.

105) 『承政院日記』, 1897년 12월 8일 ; 1898년 2월 25일 ; 1898년 2월 27일 ;『官
報』, 1898년 1월 3일 ; 1898년 3월 1일.

106) 『承政院日記』, 1898년 2월 27일.

107) 『承政院日記』, 1898년 3월 20일 ; 1898년 3월 22일 ;『독립신문』, 1898년 3월
22일 ; 1898년 3월 29일.

108) 『고종시대사』, 1898년 7월 9일 ; 1898년 7월 14일 ;『매천야록』, 1898년 4월 ;
『官報』, 1898년 8월 18일.

109) 『고종시대사』, 1898년 8월 16일 ; 1906년 1월 18일 ;『官報』, 1898년 8월 22일
; 1906년 1월 20일 ;『대한매일신보』, <大霈將降>, 1906년 1월 7일.

110) 『고종시대사』, 1906년 8월 16일 ; 1906년 12월 18일 ;『官報』, 1906년 8월 20일
; 1906년 12월 20일 ; 1906년 12월 21일.

일본의 세력이 강성해지면서 유배에서 풀려 다시 관직을 갖게 된 것을
알 수 있다. 따라서 이들은 일제의 침략에 적극적으로 대항할 수 있는
성향을 가지기 힘들었으리라 보인다.

정인흥은 박영효 실각 이후 1895년 8월부터 갑오정권 하에서 법부
관련직을 역임하였다. 그러나 1896년 아관파천 이후 실각되어 중추원
의관이 되었다가 그 다음날로 해임되었다.[111] 이후 박영효의 고종폐위
음모사건과 관련되어 재판을 받았다가 방면되었다.[112] 1906년 정부가
조세제도를 개정 실시하기 위하여 법학박사인 일본인 우메 겐지로(梅
謙次郎)를 초빙하면서 政府土地所關法起草委員을 서임하였는데, 이
때 정인흥이 임명되었다.[113] 정인흥 역시 아관파천 이후 정권에서 배
제되었던 인물이었는데, 일본에 의해 다시 관직을 제수 받을 수 있었
고 고종 퇴위 후에도 의병을 효유 해산시키는 경기 선유사의 임무를
맡았으며, 1908년 대심원 판사가 되었다.[114] 따라서 정인흥도 친일적
성향의 인물임을 알 수 있다.

1907년 초반 중추원 회의를 이끌었던 6명의 찬의들은 그 성격이 양
분되어 있었음을 알 수 있다. 김학진·김만수·홍승목은 일본의 한국
식민지화 과정에서의 행태를 견제하려는 의지를 가진 인물들이었다면,
김재풍·이충구·정인흥은 오히려 친일적 성향이 강한 인물들이었다.
김재풍·이충구·정인흥은 박영효 역모사건과 황태자추대 모의사건과
관련되어 당시 한국 정계에서는 완전히 배제된 인물들이었는데 일본

---

111) 『고종시대사』, 1896년 2월 22일 ; 『官報』, 1896년 2월 23일 ; 1896년 2월 25일
    ; 1896년 2월 26일.
112) 『고종시대사』, 1896년 4월 18일 ; 『官報』, 1896년 4월 18일 ; 1896년 4월 21일.
113) 『고종시대사』, 1906년 7월 13일 ; 『皇城新聞』, <制度委員會>, 1906년 7월 16
    일.
114) 『고종시대사』, 1907년 8월 26일 ; 1908년 6월 20일 ; 『官報』, 1907년 8월 28일
    ; 1908년 6월 24일.

254

에 의하여 다시 관직을 부여받은 인물들로 일본에 대한 마음이 각별할 수밖에 없었다.

다음으로 부찬의들의 관력을 살펴보면 <표 16>과 같다.

<표 16> 1907년 1~5월 중추원 부찬의 관력

인명(본관)	관 력
宋榮大 (여산) 1851년생	문과(1884), 홍문관 교리(1886), 사헌부 헌납(1887), 공조참의(1890), 형조참의·병조참의(1893), 예조참의(1894), 중추원 참서관(1895), 중추원 의관(1900), 선산군수(1904), 문헌비고 속찬위원·중추원 부참의(1906)
呂炳鉉	공사관 참서관(1905), 중추원 부참의(1906)
沈宜性	중추원 부참의(1906), 파주군수(1907)
尹興燮	중추원 부참의(1906)

* 『대한제국관원이력서』, 『승정원일기』, 『고종시대사』 등 참고

부찬의 송영대는 문과에 급제한 후 1894년 갑오개혁 전까지 공조·형조·병조 참의 등 주요 관직에 임명되었으나, 이후에는 주변 관직 또는 지방관을 역임하는 등 권력 핵심에서 벗어난 모습을 보인다. 송영대는 전통교육과 전통 입관절차인 과거를 통해 관직 생활을 영위하였으며, 갑오개혁 이후에 주요관직을 역임하지 않은 것에서 당시 친일적 성향이 짙지는 않은 것으로 보인다.

송영대가 전통적인 관직생활을 하였다면 여병현·심의성·윤흥섭은 모두 애국계몽단체의 일원으로 활동하였던 인물이다. 특히 여병현과 심의성은 대한자강회의 評議員으로 회의에서 상당한 의견을 개진하고 적극적으로 활동하였던 것을 알 수 있다. 여병현은 1906년 7월 대한자강회 평의원으로 피선되었으며,[115] 8월에는 殖産部에 소속되었다.[116] 여병현은 대한자강회 회의에서 조혼금지·사범학교 설립 등을 건의하

---

115) 『대한자강회월보』 제1호, 본회회보, 1906년 7월 31일.
116) 『대한자강회월보』 제2호, 본회회보, 1906년 8월 25일.

였고,[117] 토지증명서와 관련된 대정부 질문위원으로 피선되었다.[118] 여병현은 중추원 부찬의에서 면관된 이후에도 1908년 장지연·오세창·윤효정 등과 대한협회를 발기하고, 교육부장을 맡는 등 지속적인 사회단체 활동을 하였다.[119] 여병현은 『대한자강회월보』에 '本國地質을 由흔 物産論', 『대한협회회보』에 '義務敎育의 必要'·'我國學界의 風潮'·'格致學의 功用'·'新學問의 不可不修'·'國民自存性의 培養'·'兵士敎育의 槪要' 등의 논설을 통해 실력 양성의 필요성을 한국인에게 인식시키기 위해 노력하였다.[120] 또한 서우학회와 기호흥학회에서도 평의원으로 임명되어 당시 주요 애국계몽단체에서 활발하게 활동한 것을 알 수 있다.[121] 1909년 9월 대한협회가 일진회와 제휴하려는 움직임을 보이자 여병현은 장지연·이시영 등 20여 명의 대한협회 위원과 함께 '대한협회 임원진이 일반회원에게는 알리지도 않고 매국적인 일진회와 임의로 연합을 의논했던 것'에 분개하여 특별회를 개최하기로 하였다.[122] 이상의 내용으로 여병현은 일제의 식민화 정책이 진행되고 있는 당시 국권유지를 위해 여러 애국계몽단체에서 활동하였고, 부찬의로 있으면서는 대한자강회의 회의 등에서 논의된 내용들을

---

117) 『대한자강회월보』 제2호, 본회회보, 1906년 8월 25일 ; 제3호, 본회회보, 1906년 9월 25일.

118) 『대한자강회월보』 제3호, 본회회보, 1906년 9월 25일.

119) 『대한협회회보』 제1호, 본회역사 及 결의안, 1908년 4월 25일.

120) 『대한자강회월보』 제12호, 1907년 6월 25일 ; 『대한협회회보』 제2호, 1908년 5월 25일 ; 제4호, 1908년 7월 25일 ; 제5호, 1908년 8월 25일 ; 제7호, 1908년 10월 25일 ; 제8호, 1909년 11월 25일 ; 제9호, 1908년 12월 25일 ; 제12호, 1909년 3월 25일.

121) 『서우』 제2호, 회보, 1907년 1월 1일 ; 『기호흥학회월보』 제2호, 1908년 9월 25일.

122) 『대한매일신보』, <兩黨接近>, 1909년 9월 5일 ; <協會開會>, 9월 7일 ; <協會可決>, 9월 8일 ; 『皇城新聞』, 1909년 9월 5일 ; <韓會議決>, 9월 8일 ; 『고종시대사』, 1909년 9월 6일.

중추원 회의를 통해 정책화시키고자 노력하였음을 알 수 있다.

심의성은 1906년 4월 대한자강회 임시회의에서 평의원으로 선정되었다.[123] 심의성은 대한자강회 내에 교육과 식산과 관련된 두 개의 部를 두고, 각 부의 위원으로 하여금 그 사무를 맡아 연구하도록 의견을 내었고, 그 의안은 가결되었다.[124] 또한 심의성은 대한자강회에서 의결된 救弊方略·부동산 매매에 관한 증명서 사항·조혼 금지 등을 정부에 건의하는 총대위원으로 뽑혀, 당시 參政大臣이었던 박제순을 만나 건의서를 제시하고 그에 대한 결과를 대한자강회 회의에서 보고하였다.[125] 또한 심의성은 『대한자강회월보』에 '論我國敎育界의 時急方針'·'人材缺乏論'·'論師範養成'·'工業理財術' 등의 논설을 실어 교육과 식산의 중요성을 주장하였다.[126] 심의성도 여병현과 마찬가지로 대한자강회 외에도 대한협회·기호흥학회에서도 평의원으로 활발한 활동을 하였다.[127]

여병현과 심의성은 1906년 12월 19일 중추원 부찬의로 임명되기 전 대한자강회 평의원으로 활동하면서 여러 차례 총대위원으로 선발되어 참정대신 박제순과 만난 경험이 있다. 사회진보를 위한 개혁안을 계속해서 제시하였던 사회단체의 평의원이었기에 중추원 부찬의로 임명된 것으로 보인다. 윤홍섭의 경우 중추원 부찬의로 임명되기 이전의 활동에 대한 기록은 없으나, 免官된 이후인 1908년에 대동학회, 기호흥학

---

123) 『고종시대사』, 1906년 4월 14일 ; 『皇城新聞』, <大韓自强會任員組織>, 1906
년 4월 16일.
124) 『대한자강회월보』 제1호, 1906년 7월 31일.
125) 『대한자강회월보』 제1호, 1906년 7월 31일 ; 제2호, 1906년 8월 25일 ; 제3호,
1906년 9월 25일 ; 제5호, 1906년 11월 25일.
126) 『대한자강회월보』 제5호, 1906년 11월 25일 ; 제12호, 1907년 6월 25일 ; 제13
호, 1907년 7월 25일.
127) 『대한협회회보』 제1호, 1908년 4월 25일 ; 『기호흥학회월보』 제5호, 1908년 12
월 25일.

회 등의 단체에서 회원으로 활동한 것으로 보아 실력양성에 관한 관심과 의지가 있었음을 알 수 있다.128)

1907년 전반기 부찬의들의 성향은 대체로 실력양성을 통해 극일하고자 하는 의지가 강하고 실제 애국계몽단체에서 적극적으로 활동하였던 인물들로, 중추원 회의에서 주요한 역할을 했으리라는 것을 쉽게 추측할 수 있다.

(2) 중추원의 국권수호활동

서정순은 1907년 중추원의 업무를 시작하면서 중추원 기능 정상화를 위하여, 의정부에 조회하여 "중추원의 名義는 樞要之重과 言議之任이다. 현행 관제 중 정부 자순과 중추원 건의와 인민헌의 등의 조항이 모두 중요하니 일마다 협의해야 할 것이다. 각항 안건을 정장에 의거하여 자순하기를 바란다."129)고 하며 중추원을 확장 조직하여 국정에 참여하겠다는 의지를 표명하였다. 이에 의정부도 앞으로는 중대사건이 있으면 장정에 의거하여 자문하겠다고 하였다.130)

또한 부찬의 沈宜性 발기로 중추원 구성원을 자격 있는 사람으로 충원할 것을 요구하며 당시 하등 등급을 받은 군수는 중추원 부찬의가 될 수 없도록 중추원 회의를 통하여 가결시켰다.131) 심의성은 중추원의 관리는 議人으로 言官이므로, 중추원이 하등군수가 좌천되어 오는

---

128) 『대동학회월보』 제1호, 1908년 2월 25일 ; 『기호흥학회월보』 제1호, 1908년 8월 25일 ; 제2호, 1908년 9월 25일.

129) 『中樞院來文』, 照會 제1호, 1907년 1월 5일.

130) 『대한매일신보』, <有事必詢>, 1907년 1월 9일.

131) 『中樞院來文』, <開會可否記>, 1907년 2월 4일 ; 『皇城新聞』, <無恥巧智>, 1907년 2월 8일. 各郡守가 殿最에 居下한 기미를 알면 혹은 중추원 부찬의를 圖得하는 자도 있고, 혹은 內部에 請願辭職하야 依免하는 자도 있다는 내용은 당시 일반적으로 알려진 사실인 듯하다.

곳이 되어서는 안 되고, 의관의 인격이 바르지 못하면 그 직무를 행할 수 없다고 하였다. 따라서 이후로는 부찬의를 공정하고 그 역할을 담당할 수 있는 사람으로 중추원에서 公薦敍任하고 하등인을 수용하지 말 것을 정부에 건의하였다.[132] 2월 9일 중추원 회의에 부찬의 李民溥가 참석하자, 부찬의 심의성·呂炳鉉은 일전 회의에서 하등군수를 부찬의로 피임하지 못할 의안을 정부로 조회하여 아직 답이 없으므로 동석할 수 없다고 하면서 이민보를 퇴석시켰다.[133]

내각이 부찬의 심의성의 건의안을 정부회의를 거쳐 중추원으로 보낸 결과는 다음과 같다. 중추원의 부찬의 관련 관제 개정건의 중 '公薦敍任'은 各部府院廳에 아직 이러한 예가 없으나 중추원은 일전에 중추원에서 의관을 敍任하던 예도 있고 다른 관청과 성격이 다르므로, 앞으로 관제를 수정할 때 改定할 수 있다고 하였다.[134] 이에 중추원은 이후로는 본원 의원 중에 공권을 스스로 욕되게 한 자를 서임할 경우에는 본원 의회에는 결코 참석하지 못하도록 하기로 결정하였다.[135] 이는 중추원의 역할을 제대로 담당할 수 있는 공정한 인물로 충원하기 위한 노력이었다.

그 외에 1905년 중추원 관제 개정 이후 계속 논의되어져 오던 의원 월봉건이 다시 논의되었다. 그 논지는 官이 있으면 반드시 祿이 있음은 국법으로 정해져 있는 것으로 무봉 관직은 국체에 흠이 된다는 것이다. 나아가 몇 개월 동안 활동하였으나 월봉이 없었던 의원들의 월봉지급에 대한 해결책을 제시하였다.

당시 국가의 재정이 넉넉지 않아 당장 월급령을 제정하는 것은 어렵

---

132) 『中樞院來文』, 照會 제10호, 19007년 2월 4일.
133) 『皇城新聞』, <既得患失>, 1907년 2월 11일.
134) 『中樞院來文』, 照會 제12호, 1907년 2월 18일.
135) 『中樞院來文』, <開會可否記>, 1907년 2월 18일 ;『皇城新聞』, <樞院開會>, 1907년 2월 19일.

지만, 중추원 작년도 예산 중 잔액과 금년도 예산 중 나머지를 기본으로 하여 이전 議官의 예에 따라 祿을 급여하면 된다고 하였다. 중추원은 이 건의서가 의정부 회의를 거쳐 해당부서와 협상하여 실시되기를 기대하였다.[136] 그러나 이 시기에도 의정부는 의원 월봉건에 대한 의논이 없었고, 해결되지 못하였다.

1907년에 들어서면서 중추원 정상화를 위한 노력으로 중추원 의장 서정순은 국정전반에 대한 자문, 공정하고 능력 있는 인물로 중추원 의원 충원, 부찬의 월봉건을 의정부에 요구하였다. 이에 의정부는 중요 사항에 대하여 중추원에 자문할 것과 하등군수를 중추원 부찬의로 임명하지 않을 것에 대하여 응답하였으나, 부찬의 월봉건은 아직도 해결되지 못하였다.

이러한 노력과 함께 의장 서정순의 주도하에 중추원은 새롭게 활동을 시작하였다. 이를 의정부 자문의안·중추원 건의·인민헌의로 나누어 간단히 정리하고, 중추원에서 중요하게 논의되었던 내용을 주제별로 나누어 정리·분석하여 당시 중추원 구성원이 극일을 위해 선결해야 할 문제를 무엇으로 인식하였는지, 그리고 당시 중추원 개혁의 한계점은 무엇인지를 살펴보고자 한다.

1907년 1월부터 5월까지 의정부가 중추원에 자문한 의안은 모두 18건으로, 의정부 자문의안은 각각 자문한 날짜는 정확히 알 수 없으나, 1월부터 5월에 걸쳐 중추원 회의를 통하여 의결하여 그 결과를 의정부로 송교하였다. 특이한 사항은 인민 또는 사회단체가 사회개혁안을 직접 의정부에 건의하고, 의정부는 그 중 선별하여 중추원에 실행가능 여부를 자문하는 모습이 보인다는 것이다. 특히 대한자강회 대표 윤치호의 헌의가 대표적이다.

---

136) 『中樞院來文』, 照會 제18호, 1907년 3월 13일 ; 『대한매일신보』, <請撥月俸>, 1907년 3월 16일.

260

<표 17> 1907년 1~5월 의정부 자문의안

안 건	가 부	비 고
禹東斌 헌의	1/9 보류	
尹致昊 헌의	1/9 보류	
鄭鎭弘 헌의	1/9 부결	
朴斌秉 헌의	1/9 부결	
李淑子 헌의	1/9 부결	
金炳薰 헌의	1/9 부결	
大韓自强會 尹致昊 헌의	1/9 가결	
邊港 兩署官制廢止件	2/8 가결	보호관원 설치 조건
大韓醫院官制	3/4 가결	
警務使 이하 禮帽, 禮裝과 常帽, 常裝 夏服製式 중 改正件 2개	3/13 가결	
各部救弊問題를 長書로 製送하라		
勅令案 制定廢止건 7건	3/18 가결	
軍人提證規制	4/17 가결	
軍部 請議 旅團관제편성건 6개	4/19 가결	
士卒급료 개정안 1개	4/19 가결	
憲兵警察賞與規則	5/13 가결	
地方委員會規則	5/13 가결	
地方金融組合規則	5/27 가결	

<표 18> 1907년 1~5월 중추원 건의안

날짜	발론자	안 건	가부
1/14	贊議 金思默	勅令法律案을 실시	
1/	副贊議 呂炳鉉	자치제도 실시	1/31講究施行할 事로 決定
1/28	副贊議 呂炳鉉	土地家屋證明規則 폐지	
2/4	副贊議 沈宜性	하등군수를 부찬의로 전임하지 말 것	
2/4	副贊議 沈宜性	工業測候度量衡官制 개정	
2/25	贊議 李忠求	文官服裝規則 즉 점차 두자 삭거	
2/26	副贊議 呂炳鉉	대례복이 갖추어지기 전, 燕尾服을 대신 착용	
3/13		중추원 부찬의의 월봉지급	

4/2	贊議 金在豊	銓考所는 폐지, 관리 임용은 勅任官 이상으로 薦主가 되어 책임 등용	
4/9	贊議 金鶴鎭	地方官名 改定事	
4/16	副贊議 李舞夏	관인의 戰服 폐지	
5/7	副贊議 沈宜性	民法制定事	
5/21		농회법 실시	

　중추원의 건의안은 모두 13건으로 1904~1910년에 이르는 시기 중 중추원의 건의가 가장 활발하게 나타났다. 특히 부찬의 여병현이 3건, 심의성이 3건을 발론하여 전체의 약 50%에 다다르며, 그들이 내놓은 안건 중에는 토지가옥증명규칙과 같이 그들이 속한 애국계몽단체에서 논의되었던 내용도 포함되어 있음을 알 수 있다.

<표 19> 1907년 1~5월 인민헌의

날짜	헌의인	헌의내용	가부
1/14	前郡守 閔晉鎬	人才擇用	
1/	尹致昊 等	義務敎育講究方便實施事	
1/22	6품 徐相懇	戢盜방책으로 현상금 실시 헌의	1/31講究施行할 事로 決定
3/4	前監理 吳龜泳	種痘法, 屠獸法, 種樹法에 관한 헌의	
	尹喆圭	成均博士增設	중추원 회의에서 부결
	대한여자교육회	여성의복 개량	3/5 급무 아니므로 부결
	대한여자교육회	여성의복 개량(재헌의)	3/13 의정부로 조회
3/7	前議官康洪魯	무관학교 설립 武校請設	
4/	북간도민	보호관원 요청	4/9 明吏를 民長으로 선출할 것을 조회
4/	宋聲淳	소방사를 자치규제 중에 첨입	4/9 경의가결, 의정부로 조회
5/	정3품 康洪斗	지방민 구휼 위한 還米를 更設	
5/	정3품 李應植	冠婚喪祭의 浮文侈俗을 금단사	5/13 의정부로 조회, 留案

인민헌의는 12건으로 집도방략 1건을 제외하고는 모두 근대화 관련 내용으로 이루어져있다. 일제의 침략이 노골화되는 시기임에도 불구하고 이에 대한 헌의가 전혀 보이지 않는 것은 1907년에 들어서면 이미 국정은 일제에 의하여 좌우되었기 때문에 일본에 대한 탄핵이 이루어지기 힘들었으리라 생각된다. 일제의 영향력 하에서 공기관인 중추원은 국권수호를 위한 방법으로 실력 양성책을 주로 제시하였다.

중추원은 헤이그 밀사 사건으로 정국이 변화되고 중추원 관제가 다시 개정되는 1907년 5월 30일에 이르기까지 의정부를 견제하기 위하여 노력하였으며, 각 부분의 법률을 제시하여 이의 제정을 통한 새로운 국가의 틀을 마련하고자 하였고, 민의 역량을 키워 독립을 유지하기 위하여 관련 헌의서를 여러 차례 의정부에 상달하고 그 시행을 요구하였다. 5개월간의 짧은 시기이지만 중추원이 이상의 목표를 위하여 어떠한 활동을 하였는지 정리하는 것은 의미 있는 작업이 될 것이다. 정미7조약이 일어나기 전 일제의 침략이 점점 심해지는 가운데 국권수호를 위하여 노력하는 공기관이 있었다는 것은 무시할 수 없기 때문이다.

가. 국정쇄신을 위한 입법 활동

중추원은 본격적으로 활동을 시작하면서 '칙령법률안 실시'를 가결하여 정부로 조회하였다. 중추원은 국가형세가 위급하고 民志가 흩어진 원인을 法令·勅令이 바로 서지 않았기 때문으로 생각하며 칙령법률안 실시를 急務라고 보았다. 현재 행하는 법률·칙령·규정들을 엄격히 실행하여 제도를 정비하고, 상벌과 黜陟(벼슬을 올리고 내리는 것)을 명확히 하는 것이 기본이라고 하였다.[137] 나아가 1907년 1월 22

---

137) 『中樞院來文』, 照會 제3호, 1907년 1월 15일.

일, 중추원은 의정부에 조회하여 중추원에서 조사할 일이 있으니 제반 규정 목록을 일체 보내줄 것을 요구하였고,[138] 의정부는 중추원에게 일체 규정 중 可存可廢者를 심사 건의하라고 하였다. 이에 근거하여 중추원은 1907년 1월 28일 부찬의 呂炳鉉의 發論으로 1906년 허용된 가옥증명규칙에 대하여 논의하였다.

가옥증명규칙 허용으로 한국 내 일본인의 불법적인 토지 침탈이 심각해지고 있는 상황에서, 중추원은 이에 대한 법적 대응을 위하여 제기한 것이었다. 土地家屋證明規則을 협의한 찬의들은 일제히 이에 대한 法部訓令을 폐지하여 外人이 개항장 10리 밖에서는 토지소유권을 가지지 못하게 해야 한다고 하였다.[139] 중추원은 찬의들의 논의를 정리하여 "광무 10년(1906) 10월 26일 칙령 65호 家屋證明規則 제8조[140] 와 11월 9일 법부령 제8항에 의거하여, 전국 부동산을 외국인에게 팔 수 있도록 허락되어 통제할 수 없게 되었으니 법부령 제8항을 빨리 폐지하기 바란다."고 하면서 外國人의 通商租界外 證明件을 폐지하라고 하였다.[141]

1907년 3월 의정부는 중추원에 "各部救弊 문제를 長書로 서술하여 보내라."고 요구하여, 중추원 찬의들은 各府部院廳이 官報에 반포한 법안 중 可存可廢者를 상세히 조사하였고,[142] 4월 9일 다음의 안건들을 정리하여 의정부에 조회하였다.[143]

---

138) 『中樞院來文』, 通牒 제3호, 1907년 1월 22일.
139) 『中樞院來文』, 開會可否記, 1907년 1월 28일.
140) 土地家屋證明規則 제8조. 본 規則은 일반 內地에 시행할 事. 단 각 항구의 各國共同租界地와 專管租界地 내에는 본 規則을 시행하지 아니할 事.
141) 『中樞院來文』, 照會 제8호, 1907년 1월 30일 ;『皇城新聞』, <樞院決議>, 1907년 1월 31일.
142) 『皇城新聞』, <各部法案調査>, 1907년 4월 2일.
143) 『中樞院來文』, 照會 제24호, 1907년 4월 9일 ;『皇城新聞』, <樞院審査件>, 1907년 4월 3일.

의정부령 개정건 - 文官銓考所試驗規則(1906년 10월 27일 정부령 제2
호) 개정, 政府所屬 職員官制(1906년 12월 28일 반포) 실시,[144] 禁
奢侈條例(1900년 11월 16일 칙령 제47호) 폐지[145]

내부령 개정건 - 地方官銓考規程中添入改正件

법부령 개정건 - 民法制定件, 13도 各地方各港市裁判所設置件, 公貨
欠逋人處斷例, 法部訓令 제8항 繳銷건

학부령 개정건 - 成均館官制改正件, 學部官制改正件, 師範學校令改
正件, 普通學校令中正誤件

군부령 개정건 - 徵兵條例實施事[146]

농상공부령 개정건 - 鑛業法施行細則(鑛區犯入한 田畓의 正賦區劃
件)[147]

　　의정부 관련 문관전고소 시험규칙과 내부관련 지방관전고 규정은
모두 관리임용에 관한 것으로 신중하게 각 관직에 알맞은 사람을 등용

---

144) 法制局의 역할 중 국사편찬에 관한 사항으로 갑오 이래 국사편찬이 아직까지
　　이루어지지 않은 것은 커다란 흠이므로 의정부 참서관 1인과 주사 1인으로
　　하여금 편찬을 겸하여 관장하도록 할 것 등을 요구하였다.『中樞院來文』, 照
　　會 제24호, 議政府令 改正件, 1907년 4월 9일.

145) 禁사치조례는 칙임관·주임관·판임관의 관직과 각각 세납액에 따라 착용
　　의복과 패물 등의 사용을 한정하여 서술하고, 만약 등급을 어기고 사치품을
　　사용하였을 경우에는 이를 공공기관에 속하게 할 것을 규정하여 엄격하게 사
　　치를 금하고자 하였던 조례였으나 이의 폐지를 요구한 것이다.『中樞院來
　　文』, 照會 제24호, 議政府令 改正件, 1907년 4월 9일.

146) 軍部에 대해서는 徵兵은 1903년 3월 17일 詔勅으로 지시하였는데 아직도 마
　　련되지 못하였으니, 징병조례를 속히 제정하여 의논을 거쳐 실시할 것을 재
　　촉하였다.『中樞院來文』, 照會 제24호, 軍部, 1907년 4월 9일.

147) 농상공부에는 광업법 시행세칙과 관련하여 토지를 측량하고 조사하고자 하는
　　자는 토지명칭, 地目, 목적을 기재한 청구서를 제출하도록 한 조항과 광구세
　　에 대한 조항은 광업이 폐지된 후에는 바른 조세에 대한 규칙이 없으니 이에
　　대한 개정을 요구하였다.『中樞院來文』, 照會 제24호, 農商工部, 1907년 4월
　　9일.

하기 위한 방법을 제시하고 있다. 먼저 문관전고소 시험규칙은 이전에 "정기시험에는 의정부 參贊과 각부 협판 이상이 각각 천거할 수 있다."고 규정하였던 것을 "府部大臣·의장·부의장이 각각 5인, 參贊·協辦·裁判長·육군법원장·한성부윤·도 관찰사는 각각 3인, 부윤·군수가 각각 1인을 천거"하도록 개정하여 문관을 천거할 수 있는 범위를 확대하였다.[148] 주목되는 점은 이전에는 중앙의 주요 관직자만이 문관을 천거할 수 있었는데 중추원, 재판소, 육군 법원 등 기타 기관과 한성부윤, 관찰사, 부윤, 군수 등 지방관이 천거한 사람들도 관리 임용 시험을 치를 수 있게 되었다. 또한 중앙뿐 아니라 지방의 인재까지 관직에 나갈 수 있는 기회를 줄 수 있는 제도였다. 천거하는 사람의 직위마다 천거할 수 있는 인원수를 규정하였고, 중추원 의장·부의장도 각각 5명씩 천거할 수 있도록 한 것은 중추원에서 관리를 천거함으로써 자신들과 뜻을 같이 할 수 있는 사람을 중앙관리로 활동할 수 있도록 하려는 의도가 있었음을 보여준다.

내부 관련 지방관전고 규정에 대하여, 1907년 4월 중추원 찬의 金在豊은 "銓考所는 폐지하고 칙임관 이상으로 薦主가 되어 관인을 擇用하되 需用한 관인이 혹시 잘못하면 그 벌은 薦主가 받도록 하자."고 건의하였다.[149] 의정·참정·각부 대신·의장이 매년 자질 등급이 높아지고 명성과 덕망이 드러난 사람을 관찰사로 保薦(보증하여 천거)하고, 부윤과 군수의 경우 의정·참정·각부대신·의장은 3명씩, 참찬·각부협판·각원청장관은 2인씩, 한성부윤·각도 관찰사는 1인씩 매년 이력과 자격에 따라 保薦하도록 하였다. 보천된 관찰사 이하 지방관 후보는 내부의 銓考와 정부회의를 거쳐 官報에 기재할 것을 제시하였다. 반면 참서관과 군 주사는 폐단만 생기고 조금도 유익한 것이 없으

---

148) 『中樞院來文』, 照會 제24호, 議政府令 改正件, 1907년 4월 9일.
149) 『皇城新聞』, <樞官建議>, 1907년 4월 2일.

니 폐지할 것을 요구하였다. 수정된 지방관 전고규정의 특징은 보천인을 두어 천거된 인물의 이력서에 보천인 성명을 쓰고 날인하게 하고, 지방 칙주임관이 탐학과 범죄로 인해 징계를 받게 되면 그 책임을 보천인이 함께 지도록 하였다. 이는 관리임용에 있어 상급자가 더욱 책임감을 가지고 천거하도록 하는 법안이었다.150) 지방관 保薦에도 중추원 의장이 참여할 수 있게 되어 중앙관리뿐 아니라 지방관 임명에도 중추원이 일정부분 영향력을 가지고자 하였다.

法部에 관련해서는 인민의 생명과 재산을 지키고 보호하는 데 刑法과 더불어 民法이 필요하다고 하면서 근대적 민법의 시급한 제정을 요구하였다. 13도 지방재판소의 경우, 법률을 배우지 못한 지방 관원이 판사와 검사를 겸해서는 그 역할을 제대로 담당할 수 없으므로, 판사와 검사를 각각 설치하고 이를 책임질 사람을 임용하여 사법과 행정이 서로 혼란되지 않도록 할 것을 요구하였다. 그리고 公貨를 포탈하는 자를 처단하는 법은 있으나 실시되지 않고 있으니, 법을 시행하여 공정하게 처리할 것을 요구하였다. 또한 토지가옥증명규칙 제8항의 폐지를 다시 요구하였다.

즉 중추원은 법부에 민법의 제정, 행정과 사법의 엄격한 분리, 공화포탈자 처단, 토지가옥증명규칙의 유해조항 폐지를 요구하였다.151) 이와 관련하여 1907년 4월 9일, 찬의 金鶴鎭이 陳疏하여 "관찰사·군수는 한 지방을 전제하고 그 직책은 7가지를 專管하였으나, 경장 이후로 행정만을 담당하게 되었다. 그러나 아직도 이름은 달라지지 않았다. 이에 관찰사는 道長 혹은 道尹으로 개칭하고, 郡守는 郡長으로 개칭하는 것이 便宜에 맞다."고 하여, 地方官名 改定 건의안을 의논 가결하

---

150) 『中樞院來文』, 照會 제24호, 內部, 1907년 4월 9일 ; 『대한매일신보』, <樞院建議>, 1907년 4월 13일 ; 『皇城新聞』, <樞院議決>, 1907년 4월 17일.
151) 『中樞院來文』, 照會 제24호, 法部, 1907년 4월 9일.

여 의정부에 보내기도 하였다.[152]

학부와 관련해서는 교육에 대하여 조사 정리하여, 다음과 같이 성균관 관제 개정을 제시하였다.

성균관이 국가의 대학과 관계되어 대학의 이름이 있고 교수·학습의 법이 있으나, 오래된 학문에 빠져 시무에 어두우니 이는 經學만을 중시하고 藝術에 힘쓰지 않았기 때문이다. 따라서 예술과를 증설하여 聖賢의 經義와 現世의 기술을 더불어 익혀서 인재를 양성하는 기관이 되기를 바란다. 이에 학생들의 체계적 교육을 위하여 각 군에는 소학관을 설치하고, 각 관찰도에는 중학관을 설치하고, 한성에는 대학관을 설치하며, 이에 대한 경비는 각도부군 校宮과 經義齋에 속한 재산을 각 해당 중학관과 소학관에 移屬시켜 충당하면 된다.[153]

이러한 개혁의 일환으로 성균관을 성균관대학교라 개칭하고 경학과 외에 예술과를 두게 하여, 유학을 진작시키는 책임을 전적으로 담당하며 각 지방 校宮의 재산과 학사를 관리하도록 하였다. 또한 경학과장은 倫理·性理·經議·文學에 관한 학과를, 예술과장은 정치·법률·理學·기술에 관한 학과를 담당하도록 하여 기존의 유교 외에도 시무에 관련된 학과들을 가르치도록 하였다. 또한 외국 교과서의 번역과 편찬을 통하여 외국학문을 수용하도록 하였으며, 졸업생에게 학사증서를 발급하고 관직에 임용하도록 하였다.

성균관 관제 개정 외에 사범학교령에서는 15세 이상의 남자에서 만 20세 이상의 남녀로 학생 채용의 자격을 조정하여 남녀 모두 입학할 수 있도록 하였다.[154]

---

152) 『中樞院來文』, 開會可否記, 1907년 4월 8일 ; 建議案, 1907년 4월 ; 照會 제25호, 1907년 4월 9일.
153) 『中樞院來文』, 照會 제24호, 尾附 意見書, 1907년 4월 9일.

학부의 개혁안은 체계적인 인민 교육을 위하여 행정구역과 관련하여 소학관－중학관－대학관을 설치하며, 교육 내용에 있어서는 유교와 서구학문의 조화를 추구하였다. 또한 사범학교 입학 자격을 20세로 상향조정하면서 남녀 모두에게 기회를 평등하게 주어 여성을 교육 담당자로 인정하였다.

이상 중추원은 각부 법령의 개정·실시건에 대하여 구체적으로 정리하여 의정부에 조회한 후, 근대적 민법 제정을 재차 촉구하였다. 이미 민법 편찬작업을 위해 정부는 1905년 4월「형법대전」을 공포한 후 그 추진기구로 7월 18일 법률기초위원회를 설치하였다. 그러나 정부의 근대적인 입법작업은 국권이 약화됨에 따라 더 이상 추진되지 못하였다.[155] 이런 상황에서 중추원이 민법의 제정 실시를 정부에 건의한 것이다.[156] 그러나 정부의 제정 의지가 보이지 않자 중추원에서는 부찬의 沈宜性이 民法制定事를 發論하고 모든 의관들이 민법 제정의 긴박함과 필요함을 인지하여, 법률 중 가장 급한 내용을 뽑아 議決하여 조목을 열거하였다. 중추원은 열거한 조목들을 법부에서 條例를 갖추어 법률로 단행하여 먼저 실시하고 민법 제정 때에 모두 편입할 것을 요구하였다.[157]

중추원에서 작성한 민법조례는 다음과 같이 5개로 나누어, 이상의 법률을 정해야 하는 이유와 법률제정의 주요기준을 설명하였다.[158].

---

154)『中樞院來文』, 照會 제24호, 學部, 1907년 4월 9일.
155) 정긍식 편저,『한말법령체계분석』, pp.44~46 ; 한명근,「통감부기 중추원의 기능과 활동」, p.401.
156)『中樞院來文』, 照會 제24호, 1907년 4월 9일.
157)『中樞院來文』, 開會可否記, 1907년 5월 6일 ; 照會 제31호, 1907년 5월 7일 ;『皇城新聞』, <樞院照會>, 1907년 5월 8일.
158)『中樞院來文』, 照會 제31호, 國籍法, 民法, 1907년 5월 7일.

　　　總則編 : ① 미성년자의 능력에 관한 건(만 22세)
　　　　　　　② 禁治産 準禁治産에 관한 건
　　　物權編 : ① 公有地를 均等하게 향유하는 권리에 관한 건
　　　　　　　② 先取特權에 관한 건
　　　債券編 : ① 損害賠償에 관한 건, ② 債務保證人에 관한 건
　　　親族編 : ① 重婚 금지에 관한 건, ② 親權者와 後見人에 관한 건
　　　相續編 : ① 相續財産取得에 관한 건

　민법과 더불어 문명교통의 때를 맞이하여 국가 상호간에 관계가 많으므로, 국적법을 시급히 강구·실시하여 우리나라 국민이 국적에 속한 국민으로 그 권리를 인정받고 외국인이 우리나라에 국적을 둘 조건도 확정해야 한다고 하였다.[159] 이는 국제사회에서 한국의 국권과 인민의 권리 보장을 법률로써 확립하고자 한 것이었다.

　또한 중추원은 인민의 대다수를 차지하는 농민들의 생활을 안정시키기 위한 방안을 마련하고자 논의하였다. 1907년 5월 21일 중추원은 인민의 경제활동을 돕기 위한 방법으로 農會보다 중요한 것이 없고, 농사에 힘쓰는 것은 국가의 근본이라는 이유 등으로 농회 규칙을 회의를 거쳐 可決하였다. 5월 27일 중추원은 農會法을 전6조로 구성하여 의정부에 농회의 실시를 요구하였다.[160] 농회는 농사의 개량 발달을 위하여 설치하고(1조), 농상공부대신은 그 정하는 바 조건이 구비된 농회에 보조금을 지불할 수 있고(3조), 농회 보조금에 대한 한계를 설정(4조·5조)하였다. 그 보조법령으로 農會令(전25조), 農會令施行規則(전8조), 補助金支撥規則(전8조), 農會經費豫算書及決算書樣式, 농회에서 農事에 관한 사항조사건(전4조) 등을 규정하였다.[161]

---

159) 『中樞院來文』, 開會可否記, 1907년 5월 6일 ; 照會 제31호, 1907년 5월 7일 ; 『皇城新聞』, <樞院照會>, 1907년 5월 8일.
160) 『中樞院來文』, 開會可否記, 1907년 5월 21일 ; 照會 제34호, 1907년 5월 27일.

즉 중추원은 농사의 개량·발달을 위하여 농회 설립의 필요성을 제시하였고, 각 지역단위마다 面杜坊里→ 郡→ 道府로 연결되는 농회 조직의 조건을 서술하고, 농사개량 등에 필요한 자금을 일정한 양식을 갖추어 농상공부에 요구하면 지급받을 수 있는 조항, 농회 회칙, 농회의 해산 조건까지 자세히 서술하였다. 농회법은 농촌의 발달을 합리적 방법에 의하여 관민의 협동 속에서 이루어지도록 하는 법률로서, 지방의 농회와 농상공부의 유기적 연관 속에서 농사에 필요한 기술을 발달시키도록 권면하였다.

근대적 농업구조 개선안인 농회법은 법률로 제정 시행되지는 않았으나, 농회는 인민들이 이미 어느 정도 인지하고 자발적으로 만들어지고 있었다. 1907년 2월 6일 "大韓農會에서 임시총회를 열고 會務를 조직하여 회장은 閔丙奭씨로 선정하고 협의하기를, 일반임원이 團體合力하여 농업을 발달시킬 방법을 각기 연구하여 실효가 있도록 하자."[162] 고 한 기사가 있었다. 이로써 중추원에서 농회의 설립을 발상한 것이 아니라, 중추원이 사회에서 이미 진행되고 있던 농회의 효율적인 면을 보고 전국적으로 확대할 필요성을 느껴 의정부에 건의한 것임을 알 수 있다. 농회법 실시를 건의한 이후에도 경북 대구에서 농회가 설립되었다.[163]

---

161) 『中樞院來文』, 農會法, 1907년 5월 ;『皇城新聞』, <樞院建議>, 1907년 5월 23일.

162) 『皇城新聞』, <農會研究>, 1907년 2월 11일.

163) 1907년 10월 25일 경북 대구부에서 有志한 紳士 정3품 姜鎰, 徐相敦, 前主事 金進銖, 李悳求 등은 농업을 개량 발달할 뜻으로 발기하여 대한농회 경성본부에 청원 승인하여 대한농회경북지부를 대구부에 설립하고 임원을 추천하고 會務를 조직하여 연설회를 가져 농업의 발달과 농업의 개량이란 문제로 연설하였는데, 관찰사 李忠求는 회무를 급력 협찬하고 대구군수 최현달은 농민을 지휘하여 參會케 하고 서상돈은 모범장 기지로 양전 기백평을 기부한다고 하였다. 『皇城新聞』, <大邱農會>, 1907년 10월 25일.

이상 중추원이 마련한 법률 수정과 제정 건의안들은 국정 쇄신을 통한 국권수호 의지를 담고 있다. 즉 유학과 시무를 더불어 습득한 인재를 양성하고, 행정을 맡는 중앙과 지방 관리들을 신중하게 천거하여 책임을 맡기며, 사법과의 엄격한 분리를 통하여 역할을 분담하고자 하였다. 징병문제를 해결하고 토지가옥규칙 등 자주권을 유해하는 조항을 삭제하여 국권수호를 위한 법률 개정을 요구하였으며, 민법과 농회법의 제정을 통하여 인민의 권리와 민생 현안문제를 해결할 수 있는 방책을 제시하였다. 중추원은 이상과 같이 법률을 새롭게 하고 이를 준행함으로써, 일본으로부터 국권을 수호할 수 있는 기반을 형성할 수 있다고 생각하였다.

그러나 중추원이 제시한 법률들은 시행되지 못하였다. 이는 당시 외교권만을 위임받은 통감부가 내정 전반에 대하여 간섭하고 주도하였으며, 1907년 7월 정미7조약에 의해 통감은 한국정부의 施政改善을 지도하는 위치에서 법령의 제정 및 중요한 행정상의 처분 등의 승인권을 갖게 됨으로써, 입법·사법·행정 전반에 걸친 통치권을 행사할 수 있게끔 되었기 때문이다. 특히 11월 한일협정에서 입법권을 실질적으로 통감부가 장악함으로써 각부구폐문제 논의로 시작된 중추원의 자주적이고 근대적인 법령 개폐활동은 정상적으로 이루어질 수 없었고 실효를 거둘 수 없었다.

나. 민의 계발을 위한 시무 건의

1907년 들어서면서 중추원은 자체적으로 법률 수정·제정안을 의정부에 건의하였고, 그 외에 인민헌의 중 선별하여 정부에 상달하는 기능 역시 활발히 전개하였다. 중추원이 의정부에 건의한 시무책은 의무교육·자치제도·4弊禁斷에 관련된 것 등이다.

'의무교육실시' 논의는 1906년 大韓自强會에서 시작되었다. 1906년

272

9월 24일 대한자강회는 인민의 교육개진을 위하여 전국에 의무교육을 실행할 것을 정부에 건의하였다.[164] 대한자강회는 의무교육을 실시하기 위하여 학교는 우선 경성 각 동에 區立학교를 설립하고, 校費는 區內 居民이 담당하며, 남녀 학령은 7~14세로 한정하여 입학년에는 의례히 입학하게 하여 義務로 정할 것을 주장하였다.[165] 대한자강회는 의무교육의 실시여부를 듣기 위하여 10월 29일과 12월 14일 두 차례에 걸쳐 총대위원을 선정하여 참정대신 朴齊純을 만나게 하였다. 박제순은 의무교육실시를 찬성하며 학부에서 논의 중이라고 하여, 대한자강회는 곧 의무교육이 실시될 것이라고 기대하였다.[166]

1907년 1월 9일 중추원은 개회하여 의정부에서 보낸 인민헌의서 7개를 심사하고 그 결과를 의정부로 조회하였다. 그 중 대한자강회에서 헌의한 의무교육은 절실하고 긴박하게 시행해야 할 일이라고 하면서, 의정부가 소관 부서와 협상하여 條規를 다시 諮詢하면 중추원에서도 찬성하겠다고 하였다.[167] 의정부는 중추원의 조회에 따라 1월 14일 정부회의에 '의무교육실시'를 의안으로 삼아 논의하였다.[168] 정부는 고종에게 의무교육건에 대하여 "내부와 학부에서 방도를 강구하고 있지만 중대한 문제이므로 당장 거행하기 어려울 것"이라고 상주하였다.[169] 이에 중추원은 의무교육실시를 적극적으로 요구하기 위하여 의무교육

---

164) 『皇城新聞』, <自强建議>, 1906년 9월 24일.
165) 『대한매일신보』, <自强會獻議>, 1906년 10월 21일.
166) 『대한매일신보』, <自强建議의 實施與否>, 1906년 11월 1일 ; 『皇城新聞』, <參政과 會員問答>, 1906년 10월 31일 ; <政總未接>, 1906년 12월 15일.
167) 『대한매일신보』, <樞院開會>, 1907년 1월 10일 ; 『中樞院來文』, 照會 제2호, 1907년 1월 12일.
168) 『起案』 23(奎17746), 의정부편, 議政府 照會 제11·12호 內部·學部, 1907년 1월 15일 ; 『皇城新聞』, <政議案件>, 1907년 1월 15일 ; <政照學部>, 1907년 1월 18일.
169) 『高宗實錄』, 1907년 1월 16일.

실시 방침에 대하여 난상 협의하자,[170] 정부에서는 다시 중추원에 의
무교육을 장차 실시할 것이라고 하였다.[171] 의무교육은 대한자강회·
의정부·중추원 등 제반 기관에서 그 필요성을 인정하고 그 실시를 여
러 차례 논의하였으나 실질적으로 시행되지는 못하였다. 그러나 의무
교육의 필요성을 인지하고 있던 지방의 각 유지들에 의하여 부분적으
로 실시되는 모습이 보인다. 1908년 3월 8일 강화의무교육실시를 위하
여 강화도 紳士들이 군청에 회집하여 學務會를 조직하고 의무교육의
긴급한 정황을 연설하기도 하였다.[172]

다음으로 중추원은 지방자치를 건의하였는데, 지방자치에 대한 의견
은 1906년에도 여러 분야에서 제기되었다. 1906년 10월 31일 내부에서
논의한 지방자치규칙은 전 향약조례와 동일하여 정치법률 범위 내에
서 인민이 자유롭게 활동하는 것을 골자로 하였다.[173] 정부의 움직임
과 더불어 일반 민들의 지방자치에 대한 의견들이 언론을 통해 소개되
기도 하였다.[174]

1907년 1월 21일 중추원은 부찬의 呂炳鉉의 발론으로 自治規制를
협의하였다. 의원들은 대체로 자치제도 시행에 대해서는 긍정적이었
다. 회의한 참가한 의원 중 부의장 李載崑을 비롯한 5명이 자치제도를
먼저 한성에 실시하는 것에 대하여 可決하였다. 그러나 나머지 4명은
良法·美規는 전국이 두루 행하는 것이 옳으므로 먼저 한성에만 실시
하는 것은 미봉책이라는 의견과, 교육과 위생에 대하여 논의한 공·사

---

170) 『皇城新聞』, <義敎實施>, 1907년 1월 23일.
171) 『대한매일신보』, <義務敎育實施>, 1907년 1월 26일.
172) 『皇城新聞』, <江華義務敎育>, 1908년 3월 8일.
173) 『대한매일신보』, <自治實施>, 1906년 10월 31일 ; 『皇城新聞』, <自治擬議>,
     1906년 10월 30일.
174) 『대한매일신보』, <地方自治에 關ㅎ야 孫訟齡君의 演說 續>, 1906년 11월
     15일 ; <地方自治에 關ㅎ야 孫訟齡君의 演說 續>, 1906년 11월 16일.

립학교와 內部 위생국과 관련된 사항도 실시되지 않고 있는데 장황하게 규칙을 만드는 것은 타당하지 않다는 의견 등으로 반대하였다. 즉 중추원 의원들은 자치제도 실시 자체는 동의하였지만, 자치제도 운영상의 제한성과 그 실시 여부에 있어서의 신뢰성을 문제삼았던 것이다. 중추원에서의 자치제도 논의는 결국 다수결로 가결되었다.175)

중추원은 자치제도가 각각 한 구역을 통치하는 독립조직으로, 대개 인민의 자치정신이 있은 후에 국민의 의무를 알게 되고, 교육이 진흥되면 국가의 독립 실력을 기를 수 있다고 하였다. 중추원은 의정부에 조회하여 자치제도의 필요성을 설명하고 자치제도 건의안에는 대강만 서술하였다고 하면서, 그 실행세칙은 관련부서에서 제정하여 자문할 것을 요구하였다.176) 지방자치 의안은 1907년이 다 지나도록 한성부에서도 이루어지지 않자, 언론에서는 지방자치를 실시함으로써 얻어지는 이득을 나열하며 그 실시를 촉구하였다.177) 대개 자치제도는 문명 각

---

175) 『中樞院來文』, 照會 제7호 尾附 建議書, 1907년 1월.

176) 『中樞院來文』, 開會可否記, 1907년 1월 21일 ; 照會 제7호, 1907년 1월 ; 『皇城新聞』, <樞院議決自治制>, 1907년 1월 30일.

177) 『皇城新聞』, <論說 - 地方自治制>, 1907년 12월 23일, 12월 25일 : ① 인민으로 하여금 行政에 참여하게 하여 自由權을 스스로 견고하게 할 수 있는 것, ② 지방의 인정풍속과 경제지리가 같지 않은데 획일적인 정치를 행하면 그 폐단이 커지는 것이므로 자치를 행하면 각기 법률의 범위 안에서 적절한 조치가 가능하다는 것, ③ 자치제도를 행하면 官吏紳商이 지방 행정을 함께 맡아 상하의 정이 相達하여 관민 간에 감정을 융화할 수 있는 것, ④ 인민으로 하여금 정치를 實事巧察하게 하여 지식을 개발하게 하는 것, ⑤ 在野의 志士가 그 지방 행정에 참여하고 나아가 미루어 행하면 정당의 폐단을 고치고 국가 危害의 우려를 없게 할 수 있을 것, ⑥ 정부의 일부가 지방에 있어 그 책임이 인민의 몸에 있은 즉 오로지 중앙정부의 탓으로 돌리지 않고 진력하게 되고, 나아가 중앙정부가 安固하고 국가 기초가 견고하게 되는 것, ⑦ 자치의 민은 모두 법률에 복종하여 자기 생존의 이상과 興國家에 대한 의무 사상이 증진됨에 따라 안녕의 질서를 유지하며 법인의 자격을 思備하여 경찰과 징세 등 각 행정에 편익을 더불어 할 수 있는 것, ⑧ 郡市坊村의 구역을 획정하여

국이 모두 통용하는 것으로 우리나라도 쇄신의 시국을 맞이하여 지방 제도를 개량·실시하면 인민 開導 상에 효력이 있을 뿐 아니라 지방의 폭동의 우려도 적어질 것이라고 하였다.

1907년 4월 9일 중추원은 宋聲淳의 소방서 설치에 관한 헌의서를 접수하여 의논하면서, 소방서 역시 하나의 자치기관으로 한성자치제도에 편입하는 것이 편리하겠다고 의견이 모아져 의정부에 조회하였다.[178] 이로써 警視廳에서 한성내외에 消防隊를 조직하기 위하여 巡査를 소집하여 소방연습을 하기도 하였다.[179] 한성부부터 지방자치를 실시하자는 논의로 인하여 1908년 5월 8일에는 한성부 내에 자치제도를 실행할 목적으로 한성부 민회를 설립하기 위한 발기회를 개회하였다.[180] 한성부윤 張憲植과 각 사회 有志 紳士들이 모여 자치방침을 의결한 후 회장으로 兪吉濬을 선출하였다.[181] 6월 들어 내부에서 한성부윤의 의견에 의하여 한성자치제도를 실시하겠다고 통감부에 동의를 청하였지만 통감부에서 승인하지 않아 실시되지 못하였다.[182]

다음으로 중추원에서 부강을 위한 급무로 논의한 것 중 하나가 4가지 폐단에 대하여 단속하는 것이었다. 4폐 금단에 대한 논의도 1906년 대한자강회에서 시작되었다. 1906년 10월 9일 대한자강회 회장 윤치호는 相地, 巫覡, 算命相人, 俚諺小說의 4가지 폐단이 通俗이 되었다고 하였다. 형법으로 엄히 금하고 있는 巫覡 이외에도 相地·算命 相人 같은 雜術類와 음란한 소설 역시 규례를 제정하여 금지하면 民志와

자치제도를 조직하고 각기 해당 세금의 재정을 맡아 학교를 설립하고 강제 교육의 임무를 부여하면 이로써 의무교육도 실시할 수 있다.

178) 『中樞院來文』, 照會 제26호, 1907년 4월 9일 ; 開會可否記, 1907년 4월 8일 ; 『皇城新聞』, <樞院議決>, 1907년 4월 9일.
179) 『皇城新聞』, <消防演習>, 1908년 5월 23일.
180) 『대한매일신보』, <自治會設立>, 1908년 5월 8일.
181) 『대한매일신보』, <自治制任員>, 1908년 5월 10일.
182) 『皇城新聞』, <自治制遲延>, 1908년 6월 7일.

國俗을 바르게 할 수 있을 것이라고 하였다. 4폐 금단사는 1906년 이미 의정부에 건의하였고, 대한자강회에서는 총대위원을 뽑아 참정 박제순과 면담을 통하여 그 실시여부를 물었다. 박제순은 이에 대한 의논이 일치하지 않아 留案되었다고 하며 다시 제의하여 실시방법을 상의하겠다고 하였다.[183] 1907년 들어 의정부가 1906년부터 회의에서 논의된 주제를 중추원에 자문하면서, 중추원은 윤치호의 헌의 四弊禁斷事를 심사 가결하여 의정부에 조회하였다.[184] 이에 1월 31일 의정부 회의에서 '講究 施行할 事'로 결정하여 내부로 해당 안건들을 첨부하여 살펴 판단하도록 하였다.[185]

이상과 같이 대한자강회에서 의정부와 중추원에 제시한 의무교육, 四弊禁斷事와 중추원에서 자체건의한 자치제도에 관한 논의는 활발히 진행되었다. 그러나 정부에 조회한 후 잘 진척되지 않자, 1907년 2월 25일 중추원은 의정부에 건의한 의무교육 등 의안을 정부에서 다시 곧 협상하여 의안들을 더불어 급히 실시하기를 요구하였다.[186]

중추원은 이외에도 변계 문제와 근대화와 관련된 헌의서들을 의정부로 조회하였다. 1907년 2월 8일 중추원은 의정부가 자문한 邊港 兩署官制廢止件에 대하여 일단 가결은 하지만, 西北邊界(서북간도)는 경찰권이 미치지 못하는 지역이기 때문에 墾島 유민의 情狀을 잃게 될 것이 우려된다고 하면서 보호 관원을 시급히 설치할 것을 요구하였다.[187] 그러나 邊界警署 폐지 이후 保護官員이 설치되었다는 소리는

---

183) 『대한매일신보』, <自强建議의 實施與否>, 1906년 11월 1일 ; 『皇城新聞』, <參政과 會員問答>, 1906년 10월 31일.

184) 『中樞院來文』, 照會 제4호, 1907년 1월 15일 ; 『대한매일신보』, <諸術宜禁>, 1907년 1월 25일.

185) 『內部來去案』 4(奎17768), 내각편, 照會 제28호, 1907년 2월 5일.

186) 『中樞院來文』, 開會可否記, 1907년 2월 25일 ; 照會 제13호, 1907년 2월 25일 ; 『皇城新聞』, <樞院決議>, 1907년 2월 26일.

187) 『中樞院來文』, 照覆 제11호, 1907년 2월 8일 ; 開會可否記, 1907년 2월 8일.

없었고, 1907년 4월 북간도민들은 폐해조목을 첨부하고 청나라 관청과 협상할 수 있는 民長 선출 청원서를 의정부와 중추원으로 보냈다. 중추원은 헌의서를 의정부에 보내며 流民의 요구에 따라 민장 선출 허락을 요구하였다.[188] 근대화와 관련해서는 前監理 오구영은 "種痘則·屠獸則(兒牛와 孕牛는 禁屠)·種樹則을 실시하면 10년이 지나기 전에 戶口之增과 牛畜之繁과 材木之用이 열강과 같을 것"이라고 주장하였고,[189] 중추원은 오구영의 헌의 내용이 경제에 합당하다 하여 의정부에 조회하였다.[190]

이상에서 살펴본 1907년 전반기의 중추원 활동은 1904년 한일의정서 이후 고종의 국권수호 의지와 중추원의 정상화를 위한 노력에 의하여 가능하였으며, 의원도 새롭게 구성되어, 일제에 국권이 거의 침탈되어 가는 정점에서 활발하게 진행되었다. 1907년 전반기 중추원 활동의 본질은 국권수호를 위한 행정의 정상화와 현실화, 시무책 실시를 통한 인민의식의 전반적인 함양이었다고 볼 수 있다.

중추원은 ① 중추원 의원들의 중추원 정상화를 위한 하등군수의 의원임명 거부, ② 사용되고 있는 법률을 심사하여 개정·폐지·개시 등을 조목조목 정리하여 이의 실시를 주장, ③ 의무교육·지방자치 등을 주장하여 인민의 역량을 증진함으로써 국권을 수호하고자 하였다. 이

---

188) 『請願書』3(奎17848), 내각편, 請願書, 1907년 4월 ; 『中樞院來文』, 照會 제23호, 1907년 4월 8일 ; 『대한매일신보』, <墾局設官>, 1907년 4월 11일. 청원서 내용 : 북간도에 사는 10여만 명은 韓民이오 토지 역시 韓地이지만 지금은 淸界라 일컬어 結稅戶役을 면하기 힘들고 밖으로의 侵虐과 無名誅求가 날로 많아져 곤란한 상황에 놓여있지 않은 집에 없다. 民長을 명하여 淸官과 더불어 定約을 담판하여 結稅戶役도 交涉收納할 수 있기를 바란다.
189) 『中樞院來文』, 獻議書 – 住仁川龍△島正3品 前東萊監理吳龜泳, 1907년 2월.
190) 『中樞院來文』, 開會可否記, 1907년 3월 4일 ; 照會 제16호, 1907년 3월 4일 ; 『皇城新聞』, <樞院開會>, 1907년 3월 5일.

러한 일련의 노력들은 일제 통감부 지배 하에서 쉽지 않은 일이었다.

1907년 전반기 중추원은 '시정개선'이라는 미명하에 자행하였던 일본의 국권침탈에 대해서는 거의 견제하지 못하면서, 국권수호를 위한 방향을 제시하고자 한 것은 일면 모순으로 보일 수 있다. 또한 중추원이 제시한 의안들은 통감부가 받아들이지 않음으로써 시행되지 못하였고, 이후 파행적으로 일제의 침략을 위하여 이용되는 역작용이 나타나기도 하였다. 하지만 국가 존망의 기로에서 공기관으로서 자신의 기능을 통하여 국정의 방향을 제시하며 제한적인 범위 안에서라도 국권을 지킬 수 있는 역량을 키우고자 노력하였던 중추원의 활동은 간과할 수 없고, 이에 대한 의미를 부여하여야 할 것이다.

제6장 통감부의 중추원 통제
(1907~1910)

1. 중추원의 개편과 중추원 구성원의 변화 양상

1907년 5월 30일 반포된 중추원 관제 개정은 5월 21일 李相卨·李儁·李瑋鐘이 네덜란드 헤이그에서 개최되는 만국평화회의에 한국독립을 청원하기 위하여 떠난 얼마 후에 이루어졌다. 1907년 5월 30일, 勅令 32호로 반포된 중추원 관제의 주요 내용은 다음과 같다.[1] ① 의정부에서 자문하는 사항 중 衆論博採가 필요할 때에는 의장이 前現任 주요 관직자들과 회의할 수 있다는 사항을 삭제하고, 顧問 6인을 親任하고, 그 자격은 만 1년 이상 정부대신의 親任職을 지낸 사람으로서 다른 관직을 겸할 수 없다(10조)고 규정하였다. ② 의정부에서 자문한 군국중요사항을 이전에는 의장이 관계 정부대신과 회동 의결하도록 규정하였던 것을, 고문과 회동 의결하도록 개정하였다(11조). 칙령 32호의 중추원 관제는 고문직을 신설하여 의정부에서 자문한 군국중요사항을 고문과 의결하도록 하여 그 역할을 중시한 것을 알 수 있다.

그러나 고문의 新設과 任免을 정치적 상황과 연관시켜 보면 고문이 장차 중추원의 위상을 높이고 중추원에서 중요한 역할을 할 수 있는 장치가 되지 못했음을 알 수 있다. 1907년 5월 21일 헤이그 밀사 사건을 막지 못한 당시 대신들은 통감 이토 히로부미(伊藤博文)의 압력으

---

1) 『官報』, 勅令 제32호, 1907년 5월 30일 ; 1907년 6월 1일.

로 5월 22일 스스로 사직하였고, 정부의 대대적인 인사이동을 통하여 일본의 정책을 적극적으로 반영할 수 있는 인물들로 정부를 구성하였다.[2] 5월 31일 통감과 의정부 참정 이완용은 면책된 박제순, 이지용, 권중현, 이하영, 이근택, 민영기 등 대신들에게 그간 일제의 식민지화 정책을 도운 공을 인정하여 완전히 실직시키지 못하고 중추원에 고문이라는 새로운 관직을 만들어 지위를 보장해주었다. 다음은 통감부시기 고문을 지냈던 인물들이다.

<표 20> 중추원 고문의 주요 관력

이름	생몰연대 본. 신분	교육·외유	경 력	비고
朴齊純	1858 -1916 潘南	文科(1883) 천진주사 駐淸全權公使(1902) 귀국(1904)	駐英德我義法全權公使(1890), 全羅觀察使·忠淸觀察使(1894), 外部大臣·農商工部大臣(1898), 外部大臣(1899), 外部大臣(1901), 駐淸全權公使(1902), 外部大臣·法部大臣(1904), 法部大臣·農商工部大臣·參政(1905), 中樞院 顧問(1907), 內部大臣(1909.2.27)	子爵 을사 오적
李址鎔	1870 -? 全州	文科(1879) 駐韓大員(1886) 駐英德我義法 公使(1870) 駐日全權公使(1901) 주일보방대사(1904) 일본박람회시찰(1907)	成均館大司成·形議(1890), 吏議·安川牧使(1893), 宮內府特進官(1897), 中樞院一等議官·黃海道觀察使(1898), 慶尙觀察使(1899), 贊政·法部大臣·宮內府協辦(1900), 외부대신서리(1904), 農商工部大臣·法部大臣·內部大臣·學部大臣(1905), 中樞院 顧問(1907~합방)	伯爵 을사 오적

---

2) 『承政院日記』, 1907년 4월 11일 ; 『官報』, 1907년 5월 23일·25일·27일·30일. 의정부 參政大臣 朴齊純·內部大臣 李址鎔·軍部大臣 權重顯·農商工部大臣 成岐運 등을 依願免職하고 學部大臣 李完用을 議政府 參政大臣, 成均館長 任善準을 內部大臣, 陸軍參將 李秉武를 陸軍副將 軍部大臣, 中樞院 副議長 李載崑을 學部大臣, 議政府參政大臣 李完用을 臨時署理農商工部大臣事務에 任命하다.

權重顯	1854 -1943 安東	주일공사 일본국박람회시찰 (1907)	부산감리서 서기관(1884), 外務衙門參議·軍務衙門參議(1893), 陸軍參將(1895), 法部協辦(1896), 農商工部協辦(1897), 參贊·農商工部大臣(1898), 贊政·法部大臣(1899), 法部大臣·農商工部大臣(1900), 贊政(1901), 陸軍法院長·贊政(1903), 法部大臣(1904), 軍部大臣·法部大臣·農商工部大臣(1905) 學部大臣(1906), 中樞院顧問(1907~합방)	子爵 을사 오적
李夏榮	1858 -1919 慶州	미국주재공사관서기관(1887) 주일전권공사(1898) 주일전권공사(1899)	外衙門主事(1876), 通訓大夫·駐美公使書記官(1887), 駐美全權大臣(1888), 典德縣監(1892), 漢城府觀察使·駐日全權公使(1896), 駐日全權公使(1897), 宮內府特進官(1903), 贊政·外部大臣(1904), 法部大臣(1905), 中樞院顧問(1907~합방)	子爵
李根澤	1865 -1919 全州	武科(1884)	端川府使(1886), 熙川府使·吉州牧使(1887), 全羅兵使(1889), 兵參(1890), 富平府使(1894), 漢城判尹·警務使(1898), 咸北觀察使·中樞院議官(1899), 警部大臣·陸軍參將(1901), 贊政(1902), 陸軍副長·軍部大臣·全權公使(1903), 江原道觀察使·宮內府特進官(1904), 農商工部大臣·法部大臣·軍部大臣(1905), 中樞院議長(1906), 中樞院 顧問(1907~합방)	子爵 을사 오적
閔泳綺	1858 -1927 驪興	武科(1879) 주일전권공사(1903) 일본박람회시찰(1907)	京畿觀察使(1883), 瑪山府使(1895), 南陽府使(1889), 平安兵使(1891), 忠州府觀察使(1896), 黃海道觀察使·學部大臣·度支部大臣(1898), 度支部大臣·農商工部大臣(1899), 平北觀察使·全羅觀察使·學部大臣(1904), 度支部大臣(1905). 中樞院顧問(1907~1908.12.25. 의원면본관)	男爵

宋秉畯 (1909.8. 7.~ 1910. 合邦)	1858 -1925 恩津 함남장진 출신	武科	寧走郡守(1888), 興海郡守(1889), 러일전쟁이 발발하자 일본군의 통역관이 되어 귀국(1904). 農商工部大臣(1907), 內附大臣(1908), 中樞院顧問(1909~합방)	子爵 → 伯爵 (1920)
任善準	1860 -1919 豊川	文科(1885)	成均館長·內部大臣(1907), 度支部大臣(1908), 中樞院 顧問(1910~합방)	子爵
李載崑	1859-? 全州	文科(1864) 특명전권공사(1904)	羅州牧使(1888), 禮議(1890), 宮內府 參議(1894), 春川府觀察使(1896), 法部協辦·學部協辦(1900), 贊政(1902), 特命全權公使(1904), 中樞院副議長(1906), 學部大臣(1907), 中樞院顧問(1910~합방)	子爵

* 『고종시대사』·『승정원일기』·『고종실록』 등 참조.

　1907년 5월 중추원 고문으로 임명된 6명은 모두 유수가문 출신으로 1890년대부터 주요 내외관직을 골고루 역임하였고, 을사조약 체결 당시 정부대신들이었다. 특히 박제순·이지용·권중현·이근택은 을사조약 체결을 인정하여 을사오적으로 분류되는 자들이다. 헤이그밀사 사건 이후 학부대신이었던 이완용만이 의정부 참정으로 승인되었고 나머지는 모두 중추원 고문이 되었다.

　신임 고문들은 임명된 후에도 자신들의 行公 시기에 대하여 의견이 분분하였다. 朴齊純은 6월 3일 다른 고문들에게 모두 함께 정부에 회동하여 행동하자고 하였고, 閔泳綺는 정부에 先動하지 말고 通知를 기다리는 것이 옳다고 하면서 자신들의 거취를 조심스럽게 타진하였다. 이들은 자의적으로 행동하지 못하고 일제의 눈치를 보며 그 지시에 따르고자 하는 모습을 보였다. 이에 신문들은 "당시 세력이 하늘을 흔들던 대신들이 일시에 추락하였다가 고문에 새로 임명되었으니 出脚하는 것이 창피할 만하다."고 하였다.3) 이들은 중추원 고문이 되었

으나 중추원 활동에는 크게 신경 쓰지 않았으며 단지 좌천되었음을 의
식하여 행동을 조심하였다.

중추원 고문 신설에 대한 정부의 생각은 다음에서도 읽을 수 있다.
고문 신설에 대하여 중추원 자체에서는 6월 4일, 관제 제9조4)에 따라
의정부가 중추원에 諮詢하지 않고 제32호 중추원 관제를 개정·반포
한 것은 장정에 위배된 것이라고 하면서, 이에 대한 설명을 요구하며
항의하였다.5) 6월 11일에는 참정이하 각부대신이 회동하였을 때 중추
원 부의장 成岐運은 중추원 고문직을 자문 없이 설치한 것을 질문하며
난상 협의하였다.6) 의정부는 종래 개정 안건이 중요하지 않으면 대개
직행 반포하는 것이 관례가 되어 자문하지 않았으므로, 중추원 개정건
도 이러한 예에 따른 것이라고 답하였다.7) 이는 관제상으로는 새로운
고문의 지위와 역할이 가볍지 않음에도 불구하고 정부는 고문의 지위
에 대해서 단지 기존 대신들의 명예직으로 생각하여 안건이 '중요하지
않다'고 답변한 것이며, 또한 관제 개정에 대해 중추원의 간섭을 받지
않겠다는 표시라고도 볼 수 있다. 이러한 정부의 답변은 헤이그밀사
사건 이후 일제 통감부의 적극적인 영향력 하에서 가능하였던 것으로,
이후 중추원의 국정 견제력이 더욱 위축되리라는 것을 예측할 수 있
다.

고문이 설치된 이후 1907년 12월 27일 칙령 62호로 다시 개정된 중
추원 관제8)에서는 參書官을 書記官으로 개칭하였다. 이러한 변화는

---

3)『대한매일신보』, <擲地金聲>, 1907년 6월 5일.
4) 의정부에서 의논을 거친 軍國重要事項과 法律, 勅令 제정·폐지·개정에 관
   한 사항은 중추원에 諮詢하여 협의를 기다린 후 上奏함.
5)『中樞院來文』, 照會 제37호, 1907년 6월 4일 ;『皇城新聞』, <副贊議俸給請求>,
   1907년 6월 5일 ; <樞照政府>, 1907년 6월 11일.
6)『皇城新聞』, <有何問題>, 1907년 6월 13일 ;『대한매일신보』, <畫中有聲>,
   1907년 6월 14일.
7)『皇城新聞』, <政覆樞院>, 1907년 6월 13일.

일본식 제도를 본떠 議政府를 內閣으로, 協辦을 次官으로 고치는 등 명칭 개정의 일환으로 이루어졌다. 중추원 등 제반 행정부서가 일본식을 따르게 되는 것은 헤이그 밀사 사건으로 인한 고종의 하야, 정미7조약 체결, 군대 해산 등으로 이어지는 과정에서 한국이 점차 일본의 세력 내로 吸收되어갔기 때문이다.

1908년 4월 10일 중추원 의장 서정순과 부의장 성기운은 찬의 윤길병 헌의사건으로 인하여 면직되었고, 새로 중추원 의장에 制度局總裁 金允植, 부의장에 신기선이 임명되었다.[9] 의장 김윤식은 1910년 8월 15일 중추원 通常會規則 16조를 제정·공포하여, 의원들이 중추원 회의에 성실히 참석할 것과 정숙한 태도를 요구하였다.[10] 김윤식이 제정한 內則 중 "예회를 連5차 欠席하면 免官한다."는 부분을 減俸하는 것으로 개정하여 규정을 약간 완화하였다.[11] 김윤식의 통상회규칙은 중추원 구성원이 회의에 참석하고 그 역할에 충실히 하게 하고자 제정되었으나, 곧 일본에 의해 국권이 침탈되어 이는 空문서가 될 수밖에 없었다.

1910년 8월 3일 칙령 41호로 반포된 중추원 관제 개정의 내용은 顧問官 수를 6인에서 7인으로 증가시킨 것이 전부이다.[12] 1910년 고문의 수를 증가하려는 움직임은 1906년 10월 遞任된 전학부대신 任善準과

---

8) 『韓末近代法令資料集』, 勅令 제62호, 1907년 12월 27일.

9) 『대한매일신보』, <議長固辭>, 1908년 4월 14일 ; <兩氏樞任>, 1908년 4월 22일 ; <恥人居下>, 1908년 4월 26일.

10) 개회 시에 일반회원이 정숙한 태도를 잃지 않아야 하며 회원이 이유 없이 제3차 불참하면 譴責, 제4차 불참하면 減俸, 제5차 불참하면 免官하고 어떤 사람이던지 중추원 관리를 만나려면 먼저 알리고 응접실로 인도하여 면회하고 직접 들이지 말라고 하였다. 『皇城新聞』, <樞院通常會規則>, 1910년 8월 16일.

11) 『皇城新聞』, <致以減俸>, 1910년 8월 18일.

12) 『韓末近代法令資料集』, 勅令 제41호, 1910년 8월 3일.

전탁지부대신 李載崑 2명을 중추원 고문으로 轉任해야 하는데 고문의 인원수가 적어 중추원 관제를 개정할 필요성이 생기면서 시작되었고,13) 더불어 그들의 연봉도 정해짐에 따라 中樞院 明年度 豫算을 증치되는 문제도 논의되었다.14) 결국 1910년 7월 30일 중추원 고문의 수가 모두 6자리이고, 민영기가 依願免官하여 현임고문이 다섯 명으로 한 자리가 비는데 前度支대신 任善準, 前學部대신 李載崑을 고문에 피임하려고 하자 한 자리가 부족하여 결정짓지 못하고 있었다. 이에 고문 한 자리를 더 증가하여 두 사람 모두 피임하기로 통감부에도 동의를 구하였고,15) 1910년 8월 3일 개정된 관제를 반포하였다.

고문들은 군국중요사무에 대한 의논을 하는 중추원 관련 활동을 거의 하지 않았다. 중추원에서 1907년 9월 지방의 의병소요를 진압하기 위한 징병제 실시 방침에 대하여 논의하였으나 타결을 보지 못하자, 중추원 고문들은 회동하여 의견을 제시하기도 하였으나,16) 이후 다시 정계 복귀를 위하여 '大臣 운동'을 하면서 소일하였다.17) 체임된 대신들을 위하여 관제까지 개정하는 것을 보면 고문은 체임 대신을 위한

---

13) 『대한매일신보』, <樞院官制改正>, 1909년 10월 23일.

14) 『대한매일신보』, <豫算增加>, 1909년 10월 23일.

15) 『대한매일신보』, <樞顧增窠>, 1910년 7월 30일 ; 『皇城新聞』, <樞顧增窠>, 1910년 7월 30일.

16) 『대한매일신보』, <樞院留案>, 1907년 9월 26일 ; 9월 27일.

17) 『대한매일신보』, <鹿△斯人>, 1908년 10월 24일 ; <△蟄△狂>, 1908년 12월 19일 ; <壹止腹非>, 1908년 12월 23일 ; <凉血三魔의 怪行>, 1908년 12월 24일 ; <李氏運動>, 1909년 3월 3일 ; <權氏運動>, 1909년 4월 17일 ; <運動何多>, 1909년 6월 18일 ; <三顧運動>, 1909년 7월 6일 ; <樞顧運動>, 1910년 3월 1일 ; <兩氏運動>, 1910년 3월 15일 ; <明石紹介>, 1910년 6월 26일 ; <是亦巷說>, 1910년 8월 2일 ; 『皇城新聞』, <李顧問奔走>, 1909년 7월 30일 ; <李氏運動>, 1909년 8월 14일 ; <大臣運動>, 1910년 1월 26일 ; <大臣運動何多>, 1910년 6월 21일 ; <李顧上京>, 1910년 7월 17일 ; <訪問議長>, 1910년 7월 26일.

286

명예직으로, 고문이 다시 현직으로 나가기 전 머무는 대기직의 성격도 있음을 확인할 수 있다. 따라서 실제 중추원 활동에 중추원 고문은 소극적이었고, 중추원 의장 이하 구성원들에 의하여 계속 주도되었음을 알 수 있다.

1907년 5월에서 1910년 일제의 한국강점까지 『中樞院來問』에 기록된 중추원 구성원의 회의 참석여부와 任免官 시기를 근거로 당시 중추원 회의를 실질적으로 진행한 의관들의 면모를 살펴보면 다음과 같다.

<표 21> 1907년 6월~1910년 중추원 구성원 회의 참석표

직위	성명	1907년									1908	1909	1910	
		6/17	6/24	8/19	8/26	9/26	10/24	11/1	11/25	12/9	9/21	3/8	5/9	7/4
議長	徐正淳	o	o	o	×	o	o	o	o	o	면관			
	金允植									임관	o	o	o	o
副議長	成岐運	o	o	o	o	o	o	o	o	o	면관			
	李根湘										임관	×	o	o
贊議	金晩秀	×	×	o	×	×	o	o	o	o	o	o	o	o
	黃耆淵	o	면관											
	南奎熙	o	o	o	o	o	o	o	o	o	o	o	o	o
	金思默	o	o	×	면관									
	李健榮	o	면관											
	洪承穆	임관	o	×	o	o	o	o	o	o	o	×	×	o
	李始榮	임관	×	×	면관									
	尹吉炳		임관	o	o	o	o	o	o	o	면관			
	趙英熙		임관	o	×	o	o	×	o	o	o	o	o	o
	李在正		임관	o	o	o	o	o	o	o	o	o	o	o
	金奎熙					임관	o	o	o	면관				
	朴勝鳳									임관	×	o	×	o
	李鶴圭									임관	o	o	o	o
	朴慶陽									임관	o	o	o	?
副贊議	宋榮大	o	o	o	o	o	o	×	o	o	×	o	o	?
	徐丙肅	×	×	면관										
	李舜夏	×	×	면관										
	李敏應	o	×	면관										

副贊議	李膺植	×	o	o	o	o	o	o	o	o	×	o	o	?
	尹興燮	×	o	면관										
	金達河	o	o	o	o	o	?	o	×	×	×	o	o	?
	崔鎭	×	×	면관										
	崔采鵬	×	×	면관										
	李範世	임관	×	면관										
	鄭恒謨		임관	o	o	o	?	o	o	o	×	×	×	?
	金正穆		임관	×	×	o	?	면관						
	張宇根				임관	o	?	면관						
	尹炳晧							o	×	×	×	o	o	?
	鄭蘭敎										임관	o	o	?
	高永昌										임관	o	×	?
	申泰遊										임관	o	o	?
	鄭丙朝										임관	o	o	?
	卞鼎相										임관	o	o	?

먼저 의장 서정순은 앞장에서 그 성향을 분석하였으므로 생략하고, 부의장 성기운에 대하여 정리하면 다음과 같다.

성기운은 1884년부터 외국 주재 공사관과 국내 주요기관에서 꾸준히 활동하였다.[18] 성기운은 1899년에는 법규 교정소 의정관으로 '대한국국제'를 제정하여 황제권 강화에 일익을 담당하였으며,[19] 1902년 말에는 이용익이 순비에 대해 凌逼하게 행동한 것에 대해 여러 관직자들과 함께 이용익 배척운동을 하여 왕실의 체통을 중시하는 모습을 보였다.[20] 또한 1895년 민비시해와 관련하여 '廢后僞詔'를 각 관청으로 알

---

18) 성기운의 관력 : 천진 주재 서기관·천진 주재 종사관(1887), 刑議·參議內務府使·漢城府少尹(1890), 전환국 교환서 총판(1892), 農商衛門協辦·일본주재 전권대신(1894), 中樞院一等議官(1895), 교전소 지사원(1897), 법규교정소 의정관(1899), 철도원 감독(1900), 參贊·駐日全權公使(1900), 宮內府協辦(1901), 贊政(1902), 慶南觀察使(1904), 충북관찰사·中樞院贊議(1905), 京畿觀察使·農商工部大臣(1906), 中樞院副議長(1907).
19) 『고종시대사』, 1899년 7월 2일 ; 8월 17일.
20) 『고종실록』, 1902년 11월 30일.

린 金允植과 廢后告廟文을 제술한 李承五는 1896년 아관파천 이후 제주목으로 종신유형에 처해졌다. 성기운 등은 1903년과 1904년에 걸쳐 김윤식과 이승오는 金弘集과 동일한 역적의 무리이므로 이들을 역률에 따라 처벌할 것을 주장하며 국권수호의 의지를 보였다.[21] 또한 주일전권공사를 하고 돌아와 복명하며 일본이 발전한 이유를 "일본 사람들이 모두 현명하고 지혜롭기 때문이 아니다. 규정이 명백히 갖추어져 있고 규율이 잘 짜여져서 보통 이하의 인재도 폐단 없이 지켜나갈 수 있기 때문"이라고 하며 정치가 나아가야 할 명확한 법 제정의 중요성을 말하였다.[22]

부의장 성기운은 1904년 한일의정서 조인 이후 각 지방 관찰사로 임명되었다가 1907년 5월 30일 중추원 관제가 개정되면서 부의장으로 임명되었다. 성기운은 1904년 초까지의 활동으로 보면 황제권과 국권수호 의지와 정치적 안정에 대한 나름대로의 식견을 가지고 있었음을 알 수 있다.

다음으로 찬의의 경우 남규희·홍승목·윤길병·조영희·이재정·김규희·박승봉·이학규·박경양을 분석하겠다. 김만수는 1907년 전반 찬의분석에 정리하였으므로 이 부분에서는 제외하였다.

박승봉·이학규·박경양은 중추원 자체의 활동보다 회의가 거의 이루어지지 않았던 1908~1910년 사이에 충원된 이들의 성향을 통해 중추원 자체의 성격을 파악할 수 있으리라 본다.

---

21) 『고종실록』, 1903년 12월 22일 ; 1904년 2월 3일.
22) 『고종실록』, 1901년 5월 4일.

<표 22> 1907년 6월~1910년 중추원 찬의 관력

인명(본관)	관력
南奎熙 (의령) 1859년생	문과(1877), 승정원 주서(1880), 홍문관 교리(1881), 사헌부 정언(1882), 사헌부 집의(1883), 형조참의(1885), 병조참의(1888), 중추원 의관(1896), 궁내부 특진관(1899), 규장각 직학사(1900), 궁내부 특진관(1900·1902), 봉상사 제조·중추원 의관(1904), 궁내부 특진관·규장각 직학사(1905), 중추원 찬의(1907)
洪承穆 (풍산) 1847년생	館學應製甲科(1875), 시강원 사서·홍문관 부교리(1877), 형조참의·병조참의(1879), 사간원 대사간(1881), 성균관 대사성(1883), 이조참의(1884), 예조참의(1889), 한성부 좌윤(1892), 궁내부 특진관(1900), 봉상사 제조(1902), 중추원 찬의(1906)
尹吉炳 (파평) 1852년생	무과(1871), 都摠府 都事·훈련원 주부(1882), 사천군수(1885), 선천부사(1888), 길주목사(1889), 승정원 우승지(1895), 충북 관찰사(1906), 중추원 찬의(1907)
趙英熙 (양주) 1854년생	문과(1889), 홍문관 正字(1893), 태의원 소경(1901), 궁내부 특진관·봉상사 제조·장례원 소경(1903), 중추원 찬의(1907)
李在正 (익계) 1846년생	진사(1882), 전옥사 참봉(1885), 電郵局 주사(1893), 외아문 주사(1894), 법부협판·고등재판소 판사·법률기초위원장·탁지부 협판(1895), 인천감리 겸 인천부윤 겸 재판소 판사(1896), 중추원 의관(1897), 영암군수(1906), 중추원 찬의(1907)
金奎熙 (경주) 1857년생	제중원 주사·통리교섭통상사무아문 주사(1885), 기기국 사사(1890), 제중원 주사(1891), 繕工監 별제(1894), 내부 참서관(1895), 탁지부 재무관(1896), 시종원 시종(1899), 중추원 의관·궁내부 철도국장(1900), 중추원 의관(1901·1902·1903), 한성부 판윤·법부협판·법관양성소장(1904), 내장원 감독(1905), 일본국 보빙대사 隨員·학부협판·법부협판·전북관찰사(1906), 중추원 찬의(1907)
朴勝鳳 (반남) 1866년생	진사(1892), 법무아문 주사·내무아문 참의·법부 참서관·학부 참서관·주차미국공사관 참서관(1895), 주차 俄法墺공사관 참서관(1898), 외부 참서관·경흥감리(1900), 옥구감리(1901), 상공학교장(1903), 궁내부 협판·의정부 법제국장(1906), 문관전고위원장·평북관찰사·중추원 찬의(1907)
李鶴圭 (홍주) 1852년생	규장각 검서관·통리교섭통상사무아문 주사(1883), 친군서영 군사마(1885), 주차일본서기관(1890), 총무사 주사(1893), 외무참의·숙천부사(1894), 평리원 검사(1899), 중추원 의관(1902), 탁지부 사계국장(1904·1907), 중추원 찬의(1908)
朴慶陽 (반남)	문과·홍문관 교리(1891), 외부 참서관(1896), 법부 참서관(1898), 평리원 판사(1899), 비서원 승(1904), 의정부 참서관·문관전고소 위원장(1906), 내각 법제국장(1907), 중추원 찬의(1908)

윤길병은 1871년 무과에 급제한 후 내외관직을 지속적으로 역임하였다. 1898년 11월 '익명서 사건'으로 독립협회 회원 17명이 체포되자, 윤길병은 만민의 이름으로 상소를 올려 17인의 무고함을 주장하였다. 나아가 자신도 17인과 '同功一體이며 同罪一體'라고 하면서 재판을 통해 '忠逆之分'을 판단해 줄 것을 요구하였다.[23] 윤길병은 이 사건과 관련된 후 오랫동안 관직에 오르지 못하다가 1906년 8월에 이르러 충북 관찰사로 임명되었고 1907년 중추원 찬의가 되었다. 일진회원으로도 활동한 윤길병은 1908년 3월 말 중추원 찬의 자격으로 건의한 내용으로 인해 물의를 일으켜 해임되었다.[24] 이에 대한 자세한 내용은 중추원 활동 부분에서 다루기로 하겠다.

이재정은 갑오개혁기 법부와 탁지부 협판으로 임명되었고, 아관파천 직후에도 그 직에 계속 임용되었다. 1896년 8월에서 1897년 9월까지 인천감리를 역임하다가 依願免官한 후 중추원 의관이 되었고, 이후 1907년까지 관직활동 기록이 나타나지 않는다. 1907년 8월 중추원 찬의에 임명되어 회의에 열심히 출석하는 모습을 보인다. 이재정은 1908년 서부학회·기호흥학회의 회원으로 등록하였다.[25]

김규희는 1885년 이후 근대화 기관관리·중앙부서 협판·지방관 등에 이르기까지 다양한 관직을 역임하였다. 김규희는 1883년 영어학교에서 3개년을 수학하여 통역관으로도 활동하였고,[26] 1906년 1월에는 일본국 보빙 대사를 수행하여, 일본정부로부터 훈장을 받기도 하였다.[27] 김규희도 1908년 기호흥학회 회원으로 활동하였다.[28]

---

23) 『고종시대사』, 1898년 11월 9일 ; 『承政院日記』, 1898년 9월 26일 ; 『官報』, 1898년 11월 11일.
24) 『대한협회회보』 제2호, 1908년 5월 25일.
25) 『서북학회월보』 제4호, 1908년 9월 1일 ; 『기호흥학회월보』 제1호, 1908년 8월 25일.
26) 『承政院日記』, 1901년 3월 29일 ; 1901년 3월 31일.

박승봉은 1895년 11월 미국공사관 참서관으로 임명된 후 1898년 2월 이 되어 귀국하였으며, 그해 10월 俄法墺공사관 참서관으로 다시 임명되었다. 박승봉은 1899년 5월 낙영학교 교사로 활동하였고,[29] 1906년 4월 대한자강회를 처음 발기할 때에 평의원으로 선정되었으며,[30] 기호흥학회·대한협회 회원으로 활동하였다.[31]

남규희의 경우 1899년 이후 1907년 중추원 찬의에 임명되기까지 여러 차례에 걸쳐 궁내부 특진관에 임명되었고, 기호흥학회 贊務員과 대동학회의 평의원으로 활동하였다. 이학규는 기호흥학회 贊務員이었으며,[32] 박경양은 대한자강회·대한협회 회원이었고, 기호흥학회 찬무원이었다.[33]

당시 찬의들은 대부분 애국계몽단체에서 활동하였으며, 근대화 개혁 의지를 가지고 있었다고 볼 수 있다.

중추원 부찬의의 경우 1907년 6월 이후부터 1910년 '일제의 한국강점'에 이르는 시기까지 지속적으로 활동한 의원은 송영대·이응직·김달하·정항모 정도이다. 송영대의 경우는 1907년 전반기 중추원 구성원 분석에서 정리하였기에 제외하였다. 윤병호, 특히 정난세·고영창·신태유·정병조·변정상의 경우는 1909년 이후 회의에 참석하기 시작한 부찬의들로, 그들의 성향은 당시 중추원 분위기를 살피는데 도움이 되리라고 본다.

---

27) 『承政院日記』, 1906년 1월 10일 ; 『대한매일신보』, 1906년 1월 31일.

28) 『기호흥학회월보』 제1호, 1908년 8월 25일.

29) 『皇城新聞』, 1899년 5월 26일 ; 『제국신문』, 광고, 1899년 5월 16일.

30) 『고종시대사』, 1906년 4월 14일 ; 『皇城新聞』, 1906년 4월 16일.

31) 『기호흥학회월보』 제1호, 1908년 8월 25일 ; 『대한협회회보』 제8호, 1908년 11월 25일.

32) 『기호흥학회월보』 제1호, 1908년 8월 25일

33) 『대한자강회월보』 제2호, 1906년 8월 25일 ; 『기호흥학회월보』 제1호, 1908년 8월 25일 ; 『대한협회회보』 제9호, 1908년 12월 25일.

<표 23> 1907년 6월~1910년 중추원 부찬의 관력

인명(본관)	관력
李膺植 (한산) 1853년생	기기국 사사·선공감 별제(1892), 예안현감(1894), 학부 중학교 교관(1899), 태복사 주사(1900), 사의사 주사(1901), 교방사 주사·중추원 의관(1904), 중추원 부찬의(1907)
金達河 (전주) 1869년생	내부 주사(1899), 중학교 교관(1900), 중추원 부찬의(1907)
鄭恒謨 (동래) 1868년생	내각 주사(1895), 중추원 의관(1898), 육군 유년학교 교관(1905), 육군 법원 이사(1906), 중추원 부찬의(1907)
尹炳晧 (파평)	육군 보병 참위(1902), 친위2대대 견습사무(1903), 시종원 시종(1906), 육군 보병 副尉·중추원 부찬의(1907)
鄭蘭敎 (해주) 1864년생	營軍 司馬(1884), 군무아문 참의·군부대신 관방장(1895), 중추원 부찬의(1907·1909)
高永昌 (제주) 1856년생	상공학교 교관(1902), 중추원 부찬의(1908)
申泰遊	내부 주사(1895), 내부 참서관(1896), 내부 版籍局長·중추원 의관(1899), 학부 참서관(1904), 궁내부 주전원 전무과 기사(1907), 중추원 부찬의(1908)
鄭丙朝	진사(1885), 시강원 시종관(1895), 궁내부 장례원 典祀(1908), 중추원 부찬의(1908)
卞鼎相 (밀양) 1861년생	외부 주사(1895), 강령군수(1896), 외부 참서관(1900), 경흥감리 겸 부윤(1902), 삼화감리·삼화부윤(1906), 중추원 부찬의(1908)

김달하는 실력양성을 통한 국권회복과 민권신장을 목표로 설립된 서우학회의 발기인 중의 한 명으로 평의원이 되었다.[34] 속성으로 교사를 양성하기 위해 서우학회에서 설립한 사범야학교의 교감으로 피선되었으며, 국채보상 연합총대가 되어 상황을 학회에 보고하였다.[35] 서우학회가 한북학회와 서북학회로 통합되면서 총무를 맡게 되었으며,

---

34) 『서우』 제1호, 1906년 12월 1일.
35) 『서우』 제3호, 1907년 2월 1일 ; 제6호, 1907년 5월 1일.

평의원으로도 활동하였다.36) 교육사업에 관심을 가지고 서우학회 나아가 서북학회에서 평의원으로 활발하게 활동하였다.

정항모는 1898년 3월 독립협회 총대로 독립협회 회원 등이 '오래도록 경무청에서 잡혀 재판을 하지 못하고 있는 것'에 대하여 경무청에 탐문하였고,37) 관민공동회 설회죄로 체포된 독립협회 회원 17인 중 한 명이었다.38) 정항모는 1898년 12월 중추원 의관이 되었으나, '표선인재' 사건으로 인하여 결국 1899년 2월 면관되었다.39)

정난교는 1882년 3월 일본 육군 호산학교로 유학을 하였고, 1884년 졸업하고 한국에 돌아와 좌영군 司馬에 임명되었으나 한 달만에 해임되어 10월 다시 일본으로 출국하였다. 정난교는 1894년 5월 김옥균 암살교사 및 박영효암살미수 피의자 이만식을 불법감금한 죄로 금고 1개월과 벌금형을 언도받았다.40) 1894년 6월 한국에 돌아와 동학난을 진압하기 위해 충청 · 전라도에서 근무하였고, 1895년 3월 군무참의 · 4월에는 군부대신 군방장에 임명되었다. 이는 박영효의 세력이 확대되는 과정에서 박영효와 뜻을 같이 하였던 정난교가 다시 관직을 수여받은 것으로 보인다. 그러나 박영효가 다시 일본으로 망명하게 되고, 1896년 국내에 남아있던 박영효의 여당이라고 일컬어지는 정난교 등을 討滅할 것을 요구하는 상소가 올라오자 정난교는 다시 일본으로 망명하였다.41) 또한 1904년 4월 주한일본공사는 고종이 처분을 희망하는 14명

---

36) 『고종시대사』, 1908년 1월 11일 ;『續陰請史』, 1908년 1월 10일 · 11일 ;『서북학회월보』 제10호, 1909년 3월 1일.
37) 『독립신문』, 1898년 3월 22일 ;『고종시대사』, 1898년 3월 20일.
38) 『고종시대사』, 1898년 11월 10일 ;『官報』, 1898년 11월 14일.
39) 『承政院日記』, 1898년 11월 22일 ; 1899년 1월 9일 ;『官報』, 1899년 1월 5일 · 6일 ; 1899년 2월 21일 · 22일 · 24일 ;『독립신문』, <정부주본>, 1899년 1월 5일.
40) 『고종시대사』, 1894년 5월 25일.
41) 『承政院日記』, 1896년 5월 17일 ;『官報』, 1896년 6월 30일.

294

의 망명자 명단을 일본 외무대신에게 보고하였는데 그 중 한 명이 정난교였다.[42] 1884년 관직을 처음 제수받은 후 1907년 11월 중추원 부찬의에 임명될 때까지 대부분의 시간을 일본에 망명해 있었다.

신태유는 서울 낙영학교 찬성금, 국민교육회 찬성금, 일동소학교 보조금 등 학교 설립에 필요한 자금을 보조한 것을 보아 교육의 필요성을 인식하고 있었음을 알 수 있다.[43]

정병조는 1895년 4월 시강원 시종관으로 임명된 후, 1896년 4월에 1895년의 을미사변과 황태자 추대모의와 관련하여 종신형에 처해져 제주도로 유배되었다.[44] 1907년 당시 내각 총리대신·법부대신·군부대신의 上奏에 의해 특별사면 되었다.[45] 이외에 이응직은 대한협회 익산지회 회원,[46] 윤병호는 대한협회 회원,[47] 변정상은 기호흥학회 贊務員이었다.[48]

당시 부찬의의 성향을 살펴보면 역적으로 낙인찍혀 망명·유배생활을 하던 정난교·정병조는 일본의 식민지화 정책이 본격화되면서 1907년 일본의 도움으로 관직에 진출하게 되었고, 그 외 부찬의들은 대부분 애국계몽단체의 회원이었다.

1907년 5월 중추원 관제 개정으로 고문 신설과 고문의 월봉이 정해지자, 1905년 이래로 미결되어 있던 '부찬의 월봉 지급건'이 다시 논의되었다. 중추원 고문의 연봉은 1,000원으로 일년에 두 차례에 걸쳐 지

---

42) 『고종시대사』, 1904년 4월 14일.
43) 『皇城新聞』, <私立樂英學校贊成金>, 1899년 6월 6일 ; <國民敎育會贊成金>, 1905년 10월 26일 ; <私立壹洞小學校補助員>, 1906년 4월 2일.
44) 『承政院日記』, 1896년 3월 6일 ; 1896년 3월 9일 ;『官報』, 1896년 4월 18일 ; 1896년 4월 21일.
45) 『고종시대사』, 1907년 11월 28일 ;『官報』, 1907년 12월 3일.
46) 『대한협회회보』 제2호, 1908년 5월 25일.
47) 『대한협회회보』 제12호, 1909년 3월 25일.
48) 『기호흥학회월보』 제1호, 1908년 8월 25일.

급하기로 하였다[49]는 소식에 부의장 성기운은 "부찬의도 관인인데 고문의 월봉은 지급하기로 하면서 부찬의의 월봉은 의논도 없으니, 이를 조사하여 示明하라."[50]고 하였다. 중추원은 중추원 찬의가 군국사무를 심의해야 하는 직책으로 책임이 가볍지 않은데 월봉을 지급하지 않는 것은 公體에 흠이 되는 것이라는 이유로 봉급표를 속히 제정, 그 등급에 의거하여 금번 고문 봉급 예산외 지출시 더불어 첨입할 것을 요구하였다.[51]

정부는 1908년 예산을 조성하면서도 부찬의의 월봉을 편입할 것을 의논하였으나,[52] 예산이 없어 중추원의 청을 들어주기 곤란하다고 답하였다.[53] 중추원은 찬의 연봉에 대해서도 600원을 지급하던 것을 章程에 의거하여 1,000원으로 예산을 세우라고 요구하였고, 탁지부는 800원으로 예산에 넣겠다고 하면서 논의가 계속되었다.[54] 이상과 같이 중추원 찬의의 월봉을 월봉표에 의거하지 않고 적게 지급하는 것이나, 부찬의의 월봉을 몇 년 동안 정하여 지급하지 않은 것은 모두 중추원의 원활한 활동을 저해하는 요소가 되었다. 중추원 부찬의의 녹봉문제는 1909년에 1인에게 평균 800원의 예산이 정해지면서 해결되었다.[55]

---

49)『대한매일신보』, <顧問年俸>, 1907년 6월 2일.

50)『皇城新聞』, <樞照政府>, 1907년 6월 11일.

51)『中樞院來文』, 照會 제36호, 1907년 6월 3일 ;『皇城新聞』, <副贊議俸給請求>, 1907년 6월 5일 ;『대한매일신보』, <四月聞鶯>, 1907년 6월 6일 ;『中樞院來文』, 照會 제41호, 1907년 6월 24일.

52)『起案』16(奎17746), 의정부편, 輪牒, 1907년 7월 9일 ;『皇城新聞』, <副贊議月俸擬議>, 1907년 7월 25일.

53)『中樞院來文』, 照會 제4호, 1907년 9월 16일 ;『皇城新聞』, <贊議俸給請求>, 1907년 9월 17일 ; <初無豫算>, 1907년 9월 20일 ;『대한매일신보』, <秋燈琴誤>, 1907년 9월 18일.

54)『皇城新聞』, <執中定筭>, 1908년 1월 22일 ; <年俸提議>, 1908년 2월 19일 ; <贊議俸協議>, 1908년 7월 7일 ; <筭千給八>, 1908년 7월 10일 ; <如舊支撥>, 1908년 7월 28일 ;『대한매일신보』, <樞院年俸>, 1908년 7월 28일.

2. 중추원의 심사 기능 축소

1907년 5월 30일 관제 개정 이후 1910년까지의 중추원 활동은 크게 3시기로 나누어 볼 수 있다. 첫 번째 시기는 1907년 5월 30일부터 7월 정미7조약에 이르는 약 2개월간의 시기로 아직 1907년 전반기 중추원 활동의 모습이 남아있어 적지만 의정부의 자문이 이루어지는 시기이다. 두 번째 시기는 정미7조약 이후 1908년 3월 찬의 윤길병의 헌의가 문제시되어 중추원 의장 서정순, 부의장 성기운이 퇴임되는 시기로, 의정부 자문은 전혀 없었고, 4건의 중추원의 건의가 나타난다. 이 중 마지막으로 건의된 윤길병의 주장이 문제가 되었고, 이후 중추원 건의는 일제의 한국강점에 이르는 시기까지 나타나지 않는다. 마지막 시기는 1908년 4월 이후부터 일제의 한국강점에 이르는 시기로 중추원은 인민의 헌의만을 다루게 되었다.

1907년 5월 30일 이후 의정부는 중추원으로 총 4개의 안건을 자문하는데, 이는 모두 7월 정미조약 체결 이전에 이루어졌다.

① 중추원은 6월 17일 내각에서 諮詢한 管稅官制改正에 대하여 세관을 增設하는 이유를 의정부로 질문하였으나,[56] 의정부는 중추원의

---

55) 부찬의 월봉이 정해지면서 1909년 1월 4일부터 해당 찬의들이 이른 아침부터 중추원으로 일제히 사진하였다.(『皇城新聞』, <副贊議仕進>, 1909년 1월 5일) 중추원 부찬의 정원 15명 중 먼저 임명된 6명의 연봉은 금년(1909년)부터 마련하고, 9명을 증치하기로 내정되자 부찬의 자리를 얻기 위해서 총리대신 李完用 등에게 운동하는 사람들이 많았다.(『대한매일신보』, <副贊議奔競>, 1909년 1월 5일 ; <權門如市>, 1909년 1월 20일 ; <贊議紛競>, 1909년 3월 23일 ;『皇城新聞』, <紛爭太甚>, 1909년 3월 24일) 총리대신 이완용은 이를 막기 위하여 주임관 10년 근속자라야 서임하겠다고 선언하였으며(『대한매일신보』, <運動沓至>, 1909년 7월 2일), 비어있는 부찬의 자리에 南北村四色 중에서(『대한매일신보』, <四色樞院>, 1910년 7월 27일 ;『皇城新聞』, <祿足購窮>, 1910년 7월 27일) 또는 망명자 중에서 서임하려고 한다는 소문도 있었다.(『皇城新聞』, <副贊議紛競>, 1910년 8월 13일)

의결을 기다리지 않고 반포하였다.57) 이에 중추원은 "의정부 172호로 보내온 管稅관제 개정안을 토의한 결과 세관 증설이 매우 중요하여 현재 심사하고 있는 중인데, 아직 妥決되지 않은 의안을 반포하는 것은 장정에 어긋나며 중요한 관제가 착오는 없을지 걱정이 되므로 시명하기를 바란다."58)고 조회하였다.

② 6월 18일, 의정부 167호로 자문한 '警務廳 監獄署 典獄官以下 道守에 禮帽禮裝 改正件과 常帽 常裝과 夏服 製式 改正件'은 중추원이 심의 가결하여 의정부로 조회하였다.59)

③ 6월 24일, 중추원은 의정부의 제180호 자문에 응하여 表勳院 관제 개정안 중 제15조의 製章사무를 인쇄국에 위탁하는 조항에 대하여 심의하였다. 표훈원이 설치된 이후로 여러 해 동안 製用을 관장하여 기계와 技手가 있었는데 이번에 인쇄국으로 옮겨 맡기는 것이 어떤 이유인지 상세하지 않아 이에 대한 설명을 의정부에 요구하였으나,60) 이에 대하여 정부는 대답을 하지 않았다.61)

④ 1907년 6월 24일 중추원은 군부에서 청의한 募兵令 자문은 군국 중요사항이므로 의장이 고문과 함께 협의 타결하여 가부취결을 내각에 알려주겠다고 하였다.62) 중추원 회의에서 모병령을 취결하려고 하였으나 고문들이 출석하지 않아 회의를 진행하지 못하였다. 내각은 중

---

56) 『皇城新聞』, <樞院建議의 3건>, 1907년 6월 19일.
57) 『中樞院來文』, <開會可否記>, 1907년 6월 24일.
58) 『中樞院來文』, 照覆 제39호, 1907년 6월 24일 ;『皇城新聞』, <樞院建議>, 1907년 6월 26일 ;『대한매일신보』, <議前己頒>, 1907년 6월 26일.
59) 『中樞院來文』, <開會可否記>, 1907년 6월 18일 ; 照覆 제38호, 1907년 6월 18일.
60) 『中樞院來文』, <開會可否記>, 1907년 6월 24일 ; 照覆 제40호, 1907년 6월 24일 ;『皇城新聞』, <樞院建議>, 1907년 6월 26일.
61) 『대한매일신보』, <動院質問>, 1907년 7월 17일.
62) 『皇城新聞』, <樞院建議>, 1907년 6월 26일 ;『대한매일신보』, <果難擅議>, 1907년 6월 27일.

298

추원 의결을 기다리지 않고 그 다음날로 官報에 반포하였다.[63] 중추원은 7월 8일 의정부가 자문한 모병령을 중추원의 회의를 거치지 않고 官報에 게재한 것은 규정에 어긋나는 것으로, 이미 반포를 거친 의안은 심의할 수 없다고 하면서 해당 의안을 돌려보냈다.[64]

감옥서 관리 복장 개정건은 중추원에서 가결된 사실을 의정부로 조회하였고, 관세관제 개정건과 모병령은 중추원과 의정부 사이의 타결 없이 반포하였으며, 표훈원 관제 개정건에 대해서는 중추원이 未詳處에 대하여 질문하였으나 이에 대한 답이 없어 보류된 상태였다.

이상과 같이 의정부에서 자문한 4건은 대부분 형식적으로 그쳤으며, 그나마 이후에는 의정부의 자문이 나타나지 않았다. 나아가 1907년 7월 24일 정미7조약도 중추원에 자문하지 않고 조인되자, 언론에서는 내각은 군국중요사건을 중추원에 자문하지 않아 장정에 위배되므로 장차 중추원이 폐지될 것이라는 기사가 게재되기도 하였다.[65]

중추원의 건의는 모두 4건으로, 중추원이 정미7조약 전후로 한 달 이상을 활동하지 않다가 1907년 8월 6일 중추원 찬의 李基東, 鄭恒謨, 尹吉炳, 李膺植 4명의 통첩으로 개회하면서 이루어졌다.[66]

찬의 尹吉炳이 3건, 찬의 홍승목이 1건을 發論하여 논의되었다. 건의 내용은 모두 지방소요에 대한 진무방책에 관한 논의로 해당 지역의 富饒民을 관리로 택임, 匪徒 소탕을 위하여 징병과 장군 택임, 鎭衛隊(地方隊) 부활에 관한 것이었다. 이는 모두 지방인민의 생활안정을 위한 대책을 주요 내용으로 제시하고 있다.

---

63) 『대한매일신보』, 官報, 1907년 7월 5일.
64) 『中樞院來文』, 照覆 제42호, 1907년 7월 8일 ;『皇城新聞』, <募兵案繳還>, 1907년 7월 10일.
65) 『대한매일신보』, <自歸廢止>, 1907년 7월 27일.
66) 『皇城新聞』, <樞院開會期>, 1907년 8월 6일 ;『대한매일신보』, <樞院通牒>, 1907년 8월 7일.

<표 24> 1907년 6월∼1910년 중추원 건의안

날짜	발론자	안 건	가 부
1907 8/26	贊議 尹吉炳	지방관리를 該郡 富饒民으로 擇入需用	
9/25	贊議 尹吉炳	비도 소탕을 위한 징병과 장군택임	
10/24	贊議 洪承穆	鎭衛隊(地方隊) 부활	
1908 3/27	贊議 尹吉炳	善擇守令, 韓日兩國民平和, 外國官吏中高等官 數人씩만 置할 事, 郡守與財務官中 1명만 置할 事, 日本貸助金中 折半은 分給被擾民間할 事, 徵兵實施事 6건 건의	3/30 징병실시사 이외 5건은 가결하여 송교 내각.(징병실시사는 부결)

찬의 윤길병의 발론으로 각 지방의 소요를 진정시키기 위하여 지방
관리를 해당 군의 富饒民으로 임용할 것[67]과 匪徒를 賑撫할 방침으로
징병하고 지략과 덕망이 있는 將官(수령)을 4도에 파송하여 회유·진
압하게 할 것을 건의하였다.[68] 윤길병의 징병관련 건의는 군국관련 사
무이므로, 중추원 고문 閔泳綺·權重顯이 찬의와 회동·의결하여 내
각에 청원하였다.[69] 1907년 10월 24일 찬의 홍승목의 발론으로 지방의
소요를 토벌·진정하는 방책으로 鎭衛隊(地方隊) 復設을 협의하였다.
진위대 설치는 해산한 병사를 숙소로 돌아오게 하는 것이며, 이 병사
가 돌아오면 의병의 무리는 스스로 평정될 것이라고 하였다. 이 건의
안은 다수결로 가결되었다.[70] 언론은 중추원에서 건의한 징병령, 守令
愼擇, 진위대복설건 등의 청의는 할 만한 일이나 실시가 되기 힘들 것

---

67) 『中樞院來文』, <開會可否記>, 1907년 8월 26일 ; 照會 제3호, 1907년 8월 26
　　일 ;『皇城新聞』, <樞院建議>, 1907년 8월 27일.
68) 『中樞院來文』, 照會 제6호, <開會可否記>, <贊議 尹吉炳 建議書>, 1907년
　　9월 26일 ;『皇城新聞』, <尹贊議獻議>, 1907년 9월 27일.
69) 『대한매일신보』, <樞院留案>, 1907년 9월 26일 ; <樞院會議>, 1907년 9월
　　27일 ;『皇城新聞』, <兩顧問議可決>, 1907년 9월 27일.
70) 『中樞院來文』, 照會 제7호, <贊議 洪承穆 建議書>, <開會可否記>, 1907년
　　10월 24일.

300

이라고 한 것에서 당시 일제에 의하여 군대문제가 통제되고 있었던 시대상황을 알 수 있다.71)

마지막으로 윤길병이 건의한 안건이 문제가 되었다. 1908년 3월 27일 贊議 尹吉炳은 건의서를 중추원에 제출하였는데 의장이 病으로 출석하지 못하자 부의장 성기운이 해당 건의서를 의안으로 회의에 부쳐 토의하였고, 다수결로 통과하여 정부에 제의하였다. 정부에 제의한 6개조에 걸친 의견은 다음과 같다.72)

① 징병령을 실시하여 숙련된 장군으로 하여금 병사를 領率하고 의병을 탄압하여 외병으로 하여금 휴식하게 할 사, ② 지금 日兵으로 하여금 韓民을 초토하는 것은 우리 정부가 참지 못할 것이니 빨리 교섭하여 永久和好할 사, ③ 관찰 군수를 반드시 民望이 있는 자를 해당 지역 부근의 군수로 하여금 選擇以送할 사, ④ 各府部院廳에 聘置한 외국관리는 사무견습하기 위함이니 고등관 몇 명만 聘置하고 나머지는 보낼 사, ⑤ 일본정부로부터 貸助한 자금 중 절반은 각 군의 被燒한 인민에게 預給하여 민들이 경작하게 할 사, ⑥ 각 군 재무관과 군수 중 더 나은 사람을 취용하고 나머지는 폐지하여 俸費를 절약할 사.

윤길병은 제의한 6개조 외에 내각대신들의 총사직을 권고하려고도 하였으나, 이는 중지되었다.73) 윤길병의 건의는 군국중요사건이어서 중추원 의장 이하 고문들이 회동하여 난상 협의하였다.74) 3월 30일, 중

---

71) 『대한매일신보』, <尹氏建議>, 1907년 10월 27일 ; 『皇城新聞』, <樞院決議>, 1907년 10월 26일.
72) 『統監府文書』 5, 往電 제178호, 韓國政府 中樞院議長 徐正淳 等 免官同意案 處理 件, 1908년 4월 4일, pp.433~444 ; 『대한매일신보』, <尹시議案>, 1908년 3월 27일.
73) 『대한매일신보』, <總辭勸告中止>, 1908년 3월 27일.
74) 『대한매일신보』, <尹議協議>, 1908년 3월 29일 ; 『皇城新聞』, <樞院特別會>,

추원에서 특별회를 열었는데, 찬의 윤길병이 건의한 6조 중 징병실시
는 否決되었고 나머지 5항목은 가결되어 내각으로 照會하였다.[75)

　내각은 찬의 윤길병의 건의에 대하여 가부간 제의도 없었으나,[76) 일
본인 관리들은 격앙하였을 뿐 아니라 통감부에서도 공론이 분분하였
다.[77) 통감부는 찬의 윤길병이 건의한 내용 중, 한국 관리로 임용된 일
본인 중에서 한국 관리의 사무견습에 필요한 자를 제외하고는 모두 해
임시킬 것과 지방폭도를 진압하는 日兵으로 인하여 民怨이 생겨 양국
交誼에 해가 되므로 일본으로 撤退할 것을 문제삼았다.

　통감부는 이상의 2항목은 한일협약과 한국 황제가 폭도진압을 일본
군에게 위임한 취지와 상반된다고 지적하였다. 또한 통감부는 부당한
건의를 중추원에서 결의 제출하여 총리대신에 이르게 된 것을 문제삼
아 건의 당사자는 물론 의장과 부의장도 모두 면관시킬 것을 결정하였
다.[78) 윤길병이 건의한 사건에 대하여 내각 서기관장 韓昌洙가 중추원
부의장 성기운을 방문하고 사직하기를 권고하였고,[79) 결국 4월 3일 중
추원 의장 서정순과 부의장 성기운이, 4월 4일 윤길병이 사직소를 봉
정하였다.[80) 내각은 이들의 사직건을 통감부에 제출하여 동의를 청하
였고 4월 10일 퇴임시켰다.[81)

　　1908년 3월 29일.

75)『대한매일신보』, <徵兵否決>, 1908년 3월 31일 ;『皇城新聞』, <五決一否>,
　　1908년 3월 31일.

76)『대한매일신보』, <初無可否>, 1908년 4월 4일.

77)『대한매일신보』, <尹議日非>, 1908년 4월 5일.

78)『統監府文書』5, 往電 제178호.

79)『대한매일신보』, <勸告辭職>, 1908년 4월 7일.

80)『대한매일신보』, <尹議之故>, <兩시辭疏>, 1908년 4월 5일 ;『皇城新聞』,
　　<樞官辭職>, 1908년 4월 5일.

81)『대한매일신보』, <例會不開>, 1908년 4월 7일 ; <免案留案>, 1908년 4월 9
　　일 ; <云待伊藤>, 1908년 4월 10일 ; <三시已△>, 1908년 4월 12일 ;『皇城
　　新聞』, <三氏遞任案件>, 1908년 4월 9일.

윤길병 건의사건에 대하여 내각대신들은 의장 서정순에게 찬의 건의사건을 어떤 생각으로 가부취결하였느냐고 질책하였다.[82] 4월 19일 있은 統監府園遊會에 각 府部 勅奏任官을 일제히 청하였는데, 윤길병 건의사건으로 중추원 찬의는 1명도 초청되지 못하였다.[83] 찬의 윤길병 건의사건은 1908년 중추원의 위상을 살펴볼 수 있는 사례이다. 중추원의 건의에 대하여 일본정책에 장애가 될 경우에는 건의한 당사자뿐 아니라 의장과 부의장까지 책임을 물어 면관시키는 것을 보면 통감부의 강력한 통제력을 알 수 있으며, 일본을 자극할 예민한 문제에 대해서는 중추원에서 논의조차 못하게 되었다.

1907년 8월부터 일제의 한국강점에 이르는 시기까지 중추원은 주로 인민헌의를 심사 의정하였다. 인민헌의는 총 59건으로 대체로 3가지로 나누어 살펴볼 수 있다. 곧 ① 근대화 요구로 나타나는 여러 개혁헌의, ② 민의 생활안정 측면에서 지방소요 진압 방책·균세·구휼에 관한 헌의, ③ 특정 사건이 발생하였을 때 자주의지를 표명하는 헌의이다.

<표 25> 1907년 6월~1910년 인민헌의

날짜	헌의인	안건	가부
1907 8/14	前議官 朴是秉	女子衣服均一事, 長衣禁斷事, 改嫁事等事	鄭恒謨가 發論, 8/19 송교 내각
8/14	李敏高	僧尼嫁娶事	
8/16	平壤居 金有鐸	衣冠개선	
8/19	정3품 康洪斗	지방 소동을 진압	
8/29	6品 呂衡爕등 5인	斷髮금지	非急務라는 이유로 還退
10/8	正3品 康洪斗	지방소동 진압 : 일본군 정지, 선유사 파견	

82) 『대한매일신보』, <議쟝論辨>, 1908년 4월 7일.
83) 『대한매일신보』, <尹議之故>, 1908년 4월 21일.

11/	結民 대표 宋榮淳	균세요구	尹吉炳 발론, 11/27 송교 내각
11/	紳士 禹龍澤 등	균세요구	尹吉炳 발론, 12/10 송교 내각
1908 1/6	慶州居 儒生 韓鎭永 등	年久한 未伸諸人 蕩滌復爵	즉시 퇴각
1/22	南平居 宋鴻	義徒 창궐지역에 宣諭使 派送	
4/12	前敎官 朴奎純	房牌 및 門牌를 실시	
5/12	全羅北道結民　代表 邊昇基	均稅	5/25 송교 내각
6/13	慶南人民	均稅	
7/16	正一品 康洪斗	男女僧徒가 互相嫁娶	9/15 퇴각
8/5	國民禮服擬定會	국민예복실시	9/21 내각 송교, 10/15 격환
12/7	康洪斗	地方鎭衛隊 復設, 토산물의 상호교역 등	
1909 2/9	康洪斗	지방군대 復設, 徵兵法, 錢政融通할 方針 을 硏究實施	
2/17	前主事 李憂烈	내부대신 송병준의 무엄을 징판	
2/19	河東郡居 柳萬秀	災結을 請減	
2/23	十三道 儒生	송병준 징판 요구	
2/25	士人 이종관	송병준 징판 요구	
3/8	前主事 南廷薰	饑民 救恤 獻議	
3/13	13도 儒生	송병준 징판 요구	
3/16	前主事韓鳳愚氏等	銓選方法을 回復	3/19 내각 송교
3/19	紅門洞居 柳殷相	寡婦와 女僧의 選夫取嫁	3/19 작환 (인민헌의 부결)
4/15	李炳斗 崔洪석 趙基 완	救恤方法을 亟施	
4/16	某某紳士	靑孀 개가	비슷한　안건으 로 회의 정지
4/21	李舞夏	冠婚喪祭儀式變更	
6/3	正三品 康洪斗	대신들의 詩會대신 地方安靜 강구	
7/	前博士 宋榮淳	國稅以錢捧하여 大明君臣一統而速速改量	
9/14	淸州△主王若臣 등	송자대전판본 복구	

8/17	正三品 康洪斗		
9/2	紳士 리종淳	송병준 징판 요구	
10/26	金敦永 金興俊씨 등 십여 인	고종, 순종, 영친왕의 紀念碑 奉立	
12/9	正三品 李舞夏	송병준과 이용구 탄핵, 一進會 解散	
1910 1/6	星州郡 儒生 金昌洙 李晋錫 等	일진회 합방성명서 비판, 송병준 이용구 성토	1/10 송교 내각
1/19	江東君 儒生	일진회 해산, 송병준 이용구 당률적용	
1/20	日本 留學生 高永發	죄인들에게 기술습득 출감 후 생활안정	
1/24	仁川郡 飢民代表 李鍾淵	인천 기민을 살릴 수 있는 방책 마련	1/24 내각 송교
1/28	洪原郡 儒生	일진회 해산, 송병준 이용구 당률적용	
2/8	李容元 金宗漢	송자대전 중간에 목판사용 금지	
2/15	康洪斗	紙貨제조, 계룡산으로 천도, 징병령	중추원에서 즉시 퇴각
2/13	海州郡 儒生 張翼震	일진회 해산, 송병준 이용구 당률적용	
4/25	李敏高	僧尼嫁娶	
5/	한용운	僧尼嫁娶	5/10 송교 내각
	李炳恒	옹진·강령 合郡에 따른 군청위치 조정	5/10 가결
5/11	紳士 金洪	죄인 기술습득	중추원이 사법권을 위임받아 퇴각, 이사청으로 헌의할 것
6/	漢城府 民會長 兪吉濬	한성부 민회 내에 위생회 조직	
7/	大韓醫師總合所副所長康永㐣氏 등	전염병 돌면 병원으로 호송	7/5 송교 내각

먼저 근대화 요구로 나타나는 헌의는 대체적으로 과부와 승니의 결혼문제와 의복의 개량에 대한 것이었다. 1907년 8월 중추원은 개가한 과부와 관련된 법령을 따로 마련하여 호적을 얻을 수 있게 하는 구체적인 방법까지 제시하면서 과부개가허용 의안을 가결하였고, 僧尼嫁娶事 역시 급하지는 않지만 실시하는 것이 마땅하다는 이유로 다수가

찬성하였다.[84]

그러나 1909년 柳殷相이 전국 내 과부와 여승 등을 選夫取嫁하여 和氣를 자생케 해야 한다는 헌의는 해당 헌의서에 모호한 의견이 있다 하여 還退하였고, 이후 청상과부는 자유 改嫁하도록 하자고 한 헌의 역시 不必更議라 하여 정지하였다.[85] 1910년 중추원은 李敏皛의 僧尼嫁娶 헌의를 받아 내각에 건의하였으나 아무런 조처가 없었다. 이에 승려 韓龍雲의 헌의로 再次建議하고 5,000~6,000명 僧尼의 원통함을 없게 하라고 재촉하였고 이후 僧尼嫁娶는 조만간 內部令으로 실시하여 반포할 것이라고 하였다.[86]

의복 관련 헌의는 1907년 8월 박시병이 女子衣服均一事와 長衣 금단사에 대하여 헌의하였으며, 金有鐸은 "衣冠을 본인이 有志人士와 더불어 연구한 남녀의복의 圖本을 보내니 살펴 사용하기 바란다."고 하였다.[87] 國民禮服擬定會에서는 남자의 예복과 부인의 예복을 마련하여 중추원에 헌의하였다.[88] 중추원은 국민예복 헌의안을 회의에 제출하여 부인예복은 부결하고 남자예복은 가결하여 내각에 송교하였다.[89] 이에 내각은 국민예복의 공식 정장이 없으므로 인민자유로 편하

---

84) 『中樞院來文』, <開會可否記>, 朴是秉 獻議, 寡婦改嫁事, 1907년 8월 19일 ; <開會可否記>, 李敏皛 獻議, 僧尼嫁娶事, 1907년 8월 19일.

85) 『皇城新聞』, <獻議還退>, 1909년 3월 19일 ; <建議停止>, 1909년 4월 16일 ; 『대한매일신보』, <柳氏獻議>, 1909년 3월 23일.

86) 『中樞院來文』, 照會 제3호, 1910년 5월 10일 ; 『대한매일신보』, <樞院例會>, 1910년 4월 26일 ; <樞院再建議>, 1910년 5월 11일 ; <僧尼嫁娶實施>, 1910년 5월 17일 ; 『皇城新聞』, <果是冤枉乎>, 1910년 5월 11일.

87) 『대한매일신보』, <兩氏獻議>, 1907년 8월 14일 ; 『皇城新聞』, <金氏獻議>, 1907년 8월 16일.

88) 『皇城新聞』, <國民禮服實施>, 1908년 7월 24일 ; <國民禮服獻議>, 1908년 8월 5일.

89) 『中樞院來文』, 開會可否記, 1908년 9월 21일 ; 照會 제5호, 1908년 9월 21일 ; 『대한매일신보』, <國民禮服實施>, 1908년 9월 21일 ; 『皇城新聞』, <樞院

게 하라고 하며 정부에서는 특별히 처분할 필요가 없으므로 헌의서를 중추원으로 돌려보냈다.[90)]

근대화 관련 헌의는 이외에 관찰사와 군수를 薦報하는 장정을 폐지하고 銓選방법을 회복하는 것이 시의에 마땅하다는 것,[91)] 감옥서에 수감된 죄수들을 才質에 따라 각기 工藝를 습득케 하여 이후 생활에 도움을 주도록 할 것,[92)] 大韓醫師總合所에서 人民이 時疾에 걸리는 경우 병원으로 호송하여 韓藥과 양약으로 치료할 것 등이었다.[93)]

민의 생활안정에 관한 헌의로는 정미7조약 이후 전국적인 혼란이 가중되는 가운데 ① 1907년 9월 康洪斗는 각 지방 소요를 진압하기 위한 日兵 출장은 정지하고, 원로대신과 각 관찰군수를 선유사로 擇送하여 인민을 선유하여 안도케 할 것을 헌의하였고, 중추원은 이를 可決하였다.[94)] 이후 지방소요가 더욱 심해지자 강홍두는 이에 대한 대책으로 宣諭의 방법과 더불어 지방진위대 복설과 징병제 실시까지 헌의하였다.[95)] 1908년 1월 22일 南平에 사는 宋鴻[96)]은 중추원에 헌의하여 지

開會>, 1908년 9월 22일 : 신문기사에는 남녀예복실시를 모두 가결하였다고 잘못 보도되었다.

90) 『대한매일신보』, <問於何處>, 1908년 10월 15일.

91) 『대한매일신보』, <한씨헌의>, 1909년 3월 16일 ; <銓考法復舊>, 1909년 3월 20일 ; 『皇城新聞』, <樞院可否>, 1909년 3월 19일.

92) 『대한매일신보』, <高氏獻議>, 1910년 1월 20일 ; 『皇城新聞』, <留學生建議樞院>, 1910년 1월 20일 ; <請願于理事廳>, 1910년 5월 13일 : 중추원에서 사법권을 (일본에) 委任한 결과로 이와 같은 헌의는 접수하지 않는다고 하며 退却하여, 앞으로 理事廳으로 請願한다더라.

93) 『中樞院來文』, <開會可否記>, 1910년 7월 4일 ; 照會 제7호, 1910년 7월 4일 ; 『대한매일신보』, <醫長獻議>, 1910년 7월 5일 ; <獻議의 實施建議>, 1910년 7월 7일.

94) 『中樞院來文』, <開會可否記>, 康洪斗 獻議, 1907년 9월 19일 ; 『皇城新聞』, <康贊議獻議>, 1907년 10월 8일.

95) 『皇城新聞』, <康氏獻議>, 1908년 12월 8일 ; <康氏獻議>, 1909년 2월 9일.

96) 송홍은 일개 平民으로 중추원에 헌의하는 것은 불경한 일이라고 하며 징계하

방에 파견할 선유사를 申箕善, 金鶴鎭, 李道宰, 南廷哲, 趙秉弼 등으로 직접 선정하였다.97)

② 균세에 관한 헌의는 1907년 11월 27일과 12월 6일, 전라도와 경상도 結民(농사를 지어 그 수확량을 세금으로 내는 인민) 대표들이 "13도 稅政이 균등하지 않아 畿湖·西北道들은 結당 8원인데 전라·경상 양도의 여러 군은 12원이므로 결당 8원으로 均稅케 할 것"을 헌의하였다. 이에 찬의 윤길병이 發論하고 심사 가결하여 내각으로 송교하였다.98) 균세 헌의는 1908년에도 계속되었고,99) 중추원은 이를 내각에 송교하였다.100) 그러나 균세가 이루어지지 않자 1909년에는 長城郡 前博士 宋榮淳이 의정대신에게 청원서를 보내어 "현재 量地가 民國時急之大政임은 愚者도 共知하는 바이나 토지의 비옥하고 척박한 것을 살펴 실시하기 때문에 結(결세)의 다소는 智者라도 알기 어려운 실정이다. 소득세와 국세를 일률적으로 현금화하고 소득에 따라 토지세를 부과해야 한다."고 하였다.101)

③ 1908년의 흉년으로 1909년에는 구휼을 청하는 헌의서가 나타난다. 河東 結民대표는 결세를 감해줄 것, 前主事 남정훈은 陽川·富

기로 의결하였다는 기사는 중추원 관제에 규정된 人民이 일반적으로 유생층으로 인식되어졌다는 것을 의미한다. 『대한매일신보』, <民不獻議乎>, 1908년 1월 28일.

97) 『皇城新聞』, <獻議樞院>, 1908년 1월 22일.
98) 『中樞院來文』, 全羅南道 結民代表 宋榮淳 等 上書, 1907년 11월 ; <開會可否記>, 1907년 11월 25일 ; 照會 제10호, 1907년 11월 27일 ; 경상북도 星州居 李禧榮 善山居禹龍澤, 1907년 11월 ; <開會可否記>, 1907년 12월 9일 ; 照會 제12호, 1907년 12월 10일 ;『대한매일신보』, <稅政獻議>, 1907년 12월 6일.
99) 『대한매일신보』, <無使向隅>, 1908년 5월 12일 ; <均稅移調>, 1908년 6월 13일 ;『皇城新聞』, <議請同一>, 1908년 5월 12일.
100) 『中樞院來文』, 照會 제2호, 1908년 5월 25일 ;『대한매일신보』, <均稅建議>, 1908년 5월 25일 ;『皇城新聞』, <賦稅均一建議>, 1908년 5월 26일.
101) 『請願書』3(奎17848), 내각편, 請願書, 1909년 7월.

308

平·金浦·通津의 饑民 救恤 촉구, 仁川 인민대표는 춘궁으로 인한 민정의 불안정에 대한 대책 마련 등을 요구하였다. 중추원은 헌의서를 가결하여 내각에 조회하면서 구휼은 왕실만이 할 수 있으니 蠲減(조세 등의 일부를 덜어주다) 이외에도 특별히 다른 恤典 방법을 촉구하였다.102) 각 지방의 기근에 대하여 중추원은 구휼 헌의서를 내각에 올리고, 한편으로는 직접 재해 의연금을 보내기도 하였다.103) 1910년에도 仁川郡 南面 饑民代表는 토지가 척박하여 항상 慘荒이 많더니 3년 동안의 旱災로 그 참상이 극에 달하여 飢民 700여 명이 모두 빈사의 지경에 이르렀다고 전하며, 국고금을 사용하여 구휼할 것을 중추원에 헌의하였다.104) 중추원은 개회하여 仁川饑民의 救恤金 支給件을 내각에 건의하기로 결정하였다.105)

중추원은 인민의 헌의를 받아 지방소요를 안정시키기 위한 진위대 설치·징병·선유사 파견 등 다양한 방법을 정부에 상달하였고, 경상·전라도의 균세요구와 구휼에 대한 헌의도 상달하였다. 인민의 헌의를 받아 그들의 생활을 안정시키기 위한 방법을 의정부에 제시하였으나 이에 대해 정부가 적극적으로 해결하는 모습은 거의 보이지 않는다.

자주의지를 표명하는 헌의는 다음과 같다. 특정사건에 대한 국권수호 의지를 나타낸 헌의는 1909년 2월 순종의 순행에서 宋秉畯이 자행

---

102) 『皇城新聞』, <結民獻議>, 1909년 2월 19일 ; 『中樞院來文』, <開會可否記>, 1909년 3월 8일 ; 照會 제3호, 1909년 3월 8일 ; 『대한매일신보』, <仁民請求>, 1909년 4월 16일.

103) 『皇城新聞』, <樞院恤金>, 1909년 3월 25일 : 1909년 3월 25일 文川郡 饑饉에 관하여 의장 이하 일반관리가 25원 30전을 義損金으로 交付하였다.

104) 『內閣往復文』 7(奎17755), 내각편, 照會 제2호, 1910년 1월 24일 ; 『대한매일신보』, <李氏建議>, 1910년 1월 16일.

105) 『대한매일신보』, <樞院決議>, 1910년 1월 18일 ; 『皇城新聞』, <建議協議>, 1910년 1월 18일.

한 행동에 대한 탄핵 헌의와 1909년 12월 일진회를 중심으로 제출한 합방성명서에 대한 징벌 헌의이다. 1909년 2월 17일 중추원에서 의장 이하 찬의들이 회동하여 특별회를 열고 내부대신 송병준을 탄핵할 의안을 제출하였다.106) 순종의 西南道 巡幸 도중 내부대신 송병준이 순종 지척에서 拔劍(검을 빼든 사건)한 일에 대하여 정부에서 아무런 조처가 없자, 13도 유생들은 송병준의 발검 행동을 무엄 불경하다고 하면서 즉각 징판하라고 연명으로 헌의하였고, 송병준을 일본정부로부터 인도받아 처벌하자고 하였다. 중추원은 송병준을 탄핵하는 13도 유생의 헌의서를 첨부하여 "송병준이 玉車咫尺에 使酒拔刀한 것은 극히 무엄하니 법으로서 징벌할 것"을 내각에 청하였다.107) 한편 대한협회와 각 사회에서도 내부대신 송병준을 성토하기 위해 청년회관에서 회동하여 연설회를 열기로 계획하고 있었다.108)

송병준의 발검 사건은 내각회의에서도 법부대신 고영희가 "내부대신(송병준)을 법에 따라 처벌할 것"을 제출하였으나 이토 통감의 권고로 해당 의안이 시행되지 않았고,109) 총리대신 이완용이 자신의 門人을 중추원 의장 김윤식에게 파송하여 사회 격론이 있기는 하나 송병준 발검 사건을 거론하면 매우 큰 문제가 생길 것이니 절대 거론하지 말라고 하며 해당 헌의서를 더불어 돌려보냈다.110) 그러나 총리 이완용은 내부대신 송병준 같이 흉악한 사람은 掩置(보이지 않는 곳으로 보

---

106) 『대한매일신보』, <果是特別>, 1909년 2월 18일.
107) 『皇城新聞』, <樞院可否>, 1909년 2월 18일 ; <樞院의 建議>, 1909년 2월 20일 ; 『대한매일신보』, <照會內閣>, 1909년 2월 19일.
108) 『대한매일신보』, <跣拘猷堯>, 1909년 2월 23일 ; <聲討秉畯>, 1909년 2월 24일.
109) 『대한매일신보』, <勸告勿施>, 1909년 2월 19일 ; <此亦正當>, 1909년 2월 19일.
110) 『대한매일신보』, <獨自赦人乎>, 1909년 2월 23일 ; 『皇城新聞』, <事必張大>, 1909년 2월 23일.

내는 것)하는 것이 온당하다고 하였고,[111] 결국 황태자 문안대사로 일본에 갔던 송병준은 귀국하기 전에 경질당하여 내부대신직에서 해임되었다.[112]

송병준의 경질은 중추원·내각·유생·사회집단 등의 탄핵요구 여론이 비등해지고, 이러한 분위기를 이토 통감까지 알게 됨으로써 이루어진 것이다.[113] 송병준의 경질 후, 중추원 의장 김윤식은 총리 이완용을 방문하여 "송병준이 발검한 일에 대하여 士論이 日起하니 통감부와 힘껏 교섭하여 송병준을 빨리 인도받아 법에 따라 처벌하여 일반국민의 분노를 가라앉히자."고 하였다.[114] 한편 13도 유생들은 송병준 拔劍事에 대하여 중추원에 여러 차례 헌의하였지만 면직된 것 이외에는 아무런 조치가 없자 질문서 제출을 준비하고 있었다.[115]

송병준은 拔劍 사건으로 1909년 2월 27일 해임되었는데 일본에 滯在하고 있던 8월 8일 중추원 고문으로 임명되었다.[116] 송병준의 중추원 고문 서임으로 다시 13도 유생들의 헌의가 답지하였다. 대체적 내용은 "송병준으로 하여금 황태자를 陪從케 하고 중추원 고문에 피임하는 것은 극히 불가하니 逆畯(역적 송병준)을 하루빨리 인도받아 법률에 따라 다스리라"는 것으로, 중추원뿐 아니라 내각·통감부·日本 가쓰라 타로(桂太郞) 총리·이토 히로부미(伊藤博文)에게도 편지를 보냈다.[117] 이에 日憲兵司令部·警視廳·일진회는 유생의 長書를 탐지하

---

111) 『대한매일신보』, <枉法自號>, 1909년 2월 27일.
112) 『대한매일신보』, <宋職免官>, 1909년 2월 28일.
113) 『대한매일신보』, <宋職遞任眞想>, 1909년 3월 2일.
114) 『대한매일신보』, <議長談話>, 1909년 3월 4일.
115) 『대한매일신보』, <儒生擬議>, 1909년 3월 28일.
116) 『承政院日記』, 1909년 8월 7일 ; 『官報』, 1909년 8월 9일 ; 『起案』 22, 起案, 1910년 8월 8일 ; 『대한매일신보』, <逆宋敍任>, 1909년 8월 10일 : 내부대신 직에는 중추원 고문이었던 박제순이 임명되었다.
117) 『대한매일신보』, <儒生長書>, 1909년 9월 1일 ; <旣議且書>, 1909년 9월 2

기 위하여 비밀리에 조사하였고, 일진회에서는 連日 評議員 特別會를 열어 회장이었던 송병준에 대한 대책 마련을 위해 내각과 중추원에 총대를 파송하여 질문하기로 결정하였다.[118]

한편 송병준에 대하여 변명하는 글도 중추원에 답지하였다. 10월 9일 儒生 金澈永 등이 중추원에 헌의하여 13도 유생 정기조 등이 중추원 고문 송병준을 논박한 일은 정당한 士氣로 인정할 수 없다고 설명하였으나, 중추원은 김철영의 헌의를 그 날로 撤還하였다. 김철영은 다시 우편으로 헌의서를 傳納하였으나 중추원에서 留案하고 開會 時에 提出하지 않았다.[119] 이로써 중추원이 일본을 등에 업고 국왕 앞에서 방자하게 행동한 송병준을 법에 따라 처리하고자 한 의지를 알 수 있다. 이는 송병준 자체에 대한 처벌뿐 아니라 일본 제국주의에 대한 저항이었다. 송병준은 자신에 대한 비등한 비난으로 귀국하지 못하고 한동안 일본에 머무를 수밖에 없었다.

다음으로는 1909년 일진회를 중심으로 내각에 제출한 합방성명서에 대한 반대 헌의가 중추원에 도달하였다. 1909년 12월 9일 正三品 李舞夏가 중추원에 헌의하여, 일진회 고문 송병준·이용구의 죄상을 법에 의하여 처리하고 소위 合邦論을 주장한 일진회를 극력 해산할 것을 요구하였다.[120] 중추원은 李舞夏의 헌의를 내각에 송교하기로 결정하였고, 헌의서 외에 "일진회장 李容九 성명서에 대하여 擧國臣民은 公憤이 비등할 뿐 아니라 소위 上奏文이라는 것이 무엄하기 그지없다. 송

일 ; <再次獻議>, 1909년 9월 15일 ;『皇城新聞』, <儒生長書>, 1909년 8월 31일 ; <期欲討罪>, 1909년 9월 3일 ; <再次獻議>, 1909년 9월 15일.

118)『대한매일신보』, <壹會再開>, 1909년 9월 16일 ; <書因비探>, 1909년 9월 16일 ;『皇城新聞』, <姑未質問>, 1909년 9월 17일.

119)『皇城新聞』, <獻議反對>, 1909년 10월 9일 ;『대한매일신보』, <休紙同歸>, 1909년 10월 15일.

120)『대한매일신보』, <李氏獻議>, 1909년 12월 9일.

312

병준은 원래 일진회 두령인즉 그 성명하는 분위기를 알지 못했을 리
없다. 罪狀이 이와 같은데 중추원 고문으로 있으니 즉시 고문의 임무
를 斥免하기 바란다.”는 중추원의 입장을 첨부하였다.[121]

1910년 1월 한 달 동안에는 일진회 합방성명서로 인하여 각 지역 유
생들의 다음과 같은 헌의가 전격 도달하였다.

> 일진회에서 합방성명서를 반포하고 그 상소문을 내각에 3차 呈納(보
> 내다)하자, 내각에서는 단지 繳還(돌려보내다)할 뿐이었다. 또한 많은
> 선비가 중추원에 헌의하였으나 대답이 전혀 없다. 宋秉畯·李容九를
> 引出하여 常刑을 빨리 시행하고 일진회를 하루라도 빨리 해산하여 神
> 人의 憤을 없게 하라.[122]

이에 중추원은 헌의서를 정부에 제출하면서 그 내용을 실시하여 衆
心(인민의 전체적인 의견)을 따르라고 하였다.[123]

중추원은 스러져가는 대한제국의 황제인 순종의 권위와 국권을 지
키기 위하여, 중추원에 도래하는 유생들의 헌의를 받아 衆心을 따를
것을 내각에 요구하였다. 당시 중추원은 권력도 거의 없는 상태에서
국권을 수호하기 위하여 어려운 싸움을 하고 있었다. 또한 중추원은
인민의 힘으로 대한제국을 조금이나마 버텨보고자 하였다.

---

121) 『대한매일신보』, <樞院決議>, 1909년 12월 10일 ; <樞院建議>, 1909년 12월
　　 14일 ; 『皇城新聞』, <建議內閣>, 1909년 12월 10일 ; <樞院建議>, 1909년
　　 12월 11일 ; <樞院建議書>, 1909년 12월 14일.
122) 『대한매일신보』, <星儒獻議>, 1910년 1월 6일 ; <儒生獻議>, 1910년 1월 19
　　 일 ; <海儒獻議>, 1910년 2월 13일 ; 『皇城新聞』, <儒生獻議>, 1910년 1월
　　 6일 ; <儒生獻議>, 1910년 1월 28일 ; <張氏獻議>, 1910년 2월 13일.
123) 『대한매일신보』, <樞院協議>, 1910년 1월 7일 ; <樞院建議>, 1910년 1월 11
　　 일 ; 『皇城新聞』, <獻議建議>, 1910년 1월 7일 ; <獻議建議>, 1910년 1월
　　 11일 ; <樞院請律>, 1910년 1월 12일.

이상에서 정리한 백성생활 안정대책 헌의, 근대화 요구에 관한 헌의, 자주권 수호에 관한 헌의들은 중추원에서 가결한 내용들이다. 다음으로 중추원에서 인민헌의 중 還退한 내용들을 간단히 살펴보아 중추원의 성격 파악에 도움이 되고자 한다. 환퇴한 헌의서는 ① 1907년 8월 斷髮은 急務가 아니니 단발에 이르지 않도록 건의할 것,124) ② 1908년 1월 慶州居 儒生 韓鎭永 등이 大赦 詔勅에 의거, 年久한 未伸諸人을 일일이 조사하여 復爵할 것을 요구,125) ③ 1908년 4월 지방의 騷擾와 竊發의 患을 줄이기 위하여 房牌와 門牌를 실시할 것,126) ④ 1908년 7월 康洪斗가 男女僧徒가 互相嫁娶할 것을 요구127) 등이다. 이상의 還退한 헌의서의 특징은 구습을 쫓고자 하는 헌의이거나 여론이 하나로 취결되지 않아 논란의 소지가 있는 것이었다.

1907년 5월 헤이그 밀사 사건은 이전의 국권회복을 위한 중추원의 활발한 활동에 위축을 가져왔으며, 이후 몇 달을 경과하면서 형식적인 의정부의 자문은 없어졌다. 중추원의 자체건의는 4건에 그쳤으며, 의정부는 중추원의 질문에 일정한 대답 없이 안건을 반포하기도 하여 언론에서는 중추원의 유명무실함을 지적하였다. 이런 상황에서 찬의 윤

---

124) 『皇城新聞』, <獻議還退>, 1907년 8월 29일.

125) 『皇城新聞』, <往訴法部>, 1908년 1월 16일. 중추원은 사면요구는 法部에 직접 往訴하라 하고 해당 헌의서를 즉시 퇴각하였다.

126) 『대한매일신보』, <戶院請議>, 1908년 4월 12일 ; <獻議檄還請願>, 1908년 11월 11일 ;『皇城新聞』, <門號牌獻議>, 1908년 4월 12일 ; <戶牌獻議>, 1908년 4월 28일 ; <獻議繳還>, 1908년 11월 11일 ; <獻議還給>, 1908년 11월 17일. 人民에게 號牌를 成給하는 것에 대하여 不可라고 하는 사람이 많자, 11월 10일 김교헌 등 헌의인은 중추원에 해당 獻議書를 즉시 돌려보내줄 것을 청원하였다. 이에 중추원은 예회를 열고 호패건에 대하여 參以時宜에 議多不合이라 하며 11월 16일 해당 헌의건을 還出給하였다.

127) 『대한매일신보』, <康氏獻議>, 1908년 7월 16일 ; <康氏獻議退却>, 1908년 9월 15일 ;『皇城新聞』, <康氏獻議>, 1908년 7월 16일.

길병은 시무 6조를 건의하여 일본 통감부의 심기를 건드려 건의자인 윤길병 이외에도 의장·부의장까지 면관되는 결과를 가져왔다. 윤길병은 중추원의 기능을 통해 국권의 위기를 어떻게라도 극복하고자 함이었다. 점점 중추원 의관의 임면까지 강요하는 통감부의 통제로 중추원 활동은 위축되고 유명무실하게 됨에도 불구하고, 중추원은 인민의 헌의를 계속 내각으로 상달하면서 송병준의 무엄한 행동과 일진회의 합방론에 대하여 격렬한 인민의 마음을 전하며 이에 대한 대책마련을 요구하였다.

국권 이외의 거의 모든 권력을 획득한 일제 통감부가 중추원이라는 유명무실한 기관을 존속시킨 이유는 ① 중추원 고문 등의 관직을 통하여 한국 관리들의 임퇴임 시 탄력적으로 이용할 수 있었고, ② 의병활동이 전국적으로 활발하게 진행되던 당시에 중추원을 폐지하는 것은 대부분 유생들의 언로를 막는 것으로 대일항쟁이 더욱 가열될 수밖에 없을 것이라 생각했기 때문으로 보인다. 이에 통감부는 중추원의 활동을 통제할 수 있다는 생각에 반일에 대한 인민의 헌의를 어느 정도 받아주고 있었다. '일제의 한국강점'이 임박한 시기 인민들의 의견을 결집하고 표명할 수 있는 場으로서의 역할을 수행하고 있었으나, 일본의 강한 통제력으로 중추원의 영향력은 미약할 수밖에 없었다.

1894년 갑오개혁의 일환으로 설립된 중추원은 1910년 합방에 이르는 약 16년 동안 한말의 정치 격변기 속에서 다양한 모습으로 존속하다가 국운이 다하면서 그 역할이 중단되었다.

일제 식민지 시기 중추원은 기존의 국정 현안에 대한 심사 의정이 아닌 한국에 대한 조사편찬사업을 주로 하는 기관으로 변질되었다.[128]

---

128) 박현수, 「조선총독부 중추원의 사회·문화 조사활동」, 『한국문화인류학』 12, 1980 ; 진덕규, 「일제식민지 시대의 총독부 중추원에 대한 고찰」, 『일본 식민지 지배 초기의 사회분석 1』, 이화여자대학교 한국문화연구원, 1987 ; 여박동,

「조선총독부 중추원의 조직과 조사편찬 사업에 대한 연구」,『일본학연보』4, 1992 ; 조범래,「조선 총독부 중추원의 초기 구조와 기능」,『한국독립운동사연구』6, 1992 ; 박현수,「일제의 조선조사에 관한 연구」, 서울대학교 인류학과, 1994 ; 김선풍,「조선총독부 언어민속조사 연구」,『정신문화연구』72, 1998 ; 이승렬,「일제하 중추원 개혁문제와 총독정치」,『동방학지』132, 2005 ; 이승렬,「경성지역 중추원 참의들의 관계망과 식민권력의 지역 지배」,『향토서울』69, 2007.

제7장 결 론

본서에서는 1894년부터 1910년에 이르는 시기동안 한말의 정치변동 속에서 설립·개편되었던 중추원을 5시기로 나누어 살펴보았다. 각 시기는 중추원의 성격 변화에 따라 구분하였고, 각 시기별로 중추원의 관제·구성원·활동을 분석하여 그 성격을 규명하였다.

1시기 : 1894~1897년간의 중추원 설립 과정과 운영 상황을 군국기무처 활동 시기와 박영효 내각 시기로 나누어 살펴보았다. 1894년 군국기무처는 근대개혁을 담당하면서 정치개편을 단행하였고, 그 과정에서 일어난 인사이동으로 인해 관직을 잃은 사람들이 생겨나게 되었다. 이에 군국기무처는 실직자들을 위한 대책 마련과 정치개편과정에서 미처 관리로 충원하지 못한 사람들을 管理하기 위한 기관이 필요하게 되었다. 군국기무처는 중추원을 설립하여 현직을 잃은 사람들을 소속시켰고, 그들의 전직 관등에 따라 관직과 월봉을 지급하면서 차후 관리로 등용하고자 하였다. 따라서 중추원에는 일정한 인원수가 정해질 수 없었고, 중추원 구성원은 행정에도 참여할 수 없었다.

청일전쟁이 일본에게 유리하게 진행되면서 일본은 한국 내정에 직접적으로 간섭하기 위하여 군국기무처를 해체하고 친일 내각을 형성하였다. 중추원은 군국기무처의 후신으로서 의정부가 자문한 법률 칙령에 대하여 심사할 수 있는 기능을 부여받았다. 그러나 이후 중추원은 회의를 거의 개최한 적이 없었으며, 議長은 단지 중추원에 소속된 구성원들을 관리하는 직책에 지나지 않았다.

일본은 한국에서의 영향력이 강해지자, 갑신정변의 실패로 일본으로 망명한 박영효 등을 귀국·복권시켜 내각을 형성하였다. 갑신정변기부터 왕권의 제한과 민권의 신장이라는 근대적 정치구상을 가지고 있었던 박영효는 내각을 주도하면서 이를 실현시키고자 하였다. 1895년 3월 25일 중추원 관제를 개정하여 "법률·칙령안 등을 심사 의정하고 건의"할 수 있는 권한과 구성원에 대하여 규정하였고, 이어 議事規則도 제정하여 제한적이지만 의회로서의 기능을 담당할 수 있는 근간을 마련하였다. 그러나 중추원 관제를 개정한 후 박영효가 음모설로 망명하는 약 3개월 동안 중추원이 운영된 사례가 한 건도 안 보인다. 이는 박영효가 자신의 정치적 구상에 따라 의회 기능을 담당할 중추원 관제를 마련하였으나, 자신에게 권력을 집중시켜 정치개혁을 단행하기 위하여, 권력을 분산시킬 수 있는 중추원의 활동을 적극적으로 지원하지 않았기 때문이라 여겨진다.

박영효의 망명 이후 고종은 중추원을 의전기구로서 활용하였다. 즉 중추원 의관들은 을미사변, 아관파천, 환궁, 황제즉위식 등 일련의 정치변동 속에서 철 따라 문후 올리는 것, 명성황후 빈전에 곡하는 것, 명성황후의 장례행사·황제 즉위식 등에 참여하는 파행적인 모습을 보였다. 전체적으로 1894~1897년간 중추원은 수 차례 관제가 개정되었음에도 불구하고 실무를 담당하지 못한 채 고유의 기능이 아닌 부수적 역할을 담당함으로써 관리 충원소의 역할 수준에 머물고 말았다.

2시기 : 1898~1899년간의 중추원 활동을 다시 4시기로 구분하여 살펴보았다. 1898년 3월 의정부는 아관파천 이후 열강으로의 이권 양여가 일부 대신의 독단으로 이루어지는 것을 막기 위해서 중추원 관제를 원칙대로 실시할 것을 요구하였다. 즉, 정부가 국가의 전반적인 사무를 반드시 중추원에 물어 합의한 후에 시행할 것을 논의함으로써, 정부 스스로 일부 대신의 활동을 견제하고자 하였다. 이외에도 당시 궁내부 고문 러젠드르는 중추원의 권한이 커지면 결국 왕권을 제한할 수 있다는 우려 때문에 자문기구로서의 역할로 한정할 것을 주장하였다. 또한 독립협회는 民意博採를 주장하며 중추원을 의회로 개편하고자 의견을 제시하였다.

중추원을 활성화시키자는 이상의 분위기 속에서 1898년 9월 개회된 중추원이 최초로 내놓은 안건은 '노륙·연좌제 부활'이었다. 9월 김홍륙의 독차사건을 계기로 갑오개혁 시기 폐지된 노륙·연좌제를 부활함으로써 황제권에 도전하는 세력을 철저하게 응징하고자 한 것이다. 이는 당시 중추원을 주도하던 부의장 신기선이 황제권의 절대성을 지지하였던 성향과 연관되며, 보수 유생들은 이를 적극 지지하였다. 그러나 노륙·연좌제는 독립협회·여론·각국 공사관의 반대로 실시되지 못하였고, 노륙·연좌제 부활을 주장한 신기선은 면직되었다.

1898년 10월에 들어서면서 독립협회와 만민공동회의 활동은 활발해졌고, 중추원을 의회로 개편하여 국가의 주요 현안 결정에 적극 참여하도록 하자는 논의가 구체화되었다. 고종도 시대적인 요구를 무시할 수 없는 지경에 이르러 전통사회의 '諫官'으로서 중추원을 인정하며 중추원의 개편을 허락하였다. 독립협회의 노력으로 1898년 11월 개정된 중추원 관제에는 ① 의정부에서 자문한 의안, ② 중추원 자체건의, ③ 인민의 헌의를 심사 의정하는 기능이 구체적으로 규정되었다. 이는 의회제도의 중요한 기능인 국가의 주요 현안에 대한 심사의결, 중추원 의관과 인민의 의견을 국가정책에 반영시킬 수 있게 되었다는 점에서 중대한 의미를 지닌다. 上奏하는 모든 의안은 반드시 중추원과 협의해야 하며 의정부·중추원간의 합의에 이르지 못한 사항은 시행할 수 없도록 한 조항은 특정 권력집단의 독단적 국정운영을 막는 규정으로,

320

정부 나아가 고종의 권한을 제한할 수 있었다. 이 내용은 이후 관제 개정마다 논의되었고, 중추원의 위상을 규정하는 결정적인 조항이 되었다.

중추원 관제가 개정됨에 따라 의관들도 새롭게 임명되었다. 이들은 대부분 인민협회와 관련있는 사람들로 의관 충원 범위가 제한적이기는 해도 한국 최초의 民選의관이라고 할 수 있으며, 이들의 신분·학력·경력 등이 일반 관리들과 달랐다. 의관들은 독립협회 계열과 황국협회 계열의 인사들로 이루어졌으며 각각 정치체제·시무관에서 반대 입장을 지녔다. 현재 다른 성향의 정당이 국회를 이루고 국정을 논의하는 분위기와 유사하며, 급진적인 국가기관이 형성되었다고 할 수 있다.

이들에 의한 최초의 중추원 활동은 '票選人材'였다. 독립협회에서 "현량한 인재를 뽑아 합당한 직책을 맡기면 정치가 안정될 것"이라고 이전부터 주장해 온 것을, 독립협회 인사들이 의관으로 충원되면서 중추원에서 논의한 것이다. '표선인재'는 실현 여부 이전에 인민의 혁신적인 의견이 정부기관을 통하여 공식적으로 표출되었다는 것에 주목할 필요가 있다. 천거된 11명 중 박영효·서재필 등 망명가들이 명단에 포함되어 있었으므로 고종과 집권관료들은 위기감을 느끼게 되었다. 또한 일본은 급진·개혁적인 독립협회 계열의 인사들이 다수 포진된 중추원이 나라의 정책을 조정해 나간다면, 앞으로 한반도에서 자신들이 이권을 차지하기 어려울 것이라는 추측, 나아가 한반도 침략에 커다란 걸림돌이 되리라 생각하여 이에 대한 방해를 자청하고 나섰다. 즉 고종과 수구적 집권관료 및 일본의 이해가 맞아떨어짐으로써, '票選人材'의 실시를 주장하던 관련 의관들은 면관되었고 만민공동회는 해산되어 관민이 서로 의견을 나누고 국정을 운영할 수 있는 기회를 상실하였다.

‘표선인재’ 사건 이후 1899년 1~5월의 중추원 활동은 의정부의 정책 결정과 활동에 압력을 가하면서 의정부와의 갈등구조를 나타내고 있다. 이 시기 중추원 활동은 인민의 헌의보다는 의정부에서 자문한 안건과 중추원의 건의사항을 심사·의정하는 역할에 중점을 두고 있었다. 당시 중추원에서 논의된 의안들을 황제권 강화, 외교 상 자주의지 표명, 관리 임용 시 엄격한 원칙 적용, 제한적인 근대개혁 시도로 나누어 볼 수 있다. 이는 부의장 홍종억을 중심으로 한 황국협회 계열이 중추원을 주도하면서 그들의 성향이 중추원 활동에 반영된 것이다. 황제권은 인정하지만 그 외의 국정운영 전반에 대하여 심사 의정하면서 중추원 자체의 의지를 관철시키고자 하는 노력으로 이전과 같은 정부의 독단적인 국정운영이 불가능해졌다. 이에 의정부와의 역학관계에서 갈등을 일으켰으며, 이는 중추원 관제가 개정되는 원인이 되었다. 당시 정치권력은 독립협회와 민의 요구로 어쩔 수 없이 중추원을 의회로 개편하였으나, 개혁적 논의나 원칙적 논의로 자신들의 이해를 압박하는 의관은 면관시키고 중추원의 역할을 축소하기 위하여 관제를 개정하였다.

1899년 5월과 8월 두 차례에 걸쳐 이루어진 관제 변화는 1899년 1~5월 사이의 중추원 활동에 따른 의정부와의 갈등의 결과였으며, 1899년 8월 22일 ‘大韓國國制’ 반포에 따른 결과였다. 5월의 관제 개정 중 “시급한 의안 등은 중추원에 자순하지 않고 上奏할 수 있다”는 조항과 “주임의관과 관제 세칙을 의정부에서 정한다.”는 조항은 중추원의 기능을 대폭 축소하는 것이었다. 개정된 관제에 의하여 새롭게 임명된 의관들은 모두 황제권을 인정하는 인물들로 충원되었으나, 중추원의 기능을 무력화시키고 독립기관으로서의 면모를 손상하는 관제 개정에 대하여 강하게 항의하였다. 그러나 대한국국제가 반포되면서 개정된 8월 중추원 관제에서 부의장직을 없애고, 일부 의관을 無俸처리하는 등 중추원의 기능을 더욱 축소하였다. 이로써 의정부의 활동을 견제할 수 있는 법적 근거가 약해졌고, 중추원 의관들의 사기도 크게 떨어지면서 활동도 거의 하지 않게 되었다. 황제권 강화가 이루어지고 있었던 시점에서 고종의 활동을 제어할 수 있는 중추원의 법적 근거를 제거한 것이다. 이는 비록 짧은 기간 동안의 중추원 활동이었다고 하더라도 고종과 집권관료의 활동을 얼마나 압박하였는가를 반증할 수 있는 내용이다.

3시기 : 1900~1903년간의 중추원 활동에 대한 기존 연구가 미흡하였다. 이는 사료의 부족과, 황제권 강화를 배경으로 고종과 측근세력 중심으로 광무개혁이 시도된 시기라는 일반적인 통념으로 중추원의 활동은 유명무실하다고 간주되어왔다. 사실 이 시기에는 1902년 11월 중추원 부의장직을 다시 복설하는 이외의 관제 개정은 이루어지지 않았다. 따라서 중추원 관제는 1904년 러일전쟁으로 인한 중추원의 변화가 나타나기 전까지 1899년 8월에 개정된 관제를 기본으로 운영되었다.

관제 개정으로 인한 중추원의 기능이 축소되었고 중추원 구성원이 황제권 강화를 지지하는 세력이었기 때문에, 1900년 이후의 중추원은 의정부와 심각한 갈등구도를 형성하지 않았다. 이 시기 중추원의 주요 활동은 인민헌의를 선별하여 상달하는 기능으로 집중되었다. 이 과정에서 중추원 주요 구성원들은 일정한 영향력을 행사하면서 자신들의 의견을 인민들의 일반적인 의견이라는 근거로 피력할 수 있었다. 따라서 1900~1902년간 중추원 주요구성원들은 자신들의 주장을 뒷받침할 자료로서 인민들의 헌의를 모아둘 필요가 있었고, 이에 의정부에 상달한 인민헌의서만을 모아 『照會原本』을 편집하였다.

『조회원본』을 분석함으로써 중추원의 정치세력과의 상관관계, 시무인식, 대외인식으로 나누어 살펴보았다. 중추원은 정치세력과의 상관

관계에 대한 인민헌의를 가장 많이 의정부에 상달하여, 그들의 관심이 권력에 집중되어 있었음을 알려준다. 중추원 구성원들은 황제권을 위협하며 정변을 도모하였던 안경수와 권형진이 일본으로부터 귀국하자 그 처단을 주장하였으며, 고종의 측근세력으로 권력을 잡고 있었던 이용익도 탄핵하였다. 그러나 순비 엄씨의 승후에 대해서는 적극적으로 지지하였다. 이는 자신의 권력 확대에 방해가 되는 인물과 세력에 대해서는 탄핵하고, 권력 확대에 필요한 순비에 대해서는 지지하는 데에 인민의 헌의를 이용하여 여론을 주도하였음을 알 수 있다.

중추원은 헌의인들의 시무관련 헌의를 의정부로 상달하였는데, 헌의인들은 주로 재정·교육·군사 관련 문제를 지적하면서 그에 대한 해결책들을 제시하였다. 헌의인들이 문제라고 지적한 커다란 틀은 당시 모든 사람이 공감하는 바였지만 그에 대한 해결책으로 제시한 내용들은 대체로 구본신참의 범위를 벗어나지 못하였다. 중추원은 대외관계에 관하여 러·일의 대한분할설, 변경지역의 주민보호, 일본 이주민에 대한 대책을 의정부로 촉구하였다. 이상의 내용들은 헌의인들이 직접 체험하면서 그 사례를 제시하였고, 정부의 적극적인 대책 마련을 요구하였다.

『조회원본』에 게재된 인민의 헌의 내용들은 모두 같은 성향을 지녔다는 점에서 중추원에 도래된 인민의 헌의들 중 중추원 구성원이 자신들의 의견과 같은 내용들만을 선정하여 의정부에 상달한 것을 알 수 있다. 특히 '순비승후'에 대해서는 당시 반대의견이 비등하였음에도 불구하고 순비승후의 타당성 의견만을 상달한 것은 중추원 주요 구성원이 결국 중추원을 자신의 권력 재창출을 위하여 파행적으로 운영하였음을 보여주는 것이다.

4시기 : 일제에 의한 국권침탈이 시작되는 1904~1907년 5월에 이르는 시기로 중추원은 고종의 적극적 지원에 의하여 기능이 활성화되었다. 고종의 중립화 외교에도 불구하고 1904년 러일전쟁이 일어난 후 얼마 되지 않아 한일의정서가 조인되자 고종의 위기의식이 고조되었다. 고종은 국권유지를 위한 외교적 노력과 함께 정부 요직을 차지한 친일세력의 국정 장악을 견제하기 위한 기관의 필요성을 느끼게 되었다. 이때 고종이 주목한 기관이 중추원이었다. 고종은 중추원의 기능을 강화하여, 친일대신들의 독단적인 조약과 법률의 제정과 실행을 규제하기 위하여 반드시 중추원과의 협의를 거치도록 하고자 하였고, 국권유지를 위한 인민의 역량을 중추원을 통하여 모으고자 하였다. 고종은 자신과 광무개혁을 진행하였던 세력들을 의장과 부의장에 임명하면서 1899년 축소시켰던 중추원 기능을 정상화시키고자 하였다. 이러한 노력으로 1904~1906년까지 여러 차례의 관제 개정이 이루어졌다. 고종과 중추원 구성원들의 노력으로 중추원 관제 중 중추원 활동을 제한하였던 "按例와 時急에 따라 의정부가 직행 반포"할 수 있는 조항은 삭제되었고, 의사규칙이 반포되었으며, 1906년 말 중추원 구성원이 새롭게 임명되었다.

1907년 전반기의 중추원의 활동은 일제에 의해 국권이 점차 침탈되어 가는 과정에서 활발하게 진행된 것으로, 국가 최고지배자인 고종과 인민의 기대를 받으며 국권을 지키고자 하였다. 그 활동은 국권수호를 위한 행정의 정상화와 현실화, 시무책 실시를 통한 인민 의식과 능력의 배양이었다고 볼 수 있다. 중추원은 중추원 정상화를 위하여 '하등 군수'의 의관임명을 거부하였고, 실행되고 있는 법률을 재심사하고 정리하여 법률의 개폐문제를 건의하였으며, 의무교육·지방자치·4弊禁斷 등의 실시를 주장하였다.

5시기 : 1907년 6월~1910년 '한일합방'에 이르는 시기로, 1907년 5월 헤이그 밀사 사건으로 중추원 관제가 개편되었다. '고문직'이 신설되어 헤이그 밀사 사건을 막지 못하였던 대신들을 좌천시켰으며, 국권유지를 위한 중추원의 활동은 위축되었다. 이후 몇 달을 경과하면서 형식적인 의정부의 자문마저도 없어졌다. 중추원의 건의도 미미한 상황에서 찬의 윤길병은 시무 6조를 건의하여 지방소요를 진압하는 일본병사의 귀환과 한국정부에 고용된 일본인 중 최소한의 인원 이외에는 귀국을 종용하였다. 이는 일본 통감부의 심기를 건드려 건의자인 윤길병 이외에도 의장·부의장까지 면관되는 결과를 가져왔다. 중추원의 활동은 중추원 의관의 임면까지 강요하는 통감부의 통제로 점점 위축되어 갔다.

그럼에도 불구하고 중추원은 인민의 헌의를 계속 내각으로 상달하면서 송병준의 무엄한 행동과 일진회의 합방론에 대하여 격렬한 인민의 저항을 정부에 전하며 이에 대한 대책 마련을 촉구하였다. '한일합방'이 임박한 시기 일본의 강한 통제력으로 중추원의 활동은 비록 미약하였지만, 인민들의 의견을 결집하고 표명할 수 있는 장으로서의 역할을 하고 있었다.

이상의 내용을 통하여 중추원은 1894~1910년간 한말의 정치변동 속에서 정치 주체들의 필요에 의하여 설립·개정되었으며, 각 시기마다 그 구성원들이 다양한 목적을 가지고 중추원 활동에 임한 것을 살펴볼 수 있었다. 이어서 중추원에 대한 전반적인 평가를 내려보면 다음과 같다.

1) 각 정치세력들이 중추원에 기대하였던 역할은 시기마다 다르게 나타났다. 갑오개혁기 군국기무처가 중추원을 설립한 목적은 정치개편으로 인하여 발생한 失職者들의 정치변동에 대한 불만을 최소화하는 것이 가장 큰 것이었고, 아관파천 이후 고종은 중추원 의관들을 儀典 활동에 참여시킴으로써 열강과 왕권에 대항하는 정치세력에게 자신의 추종 세력이 건재함을 보여주고자 하였다. 1898년 의정부와 독립협회

는 당시 열강의 이권침탈 방지와 일부 권력자의 정치적 독단을 막고 자신들의 권력획득과 정치 구상의 실현을 위하여 중추원에 주목하였다. 1900년 들어서면서 중추원 구성원은 유명무실화된 중추원의 인민헌의 기능을 활성화시키면서 자신들의 권력을 확대하는 기구로 활용하였으며, 러일전쟁 이후에는 고종의 극일의지를 후원·실행하는 기관으로 기능하였다.

1898년 이후 최고 권력집단은 중추원의 권한을 제한하였으며, 반면 핵심권력과 대치하고 있는 세력들은 권력을 획득하고 확대하기 위하여 중추원을 주목하였다. 따라서 1899년 황제권이 강화되는 시기에는 고종에 의하여 그 기능이 약화되었던 중추원이, 일제 침략이 노골화되는 1904년 이후에는 국권수호를 위하여 고종에게 주목받았다는 것은 이 같은 관점에서 설명될 수 있다.

2) 집권세력의 독단적인 국정운영을 견제할 수 있었던 중추원의 주요 기능은 '의정부의 諮詢'을 심사 의정하는 것이었다. 이 기능은 집권세력과 중추원을 활용하려는 세력 간의 힘의 차이가 크지 않았을 때는 적극적으로 인정되었으나, 집권세력이 강해지는 시점에서는 제한되었다. 즉 독립협회와 만민공동회의 힘이 강하였던 1898년 11월 관제와, 고종의 극일의지와 중추원의 기능을 정상화시키려고 노력하였던 1905년 10월 관제에서, 정부는 국정전반에 대하여 '반드시' 중추원에 자문하고 의정부·중추원간의 합의를 거쳐 시행하도록 하고 있다. 반면 특정 집권세력이나 고종의 힘이 강하였던 시기에는 "자순할 수 있다" 또는 "時急과 按例의 경우 先行上奏할 수 있다"고 하여 중추원 활동 자체를 축소시키고 있다.

중추원의 '人民獻議'를 심사 의정하는 기능은 독립협회의 노력으로 마련된 1898년 11월 제정되어 1910년까지 존속하였고, 중추원의 의정부 자문을 심사 의정하는 기능이 축소되었을 때에는 중추원의 활동이 주로 인민헌의에 집중되었다는 것을 알 수 있다. 중추원은 인민헌의를 취사선택하여 의정부에 상달하면서 간접적으로 국정에 참여하고자 하였다. 이러한 현상은 1900~1902년과 1907~1910년 사이의 시기에 나타나고 있다.

또한 중추원 기능 중의 하나인 중추원 자체건의는 중추원 의관들의 발의를 심사 의정하여 의정부에 제시하는 것이었지만 의정부 자문이나 인민헌의보다 양적인 면에서 큰 비중을 차지하지 못하였다. 중추원의 기능이 강화되었을 때에는 의정부의 자문을 심사 의정하는 과정에서 의정부를 견제하며 적극적으로 국정에 참여할 수 있었기 때문에 중추원 자체건의가 크게 필요하지 않았다. 반면 중추원의 기능이 약화되어 중추원의 건의가 의정부에서 적극적으로 받아들여지지 않았을 상황에서 중추원의 건의는 크게 의미가 없었으리라 생각된다. 이에 중추원은 인민의 헌의를 의정부에 상달함으로써 간접적으로 국정에 참여하였다.

3) 중추원이 심사 의정하는 활동을 통하여 국정에 참여하였던 1898~1910년 동안, 중추원의 주요 활동은 중추원 정상화를 위한 노력, 열강에 대한 자주의지 표명, 시무책 논의 등으로 나누어 볼 수 있다. 중추원 정상화란 중추원 활동이 그 기능을 원활히 할 수 있는 상태를 의미하는 것으로, 이를 위한 노력은 ① 의정부와의 역학관계 속에서, 의정부가 국정 전반에 관한 법률·칙령의 제정 등을 중추원에 자문하고 중추원과의 협의 하에서 시행해야 하는 적법 절차를 어겼을 경우, ② 중추원이 자체건의 또는 인민의 헌의를 상달하였을 때 이를 시행하지 않고, 이에 대한 가부의견도 제시하지 않을 경우, ③ 중추원 의사규칙을 중추원에서 제정, 중추원 의장에 의한 주임의관의 자의적 임명, 의관의 월봉문제 등을 관철하기 위하여, 의정부에게 항의하고 이에 대한 시정을 요구하였다.

열강에 대한 자주의지의 표명은 중추원 활동 전 기간을 통하여 일관되게 요구되었던 사항이었다. 1898년 중추원의 국정참여가 일정 부분 열강의 이권침탈을 막기 위한 방법으로 이루어졌으며, 중추원의 활동이 활발하였을 때에나, 침체되었을 때를 막론하고 이는 의정부의 자문, 자체건의, 인민헌의를 통하여 계속 제시되었다. 열강에 대한 자주의지는 1904년 이후 국권수호 의지로 전환되었고, 중추원의 자주의지 표명은 국정을 담당하였던 집권세력을 가장 힘들게 하였던 부분이었다. 1899년 전반기 열강에게 이권을 양여하는 문제에 대하여 의정부·중추원간의 합의가 종종 결렬되어 양 기관 간의 마찰이 자주 빚어졌다. 이러한 이유로 당시 집권세력들은 중추원을 폐지해야 한다는 말을 할 정도였고, 결국 관제가 개정되는 이유가 되었다. 또한 1910년 '한일합방'이 이루어지기 직전 중추원에서 정부에 상달한 인민헌의 중 합방성명서를 발표한 일진회에 대한 성토가 주를 이루었음은 이를 대변해주는 것이라 하겠다.

4) 마지막으로 근대정치로의 이행과정에서 의회의 기능을 담당한 중추원의 성격에 대하여 정리하고자 한다. 이상의 중추원에 대한 분석을 통하여, 1898년 이후 중추원은 절대왕정에 저항하면서 왕 또는 특정집단의 독단적 국가운영을 막고, 의관 자신의 의견을 건의하고 다수 인민의 의견을 국가의 주요 결정에 반영하고자 노력하였음을 살펴볼 수 있었다. 정치변동에 따라서 그 기능이 확대 또는 축소되기도 하였고, 국정운영 견제 또는 인민의 국정참여가 부분적으로 이행되기도 하였다. 물론 한말 중추원은 전제군주제 하에서 실현되었다는 것과, 인민헌의가 모든 民이 참여할 수 있었던 것이 아니라 대부분 유생과 전직 관직자에 의하여 이루어진 한계를 보여주기도 한다. 중추원이 가지는 이상의 한계는 근대정치로의 이행과정에서 나타나는 과도기적 모습을 보여주는 것으로, 역사 발전상 나타나는 하나의 과정으로 이해하여야

할 것이다.

이에 의회로서 활동하기 어려웠던 政體와 시대상황 하에서, 그 기능을 정상화시키고자 노력하며 집권세력의 국정운영을 견제하고 인민의 헌의를 상달하면서, 그 구성원 자체의 권력으로의 지향점을 가지고 활동하였던 중추원을 한국정치사에 있어 의회의 효시로 규정·평가하고자 한다. 또한 국가기관으로서 민권 신장의 장소로서 기능하였으며, 국권침탈의 위기상황 하에서 국권수호를 위한 官과 民意의 결집 장소로서 역할을 담당한 것은 한말 근대 정치사에서 중추원이 유일하였다. 따라서 일제의 식민지화 과정에서 그 활동의 한계성을 가지고 중추원이 갖는 종합적 의미를 퇴색시키는 것은 올바르지 않으며, 식민지화를 막지 못한 한말 정치기구로서의 책임을 내세워 한말 중추원의 정치적 역할을 인정하는 데 인색해서는 안 된다고 생각한다.

<부록 1> 중추원 주요 관제의 변천

	칙령 40호	칙령 36호	칙령 20호	칙령 34호	칙령 12호
반포일	1895년 3월 25일	1898년 11월 2일	1899년 5월 22일	1899년 8월 25일	1905년 2월 26일
중추원의 역할	제1조. 中樞院은 內閣의 諮詢을 應하여 左開하는 事項을 審査 議定하는 處所라. 1 法律·勅令案 2 臨時로 內閣에서 諮詢하는 事項 제10조. 中樞院은 法律·勅令의 制定·廢止 及 改正에 關하여 內閣總理大臣에게 建議함을 得함.	제1조. 中樞院은 左開事項을 審査議定ᄒᆞᄂᆞᆫ 處所로 홀 事. 1 法律·勅令 制定·廢止或 改正에 關ᄒᆞᆫ 事項 2 議政府에서 經議上奏ᄒᆞᄂᆞᆫ 一切 事項. 3 勅令을 因ᄒᆞ야 議政府로셔 諮詢ᄒᆞᄂᆞᆫ 事項. 4 議政府로셔 臨時建議에 對ᄒᆞ야 諮詢ᄒᆞᄂᆞᆫ 事項. 5 中樞院에서 臨時建議ᄒᆞᄂᆞᆫ 事項. 6 人民의 獻議ᄒᆞᄂᆞᆫ 事項	제1조 中樞院은 左開事項을 審査議定ᄒᆞᄂᆞᆫ 處所로 홀 事. 1 法律·勅令 制定·廢止或 改正에 關ᄒᆞᆫ 事項 2 議政府에서 經議上奏ᄒᆞᄂᆞᆫ 一切 事項 3 勅令을 因ᄒᆞ야 議政府로셔 諮詢ᄒᆞᄂᆞᆫ 事項 4 議政府로셔 臨時建議에 對ᄒᆞ야 諮詢ᄒᆞᄂᆞᆫ 事項 5 中樞院에서 臨時建議ᄒᆞᄂᆞᆫ 事項 6 人民의 獻議ᄒᆞᄂᆞᆫ 事項	제1조 中樞院은 左開事項을 審査議定ᄒᆞᄂᆞᆫ 處所로 홀 事. 1 議政府에서 諮詢ᄒᆞᄂᆞᆫ 法律·勅令 制定·廢止 或 改正에 關ᄒᆞᄂᆞᆫ 事項 2 各府院請議로 因ᄒᆞ야 議政府로셔 經議上奏ᄒᆞᄂᆞᆫ 事項 3 中樞院에서 臨時建議ᄒᆞᄂᆞᆫ 事項 4 人民의 獻議ᄒᆞᄂᆞᆫ 事項	제1조 中樞院에셔ᄂᆞᆫ 左開事項을 審査·議定홈이라. 1 議政府에서 諮詢ᄒᆞᄂᆞᆫ 法律·勅令 制定·廢止 或 改正에 關ᄒᆞᄂᆞᆫ 事項 2 法律·勅令의 實行效果의 如何와 及 未備로 認ᄒᆞᄂᆞᆫ 事에 關 ᄒᆞ야 建議ᄒᆞᄂᆞᆫ 事項 3 法律·勅令 實施에 關ᄒᆞ야 建議ᄒᆞᄂᆞᆫ 事項 4 人民獻議에 關ᄒᆞᆫ 事項
중추원과 의정부 관계	제8조 中樞院 會議에서 議案 全體를 否決하던가 若 或 添刪修正을 行ᄒᆞ든가 ᄒᆞᄂᆞᆫ 境遇라도 內閣에서 原案대로 施行ᄒᆞᄂᆞᆫ 必要가 有ᄒᆞ므로 認	제11조 中樞院에서 各項 案件에 對ᄒᆞ야 議決ᄒᆞᄂᆞᆫ 權만 有ᄒᆞ고 上奏 或 發令 을 直行치 못홀 事.	제10조 議長·副議長과 諸議官이 逐日開會ᄒᆞ야 各項 案事에 對ᄒᆞ야 可否롤 議決ᄒᆞ야 政府에 照會說明ᄒᆞ되 上奏 或 發令을 直行치 못홀 事.	제11조 議長과 副議長이 逐日開會ᄒᆞ야 第1條 所開 案事에 對ᄒᆞ야 可否議決ᄒᆞᆫ 後 議政府에 照會說明ᄒᆞ고 上奏發令을 直行치 못홀 事.	제8조 議長과 賛議가 第1條 所關事項에 對ᄒᆞ야 可否議決ᄒᆞᆫ 後 議政府에 照會 或 說明홈이라.

중추원과 의정부의 관계	칙령 40호	칙령 36호	칙령 20호	칙령 34호	칙령 12호
	호는 時는 上奏호야 裁可호지를 經호고 施行호 可홈지를 得홈. 제9조 法律·勅令을 急施호기를 要호야 中樞院에 諮詢홀 時暇가 無홀 時에 發布호 者는 發布호 後에 同院의 檢視에 付홈이 可홈. 제11조 國務大臣이 委員을 命호야 其主任호는 事項으로는 內閣의 委員이라도 中樞院에 至호야 議案의 理趣를 明홈. 제12조 國務大臣은 中樞院에 協辦은 中樞院에 來會호야 議官호나 但 其主任 事項이라도 決議호는 員數에 加호지 못홈.	제12조 議政府와 中樞院이 意見이 不合홀 時는 府院이 合席協議호야 妥當可決혼 後에 施行호되 議政府에셔 直行홈을 得홀 事. 제13조 國務大臣이 委員을 命호야 其主任호는 事項으로 議案의 理趣를 辨호야 明홀 事. 제14조 國務大臣 及 各部協辦은 中樞院에 來會호야 議官되야 列席호되 但 其主任 事項이라도 議決호는 員數에 加호지 못홀 事.	제11조 議政府와 中樞院이 意見이 不合홀 時는 府院이 合席協議호야 妥當可決혼 後에 施行호고 議政府에셔 直行홈을 得홀 事. 時急홀 境遇에는 議政府로셔 上奏호고 追後 照會說明호며 不必詢問호야도 亦爲直行홀 者는 亦爲直行홀 事. 제12조 府院이 合席協議홀 時에는 國務大臣이 委員을 命호야 議政府로셔 委員이라도 中樞院에 至호야 議案의 理趣를 明홀 事.	제12조 議政府와 中樞院이 意見이 不合홀 時는 府院이 合席協議호야 當可決혼 後에 施行호되 安호면 直行홈을 得홀 事. 但 得지 못홀 事. 제13조 按例應行호는 事件과 時急事情이 有혼 時는 議政府로셔 先行上奏호고 追後 其理由를 奏호야 照知홈을 得홀 事. 제14조 府院이 合席協議홀 時에는 國務大臣이 委員을 命호야 中樞院에 至호야 議案理趣를 辨홀 事.	제9조 議政府와 中樞院에셔 意見이 不合홀 時에셔는 國務大臣이 中樞院에 至호야 議案趣旨를 辨明호되 或 其部下官吏를 委任·替行홈도 得홈이라. 제10조 中樞院에 諮詢홀 議案에 對호야 時急事情이 有홀 時는 議政府로 先行上奏호고 其理由를 追後 知照홈을 得홈이라.

	칙령 40호	칙령 36호	칙령 20호	칙령 34호	칙령 12호
구성원	제2조 中樞院은 左開하는 職員으로서 合成함. 議長 1人 勅任 副議長 1人 勅任 議官 50人 以下 (1等議官 勅任 2·3等議官 奏任) 參書官 2人 以下 奏任 主事 4人 以下 判任	제2조 中樞院은 左開職員으로셔 合成홀 事. 議長 1人 副議長 1人 議官 50人 參書官 2人 主事 4人	제2조 中樞院은 左開職員으로셔 合成홀 事. 議長 1人 勅任 副議長 1人 勅任 議官 50人 勅任10人 奏任40人 參書官 2人 奏任 主事 4人 判任	제2조 中樞院은 左開職員으로 合成홀 事. 議長 1人 勅任 議官 20人 勅任 議官 30人 奏任 參書官 2人 奏任 主事 4人 判任	제2조 中樞院은 左開 職員을 置홈이라 議長 1人 勅任 副議長 1人 勅任 贊議 15人 勅任 參書官 2人 奏任 主事 4人 判任
구성원 임명 방법	제3조 議長·副議長 及 議官은 左揭하는 者로 內閣會議를 經하여 內閣總理大臣의 奏薦을 因하여 勅選으로써 任함. 1 勅任官의 職에 在하던 者 2 國家에 功勞가 曾遊한 者 3 政治·法律 及 理財에 學識에 通達한 者	제3조 議長은 大皇帝陛下게옵셔 聖簡으로 勅受ᄒᆞ시고 副議長은 中樞院 公薦을 因ᄒᆞ야 勅受ᄒᆞ시고 議官은 半數는 政府에서 國家에 勞勤가 曾有ᄒᆞ 者로 會議秦薦ᄒᆞ고 半數는 人民協會中에서 二十七世 以上人이 政治 法律 學識에 通達ᄒᆞ 者로 投票薦擧홀 事. 제4조 議長은 勅任一等이오 副議長 勅任二等이	제3조 議長·副議長과 勅任議官은 詔勅으로 敍任ᄒᆞ고, 奏任議官은 政府에서 上奏 敍任하고, 參書官은 中樞院薦牒을 待ᄒᆞ야 政府에서 奏任ᄒᆞ고, 主事는 議長이 經議 專行홀 事. 제6조 勅任議官은 2等以下로 홀 事. 제7조 奏任議官은 前衛品秩이 無ᄒᆞ 者는 奏敍	제3조 議長과 勅任議官은 勅敍ᄒᆞ고 奏任議官과 參書官은 議長이 奏敍ᄒᆞ고 主事는 專行홀 事. 제6조 勅任議官 20人 內 10人과 奏任議官 30人 內에 15人뿐 月俸을 支給ᄒᆞ고 25人은 支給치 아니홀 事. 제8조 前御品秩이 無ᄒᆞ 者는 議官敍任홈을 得지 못홀 事.	제3조 議長·副議長과 贊議는 勅敍ᄒᆞ고 參書官은 議政大臣이 奏敍ᄒᆞ고 主事는 專行敍任홈이라. 제5조 贊議는 勅任2等以上을 經ᄒᆞ 人과 3等以下 在職 2個年을 經ᄒᆞ 人으로 任홈이라.

	칙령 40호	칙령 36호	칙령 20호	칙령 34호	칙령 12호
구성원 임명 방법		요 議官은 秦任이니 敍等은 無ᄒ고 任期는 各 十二個月로 定홀 事. 제5조 參書官은 秦任이오 主事는 判任이니 敍等은 一般 官吏와 同홀 事. 제6조 副議長은 中樞院 通牒을 待ᄒ야 政府로셔 上秦ᄒ야 詔勅으로 任名ᄒ시 믈 恭竣ᄒ고 議官은 政府에서 上秦敍任ᄒ고 參書官은 中樞院薦牒을 待ᄒ야 政府에셔 秦任ᄒ고 主事는 議長이 經議專行홀 事.	흠을 得지 못홀 事.		
구성원의 역할 (의장)	제4조 議長은 中樞院에 屬하는 一切 事務를 摠管하고 且 中樞院에셔 發하는 一切 公文에 命을 署함.	제7조 議長은 中樞院에 屬혼 大小事務를 總轄ᄒ고 一切 公文에 署名홀 事.	제4조 議長은 勅任 1等이니 中樞院에 屬혼 大小事務를 總管홀 事.	제4조 議長은 勅任1等이니 院內 大小事務를 總管홀 事.	제4조 議長은 院內大小事務를 總管ᄒ며 副議長은 議長을 補佐ᄒ야 事務를 統督ᄒ고 議長이 有故혼 時는 其 職務를 代辦홈이라.

		칙령 40호	칙령 36호	칙령 20호	칙령 34호	칙령 12호
구성원의 역할	부의장	제4조 副議長은 議長의 職務를 補佐하여 議長이 事故 있는 時에는 其 職務를 代理함.	제8조 副議長은 議長의 職務를 補佐ᄒ고 議長이 有故ᄒ 時는 其 職務를 代辦홀 事.	제5조 副議長도 勅任 1等이니 議長의 職務를 補佐ᄒ고 議長이 有故ᄒ 時는 其 職務를 代辦할 事.		
	의관				제5조 勅任議官은 2等以下이니 議長이 有故ᄒ 時는 首席議官이 其 職務를 代辦홀事. 제7조 無俸議官 15人은 名譽職이니 開議홀 時에 參聽討論홈을 得홀 事.	
	참서관	제5조 參書官은 議長의 指揮를 承ᄒ야 中樞院의 常務를 掌함.	제9조 參書官은 議長 及 副議長의 指揮를 承ᄒ야 庶務를 掌홀 事.	제8조 參書官은 議長 及 副議長의 指揮를 承ᄒ야 庶務를 掌홀 事.	제9조 參書官은 議長의 指揮를 承ᄒ야 簿書筆記 等項을 掌홀 事.	제6조 參書官은 議長의 命을 承ᄒ야 院內에 簿書筆記와 會計 及 物品 保管 等 事項을 分擔홈이라.
	주사	제6조 主事는 上官의 指揮를 承ᄒ야 庶務에 從事홈.	제10조 主事는 上官의 指揮를 承ᄒ야 庶務에 從事홀 事.	제9조 主事는 上官의 指揮를 承ᄒ야 庶務에 從事홀 事.	제10조 主事는 上官의 指揮를 承ᄒ야 庶務에 從事홀 事.	제7조 主事는 上官의 命을 承ᄒ야 庶務에 從事홈이라.

<부록 2> 중추원 주요 구성원의 명단

중추원 의장

代	人名	任期間	비고(주요 활동 및 사건)
1	김병시	1894/11/21 ~	군국기무처 혁파 후 중추원 개편으로 임명
2	정범조	1895/4/1 ~ 1895/윤5/3	3/25 중추원 관제 개편으로 인한 인사
3	이유승	1895/윤5/3 ~ 1895/윤5/24	
4	김홍집	1895/윤5/27 ~ 1895/7/5	박영효와 대립으로 총리직 사퇴 후 의장 임명
5	어윤중	1895/7/7 ~ 1895/8/12	김홍집의 총리임명 후 부의장에서 승진
6	박정양	1895/8/24 ~ 1896/2/11	
7	정범조	1896/2/13 ~ 1896/4/24	아관파천 이후 문후와 민비 빈전에서 곡 주관
8	민영준	1896/9/24 ~ 1896/10/8	상동
9	이호준	1897/9/30 ~ 1897/10/19	상동, 대한제국 건국, 황제즉위식
10	박정양	1897/11/8 ~ 1898/3/15	
11	한규설	1898/10/30 ~ 1898/11/7	관민공동회 참가, 익명서 사건으로 면관
12	이종건	1898/11/12 ~ 1898/11/21	중추원 관제 개편에 따른 인사
13	이종건	1898/11/27 ~ 1898/12/23	票選人才 당시 회의진행하지 않고 도피
14	이하영	1898/12/23 ~ 1899/2/20	중추원 회의에 사진하지 않음
15	조병식	1899/5/30 ~ 1899/10/9	중추원 관제 개정요구하며 개회하지 않음
16	정락용	1899/10/16 ~ 1900/3/15	인민헌의 상달-을미역적 처단
17	임상준	1900/3/16 ~ 1900/3/21	
18	신기선	1900/3/23 ~ 1900/10/10	인민헌의 상달 주력-을미역적 처단
19	김가진	1900/10/10 ~ 1902/11/19	인민헌의 상달 주력-이용익 탄핵, 순비 승후
20	조병세	1902/11/19 ~ 1903/1/9	
21	민영소	1904/5/19 ~ 1904/12/6	
22	박정양	1905/1/6 ~ 1905/3/23	
23	심상훈	1905/3/2 ~ 1905/5/8	
24	민종묵	1905/5/8 ~ 1905/6/5	
25	이건하	1905/6/5 ~ 1905/6/21	
26	민종묵	1905/8/10 ~ 1906/11/17	중추원 기능 활성화 노력
27	이근택	1906/11/17 ~ 1906/12/18	수칙받지 못함
28	한규설	1906/12/18 ~ 1906/12/28	을사조약 거부로 통감부에서 임명 방해
29	서정순	1906/12/31 ~ 1908/4/10	찬의 윤길병 건의사건으로 면관
30	김윤식	1908/4/22 ~ 1910/8/22	

중추원 부의장

代	人名	任期間	비고(주요 활동 및 사건)	
1	조병세 정범조	1894/11/21 ~	(좌의장) (우의장)	군국기무처 혁파 후 중추원 개편으로 회의 기능 담당, 좌우의장으로 임명
2	김영수	1895/5/26 ~ 1895/5/29		
3	어윤중	1895/6/20 ~ 1895/7/5	김홍집 의장이 총리대신이 되면서 의장 임명	
4	신기선	1895/7/7 ~ 1896/3/16		
5	신기선	1897/9/28 ~ 1897/11/18		
6	신기선	1898/6/2 ~ 1898/7/28		
7	신기선	1898/7/30 ~ 1898/10/11	9월 독차사건으로 노륙・연좌제 부활 건의. 법부대신과 중추원 부의장을 겸임.	
8	윤치호	1898/10/23 ~ 1898/11/7	독립협회 간부로 구속	
9	이하영	1898/11/11 ~ 1898/11/22		
10	윤치호	1898/11/22 ~ 1898/11/23		
11	윤치호	1898/12/22 ~ 1899/1/7	중추원 의관 공천으로 임명됨, 표선인재 관련	
12	홍종억	1899/2/16 ~ 1899/5/22	의관 공천으로 임명, 중추원 활동 주도	
13	서정순	1899/5/30 ~ 1899/8/22	8/22 중추원 관제 개정으로 부의장직 없어짐	
14	김가진	1902/12/17 ~ 1904/2/22	1903년 의정부재하 중추원 주도	
15	이유인	1904/2/22 ~ 1904/3/2	克日위한 중추원 정상화 시도	
16	이용태	1904/3/2 ~ 1904/5/2	克日위한 중추원 정상화 시도	
17	이도재	1904/5/2 ~		
18	이용태	1904/6/28 ~ 1904/9/19		
19	이종건	1904/12/3 ~ 1905/1/5		
20	이근호	1905/2/2 ~ 1905/4/4		
21	김가진	1905/6/21 ~ 1906/5/8		
22	이근호	1906/6/13 ~ 1906/7/29		
23	이종건	1906/7/29 ~ 1906/11/10		
24	이근상	1906/11/10 ~ 1906/11/17		
25	이재곤	1906/12/27 ~ 1907/5/22		
26	성기운	1907/5/31 ~ 1908/4/10	찬의 윤길병 건의 사건으로 면관	
27	신기선	1908/4/22 ~ 1908/8/1		
28	이근상	1908/12/28 ~ 1910/8/22/		

중추원 고문

代	人名	任期間	비고(주요 활동 및 사건)
1	박제순	1907/5/31~1909/2/27	을사오적, 헤이그 밀사사건으로 좌천 내부대신 송병준 면관, 후임으로 내부대신임명
	이지용	1907/5/31~1910/8/22	을사오적, 헤이그 밀사 사건으로 좌천
	민영기	1907/5/31~1908/12/25	헤이그 밀사 사건으로 좌천
	권중현	1907/5/31~1910/8/22	헤이그 밀사 사건으로 좌천
	이하영	1907/5/31~1910/8/22	헤이그 밀사 사건으로 좌천
	이근택	1907/5/31~1910/8/22	을사오적, 헤이그 밀사 사건으로 좌천
2	송병준	1909/8/7~1910/8/22	1909/2/ 무엄한 행동으로 탄핵, 좌천
3	임선준	1910/8/6~1910/8/22	1909/10/21 탁지부대신 면관 이후 중추원 관제 개정, 고문 증설하여 임명
	이재곤	1910/8/6~1910/8/22	1909/10/21 학부대신 면관 이후 중추원 관제 개정, 고문 증설하여 임명

<부록 3> 중추원 주요 구성원의 성향분석표

	인명	본관	생몰연대	과거합격	외유·신학문
의장	金炳始	安東	1832~1898	문과(1855)	
	鄭範朝	東萊	1833~1898	문과(1859)	
	李裕承	慶州	1835~1907	문과(1894)	
	金弘集	慶州	1842~1896	문과(1868)	수신사(1881)
	魚允中	咸從	1858~1919	문과(1869)	신사유람단(1881)
	朴定陽	潘南	1841~1904	문과(1866)	신사유람단(1881), 駐美公使(1888)
	閔泳駿	驪興	1852~1935	문과(1877)	駐日辦理公使(1887)
	李鎬俊	牛峰	1821~1901	문과(1864)	
	韓圭卨	淸州	1856~1930	무과(1877)	
	李鍾健	全州	1843~?		
	李夏榮	慶州	1858~1919		
	趙秉式	楊州	1832~1907	문과(1858)	특명전권공사(일본, 1900)
	鄭洛鎔	迎日	1827~1914	무과(1855)	
	任商準	豊川	1818~?		
	申箕善	平山	1851~1909	문과(1877)	
	金嘉鎭	安東	1846~1922	문과(1886)	주일참서관(1887), 주일판리대신(1888·1891), 주일전권공사(1895)
	趙秉世	楊州	1827~1905	문과(1859)	
	閔泳韶	驪興	1852~?	문과(1878)	
	沈相薰	靑松	1854~?	문과(1874)	신사유람단(1881)
	閔種默	驪興	1835~1916	문과(1874)	
	李根澤	全州	1865~1919	무과(1884)	
	徐正淳	大邱	1835~1908	문과(1871)	
	金允植	淸風	1835~1922	문과(1874)	영선사(1881)
부의장	金永壽	光山	1829~?	문과(1870)	
	尹致昊	海平	1865~1946		신사유람단(1881)
	洪鍾檍	南陽	1850~1902	문과(1884)	
	李裕寅				
	李容泰	全州	1854~?	문과(1885)	
	李道宰	延安	1848~1909	문과(1882)	
	李根澔	全州	1860~1923	무과(1878)	
	李乾夏	全州	1835~?	문과(1864)	
	李在崑	全州	1859~?	문과(1864)	특명전권공사(1904)
	成岐運	昌寧	1847~?	문과(1880)	주일전권공사(1900)

부의장					
부의장	李根湘	全州	1874~1920	진사시 (1892)	達成 일어학교 졸업(1892), 주이태리공사 (1904), 일본대사 수원(1905)
고문	朴齊純	潘南	1858~1916	문과(1883)	주청전권공사(1902)
	李址鎔	全州	1870~?	문과(1879)	주위대원(1886),주영덕아의법공사(1890)
	閔泳綺	驪興	1858~1927	무과(1879)	주일전권공사(1903,1904)
	權重顯	安東	1854~1934		
	宋秉畯	恩津	1858~1925	무과	
	任善準	豊川	1860~1919	문과(1885)	

<부록 4> 중추원 주요 구성원의 관력

중추원 의장 관력

人名	官歷	爵位
鄭範朝	1865. 吏曹參議, 1869. 成均館大司成, 1874. 吏曹參判, 1875. 全羅觀察使, 1879. 工曹參判, 1880. 禮曹判書, 1881. 左參贊・右參贊, 1882. 弘文館提學・吏判, 1883. 軍國事務督辦. 1884. 兵判. 1886. 工判・戶判. 1888. 戶判, 1890. 右相, 1894. 右相・中樞院右議長, 1895. 中樞院議長, 1898. 卒	
李裕承	1878. 成均館大司成・吏議, 1883. 吏參, 1888. 工判, 1890. 禮判・刑判, 1894. 刑判・吏判・右贊成, 1895. 中樞院一等議官, 1898. 中樞院一等議官, 1901. 宮內府特進官, 1907. 卒	
金弘集	1880. 吏議・禮參, 1882. 京畿觀察使, 1884. 禮判・右相, 1887. 左相, 1888.左相,1894. 領相・總理大臣, 1896. 殺	
魚允中	1878. 全羅右道 暗行御史, 1882. 奎章閣直閣・西北經略使, 1886. 右承旨, 1893. 兩湖宣撫使, 1894. 工判, 1895. 度支部大臣・中樞院副議長・中樞院議長, 1896. 度支部大臣. 殺	
朴定陽	1873. 暗行御史, 1883. 機器局總辦, 1887. 駐美公使, 1889. 內衙門文協辦, 1891. 刑判・戶判, 1893. 內衙門督判, 1894. 學部大臣, 1895. 總理大臣・內部大臣・中樞院議長, 1898. 農商工部大臣, 1900. 宮內府特進官, 1904. 學部大臣・度支部大臣, 1905. 中樞院議長	
閔泳駿	1883. 成均館大司成, 1885. 吏議, 1887. 駐劄日本辦理大臣・吏參・平安觀察使, 1890. 刑判・禮判・工判・左參贊・漢城府判尹, 1891. 吏判, 1892. 禮判, 1893. 工判, 1894. 兵判・左參贊, 1895. 宮內府特進官, 1896. 中樞院議長, 1898. 宮內府特進官	
李鎬俊	1865. 吏議, 1870. 全羅觀察使, 1872. 奎章閣直提學, 1874. 刑判, 1879. 漢城府判尹, 1880. 禮判・吏判, 1883. 兵判, 1884. 吏判, 1885. 禮判・弘文館提學, 1886. 藝文官提學・慶尙觀察使, 1888. 刑判, 1897. 中樞院議長, 1898. 參政・宮內府特進官, 1899. 參政	
韓圭卨	1883. 全羅水使, 1884. 慶尙右道節度使, 1885. 漢城府判尹・刑判, 1887. 刑判・親軍右榮使, 1889. 刑判, 1890. 漢城府判尹, 1893. 壯衛使, 1896. 法部大臣・贊政, 1897. 法部大臣, 1898. 中樞院議長, 1899. 宮內府特進官, 1902. 法部大臣, 1904. 贊政, 1905. 參政	
李鍾健	1885. 前榮使, 1886. 刑判, 1887. 別榮使, 1888. 總御使, 1890. 刑判, 1892. 總理使, 1894. 壯衛使, 1896. 北路宣諭使, 1897. 軍部大臣, 1899. 農商工部大臣, 1900. 警部大臣, 1903. 平北觀察使, 1904. 江原觀察使, 1905. 軍部大臣	男爵

李夏榮	1876. 外衙門主事, 1887. 通訓大夫·駐美公使書記官, 1888. 駐美全權大臣, 1892. 典德縣監, 1894. 外衙門參議, 1896. 漢城府觀察使·駐日全權公使, 1897. 駐日全權公使, 1898. 中樞院副議長 中樞院議長, 1899. 贊政·駐日公權公使, 1903. 宮內府特進官, 1904. 贊政·外部大臣, 1905. 法部大臣, 1907. 中樞院顧問	子爵
趙秉式	1864. 成均館大司成, 1867. 吏議, 1874. 江華府留守, 1876. 忠淸觀察使, 1878. 吏參, 1883. 刑參. 1885. 協辦內務府使·司憲府大司憲, 1886. 禮判, 1887. 刑判, 1888. 咸鏡觀察使, 1890. 吏判·工判, 1891. 京畿觀察使·黃海觀察使, 1896. 中樞院一等議官·法部大臣, 1898. 中樞院一等議官·參政, 1900. 度支部大臣·日本特命全權公使, 1902. 外部大臣, 1904. 參政·內部大臣, 1905. 參政, 1907. 死	
鄭洛鎔	1879. 三道水使, 1885. 左邊포도대장·後榮使, 1886. 典園局總辦·工判, 1887. 刑判, 1888. 江華府留守·平安兵使, 1894. 漢城府判尹, 1896. 中樞院一等官·漢城府判尹, 1897. 慶尙工部大臣, 1898. 中樞院一等議官·宮內府特進官, 1899. 中樞院議長, 1904. 宮內府特進官	男爵
任商準	1864. 鐵原府使, 1866. 忠淸水使, 1871. 刑判, 1872. 訓練大將, 1873. 右參贊, 1874. 漢城府判尹, 1877. 刑判, 1879. 咸北兵使, 1880. 永興府使, 1881. 刑判, 1882. 訓練大將·工判, 1885. 前榮使·協辦內務府使, 1891. 工判, 1894. 春川府留守, 1896. 中樞院一等議官, 1898. 中樞院 一等議官, 1899. 宮內府特進官, 1900. 中樞院議長	
申箕善	1882. 參議軍國事務, 1894. 工務大臣·戶參, 1895. 軍部大臣, 1896. 學部大臣, 1898. 法部大臣·中樞院副議長, 1899. 學部大臣·參政, 1900. 宮內府特進官·中樞院議長, 1901. 法部大臣·贊政, 1902. 軍部大臣, 1904. 參政, 1905. 咸南觀察使, 1906. 宮內府特進官, 1908. 中樞院副議長, 1909. 卒	
金嘉鎭	1887. 駐日參書官, 1888. 駐日辦事大臣, 1890. 驪州牧使, 1894. 工判·外務協辦, 1895. 農商工部大臣·駐日全權公使, 1896. 中樞院一等議官, 1897. 黃海觀察使, 1898. 中樞院 一等議官·宮內府特進官, 1900. 中樞院議長, 1902. 中樞院副議長, 1903. 中樞院議長, 1904. 贊政·農商工部大臣·法部大臣, 1905. 中樞院贊議·中樞院副議長, 1906. 忠南觀察使, 1907. 中樞院贊議	男爵
趙秉世	1875. 吏議, 1877. 成均館大司成, 1883. 義州府尹·吏參, 1885. 司憲府大司憲, 1887. 工判, 1888. 禮判·吏判, 1889. 右參贊·吏判·禮判, 1890. 右相, 1893. 左相, 1896. 宮內府特進官, 1898. 議政, 1902. 中樞院議長, 1905. 卒	
閔泳韶	1884. 吏議·成均館大司成, 1886. 吏參, 1889. 刑判·廣州留守, 1890. 吏判, 1891. 禮 判·左參贊·兵判·弘文館提學, 1893. 兵判·左參贊, 1894. 漢城府判尹·工判, 1896. 宮內府特進官, 1901. 學部大臣, 1902. 學部大臣, 1904. 農商工部大臣·中樞院議長	자작

沈相薰	1884. 京畿觀察使·吏議, 1885. 忠淸觀察使, 1888. 協辦內務府使, 1892. 奎章閣直提學·工判, 1893. 吏判·刑判, 1894. 刑判·右參贊, 1895. 度支部大臣, 1897. 贊政, 1898. 度支部大臣·軍部大臣·內部大臣, 1899. 參政, 1900. 贊政·宮內府特進官, 1902. 度支部大臣, 1903. 忠淸觀察使·度支部大臣, 1904. 度支部大臣·參政, 1905. 參政·軍部大臣, 1906. 江原觀察使·宮內府特進官, 1907. 宮內府大臣, 卒	
閔種默	1882. 成均館大司成, 1883. 協辦軍國事務·刑判·漢城府判尹, 1884. 司憲府大司憲·漢城府判尹, 1885. 刑判·工判, 1886. 禮判, 1887. 工判, 1888. 刑判·弘文館提學, 1891. 藝文官提學, 1896. 學部大臣, 1897. 外部大臣·度支部大臣, 1901. 農商工部大臣	男爵
李根澤	1886. 端川府使, 1887. 熙川府使·吉州牧使, 1889. 全羅兵使, 1890. 兵參, 1894. 富平府使, 1898. 漢城判尹·警務使, 1899. 咸北觀察使·中樞院議官, 1901. 警部大臣·陸軍參將, 1902. 贊政, 1903. 陸軍副長·軍部大臣·全權公使, 1904. 江原道觀察使·宮內府特進官, 1905. 農商工部大臣·法部大臣·軍部大臣, 1906. 中樞院議長, 1907. 中樞院顧問	子爵
徐正淳	1874. 工議, 1876. 順天府使, 1880. 吏議, 1882. 刑議·慶州府尹·驪州牧使, 1883. 伊川府使, 1885. 吏參, 1886. 谷山府使, 1890. 刑判, 1891. 禮判, 1892. 弘文提學·咸鏡監司, 1895. 中樞院 一等議官, 1896. 江原觀察使·咸南觀察使, 1898. 中樞院 一等議官·贊政·法部大臣·參政, 1899. 宮內府特進官·中樞院副議長, 1901. 贊政·參政, 1903. 黃海觀察使·中樞院贊議	
金允植	1876. 黃海暗行御史, 1879. 刑議, 1880. 順天府使, 1881. 領選使·戶議·吏議, 1882. 吏參·江華府留守·協辦軍國事務, 1884. 工判·兵判, 1886. 廣州留守, 1894. 外衛門大臣, 1895. 外部大臣, 1908 中樞院議長	子爵

중추원 부의장 관력

人名	官歷	爵位
金永壽	1876. 成均館大司成, 1878. 吏議, 1879. 江華府留守, 1881. 吏參・刑判, 1882. 禮判・慶尙觀察使, 1884. 戶判, 1885. 禮判・工判・漢城判尹, 1886. 吏判・戶判, 1887. 禮判, 1888. 吏判・戶判, 1889. 戶判, 1890. 工判・左參贊, 1891. 刑判, 1895. 宮內府特進官・中樞院副議長, 1899. 卒	
尹致昊	1895. 學部協辦・外部協辦・特派大使隨員, 1896. 特派大使隨員・中樞院一等議官, 1898. 中樞院副議長・漢城判尹, 1899. 德源監理, 1900. 三和監理, 1903. 務安監理, 1904. 外部協辦, 1905. 日本視察・外部大臣署理, 1906. 中樞院贊議	
洪種檍	1891. 成均館司成, 1893. 刑議, 1894. 法務衙門參議, 1895. 法部參書官, 1896. 高等裁判所判事, 1897. 中樞院議官, 1899. 中樞院副議長, 1902. 平理院檢事, 1904. 中樞院議官, 1907. 平理院裁判長	
李裕寅	1889. 坡州牧使, 1892. 漢城判尹, 1898. 法部大臣, 1899. 警務使, 1901. 慶北觀察使, 1903. 漢城判尹, 1904. 中樞院副議長・宮內府特進官	
李容泰	1887. 駐英德俄義法參書官, 1890. 成均館大司成, 1891. 參議內務府使, 1894. 長興府使, 1899. 中樞院議官・平理院裁判長, 1901. 駐美全權公使・參贊・駐日全權公使, 1904. 贊政・中樞院副議長・內部大臣, 1905. 中樞院贊議, 1906. 陸軍參謀官・宮內府特進官	男爵
李道宰	1883. 江華府觀察使, 1884. 參議軍國事務・吏議, 1894. 全羅觀察使・工務協辦, 1895. 學部大臣・軍部大臣, 1896. 中樞院一等議官, 1898. 外部大臣・農商工部大臣・學部大臣・宮內府特進官・贊政, 1899. 法部大臣, 1900. 平北觀察使, 1902. 宮內府特進官, 1903. 外部大臣, 1904. 忠南觀察使・外部大臣・農商工部大臣, 1905. 中樞院贊議・外部大臣・平南觀察使・忠南觀察使, 1906. 全南觀察使・外部大臣, 1907. 宮內府特進官, 1901. 卒	
李根澔	1886. 中和府使, 1891. 寧邊府使, 1896. 中樞院 一等議官, 1898. 中樞院 一等議官・警務使, 1900. 農商工部協辦・法部協辦, 1901. 忠南觀察使, 1902. 全南觀察使, 1903. 宮內府特進官・贊政, 1904. 駐美全權公使・京畿觀察使, 1905. 中樞院副議長・法部大臣・慶北觀察使, 1906. 中樞院贊議・中樞院副議長・宮內府大臣	男爵
李乾夏	1866. 金提郡守, 1873. 成均館大司成, 1877. 吏議, 1886. 吏參, 1889. 工判, 1890. 漢城府判尹, 1892. 禮判, 1893. 工判・刑判, 1896. 公州府觀察使・忠南觀察使, 1898. 中樞院 一等議官, 1899. 內部大臣・學部大臣	男爵
李載崑	1888. 羅州牧使, 1890. 禮議, 1894. 宮內府參議, 1896. 春川府觀察使, 1900. 法部協辦・學部協辦, 1902. 贊政, 1904. 特命全權公使, 1906. 中樞院副議長, 1907. 學部大臣, 1910. 中樞院顧問	子爵

成岐運	1884. 천진 주재 서기관, 1887. 천진 주재 종사관, 1890. 刑議·參議內務府使·漢城府少尹, 1892. 전환국 교환서 총판, 1894. 農商衛門協辦, 일본 주재 전권대신, 1895. 中樞院一等議官, 1897. 교전소 지사원, 1899. 법규 교정소 의정관, 1900. 철도원 감독, 1900. 參贊·駐日全權公使, 1901. 宮內府協辦, 1902. 贊政, 1904. 慶南觀察使, 1905. 충북관찰사, 中樞院贊議, 1906. 京畿觀察使·農商工部大臣, 1907. 中樞院副議長	男爵
李根湘	1892. 成均館進士, 1901. 玉東郡守, 1902. 任實郡守, 1903. 中樞院議官·外部交涉局長·法部法務局長·宮內府協辦, 1904. 駐伊太利全權公使·農商工部協辦, 1905. 法部協辦·學部協辦·中樞院贊議, 1906. 慶北觀察使·宮內府大臣·中樞院議長, 1908. 中樞院副議長	男爵

중추원 고문 관력

人名	官歷	爵位
朴齊純	1890. 駐英德俄義法全權公使, 1894. 全羅觀察使・忠淸觀察使, 1898. 外部大臣・農商工部大臣, 1899. 外部大臣, 1901. 外部大臣, 1902. 駐淸全權公使, 1904. 外部大臣・法部大議臣, 1905. 法部大臣・農商工部大臣・參政, 1907. 中樞院顧問	子爵
李址鎔	1890. 成均館大司成・刑議, 1893. 吏議・安川牧使・吉阜郡守, 1897. 宮內府特進官, 1898. 中樞院 一等議官・黃海道觀察使, 1899. 慶尙觀察使, 1900. 贊政・法部大臣, 1905. 農商工部大臣・法部大臣・內部大臣・學部大臣, 1907. 中樞院顧問	伯爵
閔泳綺	1885. 瑪山府使, 1889. 南陽府使, 1891. 平安兵使, 1896. 忠州府觀察使, 1898. 黃海道觀察使・學部大臣・度支部大臣, 1899. 度支部大臣・農商工部大臣, 1904. 平北觀察使・全羅觀察使・學部大臣・度支部大臣, 1905. 度支部大臣, 1907. 中樞院顧問	男爵
權重顯	1893. 外務衛門參議・軍務衛門 參議, 1895. 陸軍參將, 1896. 法部協辦, 1897. 農商工部協辦, 1898. 參贊・農商工部大臣, 1899. 贊政・法部大臣, 1900. 法部大臣・農商工部大臣, 1901. 贊政, 1903. 陸軍法院長・贊政, 1904. 法部大臣, 1905. 軍部大臣・法部大臣・農商工部大臣, 1906. 學部大臣, 1907. 中樞院顧問	子爵
李夏榮	1876. 外衛文主事, 1887. 通訓大夫・駐美公使書記官, 1888. 駐美全權大臣, 1892. 典德縣監, 1894. 外衛文參議, 1896. 漢城府觀察使・駐日全權公使, 1897. 駐日全權公使, 1898. 中樞院副議長 中樞院議長, 1899. 贊政・駐日公權公使, 1903. 宮內府特進官, 1904. 贊政・外部大臣, 1905. 法部大臣, 1907. 中樞院顧問	子爵
李根澤	1886. 端川府使, 1887. 熙川府使・吉州牧使, 1889. 全羅兵使, 1890. 兵參, 1894. 富平府使, 1898. 漢城判尹・警務使, 1899. 咸北觀察使・中樞院議官, 1901. 警部大臣・陸軍參將, 1902. 贊政, 1903. 陸軍副長・軍部大臣・全權公使, 1904. 江原道觀察使・宮內府特進官, 1905. 農商工部大臣・法部大臣・軍部大臣, 1906. 中樞院議長, 1907. 中樞院顧問	子爵
宋秉畯	1888. 寧走郡守, 1889. 與海郡守, 1907. 農商工部大臣, 1908. 內部大臣, 1909. 中樞院顧問	子爵
任善準	1907. 成均館長・內部大臣, 1908. 度支部大臣, 1910. 中樞院顧問	子爵
李載崑	1888. 羅州牧使, 1890. 禮議, 1894. 宮內府參議, 1896. 春川府觀察使, 1900. 法部協辦・學部協辦, 1902. 贊政, 1904. 特命全權公使, 1906. 中樞院副議長, 1907. 學部大臣, 1910. 中樞院顧問	子爵

참고문헌

1. 연대기

『高宗純宗實錄』 3권, 탐구당, 1970.
『高宗時代史』, 국사편찬위원회, 1967.
『承政院日記』, 국사편찬위원회, 1970.
『駐韓日本公使館記錄』, 국사편찬위원회, 1987~1995.

2. 신문

『舊韓國官報』(1894~1910), 아세아문화사, 1973.
『독립신문』(1896~1899), LG언론상남재단, 1996.
『皇城新聞』(1898~1910), 한국문화개발사, 1971.
『大韓每日申報』(1907~1910).

3. 법령집

박지태 편저, 『大韓帝國期政策史資料集』, 선인문화사, 1999.
송병기 편저, 『韓末近代法令資料集』, 국회도서관, 1972.
송병기 편저, 『統監府法令資料集』, 국회도서관, 1973.
한국학문헌연구소 편, 『舊韓末日帝侵略史料叢書』, 아세아문화사, 1987.

4. 역사서·회고서

金允植, 『續陰晴史』, 국사편찬위원회 편, 1960.
朴定陽, 『朴定陽全集』, 아세아문화사, 1984.

尹致昊, 『尹致昊日記』, 국사편찬위원회 편, 1974~1975.
尹孝定, 『風雲韓末秘史』, 야담사, 1937.
張志淵, 『韋庵文稿』, 국사편찬위원회 편, 1956.
鄭喬, 『大韓季年史』上・下, 국사편찬위원회 편, 1957.
黃玹, 『梅泉野錄』, 국사편찬위원회 편, 1955.

5. 奎章閣 資料

『各官廳公文原本』(奎17272).
『經議疏本存案』(奎17233).
『經議疏本存案』(奎18154).
『公文編案』(奎18154).
『舊韓國外交文書』, 고려대학교 아세아문제연구소편, 고려대학교 출판부, 1967
　　　　～1971.
『宮內府來文』(奎17757).
『起案』2(奎17746).
『內部來去案』4(奎17768), 내각편.
『大韓帝國官員履歷書』, 국사편찬위원회 편, 1972.
『司法稟報』(乙) 43(奎17279), 법부편.
『外部中樞院來去文』(奎17216), 1책.
『議政府來去文』10(奎17793).
『議政府來去案』(奎17887).
『照會 2-3』(奎17823).
『照會原本』(奎17234), 중추원편, 2책.
『中樞院去文』(奎17789), 의정부편, 1책.
『中樞院來文』(奎17788), 의정부편, 10책.
『中樞院奏本』(奎17790), 중추원편, 6책.
『請議書』3(奎17848), 내각편

6. 외국인 기록

O. N. Denny, *China and Korea*, 1888(신복룡・최영근 역, 『데니문서』, 평민사,
　　　　1987).
F. A. McKenzie, *The Tregedy of Korea*, 1908(신복룡 역, 『대한제국의 비극』, 평민사,

1985).

W. F. Sands, *Undiplomatic memories, the Far East 1868-1904*, 1935(김훈 역, 『조선의 마지막 날』, 미완, 1986).

곤도 시로스케, 이언숙, 『대한제국 황실비사 - 창덕궁에서 15년간 순종황제의 측근으로 일한 어느 일본 관리의 회고록』, 이마고, 2007.

7. 연구 단행본

강범석, 『잃어버린 혁명 - 갑신정변 연구』, 솔, 2006.

강재언, 『한국근대사연구』, 도서출판 한울, 1982.

강종일, 『고종의 대미외교 - 갈등 기대 좌절』, 일월서각, 2006.

강창석, 『朝鮮 統監府 研究』, 국학자료원, 1994.

강창일, 『근대일본의 조선침략과 대아시아주의』, 역사비평사, 2002.

고영자, 『러일전쟁과 대한제국』, 탱자출판사, 2007.

교수신문, 『고종황제 역사 청문회』, 푸른역사, 2005.

권정노, 『누가 역적인가 - 홍종우와 김옥균 회고』, 어문학사, 2007.

김도형, 『大韓帝國期의 政治思想研究』, 지식산업사, 1994.

김세민, 『韓國 近代史와 萬國公法』, 경인문화사, 2002.

김영모, 『韓末支配層研究』, 서울대학교 한국문화연구소, 1972.

김용구, 『임오군란과 갑신정변』, 원, 2004.

김용섭교수정년기념 한국사학논총 간행위원회편, 『한국근현대의 민족문제와 신국가 건설』, 지식산업사, 1997.

김원모 편저, 『近代韓國外交史年表』, 단대출판부, 1984.

김주용, 『일제의 간도 경제침략과 한인사회』, 선인, 2008.

문화재청, 『대한제국 1907 헤이그 특사 - 고종황제의 국권회복 투쟁 헤이그 특사 100주년 기념 특별 기획전』, 문화재청, 2007.

박구병, 『한반도연해포경사』, 대화출판사, 1989.

박은경, 『일제하 조선인 관료 연구』, 학민사, 1999.

백상건, 『정치학강의』, 박영사, 1992.

森山茂德, 『近代韓日關係史研究』, 현음사, 1994.

서영희, 『대한제국 정치사 연구』, 서울대학교 출판부, 2003.

신용하, 『獨立協會研究』, 일조각, 1976.

신용하, 『한국의 근대국가 형성과 민족문제』, 문학과 지성사, 1986.

신용하, 『甲午改革과 獨立協會運動의 社會史』, 서울대학교 출판부, 2001.

신용하, 『한국근대지성사 연구』, 서울대학교 출판부, 2006.
안용식, 『大韓帝國官僚史硏究』, 연세대학교 사회과학연구소, 1994~1996.
역사비평편집위원회 편, 『논쟁으로 본 한국사회 100년』, 역사비평사, 2000.
歷史學會 편, 『露日戰爭 前後 日本의 韓國侵略』, 일조각, 1986.
歷史學會 편, 『일본의 侵略政策史硏究』, 일조각, 1984.
연갑수, 『고종대 정치변동 연구』, 일지사, 2008.
연세대학교 국학연구원 편, 『한국근대이행기 中人 연구』, 신서원, 1999.
오영섭, 『고종황제와 한말의병』, 선인, 2007.
왕현종, 『한국 근대국가의 형성과 갑오개혁』, 역사비평사, 2003.
유영렬, 『開化期의 尹致昊硏究』, 한길사, 1985.
유영익, 『甲午更張硏究』, 일조각, 1990.
이광린, 『개화당 연구』, 일조각, 1973.
이광린, 『한국사강좌』Ⅴ, 일조각, 1986.
이광린, 『개화기의 인물』, 연세대학교 출판부, 1993.
이배용, 『韓國近代 鑛業侵奪史硏究』, 일조각, 1989.
이영호, 『한국근대 지세제도와 농민운동』, 서울대학교 출판부, 2001.
이원창·조익순, 『고종황제의 충신 이용익의 재평가』, 해남, 2002.
이이화, 『한국사의 아웃사이더 - 누가 역사의 진정한 주역인가』, 김영사, 2008.
이태진 편저, 『일본의 대한제국 강점』, 까치, 1995.
이태진, 『고종시대의 재조명』, 태학사, 2000.
조재곤, 『한국 근대사회와 보부상』, 혜안, 2001.
조재곤, 『그래서 나는 김옥균을 쏘았다』, 푸른역사, 2005.
최기영, 『大韓帝國時期 新聞硏究』, 일조각, 1991.
최기영, 『韓國近代 啓蒙運動硏究』, 일조각, 1997.
최문형, 『한국을 둘러싼 제국주의 열강의 각축』, 지식산업사, 2001.
편집부, 『서구문화의 수용과 근대개혁』, 태학사, 2004.
한국역사연구회, 『한국역사입문』③ : 근대 현대편, 풀빛, 1996.
한명근, 『한말한일합방연구』, 국학자료원, 2002.
한철호, 『親美開化派硏究』, 국학자료원, 1998.
홍영기, 『대한제국기 호남의병 연구』, 일조각, 2004.
황호근, 『參政大臣 江石 韓圭卨先生 小傳』, 한국자료문화연구소, 1971.

8. 연구논문

강만길, 「大韓帝國의 성격」, 『창작과 비평』 여름호, 1978.

강상규, 「高宗의 對外觀에 관한 研究」, 서울대학교 외교학과 석사학위논문, 1995.

강상규, 「고종의 대외인식과 외교정책」, 『한국사시민강좌』 19, 1996.

강창석, 「조선통감부연구」, 『국사관논총』 53, 1994.

강창석, 「통감부 설치 이후의 한국 관료층 연구」, 『부대사학』 35, 1998.

강창석, 「통감부설치기 정치주도세력의 대일자세에 관한 연구」, 『국사관논총』 94, 2000.

구대열, 「대한제국시대의 국제관계」, 『大韓帝國研究』 3, 이화여자대학교 한국문화연구원, 1985.

구대열, 「러일전쟁의 경과와 전후처리」, 『한국사』 42, 국사편찬위원회, 1999.

구대열, 「러일전쟁의 배경」, 『한국사』 42, 국사편찬위원회, 1999.

구희진, 「근대 I (1876~1910)」, 『역사학보』 195, 2007.

권오영, 「申箕善의 東道西器論研究」, 『청계사학』 1, 1984.

권오영, 「東道西器論의 構造와 그 展開」, 『한국사시민강좌』 7, 1990.

권태억, 「1904~1910년 일제의 한국침략 구상과 '시정개선'」, 『한국사론』 31, 1994.

권태억, 「통감부 설치기 일제의 조선 근대화론」, 『국사관논총』 53, 1994.

그럿트 빠스깔, 「고종과 프랑스(1866~1906)」, 『한국문화연구』 12, 2007.

그럿트 빠스깔, 「대한제국 외교정책 속의 프랑스(1886~1906)」, 『한국사론』 45, 2007.

김경란, 「일제시기 民籍簿의 작성과 女性戶主의 성격 - 19세기 濟州 戶籍中草, 光武戶籍과의 비교를 중심으로」, 『大東文化研究』 57, 2007.

김갑천, 「박영효의 건백서」, 『한국정치연구』 2-1, 1990.

김건우, 「통감부시기 토지·가옥 증명문서에 관한 고찰」, 『法史學研究』 37, 2008.

김경태, 「日本帝國主義의 形成과 大韓帝國 - 光武年間의 國際的 條件」, 『한국근대사회와 제국주의』(한국사연구회 편), 삼지원, 1985.

김기석, 「광무제의 주권수호 외교, 1905-1907 : 乙巳勒約 무효 선언을 중심으로」, 『일본의 대한제국 강점』, 까치, 1995.

김기주, 「갑오개혁기 조선정부의 대일유학정책」, 『歷史學研究』 27, 2006.

김도형, 「大韓帝國의 改革事業과 農民層 動向」, 『韓國史研究』 41, 1983.

김도형, 「日帝侵略初期(1905-1919) 親日勢力의 정치론 연구」, 『계명사학』 3, 1992.

김동택, 「19세기말 근대국가 건설과정에서 나타난 정치적 균열 : 갑오개혁과 광무개혁을 중심으로」, 『한국정치학회보』 34집 4호, 2000.

김동택, 「『독립신문』의 근대국가 건설론」, 『社會科學硏究』 12, 2004.

김상수, 「英國의 對日同盟政策, 1900-1902 - 露日간의 세력균형유지와 관련하여」, 『역사학보』 126, 1990.

김선풍, 「조선총독부 언어민속조사 연구」, 『정신문화연구』 72, 1998.

김숙자, 「19세기말 韓露交涉에 관한 一硏究」, 『한국학보』 26, 1982.

김신재, 「獨立協會의 中樞院 改編運動과 그 性格」, 『경주사학』 10, 1991.

김신재, 「제2차 갑오개혁기의 국가형태 개혁」, 『경주사학』 21, 2002.

김신재, 「국가형태로 본 대한제국의 국가 성격」, 『慶州史學』 26, 2007.

김연희, 「대한제국기, 새로운 기술관원집단의 형성과 해체 - 전신기술자를 중심으로」, 『韓國史硏究』 140, 2008.

김영수, 「대한제국을 바라보는 러시아 학계의 시각」, 『역사와 현실』 63, 2007.

김용달, 「韓末 韓國中央農會에 관한 硏究」, 『白山學報』 42, 1993.

김용달, 「韓末 日帝의 農業侵略과 韓國中央農會」, 『北岳史論』 6, 1999.

김용섭, 「光武年間의 量田地契事業」, 『韓國近代農業史硏究』, 일조각, 1975.

김용섭, 「일제의 초기 농업식민책과 지주제」, 『한국근현대 농업사연구』, 일조각, 1992.

김원모, 「美國의 對韓居中調整(1882-1905)」, 『史學志』 8, 1974.

김윤희, 「일본의 금본위제 실시(1897년)와 서울 화폐시장의 변동」, 『韓國史學報』 14, 2003.

김정기, 「자본주의 열강의 이권 침탈 연구」, 『역사비평』 11, 1990.

김태웅, 「大韓帝國期의 法規 校正과 國制 制定」, 『한국근현대의 민족문제와 신국가 건설』(김용섭교수정년기념 한국사학논총3), 지식산업사, 1997.

김현숙, 「한말 고문관 러젠드르에 대한 연구」, 『한국근현대사연구』 8, 1998.

김현숙, 「韓國 近代 西洋人 顧問官 硏究(1882-1904)」, 이화여자대학교 박사학위논문, 1999.

김현철, 「박영효의 '근대국가 구상'에 관한 연구」, 서울대학교 박사학위논문, 1999.

김현철, 「朴泳孝의 『1888년 상소문』에 나타난 민권론의 연구」, 『한국정치학회보』 33-4, 1999.

김현철, 「朴泳孝의 保民과 민권신장 구상」, 『정치사상연구』 2, 2000.
김현철, 「박영효의 권력분립론과 입헌군주제 구상」, 『법사학연구』 21, 2000.
김현철, 「제2차 일본망명시기 박영효의 행적과 정변시도」, 『근현대사강좌』 통권 11호, 2002.
꾼 드 꿰스터, 「1907년 헤이그 특사의 성공과 좌절」, 『韓國史學報』 30, 2008.
나애자, 「李容翊의 貨幣改革論과 日本第一銀行券」, 『韓國史硏究』 45, 1984.
나애자, 「대한제국의 권력구조와 광무개혁」, 『한국사』 11, 한길사, 1994.
도면회, 「갑오개혁 이후 화폐제도의 문란과 그 영향(1894~1905)」, 『韓國史論』 21, 1989.
도면회, 「총론 ; 정치사적 측면에서 본 대한제국의 역사적 성격」, 『역사와 현실』 19, 1996.
도면회, 「화폐유통구조의 변화와 일본금융기관의 침투」, 『1894년 농민전쟁 연구』 1, 역사비평사, 1996.
박민영, 「서평 : 한말 호남의병 연구의 신기원 『대한제국기 호남의병 연구』(홍영기, 일조각, 2005)」, 『한국근현대사연구』 34, 2005.
박은숙, 「갑신정변 참여층의 개화사상과 정변 인식」, 『역사와현실』 51, 2004.
박은숙, 「갑신정변 政令에 나타난 정치체제와 권력운영 구상」, 『한국사연구』 124, 2004.
박재우, 「金玉均과 甲申政變에 대한 考察」, 『嶺東文化』 9, 2004.
박찬승, 「일제하 '지방자치제도'의 실상」, 『역사비평』 13, 1991.
박현수, 「조선총독부 중추원의 사회·문화 조사활동」, 『한국문화인류학』 12, 1980.
박현수, 「일제의 조선조사에 관한 연구」, 서울대학교 인류학과 박사학위논문, 1994.
서영희, 「1894-1904년의 政治體制 變動과 宮內府」, 『韓國史論』 23, 1990.
서영희, 「개화파의 근대국가 구상과 그 실천」, 『근대 국민국가와 민족문제』(한국사연구회 편), 지식산업사, 1995.
서영희, 「일제의 한국 보호국화와 통감부의 통치권 수립과정」, 『한국문화』 18, 1996.
서영희, 「광무정권의 형성과 개혁정책 추진」, 『역사와 현실』 26, 1997.
서영희, 「러일전쟁기 대한제국 집권세력의 시국대응」, 『역사와 현실』 25, 1997.
서영희, 「광무정권의 국정운영과 일제의 국권침탈에 대한 대응」, 서울대학교

　　　박사학위논문, 1998.

서영희, 「대한제국의 보호국화와 일제 통감부」, 『역사비평』 통권 52호, 2000.

서영희, 「을사조약 이후 대한제국 집권세력의 정세인식과 대응방안」, 『역사와
　　　현실』 66, 2007.

서영희, 「대한제국의 빛과 그림자 - 일제의 침략에 맞선 황제전제체제의 평가
　　　문제」, 『한국사시민강좌』 40, 일조각, 2007.

서진교, 「1898년 都約所의 結成과 活動 - 1890년대 후반 보수 유생층의 동향
　　　에 대한 일검토」, 『진단학보』 73, 1992.

서진교, 「1899년 고종의 '대한국국제' 반포와 전제 황제권의 추구」, 『한국근현
　　　대사연구』 5, 1996.

서진교, 「대한제국기 고종의 황제권 강화정책 연구」, 서강대 사학과 박사학위
　　　논문, 1998.

서진교, 「대한제국기 고종의 황제권 강화책과 警衛院」, 『한국근현대사연구』
　　　9, 1998.

서진교, 「대한제국기 商務社의 조직과 활동」, 『한국민족운동사연구』 21, 1999.

서진교, 「대한제국기 고종의 皇室追崇사업과 황제권 강화의 사상적 기초」,
　　　『근현대사연구』 19, 2001.

손경희, 「한말 일본의 농업이민정책과 민족운동」, 『계명사학』 7, 1996.

손영상, 「갑오개혁 이후 近代的 警察 制度의 정립과 운영」, 『韓國史論』 53,
　　　2007.

송경원, 「한말 안경수의 정치·경제활동 연구」, 이화여자대학교 석사학위논
　　　문, 1992.

송병기, 「光武改革 硏究 - 그 성격을 중심으로」, 『史學志』 10, 1976.

송정현, 「한말 중추원고」, 『용봉논총』 11, 1981.

신용하, 「光武改革論의 문제점」, 『창작과 비평』 49, 1978.

신용하, 「갑신정변의 개혁사상」, 『한국학보』 36, 1984.

신용하, 「19세기 한국의 근대국가 형성문제와 입헌공화국 수립운동」, 『한국
　　　근대국가 형성과 민족문제』, 문학과지성사, 1986.

신용하, 「獨立協會의 民族主義와 議會民主主義」, 『한국사회사연구회논문집』
　　　23, 1990.

안정임, 「대한제국 전기 언론계의 대외인식 연구 : '황성'·'제국신문'을 중심으
　　　로」, 이화여자대학교 석사학위논문, 1990.

양상현, 「대한제국기 민중운동의 평등주의」, 『蔚山史學』 12, 2006.

양상현, 「대한제국의 군제 개편과 군사 예산 운영」, 『역사와 경계』 61, 2006.
엄찬호, 「고종의 대외정책연구」, 강원대학교 사학과 박사학위논문, 2000.
여박동, 「조선총독부 중추원의 조직과 조사편찬 사업에 대한 연구」, 『일본학
　　　연보』 4, 1992.
오연숙, 「大韓帝國期 李容翊 硏究」, 단국대학교 사학과 석사학위논문, 1991.
오연숙, 「대한제국기 의정부의 운영과 위상」, 『역사와현실』 19, 1996.
오연숙, 「大韓帝國期 宮內府特進官의 運用」, 『史學志』 31, 1998.
오연숙, 「大韓帝國期 高宗의 人事政策과 官僚層의 형성 - 議政府 勅任官及
　　　官僚를 중심으로」, 『국사관논총』 100, 2002.
오영섭, 「甲午改革 및 改革主體勢力에 대한 保守派 人士들의 批判的 反應 -
　　　그들의 上疏文을 중심으로」, 『국사관논총』 36, 1992.
오영섭, 「東農 김가진의 개화사상과 개화활동」, 『한국사상사학』 20, 2003.
오영섭, 「한말의병운동의 발발과 전개에 미친 고종황제의 역할」, 『東方學志』
　　　128, 2004.
오영섭, 「고종과 춘생문사건」, 『鄕土서울』 68, 2006.
왕현종, 「갑오개혁기 관제개혁과 관료제도의 변화」, 『국사관논총』 69, 1996.
왕현종, 「19세기말 개혁관료의 西歐政體認識과 입헌문제」, 『한국사상사학』
　　　17, 2001.
왕현종, 「갑오개혁기 개혁관료의 상업육성론과 경제정책」, 『한국학보』 105,
　　　2001.
왕현종, 「대한제국기 입헌논의와 근대국가론 - 황제권과 권력구조의 변화를
　　　중심으로」, 『韓國文化』 29, 2002.
유승열, 「韓末의 商業立國 노력과 商權守護運動」, 『한국근현대의 민족문제와
　　　신국가 건설』(김용섭교수정년기념 한국사학논총3), 지식산업사, 1997.
유영렬, 「獨立協會의 民權思想 硏究」, 『사학연구』 22, 1973.
유영렬, 「윤치호의 민주정치의식에 관한 연구」, 『한국민족운동사연구』 44,
　　　2005.
유영익, 「갑오경장을 위요한 일본의 대한정책」, 『역사학보』 65, 1975.
유영익, 「청일전쟁중 일본의 대한침략정책 - 井上馨公使의 조선보호국화기도
　　　를 중심으로」, 『청일전쟁을 전후한 한국과 열강』, 한국정신문화연구
　　　원, 1984.
유영익, 「甲午-乙未年間(1894-1895) 朴泳孝의 改革活動」, 『국사관논총』 36,
　　　1992.

유영익, 「박영효와 갑오경장」, 『동학농민봉기와 갑오경장』, 일조각, 1998.

유재곤, 「日本統監 伊藤博文의 對韓侵略政策(1906-1909) - 大臣會議筆記를 중심으로」, 『淸溪史學』 10, 1993.

윤병희, 「第2次 日本 亡命時節 朴泳孝의 쿠테타 陰謀事件」, 『李基白敎授 古稀記念 韓國史學論叢』下, 일조각, 1995.

은정태, 「대한제국기 '간도문제'의 추이와 '식민화'」, 『역사문제연구』 17, 2007.

이광린, 「徐載弼의 開化思想」, 『동방학지』 17, 1976.

이광린, 「구한말 노령이주민의 한국정계 진출에 대하여 - 김학우의 활동을 중심으로」, 『한국개화사의 제문제』, 일조각, 1986.

이민원, 「아관파천 전후의 한러관계(1895-1898)」, 한국정신문화연구원 박사학위논문, 1993.

이민원, 「민영환의 모스코바 외교와 『天一策』」, 『淸溪史學』 16·17합집, 2002.

이방원, 「대한제국기 중추원에 관한 연구」, 이화여자대학교 석사학위논문, 1991.

이방원, 「韓末 中樞院 硏究」, 『梨大史苑』 31, 1998.

이방원, 「중추원 『照會原本』의 사료적 가치」, 『梨花史學硏究』 30, 2003.

이방원, 「러일전쟁 이후, 중추원의 개편과 활동 : 1904-1906년」, 『이화사학연구』 32, 2005.

이방원, 「1900년대 초, 중추원의 기능과 활동 - 『照會原本』의 시무책과 열강 관련 헌의서를 중심으로」, 『이화사학연구』 33, 2006.

이배용, 「열강의 이권침탈과 조선의 대응」, 『한국사시민강좌』 7, 1990.

이배용, 「회고와 전망 : 최근세」, 『역사학보』 140, 1993.

이배용, 「개화사상·갑신정변·갑오개혁에 대한 연구현황과 과제」, 『한국사론』 25, 1995.

이성환, 「통감부 시기 대한제국의 간도문제 인식」, 『역사와 경계』 65, 2007.

이승렬, 「일제하 중추원 개혁문제와 총독정치」, 『동방학지』 132, 2005.

이승렬, 「경성지역 중추원 참의들의 관계망과 식민권력의 지역 지배」, 『향토서울』 69, 2007.

이영학, 「광무양전사업연구의 동향과 과제」, 『역사와 현실』 6, 1991.

이영학, 「대한제국의 경제정책」, 『역사와 현실』 26, 1997.

이영호, 「1894-1910년 地稅制度 연구」, 서울대학교 국사학과 박사학위논문, 1992.

이윤갑, 「대한제국의 양전·지계발급사업을 둘러싼 제2단계 광무개혁 논쟁」,

『역사와 현실』 16, 1995.

이윤상, 「'광무개혁' 연구의 현황과 과제」, 『역사와 현실』 8, 1992.

이윤상, 「1894-1910년 재정제도와 운영의 변화」, 서울대학교 국사학과 박사학위논문, 1996.

이윤상, 「대한제국기 황제 주도의 재정운영」, 『역사와 현실』 26, 1997.

이윤상, 「대한제국기 국가와 국왕의 위상제고사업」, 『진단학보』 95, 2003.

이윤상, 「대한제국의 생존전략과 '을사조약'」, 『歷史學報』 188, 2005.

이재호, 「중추부 기능고」, 『한국정치지도연구』, 일조각, 1995.

이창훈, 「대한제국기 유럽 지역에서 외교관의 구국운동」, 『한국독립운동사연구』 27, 2006.

이태진, 「서양 근대 정치제도 수용의 역사적 성찰」, 『진단학보』 84, 1997.

장영숙, 「서평 : 민중적 관점에서 새롭게 조명한 갑신정변 -『갑신정변 연구』(박은숙, 역사비평사, 2005)」, 『역사와 현실』 59, 2006.

장영숙, 「동도서기론의 정치적 역할과 변화」, 『역사와 현실』 60, 2006.

장영숙, 「고종의 軍統帥權 강화시도와 무산과정 연구 - 대한제국의 멸망원인과 관련하여」, 『軍史』 66, 2008.

장희흥, 「대한제국기 내시 강석호의 활동」, 『史學研究』 89, 2008.

전종익, 「개화기 중추원의 기능과 성격에 관한 연구」, 서울대학교 법학과 석사학위논문, 1998.

정구선, 「대한제국기 새로운 관리등용제도의 성립과 시행」, 『경주사학』 17, 1998.

정연태, 「光武年間 西洋人의 高宗觀」, 『韓國史研究』 115, 2001.

조범래, 「조선 총독부 중추원의 초기 구조와 기능」, 『한국독립운동사연구』 6, 1992.

조재곤, 「대한제국기 洪鍾宇의 근대화 개혁론」, 『擇窩許善道先生停年紀念 韓國史學論叢』, 일조각, 1992.

조재곤, 「홍종우의 재조명」, 『역사비평』 17, 1992 여름호.

조재곤, 「일제통감 伊藤博文의 대한침략정책(1906-1909)」, 『청계사학』 10, 1993.

조재곤, 「대한제국기 군사정책과 군사기구의 운영」, 『역사와 현실』 19, 1996.

조재곤, 「1904~5년 러일전쟁과 국내 정치동향」, 『國史館論叢』 107, 2005.

조재곤, 「헤이그 특사와 고종황제 퇴위, 군대 해산」, 『내일을 여는 역사』 29, 2007.

주진오, 「독립협회의 경제체제개혁 구상과 그 성격」, 『한국민족주의론 3』, 창
　　작과 비평사, 1985.
주진오, 「독립협회의 주도세력과 참가계층」, 『동방학지』 77 · 78 · 79 합집,
　　1993.
주진오, 「19세기 후반 개화개혁론의 구조와 전개 - 독립협회를 중심으로」, 연
　　세대학교 사학과 박사학위논문, 1995.
주진오, 「開化論의 論理와 系譜」, 『한국근현대의 민족문제와 신국가 건설』(김
　　용섭교수정년기념 한국사학논총3), 지식산업사, 1997.
진덕규, 「대한제국의 권련구조에 관한 정치사적 인식(1)」, 『大韓帝國硏究』 1,
　　이화여자대학교 한국문화연구원, 1983.
진덕규, 「대한제국의 권력구조 인식(2) - 중추원의 분석적 고찰」, 『大韓帝國硏
　　究』 2, 이화여자대학교 한국문화연구원, 1984.
진덕규, 「일제식민지 시대의 총독부 중추원에 대한 고찰」, 『일본 식민지 지배
　　초기의 사회분석 1』, 이화여자대학교 한국문화연구원, 1987.
차선혜, 「대한제국기 경찰제도의 변화와 성격」, 『역사와 현실』 19, 1996.
천관우, 「獨立協會의 議會改設運動」, 『한국의 재발견』, 일조각, 1974.
최　준, 「을미망명자의 拿還問題」, 『白山學報』 8, 1970.
최기영, 「光武新聞紙法에 관한 硏究」, 『역사학보』 92, 1981.
최기영, 「러일전쟁 발발 직후 지식인의 정치개혁론 : 1904년의 ‘政治更張에 관
　　한 주요사항’을 중심으로」, 『길현익교수정년기념사학논총』, 1996.
최기영, 「한말 法官養成所의 운영과 교육」, 『한국근현대사연구』 16, 2001.
최덕수, 「독립협회의 政體論과 外交論 연구」, 『民族文化硏究』 13, 1978.
최덕수, 「박영효의 내정개혁론 및 외교론 연구」, 『민족문화연구』 21, 1988.
최덕수, 「박영효 연구」, 『東北亞』 6, 1997.
최덕수, 「제2차 헤이그 평화회의(1907)와 대한제국 언론의 세계인식 - 『皇城新
　　聞』과 『大韓每日申報』를 중심으로」, 『韓國史學報』 30, 2008.
최문형, 「帝國主義列强의 韓國 浸透와 그 影響」, 『韓國近代社會와 帝國主
　　義』(한국사연구회편), 삼지원, 1985.
최영희, 「韓末官人의 經歷一般」, 『史學硏究』 21, 1969.
최원규, 「일제의 초기 한국식민책과 일본의 ‘농업이민’」, 『동방학지』 77 · 78 ·
　　79 합집, 1993.
최재성, 「일제강점 전후 한국 황실 친인척의 행적과 일제의 우대」, 『한국민족
　　운동사연구』 52, 2007.

캐롤 쇼우, 「국권 회복을 위한 고종의 영웅적 노력 1905~1907」, 『유관순 연구』 1, 2002.

한명근, 「개화기 중추원의 정치적 기능(1894-1904)」, 『숭실사학』 9, 1996.

한명근, 「일제의 한국침략론과 한국정치세력의 대응」, 숭실대학교 사학과 박사학위논문, 2000.

한명근, 「통감부 시기 일제의 침략론」, 『국사관논총』 90, 2000.

한명근, 「一進會 대일인식과 ‘正合邦’론」, 『숭실사학』 14, 2001.

한명근, 「統監府시기 中樞院의 기능과 활동」, 『홍경만교수정년기념 한국사학논총』, 2002.

한철호, 「甲午更張中(1894-1896) 貞洞派의 改革活動과 그 意義」, 『국사관논총』 36, 1992.

한철호, 「아관파천기 정동파의 개혁활동」, 『한국근현대사연구』 4, 1996.

한철호, 「대한제국초기(1897-1898) 친미개화파의 정치활동과 의회개설연구」, 『한국근현대사회연구』 1, 1998.

한철호, 「갑오개혁 주도세력의 현실대응론」, 『한국근현대사연구』 11, 1999.

한철호, 「근대 I (개항전후-1910) : 한국역사학계의 회고와 전망(2000-2001)」, 『역사학보』 175, 2002.

한철호, 「대한제국기(1896~1900) 주일 한국공사의 외교 활동과 그 의의 - 李夏榮을 중심으로」, 『震檀學報』 97, 2004.

한철호, 「대한제국기 주일 한국공사의 임면 배경과 경위(1900~1905)」, 『한국근현대사연구』 44, 2008.

한홍수, 「獨立協會의 政治集團化過程」, 『사회과학논집』 3, 1970.

허동현, 「통감부시기(1906~1910)를 어떻게 볼 것인가?」, 『한국독립운동사연구』 27, 2006.

허동현, 「대한제국을 어떻게 보아야 하나 - 김동노 · 던컨(John B. Duncan) · 김도형 공편, 2006, 《대한제국의 개혁과 근대화(Reform and Modernity in the Taehan Empire)》 (Jimoondang) ; 한영우 등 저, 2006, 《대한제국은 근대국가인가》 (푸른역사)」, 『韓國史硏究』 139, 2007.

현광호, 「大韓帝國期(1897-1904) 亡命者問題의 政治-外交的 性格」, 『사학연구』 57 · 58 합집, 1999.

현광호, 「대한제국의 중립정책과 중립파의 활동」, 『한국독립운동사연구』 14, 2000.

현광호, 「대한제국기 주한러시아공사의 활동 - 義和團사건과 英日同盟체결을 중심으로」, 『歷史學報』 190, 2006.

현광호, 「열강에 의존한 중립화의 한계, 러일전쟁과 고종」, 『내일을 여는 역사』 26, 2006.

현광호, 「대한제국기 주한러시아공사의 활동 - 龍巖浦사건과 러·일開戰期를 중심으로」, 『白山學報』 75, 2006.

현광호, 「대한제국 초기 주한일본공사의 활동」, 『梨花史學硏究』 33, 2006.

현광호, 「1903~1904년 대한제국의 대러시아 대응론과 정책의 추이」, 『東洋學』 41, 2007.

현광호, 「영일동맹 이전 주한영국공사의 대한제국 정세인식」, 『歷史學硏究』 31, 2007.

현광호, 「주한일본공사의 龍巖浦사건 인식과 對韓 교섭」, 『白山學報』 78, 2007.

현광호, 「대한제국기 고종의 대영 정책」, 『韓國史硏究』 140, 2008.

홍준화, 「大韓帝國時期 借款導入과 國際關係(1896-1904)」, 고려대학교 사학과 석사학위논문, 1995.

ABSTRACT

The Role of Jungchuwon(中樞院), 1894~1910

Lee, Bang-weon

This study examines the official regulations, members, and activities of Jungchuwon(中樞院) from 1894 to 1910.

Jungchuwon was established in 1894 and repeatedly re-organized until 1910. For those years, the political situation in the Korean Peninsular was unstable. The current study scrutinizes the Jungchuwon's status by dividing the period into five different phases based on the role changes of Jungchuwon.

The author identifies the organization as a congressional body or national assembly. The congressional body or national assembly here means the organization that plays a role as a watchdog against the monarchial dictatorship, and influences the king's decision making by transferring people's opinion to the king. The author believes that such roles clearly help to determine the identities of Jungchuwon, which led the nation into the world of modern politics.

Throughout the years from 1894 to 1910, Jungchuwon was founded and reorganized in accordance with the needs of main ruling political groups, and its role was changed accordingly. Followings are the main roles of Jungchuwon featured in the book.

1. The roles of Jungchuwon were variant. The roles were defined distinctively by the different political groups, each of which predominated the political power respectively in the five different

phases. During the Gab-o revolution(甲午改革), Gun-kuk-Gi-mu-cheo(軍 國機務處) founded the Jungchuwon for the first time to minimize the complaints of the unemployed who were laid off because of the governmental reform. After A-Gwan-Pa-Cheon(俄館播遷), king Go-Jong tried to show his power by making officials of Jungchuwon participate in ceremonial events of the political issues. In doing so, the king attempted to show his will and power to fight against the opposing political groups and neighboring nations, which were trying to influence the king's political decision. In 1898, Ui-Jung-Bu(議政府) and DokRipHuypHoe(獨立協會) wanted to use Jungchuwon for stopping such outside influences and dictatorship. Since 1900, the members of Jungchuwon have revived the role of people's proposal(人民獻議) which was only in nothing but the name before, in order to regain their power. After the Russia-Japan War, Jungchuwon played a role of supporting and helping king Go-Jong to practice his will to fight against Japanese interference.

2. One of the important roles of Jungchuwon was to examine the 'consultation of Uijungbu', which made it possible to prevent the dictatorship. This role could be positively executed when there was a balance between the ruling powers and the opposites. However, such a role was not fully operated. For example, for such occasions like the days of November 1898 [when DokRipHuypHoe and ManMinGong-DongHoe(萬民共同會) had ruling power] and October 1905 [when king Go-Jong practiced his anti-Japanese imperialism and the original role of Jungchuwon were about to be reinstated], the official regulations dictated that the government should have the advises from Jungchuwon for the administrative affairs

On the other hand, the role of Jungchuwon was very restricted whenever the power among the political parties (including some particular groups or king Go-Jong) was not balanced but skewed. The role of examining people's proposal in Jungchuwon was created by DokRipHuypHoe on November 1898, and lasted until 1910. While the role of examining the consultation of Uijungbu was limited, the main role of Jungchuwon was concentrated on people's proposal. Jungchuwon participated in the administration indirectly by selecting the people's proposal and reporting only the selected proposal to Uijungbu from 1900 to 1902 and from 1907 and 1910.

3. While Jungchuwon participated in the administrative activities by examining consultation(審査議定) from 1898 to 1910, the main role of Jungchuwon was the normalization of Jungchuwon, expression of independent spirit, and discussion of the policy of the urgent affairs of the state(時務策). The normalization of Jungchuwon means its full operation with no difficulties. For that, Jungchuwon asked Uijungbu to revise the official regulations for inappropriate relationship between Jungchuwon and Uijungbu. Regardless of who took the power in the domestic politics, it is a constant role of Jungchuwon to express independent spirit against the World Power. When Jungchuwon participated in the administration on 1898, it was always defending sovereignty against the World Powers. There had been activities such as consultation of Uijungbu, Jungchuwon's proposal, and people's proposal whether Jungchuwon was operated actively or not.

4. Finally, the role of Jungchuwon as the Congress in a transition process from old to modern politics was examined. Since 1898, Jungchuwon played a role just like a congress, which was defined earlier in this abstract. Considering that the parliamentary system went along with the constitutional monarchy, it may not be reasonable to think that Jungchuwon was just like a modern congress because Jungchuwon was operated under absolute monarchy and people's

proposal was made up mostly with former officials and Confucian scholars. Despite of such shortcomings of Jungchuwon as a perfect model of congress, it should be understood as a transient congressional organization in the evolution of modern politics in Korea.

Moreover, it must be highly appreciated that Jungchuwon played a role like a congress even in the absolute monarchial era when such congressional activities were not generally considered as usual : It restrained a potential dictatorship, transmitted reports of people's proposals to the upper administrative bodies, and ultimately participated in administrations. In addition, it was not only a 'governmental' organization to develop the civil rights, but also an active force of defending sovereignty at a crisis by putting both government and public opinion together. It was a unique national organization to play such a role in political history in Korea. In view of this, the author contends evaluate Jungchuwon as the origin of Congress in modern political history in Korea.

찾아보기

이 방 원

이화여자대학교 사범대학 사회생활과에서 역사를 전공하고, 같은 대학원 사회생활과에서 석사학위를, 사학과에서 박사학위를 취득하였다. 이화대학교 의과전문대학원 2단계 BK21 사업단 연구교수로 재직했으며, 이화여대, 순천대, 한국외대 등에서 강의를 했다.

주요 저서로는 『우리나라 여성들은 어떻게 살았을까』(공저), 『한국 근현대 대외관계사의 재조명』(공저), 『일제시기 근대적 일상과 식민지 문화』(공저) 등이 있고, 주요 논저로는 중추원 관련 논문 외에 「박정양의 미국공사 활동」, 「일제하 미신에 대한 통제와 일상생활의 변화」, 「박에스더의 생애(1887-1910)와 의료선교활동」, 「보구여관의 설립과 활동」 등이 있다.

이화연구총서 9

한말 정치변동과 중추원

이 방 원 지음

2010년 2월 25일 초판 1쇄 발행

펴낸이 · 오일주
펴낸곳 · 도서출판 혜안
등록번호 · 제22-471호
등록일자 · 1993년 7월 30일

⦾ 121-836 서울시 마포구 서교동 326-26번지 102호
전화 · 3141-3711~2 / 팩시밀리 · 3141-3710
E-Mail hyeanpub@hanmail.net

ISBN 978 - 89 - 8494 - 380 - 3 93910

값 27,000 원